빅데이터 분석 R과
빅데이터 플랫폼 하둡 개론

Introduction to Big Data Analysis, R and Big Data Platform, Hadoop

서 문

4차산업혁명 시대에 소프트웨어 분야에서는 빅데이터와 인공지능 등이 각광을 받고 있다. 이를 구현하는 인재는 데이터사이언티스트들이다. 데이터사이언티스트가 되기 위해서는 데이터분석과 소프트웨어에 대한 이해가 필요하다. 이러한 융합적 인재의 수요는 날로 높아질 것으로 예상된다. 본 서는 데이터분석 뿐 만 아니라 소프트웨어에 대한 이해를 높이는데 주안점을 두고 집필하였다.

사회가 경쟁력을 가지고 발전하려면 객관적 사실을 바탕으로 행위가 이루어져야 한다. 어떤 현상이나 사실을 객관적으로 밝히는 일은 어려운데, 우리가 그러한 사실을 볼 수 없을 때는 더욱 더 어렵다. 데이터분석은 이러한 일들에 과학적 추론을 제공한다. 데이터분석을 하기 위해서는 소프트웨어가 필요하다. R이 나오기 이전에는 SAS, SPSS를 주로 이용하였는데 고가의 소프트웨어이기 때문에 소수의 전문가들만 사용하였다. 이 후 Excel이 저렴하게 간단한 데이터분석을 제공하여 이용자들의 확산에 많은 기여를 하였으나 한계가 있다.

R은 공개용 소프트웨어로 무료로 사용할 수 있는 전문적인 데이터분석 소프트웨어이면서 사용하기 쉬운 소프트웨어이다. 데이터분석 분야의 소프트웨어로 볼 때, R 이전과 이후로 나눌 수 있는 획기적인 소프트웨어이다. R은 여러 개발 주체들이 개발하여 제공하기 때문에 광범위하고 급속도로 발전하고 있다. R은 데이터분석 분야를 폐쇄형 데이터분석 소프트웨어에서 개방형 소프트웨어로 발전시켰다. 개방형은 다른 소프트웨어와 연결하여 사용할 수 있는 특징을 말하는데, R은 Java와 Python 등 다른 프로그래밍 언어와 연계할 수 있고, 제3자 개발회사의 응용 소프트웨어도 쉽게 접목할 수 있다. 특히 웹에서 크롤링한 데이터와 빅데이터 플랫폼인 하둡(Hadoop)의 데이터 등을 손쉽게 읽어서 데이터분석을 할 수 있게 한다. 이러한 점은 SAS와 SPSS와 차별화되는 될 뿐 만 아니라, 데이터분석 영역을 획기적으로 확대시키고 있다. 이러한 이유들로 인해서 빅데이터 분석 언어로 R을 사용하고 있다.

본 서의 특징은 다음과 같다.

첫째, 1장에서 기초적인 R 프로그래밍과 데이터를 다양한 방법으로 입력받는 기능들을 공부한다. 특히 실제 데이터를 웹 등에서 크롤링하여 입력받는 방법도 공부한다.

둘째, R의 장점 중의 하나인 데이터를 효과적으로 보여주기 위한 시각화에 대한 설명이 있다. 이를 기반으로 데이터분석의 결과를 시각화할 수 있을 것이며 또한 시각화를 위한 제3자 개발자의 소프트웨어도 이해할 수 있을 것으로 예상한다.

셋째, 기초통계학 분야를 100% R로 구현하였다. 실제 데이터로 실습함으로써 학습효과를 높일 수 있을 것으로 기대된다.

넷째, 본서는 기초적인 분석방법에만 국한하지 않고 데이터분석의 핵심적인 응용분야인 회귀분석을 자세히 설명되어 있다. 또한 실제 데이터를 다양한 방법으로 분석함으로써 분석에 대한 다양한 시각을 가질 수 있을 것이다.

다섯째, 빅데이터 시대에는 자료의 실시간 분석 및 예측이 많이 사용된다. 본 서는 통계학에서 사용되는 예측방법론인 시계열분석을 포함하고 있다. 본 서를 공부하면 기초적인 예측방법론을 이해하고 적용할 수 있을 것이다.

여섯째, 딥러닝의 기초인 분류분석도 포함되어 있다. 본 서를 공부하면 인공지능 분야에서 많이 사용되는 딥러닝 공부에도 많은 도움이 될 것이다.

일곱째, 빅데이터 시스템에서 채택하고 있는 하둡(Hadoop)에 대해서도 설명이 되어 있다. 이 책을 따라하면 하둡의 작동방법도 이해를 할 수 있다. 하둡은 리눅스에서 구동되기 때문에 이에 필요한 리눅스도 설명되어 있다. 본 서를 공부하면 빅데이터 시스템 기초를 이해하여 계속하여 공부하면 거의 실시간 시스템을 구축할 수 있을 것으로 기대된다.

저자는 서경대학교 소프트웨어학과에서 다년간 소프트웨어 개발을 지도해 왔다. 소프트웨어의 비약적인 발전에 따라 한층 손쉬워진 개발도구로 다양한 소프트웨어를 개발할 수 있기 때문에, 독자들도 본 서를 공부하면서 다양한 방법으로 데이터를 분석하고 결과를 보여줄 수 있는 능력은 물론 실시간 데이터분석을 구현할 수 있는 능력을 가질 수 있으리라 기대된다.

본 서를 집필하면서 부족함을 많이 느낀다. 미진한 부분은 앞으로도 계속 개선할 계획이며 이를 위해 독자들의 값진 의견과 충고를 기대한다. 이 책을 펴내는 데 많은 분들의 도움을 받았다. 출판을 맡아준 한올출판사의 임순재 사장님, 편집을 맡아주신 한올출판사의 최혜숙 실장님, 그리고 본 서를 집필하는 데 서경대학교 빅데이터연구실 연구원인 오경원군에게는 R, 김현석군에게는 Hadoop의 도움을 받았다. 이 자리를 빌어 감사의 마음을 전한다. 마지막으로 이 책이 나오기까지 묵묵히 지지와 성원을 보내주신 아흔셋이신 어머님과 아흔여섯이신 장인어른, 부인, 아들과 딸에게 감사의 마음을 이 자리를 빌어 전한다.

2023년 8월
서울 정릉에서 저자 씀.

차 례

빅데이터 분석 R과
　　　빅데이터 플랫폼 하둡(Hadoop) 개론
OpenSource R
　　　and Hadoop

R 소개

R 소개

1절 서론

프로그래밍 언어인 R은 데이터 입력, 조작과 통계분석, 시각화 등을 위하여 만들어진 공개 소프트웨어이다. 오픈소스로 구성된 R은 매년 많은 양의 패키지와 분석기법을 제공하며 윈도우, 리눅스 등 모든 플랫폼에서 쉽게 구동되기 때문에, 데이터과학(Data Science)에서 공용어로 사용될 만큼 사용자가 폭발적으로 늘고 있다.

R은 미국전화회사인 AT&T의 연구소인 Bell Lab.(현재는 Lucent Technologies)에서 개발한 S에서 발전시킨 것으로 1996년 뉴질랜드 오클랜드 대학교의 로스 이하카(Ross Ihaka)와 로버트 젠틀맨(Robert Gentleman)에 의하여 개발되기 시작하였다. 프로그래밍언어 이름은 그들의 이름 첫 글자인 R로 명명하였다. S와는 많은 차이가 있지만 S에서 사용되는 많은 코드들은 R에서 그대로 사용할 수 있다.

R은 기초통계, 회귀분석, 다변량분석, 비선형 모형, 비모수통계, 시계열분석, 군집분석, 공간통계 등 다양한 통계분석과 기계학습, 딥 러닝, 인공 신경망분석 등 인공지능 분야, 데이터 마이닝, 고객관계 분석, 마케팅 조사 및 분석, 비즈니스 분석, 재무분석 및 예측 등 경영분야 등 많은 분야의 분석 도구를 제공하고 있다. 또한 저수준 또는 고수준의 작도를 이용하여 개발자가 분석 결과를 효과적으로 보여줄 수 있는 다양한 시각화 방법을 제공하고 있다. 일반 통계소프트웨어에서는 제공하지 않는 기능인 통계분석 결과를 파라미터 값으로 받아서 프로그래밍에 활용할 수 있는 기능도 있어서 확장성도 좋다. R은 특히 하둡 등 빅데이터 플랫폼과 연계하여 방대한 자료를 실시간으로 분석하여 결과를 보여줄 수 있다. 특수 목적용 패키지들이 계속 추가되고 있는 공개 소프트웨어이므로 지속적인 발전과 확장을 통해 이용하는 분야가 확대될 것으로 예상된다.

R은 절차적 언어와 객체지향 언어를 영향을 받아 개발되었으며, 특히 객체지향 언어와 함수를 결합하는 방향으로 발전되었다. 통계 소프트웨어가 새로운 요구사항과 응용분야 확대를 위해 객체지향 프로그래밍의 중요성은 더욱 늘어날 것이다. (참고: John M. Chambers, Object-Oriented Programming, Functional Programming and R, Statistical Science, 2014, Vol. 29, No. 2, 167-180)

소프트웨어 품질을 측정하는 회사인 TIOBE는 각 프로그래밍 언어의 사용빈도를 중요도로 평가하여 TIOBE_index로 매달 발표하고 있다. 년 간 순위는 각 프로그래밍 언어의 중요도로 평가되는데, 아래 표에 보듯이 R은 2008년에 46위로 진입하여 사용빈도의 지속적인 증가로 인해 순위가 2013년 13위, 2018년 10위로 순위가 급격히 상승하고 있음을 알 수 있다. 따라서 이것으로도 R의 사용은 지속적으로 늘어날 것이라는 사실도 유추해 볼 수 있다. 특히 주목할 만 한 점은 R이 Java, C와 같이 범용 개발소프트웨어가 아님에도 불구하고 상위 10위에 들 정도로 광범위하게 사용되고 있다는 점이다. 이는 R에 대한 수요가 높고 사용법 등이 편리하게 제공되기 때문에 폭넓은 확산이 이루어지고 있는 것으로 보인다.

표 1.1   TIOBE가 발표한 프로그래밍 언어의 사용빈도 순위

프로그래밍 언어	2018	2013	2008	2003	1998	1993	1988
Java	1	2	1	1	16	-	-
C	2	1	2	2	1	1	1
C++	3	4	3	3	2	2	5
Python	4	7	6	11	23	18	-
C#	5	5	7	8	-	-	-
Visual Basic.NET	6	12	-	-	-	-	-
Javascript	7	10	8	7	20	-	-
PHP	8	6	4	5	-	-	-
Ruby	9	9	9	18	-	-	-
R	10	23	46	-	-	-	-
Perl	11	8	5	4	3	11	-
Objective-C	12	3	40	53	-	-	-
Ada	13	18	18	14	9	5	3
Fortran	14	25	20	12	6	3	15
Lisp	15	11	15	13	7	6	2

출처: https://www.tiobe.com.tiobe-index/

2절   R 설치하기

1. 제공 사이트(http://www.r-project.org)에 접속한다.

2. 왼쪽 상단목록에서 CRAN 클릭한다.

The R Project for Statistical Computing

[Home]

Download

CRAN

R Project

About R
Logo
Contributors
What's New?
Reporting
Bugs

Getting Started

R is a free software environment for statistical computing and graphics. It compiles and runs on a wide variety of UNIX platforms, Windows and MacOS. To **download R**, please choose your preferred CRAN mirror.

If you have questions about R like how to download and install the software, or what the license terms are, please read our answers to frequently asked questions before you send an email.

News

3. 국가별 링크 다운에서: Korea 선택하여 여러 개의 링크 중 하나를 선택한다.

Korea

https://ftp.harukasan.org/CRAN/
https://cran.yu.ac.kr/
https://cran.seoul.go.kr/
http://healthstat.snu.ac.kr/CRAN/
https://cran.biodisk.org/
http://cran.biodisk.org/

4. 설치 패키지 선택: 설치될 컴퓨터의 운영체제에 맞는 패키지를 선택하고 다운로드한다.

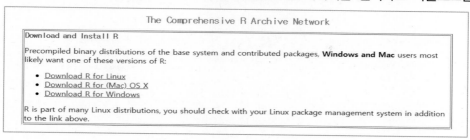

5. 설치옵션 선택 중 base를 선택한다.

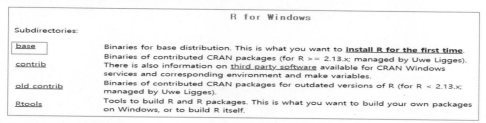

6. 설치될 버전 선택한다.

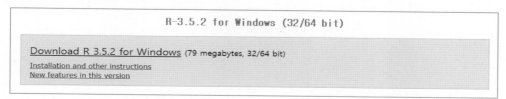

7. 다운로드된 파일을 클릭: R-3.5.0-win을 클릭한다.

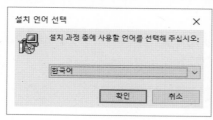

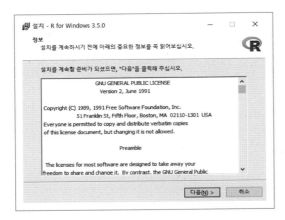

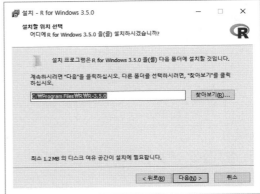

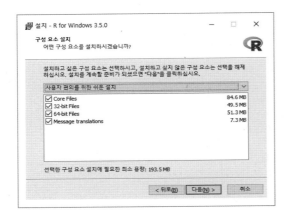

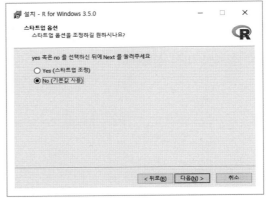

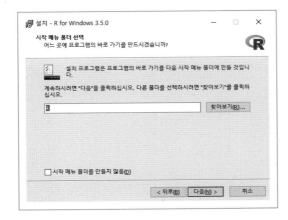

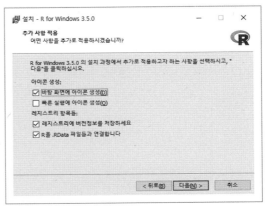

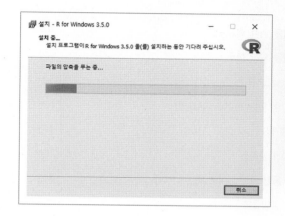
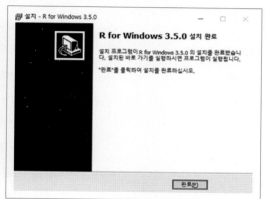

8. 완료가 되면 아래 그림과 같이 두 개의 아이콘이 생긴다.
   R x64 아이콘은 64비트용이고 R i386은 32비트용이다.

표 1.2   R에서 제공되는 패키지

패키지 명	주요 기능	패키지 종류
base	R 기초 패키지	기본
boor	부스트랩 함수	추가
class	분류함수	추가
cluster	데이터에서 그룹 찾기: 군집분석 등	추가
codetools	R에서 코드분석 도구	추가
compiler	R 컴파일러 패키지	추가
datasets	R 데이터 집합 패키지	기본
foreign	Minitab, S, SAS, SPSS, Stata, Systat, Weka, dBase 등으로부터 데이터 읽기 위한 패키지	추천
graphics	그래픽스 패키지	기본
grDevices	그래픽 도구 및 칼라와 폰트를 지원하는 패키지	추가

패키지 명	주요 기능	패키지 종류
grid	그리드 그래픽을 위한 패키지	기본
KernSmooth	커널 스무딩을 위한 함수	추가
lattice	R용 Trellis 그래픽스	추천
MASS	S용 응용통계를 사용할 수 있는 함수와 자료집합	추천
Matrix	행렬계산	추가
methods	정형기법과 클래스	기본
mgcv	자동 스무딩 추정을 통한 혼합 GAM 계산	추가
nlme	선형, 비선형 혼합효과 모형	추가
nnet	피드 포워드 신경망과 다변량 로그 선형모형	추가
parallel	R 병렬처리	추가
rpart	자기회귀 분할과 회귀 트리	추가
spatial	Kriging과 Point 패턴 분석용 함수	추가
splines	스플라인 회귀함수와 클래스	추가
stats	R 통계 패키지	기본
stats4	S4 클래스를 사용하는 통계 패키지	추가
survival	생존분석	추가
tcltk	Tcl/Tk 인터페이스	추가
tools	패키지개발용 도구	추가
translations	R 번역용 패키지	추가
utils	R 사용자 패키지	기본

설명

- 기본 패키지: R의 base 시스템을 설치할 때 자동으로 설치되는 패키지이고, 즉시 사용할 수 있다.
- 추천 패키지: R의 base 시스템을 설치할 때 자동으로 설치되는 패키지이고, library("패키지명")을 이용하여 R로 불러서 사용할 수 있다.
- 추가 패키지: R의 base 시스템을 설치할 때 자동으로 설치되지 않는 패키지이므로, install.packages("패키지명")으로 패키지를 추가로 다운 받고, library(패키지명)로 R로 불러서 사용할 수 있다.

3절   R언어 기초

1. 주석 처리: #을 사용한다.

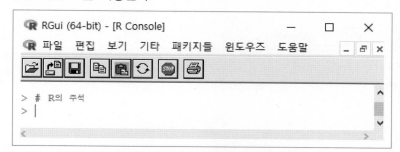

설명 R은 한 줄의 주석만 허용되기 때문에 여러 줄의 주석을 달 경우 #으로 매 줄마다 주석 처리하여야 한다.

2. 도움말

- 도움말 사용: 도움말 항목을 클릭하여 도움말 검색을 선택한다.

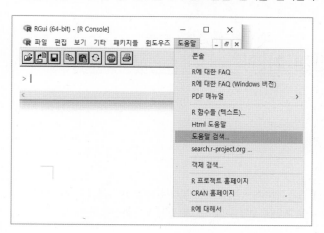

- ? 사용: R명령어에서 ?와 검색하고자 하는 명령어를 사용하여 도움말을 지원 받는다.

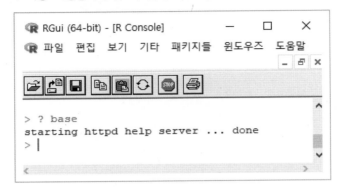

3. 변수와 자료형

- 변수: 데이터를 저장하는 기능을 한다.

- 하나의 데이터 입력

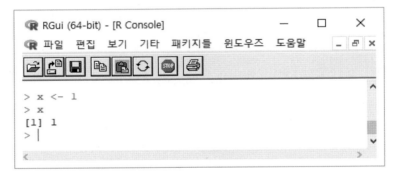

설명 x는 변수이며 <― 는 값을 부여하는 명령어이다. 따라서 변수 x에 1의 값이 저장된다.
x를 치고 엔터 키를 치고 값을 확인해 보면 위의 화면과 같이 1이 화면에 출력된다.

- 여러 개의 데이터 입력: C (여러 개의 데이터)

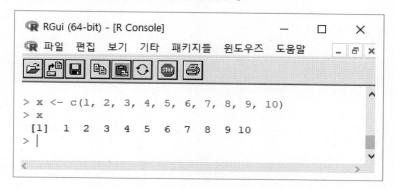

설명 c는 column의 약어로 여러 개의 데이터를 부여할 때 사용하는 명령어이다. 그러면 데이터는 열로 부여된다.

- 자료형: 숫자(정수, 실수)와 문자열, 논리값(TRUR, FALSE) 등이 있다.

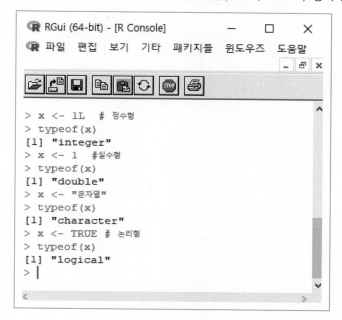

설명

정수 : 숫자 뒤에 L(long)을 붙인다. long은 long정수형이고, integer정수형보다 공간이 두 배이다.

실수 : 숫자만 쓴다. 기본형은 double이다. double형 실수는 float형 실수보다 공간이 두 배이다.

문자열 : character형이다.

논리형 : 값을 TRUE(T) 또는 FALSE(F)를 가지는 타입이다.

– 범주형 변수로 Factor형이 있다. 이 변수는 산술연산을 하지 못한다.

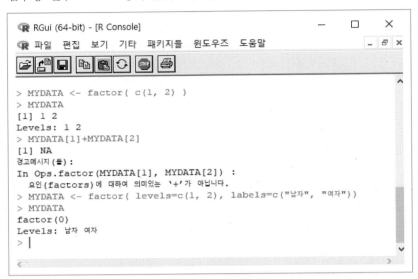

```
R RGui (64-bit) - [R Console]                    —    □    ×
R 파일  편집  보기  기타  패키지들  윈도우즈  도움말        _ 日 ×

> MYDATA <- factor( c(1, 2) )
> MYDATA
[1] 1 2
Levels: 1 2
> MYDATA[1]+MYDATA[2]
[1] NA
경고메시지(들):
In Ops.factor(MYDATA[1], MYDATA[2]) :
  요인(factors)에 대하여 의미있는 '+'가 아닙니다.
> MYDATA <- factor( levels=c(1, 2), labels=c("남자", "여자"))
> MYDATA
factor(0)
Levels: 남자 여자
> |
```

설명 MYDATA[1] + MYDATA[2]는 명목변수 값이므로 연산하지 못한다는 결과가 나오며,
옵션으로 levels=c(1, 2)는 명목변수 값이 1, 2이며, labels=c("남자", "여자")는 1의 이름이 "남자",
2의 이름이 "여자"로 부여하는 명령어이다. 즉 MYDATA[1]="남자", MYDATA [2]="여자"로 저장된다.

4. 산술연산

- 더하기(+), 빼기(-), 곱하기(*), 나누기(/), 지수승(^ 또는 **), 나머지(%%), 몫(%/%)

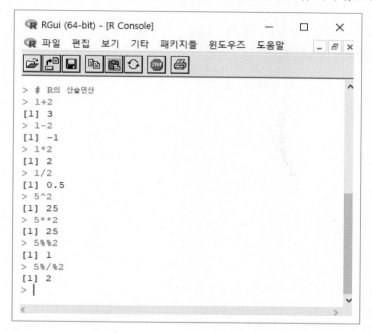

설명
- 5**2=5²
- 5%%2=1은 5를 2로 나눈 나머지
- 5%/%2=2는 5를 2로 나눈 몫

- 대입연산: 변수에 값을 부여하여 연산

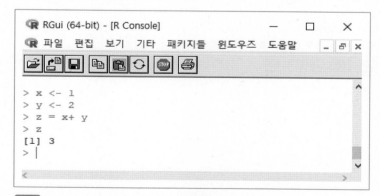

설명 x에 1을 대입하고 y에 2를 대입하고 z=x+y는 3

■ 관계연산: 두 연산자들을 비교하는 연산한다. 결과는 TRUE나 FALSE가 된다.

- 연산: 작음(<), 작거나 같음(<=), 큼(>), 크거나 같음(>=), 같음(==), 같지 않음(!=)

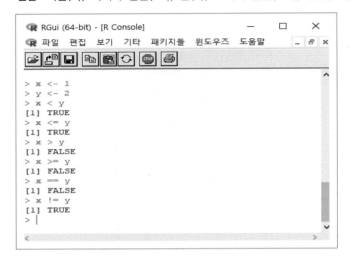

설명

- x에 1을 대입하고 y에 2를 대입하여 x < y의 결과는 TRUE
- x > y의 결과는 FALSE
- x >= y의 결과는 FALSE
- x == y의 결과는 FALSE
- x != y의 결과는 TRUE

■ 논리연산: 여러 개의 관계연산을 조합하여 참 거짓을 연산한다.

- 연산: and(&), or(|), not(!)

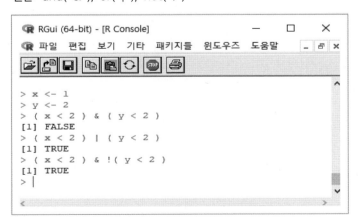

설명

- (x < 2) & (y < 2)의 결과는 FALSE, 왜냐하면 (x < 2)는 TRUE이지만 (y < 2)는 FALSE 이므로 TRUE and FALSE는 FALSE가 된다.

- (x < 2) | (y < 2)의 결과는 TRUE, 왜냐하면 (x < 2)는 TRUE이지만 (y < 2)는 FALSE이 므로 TRUE or FALSE는 TRUE가 된다. 여기서 | 은 키보드 $\boxed{\begin{array}{c} | \\ \rlap{W}{-} \end{array}}$ 에서 | 이다.

- (x < 2) & !(y < 2)의 결과는 TRUE, 왜냐하면 (x < 2)는 TRUE이지만 (y < 2)는 FALSE 이고 !(y < 2)는 TRUE이므로 TRUE and TRUE는 TRUE가 된다.

5. 제어문

프로그램은 기본적으로 위에서부터 아래로 순차적으로 실행된다. 이런 순서를 바꾸는 문장이 제어문이다.

- if 문: 조건에 따라 조건이 TRUE이면 if 내의 명령문을 실행하고 FALSE이면 else 내에 있는 명령문을 실행한다.

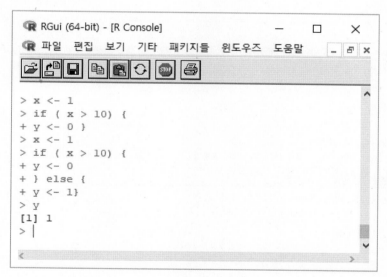

```
> x <- 1
> if ( x > 10) {
+ y <- 0 }
> x <- 1
> if ( x > 10) {
+ y <- 0
+ } else {
+ y <- 1}
> y
[1] 1
> |
```

설명 첫줄에 x에 1을 부여하고 둘째 줄은 x > 10이면 y에 0을 부여하고, x <= 10이면 y에 1을 부여하는 문장 이다. 따라서 ELSE에 있는 명령문인 y가 1이 부여된다.

참고 여러 줄의 명령어를 묶음으로 지정하는 블록은 { }으로 지정하는데, { }을 사용할 때는 블록의 끝을 나 타내는 }을 라인의 끝에 붙이면 문장이 끝나기 때문에 시작할 때 }을 사용하여야 문장이 연결된다. 즉
+ } else { 이런 방법으로 사용하여야 한다.

- for 문: 반복문의 하나로서 인덱스를 증가시키면서 반복한다.

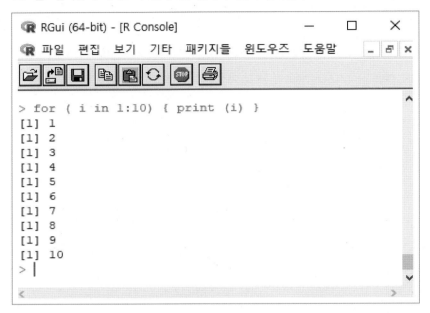

설명 향상된 for 문의 형태로 in 뒤의 배열 즉 1, 2, 3, …, 10까지의 값을 차례로 변수 i에 부여하고 for의 실행 문 블록인 { print(i) }를 통해 i를 출력하는 프로그램이다.

- 배열을 이용한 for문

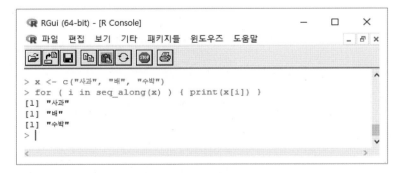

설명 변수 x에 "사과", "배", "수박"의 값을 열로 부여한다. for문을 이용하여 seq_along() 함수를 이용하여 배열 x의 값이 있을 때까지 인덱스 i에 값을 1부터 시작하여 증가시킨다. print(x[i])는 i번째의 값을 프린트한다.

• while 문: 반복문의 하나로서 조건을 비교하면서 반복한다.

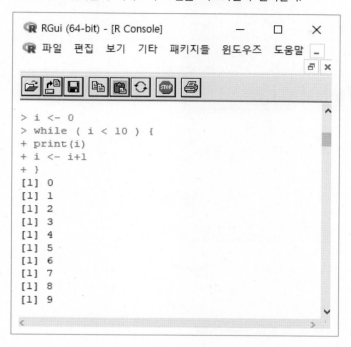

설명 인덱스 i는 0으로 초기화한다. while문 조건을 비교하면서 반복을 실시한다. 이 때 while문 내에서 인덱스 i를 증가시키는 명령문이 들어가야 한다. 그렇지 않으면 조건이 항상 TRUE가 되므로 무한반복이 실행된다. 따라서 for문보다 복잡하다.

6. 함수만들기

• 함수는 하나 이상의 명령어로 반복 사용하기 위해 만든다.

방법 함수 명 <— function(매개변수들) { 함수 본체 }

- 아래는 반지름 r을 매개변수로 받아서 넓이를 계산하는 함수 area이다

```
> area <- function ( r ) {
+ x <- 3.141592*r*r
+ return (x) }
> area(10)
[1] 314.1592
>
```

설명

함수 이름은 area이며,

매개변수는 r이며,

함수 본체는 x <- 3.141592*r*r, 즉 3.141592*r² 이며,

함수결과는 x 이다.

함수호출은 area(10): 10을 r로 넘겨서 area함수를 구동하여 3.141592*10*10을 계산하고, 계산결과인 314.1592를 x에 대입하고 결과로 함수를 호출한 곳 area(10)으로 보낸다.

4절   데이터 구조

1. 변수: 〈— 혹은 —〉연산자를 사용하여 값을 부여한다.

변수 이름은 알파벳이나 마침표(.)로 시작하여야 한다.

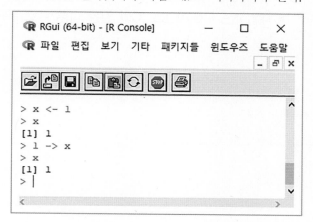

[1]은 첫 번째 인자라는 의미이고 1은 값을 나타낸다.

변수 이름은 예약어 Break, else, FALSE, for, function, if, in, Inf, NA, NaN, next, NULL, repeat, TRUE, while 등을 사용할 수 없고, 대소문자 구분한다. 즉 a와 A는 다른 변수 이름이 된다.

참고 데이터의 변화

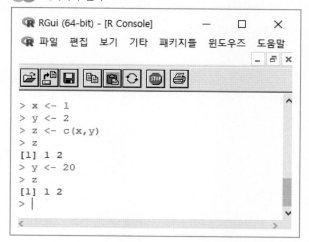

설명

변수 z는 변수 x와 y의 값을 받아 1과 2로 대입되었고 그 이 후에 y의 값이 2에서 20으로 변경되었으나 z 값은 자동으로 변경되지 않았다. 그 이유는 R은 RAM에 직접 접근하여 변수를 저장하고 관리하는 소프트웨어가 아니므로 y의 값이 변경되어도 변경된 y의 값을 가져오지 않는다. RAM의 값 변화를 가져오려면 변수 이름이 RAM의 주소 값인 참조값으로 지정(call by reference)되어야 하는데 R은 그렇게 하지 않기 때문이다.

2. 벡터: 같은 종류의 자료 형을 여러 개 대입하는 자료 형으로 C와 같은 다른 프로그래밍언어에서는 배열과 같다.

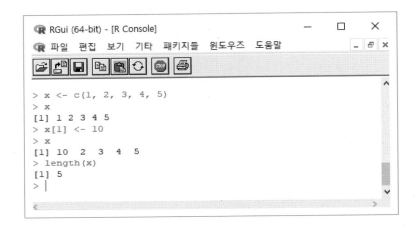

설명

변수 x에는 정수형 자료 1, 2, 3, 4, 5가 열(column) 형식으로 대입된다.

배열의 원소는 x[i]로 지정할 수 있으며 원소 x[1]가 1에서 10으로 변경되어 변경된 값이 나타난다. length()함수는 벡터의 원소 개수를 반환한다. 따라서 length(x)의 값은 5가 된다.

3. 리스트: 리스트는 여러 종류의 자료를 대입할 수 있는 배열 형식이다. C와 같은 프로그래
   밍 언어에서는 구조체(structure)와 유사하다.

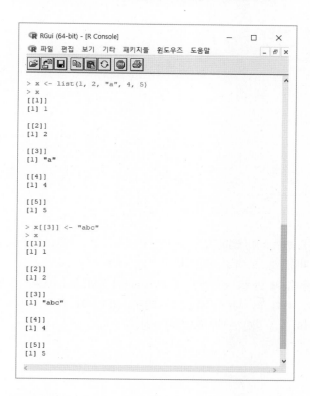

설명

리스트는 원소 자체가 객체이므로 원소를 x[[i]]로 지정한다. x[[1]]=1(정수형), x[[2]]=2(정수형), x[[3]]=a(문자형), x[[4]]=4(정수형), x[[5]]=5(정수형)으로 이런 방식으로 서로 다른 형의 데이터가 저장된다.

4. 배열(array): 다 차원의 벡터이다. 2차원 배열은 행렬이 된다.

```
RGui (64-bit) - [R Console]                    —  □  ×
파일  편집  보기  기타  패키지들  윈도우즈  도움말      _  □  ×

> x <- c(1:24)
> dim(x) <- c(2, 3, 4)
> print(x[1,1,1])
[1] 1
> print(x[2,1,1])
[1] 2
> print(x[1,2,1])
[1] 3
> print(x[1,3,1])
[1] 5
```

설명

― x <― c(1:24): 1, 2, 3, ..., 24를 변수 x에 대입한다.

― dim(x) <― c(2, 3, 4): 변수 x의 차원을 2, 3, 4로 정의한다.

― 여러 차원의 인덱스는 첫 번째부터 두 번째, 세 번째로 변화한다. 즉 아래 화면과 같이 값이 대입된다. 따라서 x[1, 1, 1]=1, x[2, 1, 1]=2, x[1, 2, 1]=3, x[2, 2, 1]=4, x[1, 3, 1]=5, x[,2 3, 1]=6, x[1, 1, 2]=7, x[2, 1, 2]=8, ... 이런 순서로 데이터가 저장된다.

데이터가 저장되는 순서를 확인해 보면 아래 화면과 같다.

```
> x
, , 1

     [,1] [,2] [,3]
[1,]   1    3    5
[2,]   2    4    6

, , 2

     [,1] [,2] [,3]
[1,]   7    9   11
[2,]   8   10   12

, , 3

     [,1] [,2] [,3]
[1,]  13   15   17
[2,]  14   16   18

, , 4

     [,1] [,2] [,3]
[1,]  19   21   23
[2,]  20   22   24

> |
```

• print(x[1, 1, 1])는 x[1, 1, 1]을 프린트한다.

5. 데이터 프레임(Data Frame)

R에서 가장 많이 사용되는 데이터구조로서 행렬과 유사하지만 각 열이 다른 타입의 데이터를 가질 수 있다. 이는 벡터와 리스트의 차이와 같다. 이러한 데이터구조는 관계형 데이터 베이스(RDB)에서 사용하는 자료구조이다. 따라서 각 열은 반드시 변수이름을 가지며 변수이름에 의해 조작 가능하다. 실제로 R은 SQL문으로 데이터를 관리할 수 있는 패키지를 지원한다.

1) 벡터로부터 프레임 작성

```
R RGui (64-bit) - [R Console]                         —    □    ×
R 파일 편집 보기 기타 패키지들 윈도우즈 도움말              _ □ ×

> id <- c(1, 2, 3, 4, 5)
> name <- c("KIM", "LEE", "PARK", "RYU", "JUNG")
> weight <- c(55, 58, 62, 66, 68)
> height <- c(165, 167, 172, 175, 178)
> MYDATA <- data.frame(ID=id, NAME=name, HEIGHT=height, WEIGHT=weight)
> MYDATA
  ID NAME HEIGHT WEIGHT
1  1  KIM    165     55
2  2  LEE    167     58
3  3 PARK    172     62
4  4  RYU    175     66
5  5 JUNG    178     68
>
```

설명

MYDATA <— data.frame(ID=id, NAME=name, HEIGHT=height, WEIGHT=weight)는 변수 ID에 변수 id
의 값을 대입하고 NAME에 name의 값을 대입하고 HEIGHT에 height의 값을 대입하고, WEIGHT에 weight값
을 대입하여 데이터 프레임 MYDATA를 생성한다. 따라서 아래와 같이 4개의 벡터가 한 개의 데이터 프레임으로
묶인다.

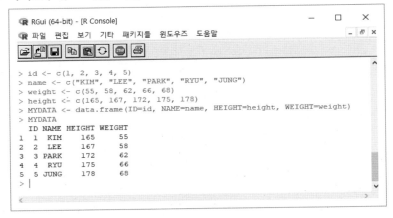

id	name	weight	height
1	KIM	165	55
2	LEE	167	58
3	PARK	172	62
4	RYU	175	66
5	JUNG	178	68

ID	NAME	HEIGHT	WEIGHT
1	KIM	165	55
2	LEE	167	58
3	PARK	172	62
4	RYU	175	66
5	JUNG	178	68

2) 행렬로부터 데이터 프레임 작성

```
R RGui (64-bit) - [R Console]                        —  □  ×
R 파일 편집 보기 기타 패키지들 윈도우즈 도움말              _ 日 x

> x <- matrix(
+       c( 1, "KIM", 55, 165,
+          2, "LEE", 58, 167,
+          3, "PARK", 62, 172,
+          4, "RYU", 66, 175,
+          5, "JUNG", 68, 178), 5, by =T )
> x
      [,1] [,2]   [,3] [,4]
[1,] "1"  "KIM"  "55" "165"
[2,] "2"  "LEE"  "58" "167"
[3,] "3"  "PARK" "62" "172"
[4,] "4"  "RYU"  "66" "175"
[5,] "5"  "JUNG" "68" "178"
> MYDATA <- data.frame(x)
> names (MYDATA) <- c("ID", "NAME", "HEIGHT", "WEIGHT")
> MYDATA
  ID NAME HEIGHT WEIGHT
1  1  KIM     55    165
2  2  LEE     58    167
3  3 PARK     62    172
4  4  RYU     66    175
5  5 JUNG     68    178
> |
```

설명

- 행렬 작성 matrix (c(데이터 리스트), 행의 수, by = T/F (T는 행으로 정렬))

- 첫 번째 인자는 데이터 리스트이고 두 번째 인자는 데이터 리스트의 행의 개수, 세 번째 인자는 행으로 데이터를 읽으면 T). 따라서 위의 자료는 5행 4열의 자료로 작성된다.

- MYDATA <— data.frame(x) 는 행렬 x를 데이터 프레임으로 변환하는 명령어이다.

- names (MYDATA) <— c("ID", "NAME", "HEIGHT", "WEIGHT")는 MYDATA 데이터 프레임의 변수이름을 지정하는 명령문이다. 지정하지 않으면 X1, X2, ...와 같이 변수이름이 자동으로 할당된다.

5절　데이터 입출력

1. 파일로부터 데이터 읽기

　　R의 데이터는 파일로 읽기, 키보드로 읽기, 웹사이트로 부터 읽기 세가지 방법이 있다.

　　R은 통계분석용 소프트웨어이기 때문에 데이터는 빅데이터나 공공데이터, 회사 내 데이터 등 파일 형태로 된 데이터를 읽어서 통계분석을 할 수 있다. 따라서 파일로부터 데이터 읽기는 매우 중요하다. 구매해야 하는 SAS나 SPSS와 같은 상용 통계패키지보다 훨씬 다양한 형식으로 데이터를 편리하게 읽을 수 있다. 그러므로 R은 발전지향적이며 활용가치가 높다고 볼 수 있다.

1) 텍스트파일 읽기

- 텍스트파일은 텍스트 형식으로 저장된 파일이다.
- 형식: read.table(file, header=T(or F), sep=" ",　nrows=숫자, skip=숫자)

> 설명
> - file: 읽으려는 텍스트파일이며 주소는 절대주소와 상대주소가 있다. 읽으려는 파일이 c:/data/test.txt로 존재하면 이를 절대주소로 적으면 된다. 그리고 상대주소를 이용하려면 setwd(c:/data)하고 test.txt를 그냥 쓰면 된다. setwd 명령어는 working directory를 변경하는 명령어이기 때문에 포인터를 해당 디렉토리로 옮기기 때문이다.
> - header=T: 텍스트 파일의 첫 행에 변수이름이 있으면 T, 아니면 F이고 명시하지 않으면 F
> - sep=" ": 데이터를 구분하는 구분자이며 기본은 공백이며, 다른 문자로 구분되어 있으면 적어주면 된다. 예를 들어 ,(콤마)로 구분된 경우 sep=","하면 된다.
> - nrows=숫자: 읽으려는 행의 수를 지정할 수 있다.
> - skip=숫자: 넘기는 줄을 명시하는 명령어로서, 처음 두 줄이 설명 줄이어서 읽지 않으려면 skip=2로 세 번째 줄부터 읽는 옵션이다.

① 실습1

- test.txt 파일이 아래 화면과 같이 c:/rData/test.txt로 존재한다.

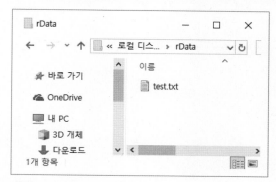
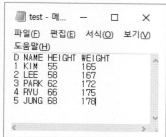

참고 메모장으로 test.txt만들기

- windows 보조프로그램 폴더에 있는 메모장을 선택한다.
- 데이터를 넣는다.
- 파일 (F) 항목을 선택하여
  - 다른이름으로 저장을 선택
  - 폴더 C 아래에 rData를 선택(만일 폴더가 없으면 마우스 오른쪽 버튼을 클릭하여 새폴더로 rData를 만들면 된다.)
  - 파일이름을 test.txt로 설정

ⓐ 절대주소로 데이터 읽기: READ.TABLE (주소, 옵션)

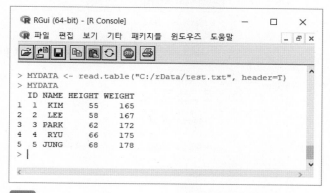

설명

- read.table (c:/rData/test.txt", header=T)
  - 읽는 데이터 파일 주소: c:/tData/Test.txt
  - header=T: test.txt 파일에 맨 윗 줄은 header로 변수 이름으로 사용

ⓑ 상대주소로 데이터 읽기 (옵션: setwd("c:/rData"))

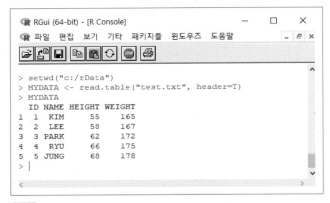

설명

- setwd ("c:/rData"): 현재 디렉토리를 c:/rData로 선언
- read.table ("test.txt", header=T): 앞에서 현재디렉토리를 c:/rData로 옮겼기 때문에 파일이름 "test.txt"만 기입하면 된다.

② 실습2

- 변수이름 없는 텍스트 파일읽기

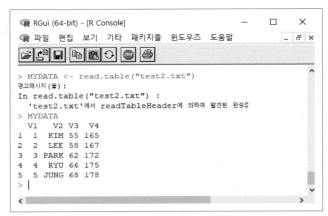

설명

- header=T 옵션이 없으므로 변수이름을 받지못한다.
- 자동으로 변수 V1, V2, V3, V4가 지정된다.

③ 실습3

- 데이터 구분을 콤마 , 로 했을 때 텍스트파일 읽기 (추가 옵션: sep =",")

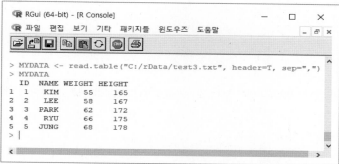

④ 실습4

- 첫 줄에 설명이 있어서 무시해야 할 텍스트파일 읽기(추가 옵션: skip=1)

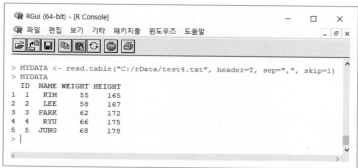

설명

첫 줄 "이 데이터는 실습용입니다."가 사라졌다.

⑤ 실습5
- 데이터 세 개만 읽을 경우 (추가 옵션: nrows=3)

⑥ 실습6
- 한글 데이터인 경우: 옵션 encoding="UTF-8"을 사용하지 않는다. 자동 설정되기 때문에

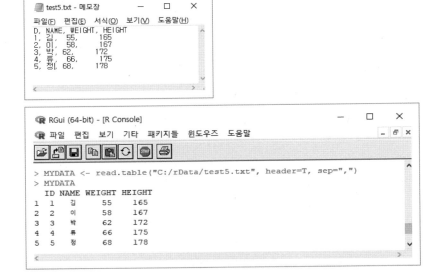

2) CSV 파일 읽기

- CSV(Comma separated Value) 파일은 확장자 이름이 .csv이고 파일 내 데이터가 콤마 ,로 구분되어 있는 파일이다.
- read.csv( )를 사용한다.

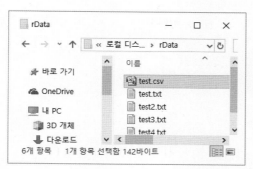
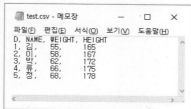

참고 csv 파일 만들기

- Excel로 데이터를 넣고
- 저장할 때
  - 다른이름으로 저장
  - 다른 형식에서
  - 파일 형식을 선택하면 아래화면과 같이 나온다.

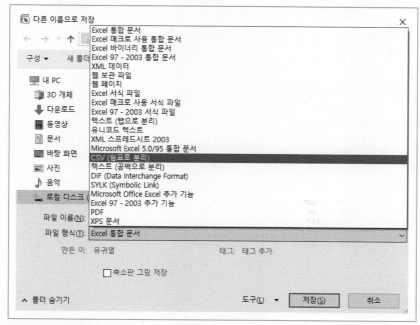

  - CSV(쉼표로 분리)를 선택한다.
  - 파일이름: test
  - "저장" 클립한다.
  - 그러면 test.txt 파일이 만들어 진다.

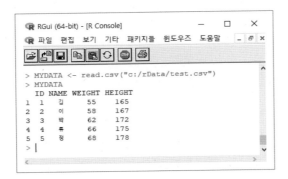

참고 변수이름이 없는 csv 파일 읽기

변수이름이 없으면 변수이름 리스트 명령어와 header=F, col.names="변수이름리스트" 옵션을 추가하여야 한다.

- 변수이름이 없는 csv 파일

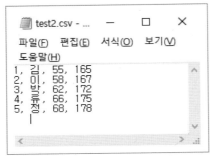

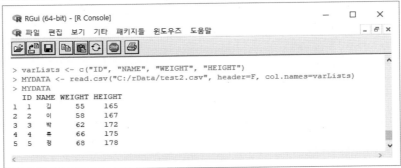

설명

변수이름을 부여하기위해 변수 varLists=c("ID", "NAME", "WEIGHT", "HEIGHT")로 선언하고 read.csv함수의
옵션에 header=F, col.names=varLists를 추가하였다.

3) 탭으로 구분된 데이터파일 읽기

- read.delim() 함수 사용

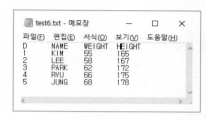
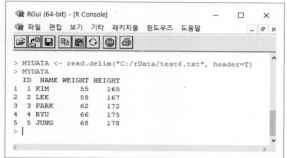

- 이는 아래 화면에 있듯이 read.table(file, sep="\t")와 같다.

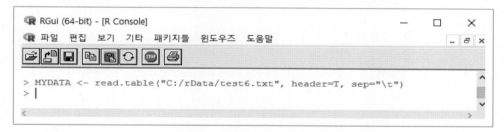

4) scan() 함수로 데이터 읽기

- scan() 함수는 데이터를 한꺼번에 빨리 읽는 함수이다.

- 형식: scan(file, what=" ", sep=" ", skip=숫자)

설명

- file: 파일의 위치
- what=" "는 데이터가 문자, what=0은 데이터가 숫자라는 것을 지시
- sep=" "는 데이터 구분문자

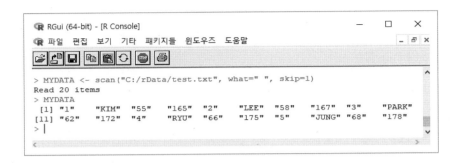

설명 test.txt에 있는 모든 데이터를 문자열로 읽어서 20개의 데이터를 읽는다.

5) scan() 함수로 읽고 변수이름 부여하기

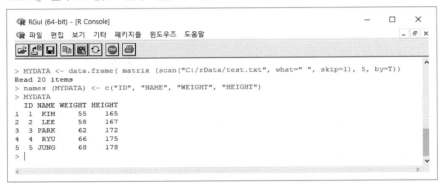

설명

- scan() 함수로 test.txt 파일에 있는 데이터를 문자열로 첫째 줄을 제외하여 읽고,
- matrix() 함수로 데이터를 2차원 배열로 정의하고
- names() 함수로 변수이름 부여

6) head(), tail() 함수

- head() 함수: 위 3개 행의 자료 보여주기
- tail() 함수: 아래 3개 행의 자료 보여주기

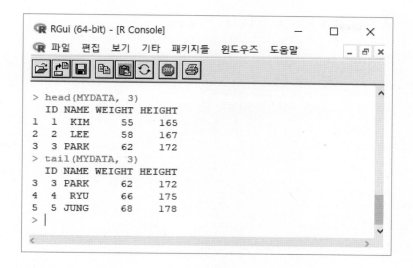

설명 위 세 개 행, 아래 세 개 행을 보여 준다.

7) 키보드로부터 데이터 읽기

• edit() 함수: 데이터를 키보드로 입력을 위한 함수

– 데이터 프레임을 만들고, 데이터 편집기 함수를 호출하여

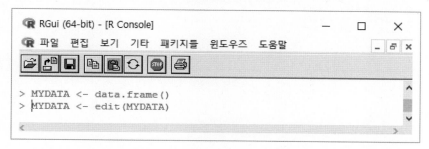

- 데이터를 아래 화면과 같이 키보드로 입력한다.

- 변수이름을 부여하여 데이터 세트를 완성한다.

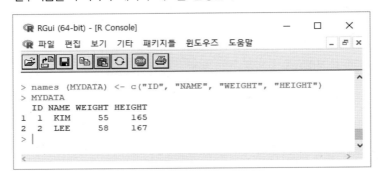

8) R에서 제공하는 데이터 읽기

- R에서 제공하는 데이터는 사전조치 없이 그대로 읽을 수 있다.

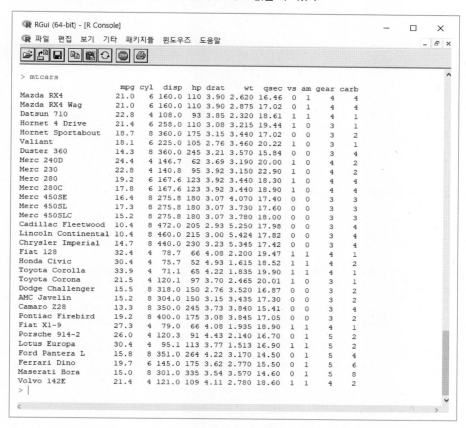

설명 R에서 제공하는 mtcars 데이터셋은 사전 조치 없이 읽고 사용할 수 있다.

- R에서 제공하는 데이터셋의 인터넷 사이트
  - site: https://stat.ethz.ch/R-manual/R-devel/library/datasets/html/00Index.html

9) 패키지를 이용하여야 하는 데이터셋

- 패키지 MASS에 있는 Cars93을 사용하려면

① library(MASS): 통계자료들이 있는 MASS 패키지 구동

② str(Cars93): MASS 패키지에 있는 Cars93 자료의 구조(structure)를 확인

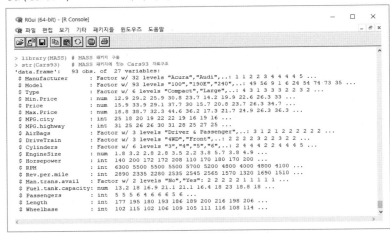

설명 변수이름과 변수의 구조에 대한 설명을 볼 수 있다.

③ 데이터셋을 이용한다.

- subset=(MPG.city > 40): 도시주행 연비가 40mil/gallon인 데이터만 추출

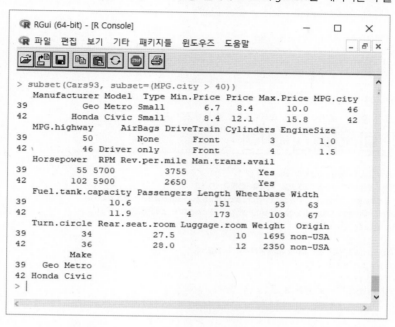

10) 엑셀 자료 읽기

- readxl 패키지 설치: install.packages("readxl")

- readxl 패키지 구동: library(readxl)

- 엑셀 파일 읽기: MYDATA <— read_excel("파일주소")

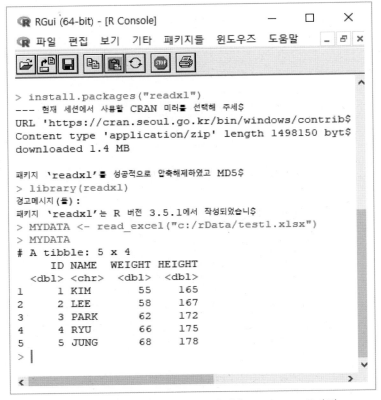

- 엑셀 파일에 1행이 변수이름이 아닌 경우: 옵션에 col_names=F 추가
- 엑셀 파일에 읽을 쉬트가 뒤에 있는 경우: 옵션에 sheet = "쉬트 이름" 추가

☑ windows에서 패키지 설치 에러 문제

　　windows는 프로그램 설치를 c:/program files/나 c:/program files (x86)/아래 폴더에 설치한다. R은 c:/program files/에 설치하는 데 보안을 위하여 이 후의 파일을 임의로 쓰기를 막고 있다. 따라서 패키지를 설치하면 경고 창으로 그 폴더에 쓰지 못한다는 창이 뜬다.

　　이를 방지하기 위해서는 R 폴더의 쓰기 권한을 부여하여야 한다. 권한부여 방법은 c:/program files/R 폴더에서 마우스 오른쪽 버튼을 클릭하면, 아래와 같은 창이 뜬다.

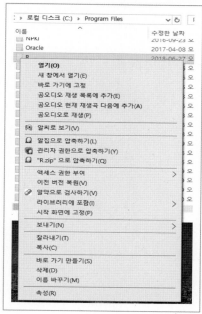

　- "속성" 항목을 클릭하여

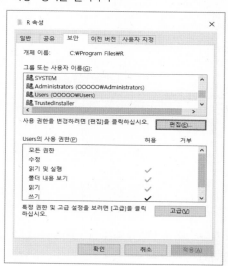

- "편집"을 클릭하면

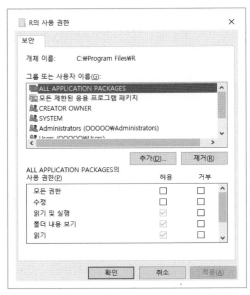

R 폴더의 권한이 나온다.

- Users (OOOOO\Users) 권한을 보면 수정권한이 허용되지 않았다.

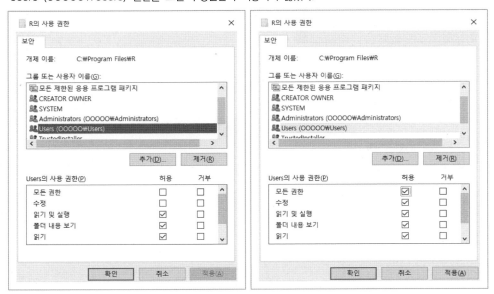

모든 권한을 "허용"으로 바꾸고 "확인"을 클릭하면 누구나 R 폴더에 쓸 수 있어서 패키지를 설치할 수 있다.
따라서 이제부터 추가되는 모든 패키지는 R 폴더에 쓸 수 있다.

11) URL로 자료 읽기

- 인터넷으로 오픈된 데이터 셋을 R로 접근하여 데이터를 받을 수 있다.

  방법 url <— " 주소 "

  MYDATA <— read.csv(url)

- 아래 화면은 교육용으로 Rdatasets으로 제공되는 사이트

- https://vincentarelbundock.github.io/Rdatasets/datasets.html이다.

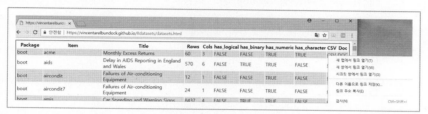

- 다운받고자 하는 파일의 CSV항목에서 오른쪽 마우스를 클릭하면 "잡리스트"가 뜨는데 그 중에서 "링크 주소 복사"를 선택하면 버퍼에 링크 주소가 복사된다.

- 복사된 주소를 url에 대입한다.

- csv 파일이므로 MYDATA <— read.csv(url)로 데이터를 읽어 들인다.

- str(MYDATA)로 읽은 데이터의 구조를 파악한다.

- head(MYDATA)로 데이터를 확인한다.

```
> url <- "https://vincentarelbundock.github.io/Rdatasets/csv/boot/acme.csv"
> MYDATA <- read.csv(url)
> str(MYDATA)
'data.frame':   60 obs. of  4 variables:
 $ X     : int  1 2 3 4 5 6 7 8 9 10 ...
 $ month : Factor w/ 60 levels "1/86","1/87",..: 1 21 26 31 36 41 46 51 56 6 ...
 $ market: num  -0.06113 0.00822 -0.00738 -0.06756 -0.00624 ...
 $ acme  : num  0.0302 -0.1655 0.0801 -0.1099 -0.1149 ...
> head(MYDATA, 5)
  X month    market       acme
1 1  1/86 -0.061134  0.030160
2 2  2/86  0.008220 -0.165457
3 3  3/86 -0.007381  0.080137
4 4  4/86 -0.067561 -0.109917
5 5  5/86 -0.006238 -0.114853
> |
```

12) Hadoop(빅데이터 플랫폼)에서 데이터 읽기

- 여기 부분도 심화내용으로 "빅데이터 분석 R과 빅데이터 플랫폼 하둡 개론"에 기술된 11장의 내용과 연관이 있다.
- 여기에서는 하둡 플랫폼에 올라가 있는 데이터를 읽는 방법을 공부한다.

하둡 플랫폼에 올라가 있는 데이터를 읽는 것은 매우 중요하다. 그 이유는 빅데이터는 거의 실시간으로 데이터를 분석하여 목적에 맞는 결과를 다양한 시각화 도구를 이용하여 볼 수 있는 장점을 가지고 있다. 데이터베이스에 있는 데이터는 실시간으로 검색은 할 수 있으나 데이터 분석할 수 없으며 시각화도구도 제한적이다. 또한 빅데이터관련 소프트웨어는 제3의 개발자에 의해 제공되는 것을 제외하면 거의 무료이나 데이터베이스관련 소프트웨어는 유료이다. 따라서 빅데이터 시대에 하둡 플랫폼에 데이터를 적재하고, 데이터를 읽고, 분석하고, 결과를 시각화하는 작업은 빅데이터의 핵심 기술중의 하나라고 할 수 있다.

- Hadoop에 /wordcount/README.txt 파일이 아래와 같이 올라가 있는 경우

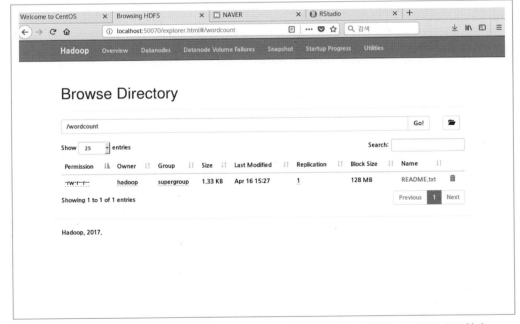

- Hadoop에 파일을 올리는 방법은 "빅데이터 분석 R과 빅데이터 하둡 개론"의 11장에서 공부한다.

– hdfs.cat("/wordcount/README.txt)으로 파일을 읽는다.

```
> MYDATA <- hdfs.cat("/wordcount/README.txt")
> MYDATA
[1] "For the latest information about Hadoop, please visit our website at:"
[2] ""
[3] "    http://hadoop.apache.org/core/"
[4] ""
[5] "and our wiki, at:"
[6] ""
[7] "    http://wiki.apache.org/hadoop/"
[8] ""
[9] "This distribution includes cryptographic software.  The country in "
```

- 변수 MYDATA에 README.txt 파일의 내용이 대입되어 있음을 알 수 있다.
- R에서 hadoop 파일을 읽기 위해서는 RHadoop을 설치하여야 한다.

– Hadoop 파일을 읽음으로써 빅데이터를 R에서 읽어서 분석할 수 있다.

2. 파일로 데이터 쓰기

1) write() 함수

① write(데이터, file="주소", append = FALSE(or TRUE), sep =" ")
  - 데이터: 쓰고자 하는 데이터 리스트
  - file ="주소": 데이터리스트를 저장하고자 하는 파일 이름,
  - append = TRUE이면 기존의 파일이 존재하면 뒤에 추가, FALSE이면 새로이 파일을 생성하여 저장
  - sep = " ": 데이터 사이의 문자(구분자)는 공백문자

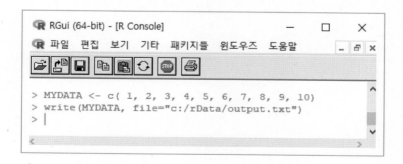

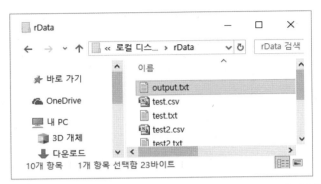

설명 file = "주소"에 디렉토리를 적시하지 않으면 상대주소를 사용하며 기본값은 "c:/사용자/login시의 id/ 문서" 즉 이용자 "문서" 디렉토리에 저장된다.

② write.table(): 데이터를 표형태로 저장

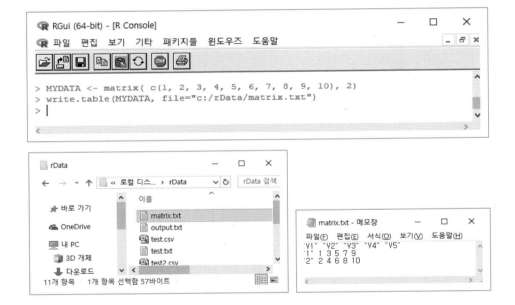

③ csv 형식(,로 데이터 구분)의 데이터 저장
  - 확장자 이름에 .csv로 쓰고, 구분자 sep=","로 구분해야 한다.

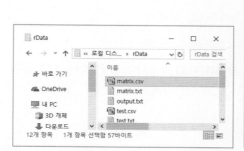
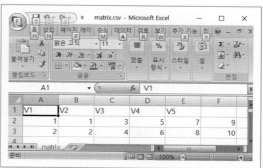

설명 csv 파일로 저장되어 엑셀에서 읽을 수 있는 파일임을 알 수 있다.

- write.csv(): 옵션 sep=","없이 사용할 수 있다.

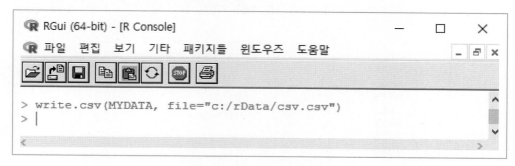

④ 엑셀파일로 저장하기
  - 필요한 코드

```
install.packages("xlsx")              #xlsx 패키지 다운로드

install.packages("rJava")             #rJava 패키지 다운로드

require(xlsx)                         #xlsx 패키지 구동

require(rJava)                        #rJava 패키지 구동

write.xlsx(MYDATA,                    #저장될 데이터셋 MYDATA

file=c:/rData/MYDATA.xlsx,            #저장되는 파일 c:/rData/MYDATA.xlsx

sheetName="data",                     #저장될 시트는 data

col.names=TRUE,                       #변수이름 저장

row.names=FALSE,                      #데이터번호 저장하지 않음

append=TRUE)                          #MYDATA.xlsx에 데이터가 있다면 뒤에 붙임
```

3. 데이터 추가 삭제

1) 행데이터 추가: rbind() row bind의 약자로 열을 즉 데이터를 추가한다.

- MYDATA는 변수 ID, NAME, WEIGHT, HEIGHT가 있고 데이터는 5개가 있다.
- ADD는 변수 ID, NAME, WEIGHT, HEIGHT가 있고 데이터는 1개가 있다.

```
> MYDATA <- read.table("test.txt", header=T)
> MYDATA
  ID NAME WEIGHT HEIGHT
1  1  KIM     55    165
2  2  LEE     58    167
3  3 PARK     62    172
4  4  RYU     66    175
5  5 JUNG     68    178
> ADD <- read.table("add.txt", header=T)
> ADD
  ID NAME WEIGHT HEIGHT
1  6  MIN     69    179
```

설명 MYDATA와 ADD 데이터 확인

- rbind(data1, data2): data1에 data2를 더한다.

```
> ADD2 <- rbind(MYDATA, ADD)
> ADD2
  ID NAME WEIGHT HEIGHT
1  1  KIM     55    165
2  2  LEE     58    167
3  3 PARK     62    172
4  4  RYU     66    175
5  5 JUNG     68    178
6  6  MIN     69    179
```

설명 ADD2에는 5개인 데이터가 6개로 추가되었음을 알 수 있다.

2) 열 추가: cbind() column bind의 약자로 열을 추가한다.

- ADD3 데이터에 MYDATA의 행개수 만큼의 데이터가 있으면

- cbind(data1, data2): data1의 데이터에 data2의 데이터를 행으로 추가한다.

```
> ADD3 <- c("High", "High", "high", "Middle", "Middle")
> ADD4 <- cbind(MYDATA, ADD3)
> ADD4
  ID NAME WEIGHT HEIGHT   ADD3
1  1  KIM     55    165   High
2  2  LEE     58    167   High
3  3 PARK     62    172   high
4  4  RYU     66    175 Middle
5  5 JUNG     68    178 Middle
```

설명 ADD4에는 ADD3행이 추가되었음을 알 수 있다.

3) 행데이터 삭제: 삭제하고자 하는 행번호에 – 추가

- 첫 번째 행삭제: [-1,]

```
> MYDATA <- MYDATA[-1,]
> MYDATA
   ID NAME WEIGHT HEIGHT
2   2   LEE     58    167
3   3  PARK     62    172
4   4   RYU     66    175
5   5  JUNG     68    178
```

설명 첫 번째 행이 삭제되었음을 알 수 있다.

- 2, 5행을 삭제하려면: MYDATA <— MYDATA[-c(2, 5),]

- 짝수 행을 삭제하려면: MYDATA <— MYDATA[-c(which(MYDATA%%2 ==0))]

6절   공공데이터 사이트 데이터 받기

1. 공공데이터 사이트: https://www.data.go.kr

위 사이트는 우리나라 공공기관에서 제공되는 데이터를 텍스트, 엑셀, 실시간자료 등을 제공한다.

1) 사이트 화면

2) 회원가입

3) 데이터셋 디렉토리 선택

① 텍스트(Text) 파일 다운로드

- 교통사고통계 데이터 다운로드

- zip 파일을 압축을 푼다.

- 텍스트 파일: 2016년_시도_시군구별_가해운전자_사고유형별_교통사고.csv

• 앞의 5개 데이터 확인

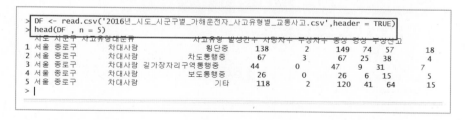

② 엑셀(Excel) 파일 다운로드
 - "전국도시공원표준데이터"를 검색하여 다운받는다.

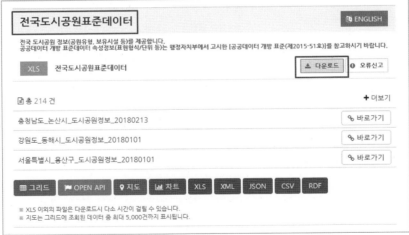

```
> my_excel <- read_excel('전국도시공원표준데이터.xls')
> head(my_excel,5)
```

```
# A tibble: 5 x 19
  관리번호 공원명 공원구분 소재지도로명주소 소재지지번주소 위도 경도 공원면적 `공원보유시설(운동시설)`~
  <chr>   <chr>  <chr>    <chr>            <chr>          <chr> <chr> <chr>   <chr>
1 29170-0~ 문화근린공~ 근린공원 광주광역시 북구 대천로 86~ 광주광역시 북구 문흥동 ~ 35.1~ 126.~ 87710.3  NA
2 29170-0~ 두암제1근~ 근린공원 광주광역시 북구 삼정로 36~ 광주광역시 북구 두암동 ~ 35.1~ 126.~ 13383.5  NA
3 29170-0~ 첨단체육근~ 근린공원 광주광역시 북구 임방울대로 ~ 광주광역시 북구 오룡동 ~ 35.2~ 126.~ 170920.6 NA
4 29170-0~ 일곡제1근~ 근린공원 광주광역시 북구 일곡로 55~ 광주광역시 북구 일곡동 ~ 35.2~ 126.~ 34840.3  NA
5 29170-0~ 일곡제2근~ 근린공원 광주광역시 북구 설죽로 52~ 광주광역시 북구 일곡동 ~ 35.2~ 126.~ 10315    NA
# ... with 10 more variables: `공원보유시설(유희시설)` <chr>, `공원보유시설(편익시설)` <chr>,
#   `공원보유시설(교양시설)` <chr>, `공원보유시설(기타시설)` <chr>, 지정고시일 <chr>,
#   관리기관명 <chr>, 전화번호 <chr>, 데이터기준일자 <chr>, 제공기관코드 <chr>, 제공기관명 <chr>
```

③ Open API를 통한 자료 다운로드

- API(Application Interface): 데이터를 받는 형식으로 실시간으로 자료를 받을 수 있다.

● 내가 원하는 형태로 자료를 실시간으로 받을 수 있다.

■ Open API를 통한 자료 다운로드 사례

● 전국약국정보 사이트

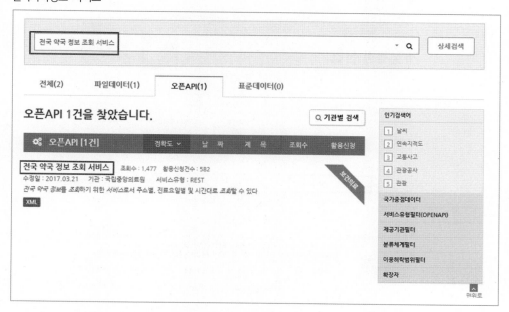

- 개발계정 신청

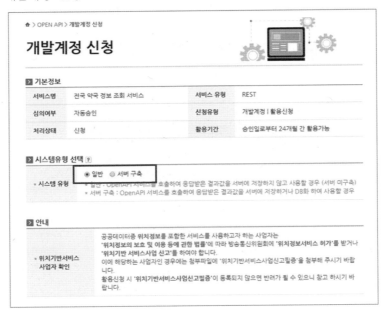

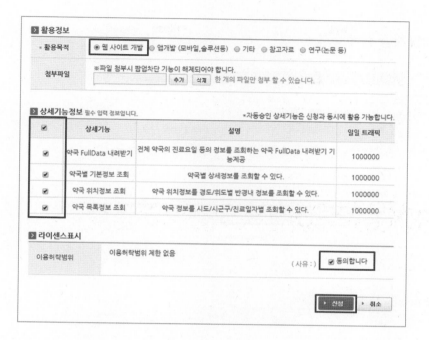

- 계정 승인현황

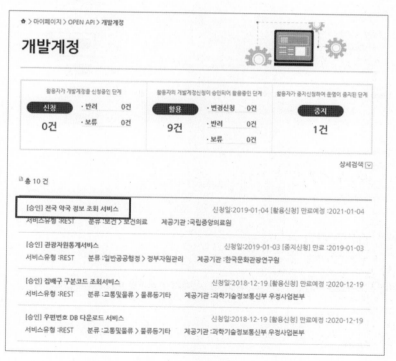

• "미리보기" 버튼을 누르면 요청주소, 상세기능, 인증키가 포함된 url 주소로 연결된다.

- 아래와 같이 SERVICE ERROR가 발생하는 경우: 사용신청을 하여도 실제 사용하기까지 몇 일이 소요되기 때문이다.

```
This XML file does not appear to have any style information associated with it. The document tree is shown below.

▼<OpenAPI_ServiceResponse>
  ▼<cmmMsgHeader>
      <errMsg>SERVICE ERROR</errMsg>
      <returnAuthMsg>SERVICE_ACCESS_DENIED_ERROR</returnAuthMsg>
      <returnReasonCode>20</returnReasonCode>
    </cmmMsgHeader>
  </OpenAPI_ServiceResponse>
```

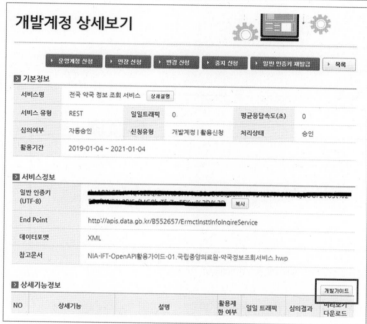

- API를 통한 데이터 수신 환경정보

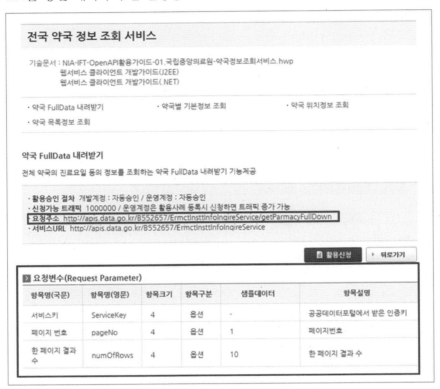

- UTF-8 인증키와 요청 주소, 변수 등을 기억해둬야 한다.

- openAPI를 통해 가져올 수 있는 데이터 형태는 일반적으로 xml/json이다.

　　R에서 xml/json의 파일 형태를 다루기 위해 XML과 rjson 패키지 2개를 다운받는다.

- install.packages("XML"): XML 형식의 데이터를 받는 패키지
- XML 형식은 아래와 같이 tag 형식으로 저장된다.

```
<item>
    <name>류귀열</name>
    <company>서경대학교</company>
</itme>
```

- install.packages("rjson"): json 형식의 데이터를 받는 패키지
- json 데이터형식은 (key, value)로 구성된다.

　　name=류귀열

company=서경대학교

```
> install.packages('XML')
trying URL 'https://cran.rstudio.com/bin/windows/contrib/3.4/XML_3.98-1.16.zip'
Content type 'application/zip' length 4324410 bytes (4.1 MB)
downloaded 4.1 MB

package 'XML' successfully unpacked and MD5 sums checked

The downloaded binary packages are in

> install.packages("rjson")
trying URL 'https://cran.rstudio.com/bin/windows/contrib/3.4/rjson_0.2.20.zip'
Content type 'application/zip' length 565714 bytes (552 KB)
downloaded 552 KB

package 'rjson' successfully unpacked and MD5 sums checked
Warning in install.packages :
  cannot remove prior installation of package 'rjson'

The downloaded binary packages are in
```

- 웹페이지를 읽는 기능이 필요하므로 RCurl 패키지도 다운받는다.

```
> install.packages("RCurl")
also installing the dependency 'bitops'

trying URL 'https://cran.rstudio.com/bin/windows/contrib/3.4/bitops_1.0-6.zip'
Content type 'application/zip' length 37234 bytes (36 KB)
downloaded 36 KB

trying URL 'https://cran.rstudio.com/bin/windows/contrib/3.4/RCurl_1.95-4.11.zip'
Content type 'application/zip' length 2871270 bytes (2.7 MB)
downloaded 2.7 MB

package 'bitops' successfully unpacked and MD5 sums checked
package 'RCurl' successfully unpacked and MD5 sums checked

The downloaded binary packages are in
```

- openAPI에 접근할 url 주소와 인자들을 지정한다.

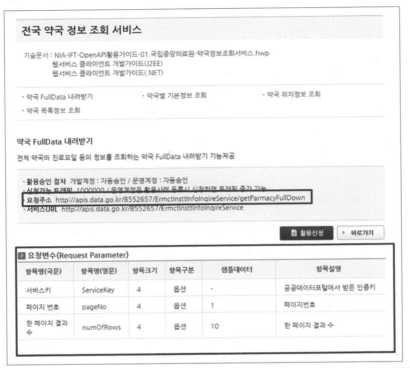

```
> baseurl <- "http://apis.data.go.kr/B552657/ErmctInsttInfoInqireService"
> category <- "getParmacyFullDown"
> param1 <- "serviceKey"
> param2 <- "numOfRows"
> param3 <- "pageNo"
> mykey <- "발급받은 utf-8 인증 key "
```

- baseurl : openAPI 에 접근하기 위한 기본 주소
- category : getParmacyFullDown으로 우리가 필요한 분야의 데이터에 대한 내용
- param1 : serviceKey로 신청했을 때 발급받았던 키를 나타내는 이름
- param2 : numOfRows로 한 페이지에 담겨있을 총 데이터 개수로 사용할 예정
- param3 : pageNo로 페이지 번호로 사용예정
- mykey : 발급받은 utf-8 인증 키

참고 utf-8은 Universal Code Character Set + Transformation Format - 8bit 약자로서 전 세계의 글자를 1바이트에서 4바이트까지 사용하여 완성형 유니코드로 표현하는 형식으로서 널리 사용되는 문자 형식이다. 한글 문자도 이에 포함되어 있다.

- 데이터를 담을 데이터 프레임 선언

```
dt <- data.frame()
```

- 요청 url 지정하기

```
requestUrl <- paste( baseurl , "/" , category , "?" , param1 , "=" , mykey , "&" ,
                     param2 , "=" , "10" , "&" , param3 , "=" , sep="" )
```

- paste(): 문자열을 연결하는 함수로서 변수 값을 적용하면

  requestUrl <—

  http://apis.data.go.kr/B552657/ErmctInfoInqireService/getParmacyFullDown?serviceKey=발급받

  은utf-8인증키&numOfRows=10&pageNo=,이고

  sep="": 구분자를 없애는 파라미터

- 필요한 라이브러리 호출하기

```
library(XML)
library(RCurl)
library(plyr)
```

- 총 데이터 개수와 총 페이지 수 구하기

```
// 전체 페이지 수를 구하기
requestUrl <- paste( baseurl , "/" , category , "?" , param1 , "=" , mykey , "&" ,
                     param2 , "=" , "10" , "&" , param3 , "=" , sep="")
page = getForm(paste(requestUrl,"1",sep=""), query="")
doc = xmlToDataFrame(page)
totalDataNum = as.numeric(doc[2,6])
totalPageNum = (totalDataNum%/%10) + 1
```

- getForm(): RCurl 패키지의 함수로서 웹페이지에 get형식으로 데이터를 보내는 함수

- getForm(paste(requestUrl, "1", sep=""), query=""): reqquestUrl 변수에 param3=1로 지정
  하고 query=""은 getForm()함수를 웹사이트로 질의를 보내서 데이터를 받아오는 파라미터

- xmlToDataFrame(): xml로부터 데이터프레임으로 바꾸는 함수

- as.numeric(): 문자열을 숫자로 바꾸는 함수 doc의 2~5 열의 문자를 숫자로 변환, 데이터개수를 구한다.

- totalDataNum%%10: 데이터 개수를 한 페이지 당 10개의 데이터로 정했으니 10으로 나누어서 페이지
  수를 계산하는 식

- 한 페이지에서 데이터 가져오기

```
url_page = getForm(requestUrl, query="")
doc = xmlParse(url_page)
doc = xmlToList(doc)
for( i in 1:10 ) {
    tmp <- data.frame(doc[2]$body$items[i])
    dt <- rbind.fill(dt, tmp)
}
```

- url_page: requestUrl로 질의를 날려서 데이터를 가져온 데이터를 담는 변수
- doc = xmlParse(url_page): 질의를 통해 가져온 데이터들을 xmlParse함수를 통해 xml 데이터를 변수 데이터로 변환하여 저장
- doc = xmlToList(doc): doc에 저장되어 있는 데이터들을 리스트 형식의 배열로 저장
- for(i in 1 : 10): for 반복문을 10회 반복
- tmp <- data.frame(doc[2]$body$items[i]: items[i]의 데이터를 tmp에 저장
  dt <- rbind.fill(dt, tmp): 변수 dt에 tmp의 값을 행으로 추가
- 따라서 dt는 추출받은 데이터를 행으로 가지고 있다.

참고 xml 데이터

```
▼<response>
  ▼<header>
     <resultCode>00</resultCode>
     <resultMsg>NORMAL SERVICE.</resultMsg>
  </header>
  ▼<body>
    ▼<items>
      ▼<item>
          <dutyAddr>인천광역시 남동구 구월남로342번길 3, (만수동)</dutyAddr>
          <dutyMapimg>문성여자상업고등학교 부근</dutyMapimg>
          <dutyName>푸른약국</dutyName>
          <dutyTel1>032-466-1762</dutyTel1>
          <dutyTime1c>2100</dutyTime1c>
          <dutyTime1s>0900</dutyTime1s>
          <dutyTime2c>2100</dutyTime2c>
          <dutyTime2s>0900</dutyTime2s>
          <dutyTime3c>2100</dutyTime3c>
          <dutyTime3s>0900</dutyTime3s>
          <dutyTime4c>2100</dutyTime4c>
          <dutyTime4s>0900</dutyTime4s>
          <dutyTime5c>2100</dutyTime5c>
          <dutyTime5s>0900</dutyTime5s>
          <dutyTime6c>2100</dutyTime6c>
          <dutyTime6s>0900</dutyTime6s>
          <dutyTime8c>2100</dutyTime8c>
          <dutyTime8s>0900</dutyTime8s>
          <hpid>C1400163</hpid>
          <postCdn1>215</postCdn1>
          <postCdn2>38 </postCdn2>
          <rnum>1</rnum>
          <wgs84Lat>37.451647469353844</wgs84Lat>
          <wgs84Lon>126.72792593850772</wgs84Lon>
      </item>
      ▶<item>...</item>
      ▶<item>...</item>
      ▶<item>...</item>
      ▶<item>...</item>
      ▶<item>...</item>
      ▶<item>...</item>
      ▶<item>...</item>
      ▶<item>...</item>
      ▶<item>...</item>
    </items>
    <numOfRows>10</numOfRows>
    <pageNo>1</pageNo>
    <totalCount>22939</totalCount>
  </body>
</response>
```

- xml 데이터는 <response>로 받았으며

- <header>와 <body> 태그로 구성

- <header>:는 메타 정보

- <body>: 결과

- <items>: 데이터 모음

- <item>: 한 행의 데이터

- <dutyAddr>인천광역시 남동구 구월남로342번길 3, (만수동): 변수이름은 dutyAddr 변수 값은 인천광역시
  남동구 구월남로342번길 3, (만수동)

  <noOfRows>10: 변수 noOfRows의 값이 10

  <pageNo>1: 변수 pageNo의 값이 1

<totalCount>22939: 변수 totalCount의 값이 22939

- 결과를 csv파일로 저장

```
write.csv(dt, "약국정보.csv")
```

• csv 파일 데이터 중 10개 데이터

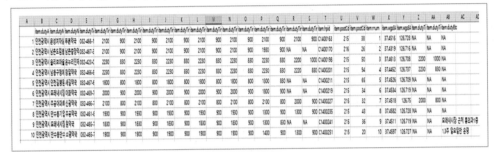

연습문제

1. 변수 x =10, y=3을 지정하고 +, -, *, /, 지수승, 나머지, 몫 연산을 하여라.

2. 벡터 x를 1, 3, 5, 7, ..., 201로 지정하고 프린트하는 for문을 작성하여라.

3. 다음의 합을 for문으로 작성하여 결과를 프린트하여라.

$$① \sum_{i=0}^{10} 0.1^i 0.9^{10-i} \qquad\qquad ② \sum_{i=1}^{5} (\frac{1}{2^i} + \frac{1}{3^i})$$

4. 밑변과 높이를 받아서 삼각형 면적을 계산하는 함수 triangle을 작성하고 밑변=100, 높이 =50을 파라미터로 넘겨서 결과를 프린트하는 프로그램을 작성하여라.

5. 다음의 벡터를 만들고 데이터프레임 변환하여 결과를 프린트하여라.

seq	id	dept	quota		SEQ	ID	DEPT	QUOTA
1	301	computer	80					
2	302	software	80					
3	303	economy	40					
4	304	business	60					
5	305	art	60					

6. 1, 2, 3, ..., 100의 숫자를 25행 4열의 행렬로 만들고 데이터프레임 변환하여 결과를 프린트하여라.

7. 5번의 데이터프레임을 c:/test폴더에 data.txt파일로 저장하고 data.txt파일을 읽어서 프린트하여라.

8. 5번의 데이터프레임을 c:/test폴더에 mat.txt파일로 저장하고 mat.txt파일을 읽어서 변수 이름을 col1, col2, col3, col4로 부여하고 이를 프린트하여라.

9. 5번의 데이터프레임을 c:/test폴더에 엑셀 파일인 data.xlsx로 저장하고 data.xlsx파일을 읽어서 프린트하여라.

10. R에서 제공하는 데이터셋 20개를 조사하여 데이터셋의 설명과 각 변수의 이름과 변수에 대한 설명을 작성하여라.

11. 저장되어 있는 엑셀 파일을 읽고 10개의 행만 화면에 프린트하여라.

12. 패키지에서 제공하는 데이터셋 10개를 조사하여 데이터셋의 설명과 각 변수의 이름과 변수에 대한 설명을 작성하여라.

13. URL로 데이터셋 3개를 읽고 변수명과 첫 10개의 행을 프린트하여라. 그리고 데이터셋의 설명과 각 변수의 이름과 변수에 대한 설명을 작성하여라.

실습과제

1. 공공데이터 사이트에서 ① 텍스트 파일, ② zip 파일, ③ API를 통한 실시간 데이터를 다운로드 하여 화면으로 프린트하여라.

빅데이터 분석 R과
빅데이터 플랫폼 하둡(Hadoop) 개론

OpenSource R
and Hadoop

데이터분석 기초

데이터분석 기초

1절 RStudio 사용법

　R은 명령어나 데이터 등을 파일로 관리하기 어렵다. R은 명령어를 저장하려면 텍스트 파일로 저장하여 다시 복사하여 사용하는 방식을 사용한다. 이러한 문제를 쉽게 할 수 있도록 도와주는 소프트웨어가 R의 그래픽 편집도구(GUI)인 RStudio이다. 우리는 데이터분석을 위하여 RStudio를 사용할 것이다. RStudio는 개인사용자는 무료이지만 기업이나 단체가 사용할 경우 유료이기 때문에, 설치할 때 유의하여야 한다. RStudio로 구현할 수 있는 내용 모두 R로도 구현가능하기 때문에, R을 이용하는 것과 같다. RStudio를 설치하기 위한 사이트는 https://www.rstudio.com이다. 아래 화면들은 RStudio를 설치하는 방법을 설명하고 있다. RStudio를 설치하기 전에 R이 설치되어 있어야 한다. 화면에 따라 RStudio를 설치한다.

1. RStudio 설치

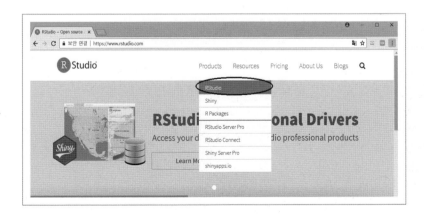

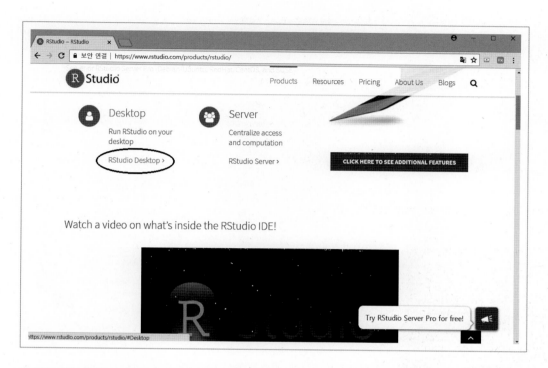

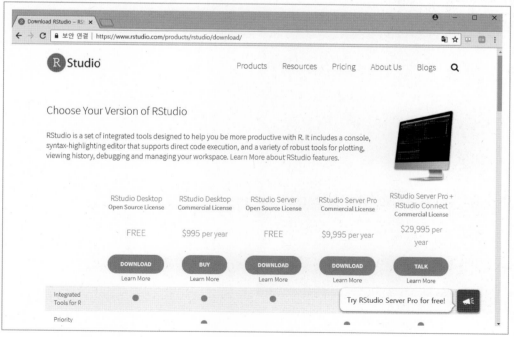

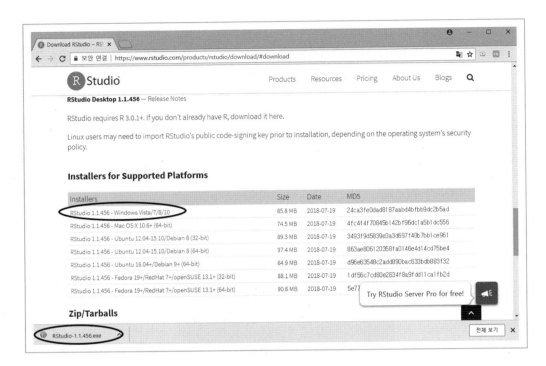

설치가 완료되면 아래 화면과 같이 프로그램 리스트에서 RStudio를 선택하면 RStudio가 시작된다.

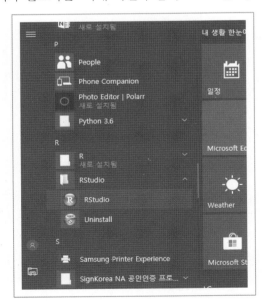

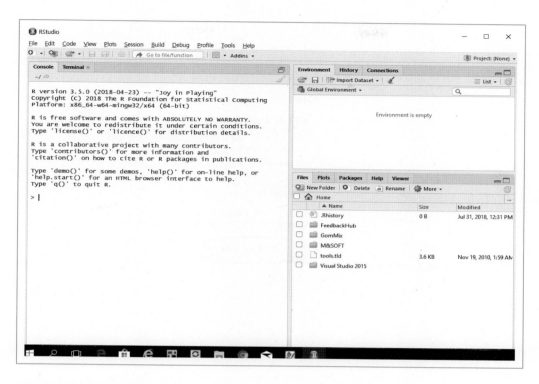

2. RStudio 실행오류 해결

1) 설치할 때 관리자권한으로 설치하지 않아서 발생되는 오류

→ 1장 에서와 같이 c:/Program Files/RStudio 폴더의 권한을 Users에게 모든 권한부여

2) 윈도우 사용자 계정이 한글일 때 오류

→ 영문 사용자 계정을 추가

→ 다음 화면과 같이 "PC 설정"에서 "이 PC에서 다른 사용자 추가"를 선택하여 영문 사용자
생성

→ "다시 시작", "영문 사용자"로 로그인

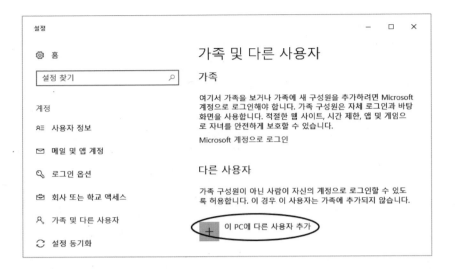

3) 초기화면

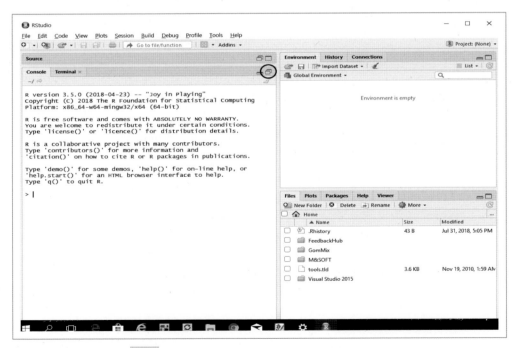

Console 화면 오른쪽 █ 을 클릭하면 다음 화면과 같이 4개의 창이 보인다.

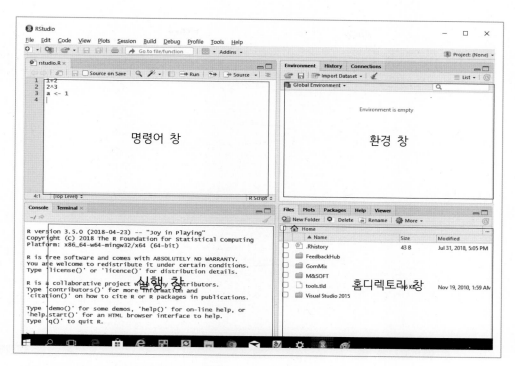

- 명령어 창: R 명령어를 기록하는 창

- 실행 창: R 명령어가 실행되어 결과를 보여주는 창

- 환경 창: 변수나 데이터를 보여 주는 창

- 홈디렉토리 창: RStudio가 홈으로 쓰는 디렉토리(working directory) 창

- 실습 화면

  명령어 창에서 a <- 1을 입력하고 상단에 있는 **⇥ Run** 버튼을 클릭하면 결과는 실행 창에 나타나고, 변수 지정 값은 환경 창에 나타난다.

- 홈디렉토리 변경: 우리가 개발한 프로그램을 새로운 홈디렉토리 예를 들어 C;/rData에 저장하여 계속 사용한다면 홈 디렉토리를 변경하여야 한다.

  변경 방법은 맨 상단에 있는 Tools 목록에서 Global Options를 선택하면 아래 화면이 나오는데 Browser 버튼을 클릭하여 원하는 폴더(여기서는 C:/rData)를 선택하고 하단에 있는 **Apply** 버튼을 클릭하고 재 시작한다.

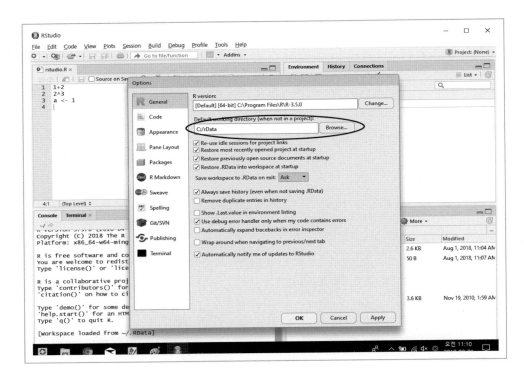

3. R Project 만들기

- Project: 상호 연관된 다수의 프로그램을 묶어서 한 폴더에 저장하여 쉽게 불러 사용할 수 있
  도록 지원하는 개념이다. 새로운 일을 할 때는 프로젝트로 시작하는 것이 바람직하다.

- Project 생성

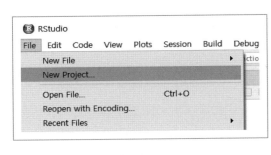

- New Directory: 새로운 폴더 생성
- Existing Directory: 기존에 있는 폴더 사용
- Version Control: 프로그램의 버전을 관리하는 Git이나 Subversion 사용

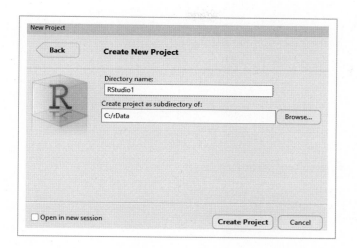

그러면 C:/rData 아래에 RStudio1이라는 폴더가 생기고 이 프로젝트에서 하는 모든 코드는 이 폴더에 저장된다.

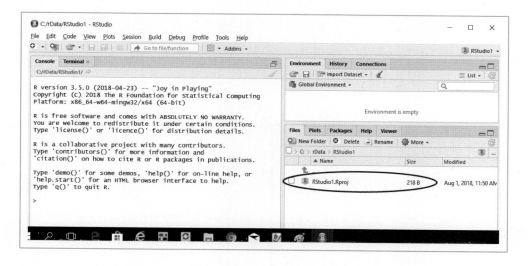

생성된 폴더를 확인할 수 있다.

- Rhistory는 작업한 명령어를 가지고 있는 R 파일이다.

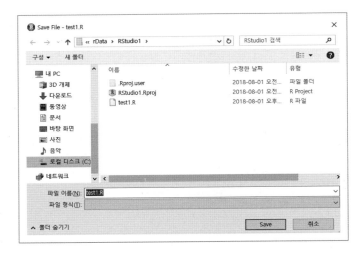

4. 스크립트 만들기

1) 스크립트: R 명령어를 저장하는 파일

- 파일 탭에 "Save As"는 명령어 창에 기록한 명령어들을 파일로 저장하는 옵션이며, "New File"은 새로운 파일을 만들어 기록할 명령어들을 저장하는 옵션이다.
- 여기에서는 폴더 c:/rdata에 파일이름 test1으로 저장한다.

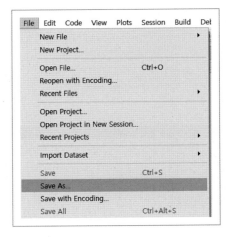

- RStudio 디렉토리 내에 test1.R 파일이 생성됨을 알 수 있다.
- 또한 명령어 창 왼쪽 상단에 파일이름 terst1.R이 보인다.

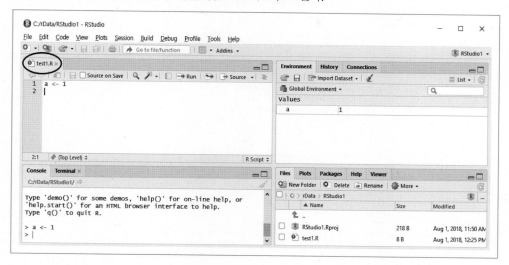

참고 폴더나 파일이름은 영어로 사용하는 것을 권장한다.

2) 주요 환경설정

- 환경설정은 Tools 탭의 Global Options과 Project Options 두 개가 있다.
- Global Options

- 각 목록들의 주요 기능들

목록	주요 기능
Generals	R 버전, 홈디렉토리 설정, 재시작시 오픈되는 프로젝트, 파일 지정 등
Code	명령어 작성 시 들여쓰기, 줄바꿈 등
Appearance	화면 크기, 글씨체, 글씨 크기 등
Pane Layout	창의 위치
Packages	CRAN mirror 서버, 패키지 다운로드 설정 등
R Markdown	R 마크다운 문서작성 도구 설정
Sweave	Latex, PDF 등 문서 출력기능 설정 등
Spelling	오타 검정 기능 설정 등
GitSVN	버전관리 시스템 설정 등
Publishing	온라인 배포 기능 설정
Terminal	터미널에 관한 기능 설정

- 줄바꿈 설정: RStudio 내에 창이 네 개가 있기 때문에 명령어가 길어지면 앞의 명령어가 보이지 않는다. 이를 자동 줄바꿈 설정을 하면 창의 크기 이상으로 명령어가 길어지면 명령어가 다음 줄에 보이게 하는 기능이다.

Global Options → Code의 기능 중 "Soft-wrap R resource files" 체크

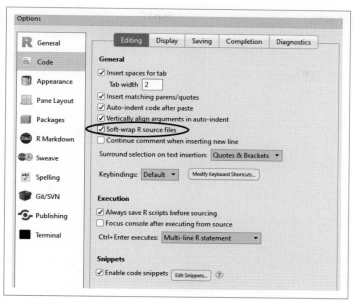

- 한글 깨짐 방지

　Project Options → Code Editing → Text Encoding "UTF-8" 선택

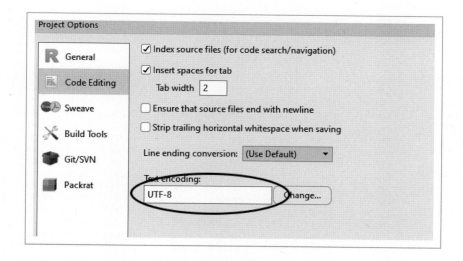

참고 UTF-8: Universal Code Character Set + Transformation Format - 8bit 약자로서 전 세계의 글자를 1바이트에서 4바이트까지 사용하여 완성형 유니코드로 표현하는 형식으로서 널리 사용되는 문자 형식이다. 한글 문자도 이에 포함되어 있다.

2절 기초적 통계분석

1. 기술통계(Descriptive Statistics)

기술통계는 데이터 요약 통계량이나 표, 그래프 등으로 데이터셋을 표현하는 방법이다. 이를 위해서 다음과 같이 용어의 정리가 필요하다.

- 데이터(data): 표현과 해석을 위해 수집·분석하고 요약되는 사실과 숫자들
- 원소(elements): 자료가 수집되는 대상
- 변수(variable): 원소들에서 관심의 대상이 되는 구체적인 특성

아래 표 2.1은 2016년 우리나라 총인구에 관한 표이다. 원소는 서울특별시, 부산광역시, 대구광역시, 인천광역시, 광주광역시, 대전광역시, 울산광역시, 세종특별자치시, 경기도, 강원도, 충청북도, 충청남도, 전라북도, 전라남도, 경상북도, 경상남도, 제주특별자치도이고 전국은 이들의 합이다. 변수는 총인구, 남자, 여자, 내국인-계, 내국인 남자, 내국인 여자, 외국인-계, 외국인 남자, 외국인 여자이다.

표 2.1   우리나라 총인구

행정구역별(시군구)	총인구 (명)	남자 (명)	여자 (명)	내국인-계 (명)	내국인-남자	내국인-여자	외국인-계	외국인-남자	외국인-여자
전국	51,269,554	25,696,987	25,572,567	49,855,796	24,881,520	24,974,276	1,413,758	815,467	598,291
서울특별시	9,805,506	4,799,115	5,006,391	9,470,339	4,636,374	4,833,965	335,167	162,741	172,426
부산광역시	3,440,484	1,694,026	1,746,458	3,394,316	1,667,106	1,727,210	46,168	26,920	19,248
대구광역시	2,461,002	1,223,733	1,237,269	2,430,510	1,205,785	1,224,725	30,492	17,948	12,544
인천광역시	2,913,024	1,465,699	1,447,325	2,841,151	1,423,740	1,417,411	71,873	41,959	29,914
광주광역시	1,501,557	747,303	754,254	1,477,856	734,092	743,764	23,701	13,211	10,490
대전광역시	1,535,445	770,971	764,474	1,515,758	761,749	754,009	19,687	9,222	10,465
울산광역시	1,166,033	605,618	560,415	1,137,241	587,458	549,783	28,792	18,160	10,632
세종특별자치시	242,507	122,648	119,859	237,672	119,765	117,907	4,835	2,883	1,952
경기도	12,671,956	6,405,301	6,266,655	12,199,257	6,122,936	6,076,321	472,699	282,365	190,334
강원도	1,521,751	769,461	752,290	1,502,387	759,122	743,265	19,364	10,339	9,025
충청북도	1,603,404	814,049	789,355	1,558,503	785,824	772,679	44,901	28,225	16,676
충청남도	2,132,566	1,091,091	1,041,475	2,055,033	1,043,049	1,011,984	77,533	48,042	29,491
전라북도	1,833,168	915,493	917,675	1,801,619	898,232	903,387	31,549	17,261	14,288
전라남도	1,796,017	901,500	894,517	1,759,387	879,099	880,288	36,630	22,401	14,229
경상북도	2,682,169	1,354,997	1,327,172	2,621,463	1,316,296	1,305,167	60,706	38,701	22,005
경상남도	3,339,633	1,701,849	1,637,784	3,247,448	1,636,954	1,610,494	92,185	64,895	27,290
제주특별자치도	623,332	314,133	309,199	605,856	303,939	301,917	17,476	10,194	7,282

2. 측정단위

변수의 값을 측정하는 단위로 명목척도, 순서척도, 구간척도, 비율척도 중 하나로 측정한다.

1) **명목척도:** 변수의 값을 나타내는데 "남자", "여자"와 같이 기호나 숫자로 나타낸다. R 코드로는 MYDATA 〈─ factor(levels=c("남자", "여자")) 또는 MYDATA 〈─ factor(levels=c(1, 2), labels=c("남자", "여자"))로 구현된다. 이는 데이터는 1,2이지만 데이터 의미는 1은 "남자", 2는 "여자"라는 것이다.

2) **순서척도:** 데이터가 "1학년", "2학년", "3학년", "4학년"와 같이 명목자료의 특성을 가지고 있고, 자료의 순서가 의미가 있는 척도이다. R 코드로는 MYDATA 〈─ factor(levels=c("1학년", "2학년", "3학년", "4학년"))로 구현된다.

3) **구간척도:** 데이터가 시험성적으로 68점과 같이, 자료가 순서자료의 특성을 가지며, 값들의 차이를 고정된 측정단위로 표현할 수 있는 척도이다. R 코드로는 MYDATA 〈─ c(68, 69, 70)으로 구현된다.

4) **비율척도:** 데이터가 몸무게 68kg과 같이 순서특성을 가지고 있으며 두 값의 비율이 의미가 있는 척도이다. R 코드로는 MYDATA 〈─ c(68, 69, 70)으로 구현된다.

- 측정단위의 사칙연산 여부: 명목척도와 순서척도는 사칙연산이 불가능하고, 구간척도와 비율척도는 사칙연산이 가능하다.

- 기술통계학과 추론통계학

  • 기술통계학: 많은 양의 데이터를 숫자나 그래프로 특징을 표현하는 통계학으로 통계량이나 히스토그램, 줄기 잎 그림, 5개 숫자 요약, 자료시각화 등이 포함된다.

  • 추론통계학: 과학적인 방법으로 표본의 데이터로 모집단의 특성을 추론하는 통계학으로 추정, 가설검정, 예측 등이 포함된다.

3. 범주형 자료요약

1) 도수분포표: 명목척도나 순서척도로 조사된 데이터를 도수를 표로 보여주는 것이다.

- 예: 2017년 이동전화 가입자 수

```
> MYDATA <- c(24560166, 13828484, 10841436, 6764049)
> names(MYDATA) <- c("SKT", "KT", "LGU+", "MVNO")
> MYDATA
     SKT       KT     LGU+      MVNO
24560166 13828484 10841436   6764049
```

2) 바차트: 도수분포를 그래프로 표현

- R 함수: barplot( )
  - barplot(데이터, col="색깔", border="색깔", main="제목", xlab="x축 제목", ylab="y축 제목")

코드

```
barplot(MYDATA, col="red", border="black", main="Subscriber Numbers of
Mobile Phone", xlab="Service Providers", ylab="Subscriber Numbers")
```

- MYDATA: 도수분포표 데이터는 MYDATA
- col="red": 도수의 색은 빨강색
- bordor="black": 도수의 경계선 색은 검은색
- main=" ": 도수분포표의 제목
- xlab=" ": x축 제목
- ylab=" ": y축 제목

결과

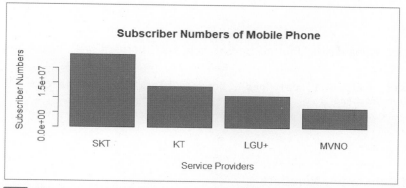

설명 명목척도로 조사된 결과이므로 도수 사이의 공간을 만든다. 즉 연결된 데이터가 아님을 나타낸다.

3) 상대 도수분포표: 도수를 총 도수로 나눈 비율의 분포표이다.

코드

```
sum <- sum(MYDATA)
MYDATA <- MYDATA/sum
MYDATA
barplot(MYDATA, col="red", border="black", main="Ratio of Subscriber
Numbers", xlab="Service Providers", ylab="Subscriber Number")
```

설명

sum <— sum(MYDATA): MYDATA에 있는 데이터의 합을 계산하여 변수 sum에 대입한다.

MYDATA <— MYDATA/sum: MYDATA의 각 데이터에 합한 값 sum으로 나누어 상대도수를 구한다.

결과

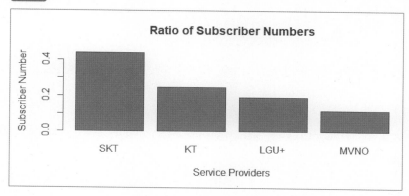

4) 파이차트: 데이터 비율을 원의 각도로 변환하여 원으로 표현하는 방법이다.

- R 함수: pie( )

• pie(데이터, labels=names(데이터), radius=숫자, col="색깔", border="색깔", main="제목")

```
pie(MYDATA, radius= 1, col="red", border="black", main="Pie Chart of
Subscriber Numbers")
```

결과

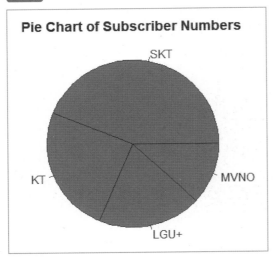

Pie Chart of Subscriber Numbers

5) 최빈값: 도수가 가장 많은 값
- R 코드: 최빈값을 구하는 R 함수는 존재하지 않는다.

4. 정량적 자료요약

1) 히스토그램: 연속된 데이터를 구간으로 나누어 도수를 계산하여 막대그림표로 그린다.

- R 함수: hist( )

• hist(데이터, breaks=계급구간, col="색깔", border="색깔", main="제목", xlab="x축 제목",
ylab="y축 제목")

```
height <- c(150, 153, 157, 160, 166, 170, 171, 175, 181, 182, 182, 189)
hist(height, breaks=c(150, 160, 170, 180, 190), col="red", border="black",
main="Histogram Example")
```

설명   breaks=c(150, 160, 170, 180, 190)은 계급 구간을 150~160, 161~170, 171~180,
181~190으로 나눈다. 따라서 각 각 4개, 2개, 2개, 4개가 된다.

결과

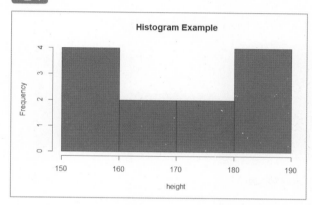

설명   연속된 변수의 값을 계급구간으로 나누어 도수를 구하여 히스토그램을 작성한 것이므로, 도수분포표와 달리 계
급 간의 공간이 없다. 즉 데이터가 연속임을 알 수 있다.

2) 줄기-잎그림: 연속된 자료를 왼쪽을 줄기 오른쪽을 잎으로 나타내며 데이터를 표현하는
   방법이다. 이 방법의 장점은 분포뿐만 아니라 데이터를 확인할 수 있다.

- R 코드: stem(데이터, scale=숫자)
- scale=숫자는 오른쪽 잎의 단위

결과 화면

```
> stem(height, scale=1)

  The decimal point is 1 digit(s) to the right of the |

  15 | 037
  16 | 06
  17 | 015
  18 | 1229
```

설명   오른쪽 잎의 단위가 1이므로 데이터가 150, 153, 157, … 임을 알 수 있다.

5. 두 변수 요약하기

1) 교차표: 두 변수를 범주화하여 2차원 표에 도수를 표현하여 요약하는 방법이다.

- R 코드: table(범주형변수1, 범주형변수2)

```
> MYDATA <- read.csv(file="c:/rData/crosstab.csv")
> MYDATA
        School Grade
1   Elementary    A
2   Elementary    A
3   Elementary    B
4   Elementary    C
5   Elementary    C
6       Middle    B
7       Middle    B
8       Middle    B
9       Middle    C
10      Middle    C
11        High    A
12        High    A
13        High    A
14        High    A
15        High    C
> table(MYDATA$School, MYDATA$Grade)

             A B C
  Elementary 2 1 2
  High       4 0 1
  Middle     0 3 2
```

설명

- 데이터 형태: 범주형 변수 School(Elementary, Middle, High), Grade(A, B, C)로 구성됨.
- 결과: 두 변수 School과 Grade에 따르는 도수를 계산하여 표로 제공됨.
- 결과해석: School이 Elementary이고 Grade가 A인 도수는 2, School이 Elementary이고 Grade가 B인 도수는 1, … 등을 쉽게 알 수 있다.

2) 두 변수 도수분포표

- X축에는 한 변수의 범주, Y축에는 다른 변수의 범주의 개수로 도수분포표 작성

- R코드

- table <— table (범주형 변수1, 범주형 변수2): 먼저 교차표 작성하여 변수에 대입한다.

- barpbt(table1): 교차표를 두 변수 도수분포표로 작성한다.

R 코드

```
table1 <- table(MYDATA$Grade, MYDATA$School)
barplot(table1, legend.text=T, col=c("red", "yellow", "black"))
```

설명

- 변수 table1에 데이터프레임 MYDATA의 두 변수 MYDATA$Grade와 MYDATA$School의 교차표를 table 형태로 대입한다.

- barplot()을 이용하여 table1은 X축에는 School, Y축에는 Grade 개수로 도수분포표 작성하고, legend.text=T는 Y축의 범주의 값을 표현하는 것을 True로 하고 col=c("red", "yellow", "black")는 A는 red, B는 yellow, C는 black으로 표시하는 것을 지정한다.

결과 화면

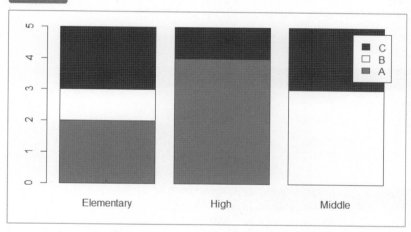

참고 심슨의 역설

- 두 교차표의 합으로 구성된 교차표의 결과가 원래 교차표의 결과와 정반대가 되는 역설이다.
- 사례: 자동응답을 위한 챗봇 소프트웨어 A, B가 있다. 두 챗봇을 웹서비스아 앱서비스 두 서비스에 탑재하여 상용화한 결과 다음 표와 같은 결과를 얻었다.
  웹서비스와 앱서비스를 합쳐서 만들어진 정상응답과 오류응담의 표인 첫번째 표를 보면 챗봇 A는 80번 응답하여 정상응답은 69회로 성공확률이 86.3%이고, 챗봇 B는 268번 응답하여 정상응답은 158회로 성공확률이 85.4%로 챗봇 A가 챗봇 B보다 우수한 시스템으로 결론내릴 수 있다.
- 그러나 챗봇 A와 챗봇 B가 설치 운영된 웹서비스와 앱서비스를 나누어 보면, 두번째 표와 세번째 표에 나와 있듯이 챗봇 A는 웹비스에서 성공확률이 84%이고 앱서비스에서 성공확률이 90%로 나타났다. 그러나 챗봇 B는 웹비스에서 성공확률이 84.7%이고 앱서비스에서 성공확률이 90.6%로 나타났다. 따라서 챗봇 B가 웹서비스나 앱서비스에서 모두 챗봇 A보다 우수한 것으로 나타났다.
- 합쳐진 교차표의 결과와 합쳐지기 전 교차표의 결과와 상반된 결과로 나타났다. 이는 챗봇 A의 실험횟수가 작아서 나타난 결과이므로 실험횟수를 늘이는 것이 필요하다. 그리고 합쳐진 교차표로 결론을 내릴 경우 합쳐지기 전의 교차표를 검토하여 심슨의 역설이 발생되는 지를 확인해 보아야 한다. 이렇듯 교차표의 합으로 구성된 표는 합치기전의 표와 정반대의 결과로 나타나는 것을 심슨의 역설이라고 한다.

- 정상과 오류 응답 횟수

	챗봇 A	챗봇 B
정상응답	69(86.3%)	229(85.4%)
오류응답	11(13.8%)	39(14.5%)
계	80(100%)	268(100%)

- 챗봇 A

서비스	웹서비스	앱서비스
정상응답	42(84%)	27(90%)
오류응답	8(16%)	3(10%)
계	50(100%)	30(100%)

- 챗봇 B

서비스	웹서비스	앱서비스
정상응답	200(84.7%)	29(90.6%)
오류응답	36(15.3%)	3(9.4%)
계	236(100%)	32(100%)

3) 산포도

- 두 변수 모두 순서나 비율척도일 때 사용하는 그래프적 방법
- R 코드: plot( )

• plot(x, y, type="문자", col="색깔", main="제목", xlab="x축 설명", ylab="y축 설명")
  abline(lm(y ~ x))

• 추세선 추가: abline은 직선을 나타내고 lm은 least squared estimates의 약어로 최소제곱 추정법을 나타낸다.

• type="문자": 문자의 구분

　　　"p"는 o로 연결선 없이 표시

　　　"l" 선으로 연결

　　　"b" both로 o으로 선 연결

R 코드

```
MYDATA <- read.csv(file="c:/rData/crosstab.csv")
MYDATA
plot(MYDATA$Weight, MYDATA$Height, type="p")
abline(lm(MYDATA$Height~MYDATA$Weight))
```

데이터셋　계속해서 이후에 사용할 데이터셋이다.

```
> MYDATA
       School Grade Height Weight Score
1  Elementary    A    154     51    71
2  Elementary    A    163     57    69
3  Elementary    B    157     58    80
4  Elementary    C    145     52    81
5  Elementary    C    149     49    72
6      Middle    B    161     58    87
7      Middle    B    165     60    83
8      Middle    B    171     63    79
9      Middle    C    178     67    78
10     Middle    C    169     61    83
11       High    A    172     81    62
12       High    A    175     78    69
13       High    A    181     83    72
14       High    A    188     88    75
15       High    C    165     73    73
```

결과 화면

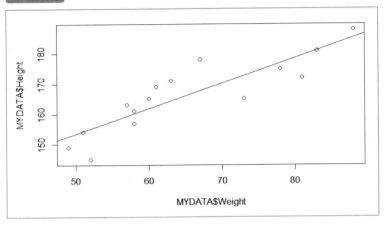

4) 3차원 산포도

- 세 변수 모두 순서나 비율척도일 때 사용하는 그래프적 방법
- R 코드

- 패키지 설치: install.packages("scatterplot3d")
- 패키지 구동: library(scatterplot3d)
- 3차원 산포도 작성: s3d <— scatterplot3d(x, y, z)

```
install.packages("scatterplot3d")
library(scatterplot3d)
s3d <- scatterplot3d(MYDATA$Height, MYDATA$Weight, MYDATA$Score)
```

결과 화면

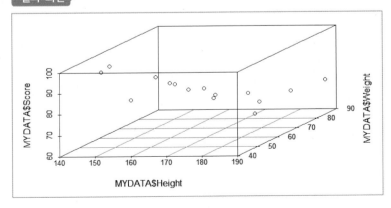

3절　기술통계2: 정량적 자료요약

1. 중심위치 추정

데이터의 중심위치를 추정하는 방법

1) 표본평균: 표본들의 평균　$\overline{x_n} = \sum_{i=1}^{n} x_i = \frac{1}{n}(x_1 + x_2 + \ldots + x_n)$

- R 코드: mean(데이터, trim=숫자, na.rm = T(/F))

• trim=숫자: 숫자 0~0.5 사이의 값을 사용하며 평균 계산에서 제외되는 비율이다.

• na.rm = T: 숫자가 아닌 값들을 제외하는 옵션

```
> mean(MYDATA$Height)
[1] 166.2
```

• 양 끝단의 20%를 제외한 평균을 구하는 경우

```
> mean(MYDATA$Height, trim=0.2)
[1] 166.4444
```

2) 중앙값: 데이터들의 가운데 있는 값

데이터를 오름차순으로 정렬하여 데이터가 홀수 개이면 중앙에 있는 값이고 짝수 개이면 중앙에 있는 두 값의 평균이다.

R 코드　median(데이터, na.rm = T(/F))

```
> median(MYDATA$Height)
[1] 165
```

☑ 중심위치를 추정하는데 표본평균과 중앙값 선택문제

- 표본평균: 이론적으로 증명된 방법으로 많이 사용된다. 다만 이상값들이 많거나 모집단의 분포가 치우쳐 있으면 추정의 한계를 가진다.

- 중앙값: 많은 부분 이론적으로 지원되지 않은 방법이다. 그러나 이상값들이 많거나 모집단의 분포가 치우쳐 있으면 표본평균보다 중심위치에 대한 더 좋은 추정한다. 왜냐하면 많은 이론적 추정이나 검정의 경우, 모집단이 중심을 기준으로 대칭분포를 보인다고 가정하기 때문에 이론적 한계를 보인다.

- 이상값이 많거나 비대칭적인 분포 사례: 근로자들의 임금 등 소득관련 자료, 주택가격 등

그림 2.1   2015년 대한민국 소득분포

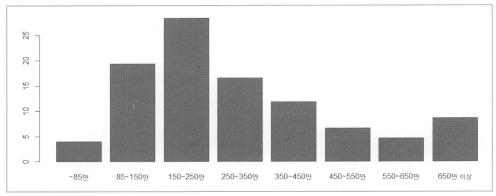

- 출처: 통계청 2017년 6월 22일 발표자료

설명 오른쪽 긴 꼬리 분포로서 왼쪽으로 치우친 분포이다. 이 분포의 평균은 329만원이며, 중앙값은 241만원으로 차이가 88만원(241만원의 36.5%차지)으로 많은 차이를 보이고 있다. 평균은 오른쪽 높은 임금을 받는 사람들의 영향을 많이 받아서 높게 계산되었다. 따라서 소득의 중심위치는 241만원으로 추정하는 것이 타당하다. 일반적으로 오른쪽 긴 꼬리 분포는 평균이 중앙값보다 높다. 이러한 분포는 소득이나 아파트 가격등 돈에 관한 분포에서 흔히 나타난다.

3) 가중평균: 중요도를 평가하여 가중치를 부여하여 구하는 평균,

$\overline{x_n} = \dfrac{\sum\limits_{i=1}^{n} w_i x_i}{\sum\limits_{i=1}^{n} w_i}$, 여기서 w_i는 i번째 데이터의 가중치, 모든 w_i=1이면 평균과 동일하다.

- R 코드: weighted.mean(데이터, 가중치, na.rm = T(/F))

• 실습: 앞의 예제에서 score변수를 가중치로 Height의 평균을 구하는 경우

```
> weighted.mean(MYDATA$Height, MYDATA$Score)
[1] 166.0071
```

계산은 $\dfrac{154*82 + 163*87 + ... + 165*73}{82 + 87 + ... + 73} = 166.0071$ 가 된다.

4) 기하평균: n개의 데이터 곱에 1/n승하여 구하는 평균으로, $\overline{x_n} = \sqrt[n]{x_1 * x_2 * .... * x_n}$ $= (x_1 * x_2 * ... * x_n)^{1/n}$ 방식으로 계산한다.

기하평균은 성장률이나 복리이자 등을 계산할 때 사용한다. 성장률, 복리이자 등을 산술평균으로 구하면 잘못된 결과를 가져온다.

예 인구 5,000만명일 때 올해 성장률이 5%이고 내년 성장률이 2%이라면 산술평균으로 3.5%이므로 2년 후 인구가 5,350만 명으로 계산할 수 있으나, 올해 말에는 5,000만 명*1.05=5,250만 명, 내년 말에는 5,250만 명*1.02=5,355만 명이 된다. 따라서 5만 명의 차이가 발생한다. 그리고 평균 성장률이 3.5%가 아닌 $\sqrt[2]{1.05*1.02}$=1.03489로서 평균 성장률이 3.489%가 된다. 여기서 1.05, 1.02는 성장인자라 한다. 왜냐하면 올해 5%성장하니까 1.05이고 내년에는 2%성장하니까 1.02가 된다. 따라서 2년 후 인구는 5,000만 명*1.03489*1.03489=5,354.99만 명이 된다.

- R 코드: 기하평균을 계산하는 함수는 없다.

- R로 계산하는 법

• 성장인자를 변수로 넣고, 성장인자들을 곱하고, 결과를 $\sqrt[n]{}$하고, 1을 차감한다.

- 실습화면이 아래에 있다.

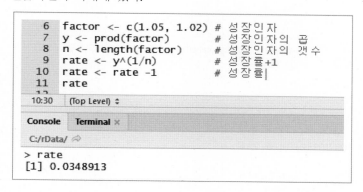

```
 6  factor <- c(1.05, 1.02)  # 성장인자
 7  y <- prod(factor)        # 성장인자의 곱
 8  n <- length(factor)      # 성장인자의 갯수
 9  rate <- y^(1/n)          # 성장률+1
10  rate <- rate -1          # 성장률|
11  rate
```

```
> rate
[1] 0.0348913
```

설명

factor <— C(1.05, 1.02): 성장인자를 변수 factor로 선언

y <— prod (factor): factor의 배열값의 곱(prod)을 구해서 y에 대입

n <— length(factor): 배열 factor의 갯수를 계산하여 n에 대입

rate <— y^(1/n): $=(x_1*x_2*...*x_n)^{1/n}$을 계산하여 rate에 대입

rate <- rate-1: 평균성장률 계산하여 rate에 대입

5) 사분위수 평균: 1사분위수, 2사분위수, 3사분위수의 평균

- 사분위수: 데이터를 오름차순으로 정렬했을 때, 1사분위수 = 25%번째의 데이터, 2사분위수 = 50%번째의 데이터로 중앙값, 3사분위수 = 75%번째의 데이터

- R 코드: 사분위수를 구하는 R 함수는 없다. p백분위수를 이용한다.

- p백분위수: 데이터를 오름차순으로 정렬했을 때, p분위수보다 작은 비율이 적어도 p%이고 같거나 큰 비율이 적어도 (100-p)%인 데이터

> R 코드 quantile(데이터, probs = 숫자)

```
> quantile(MYDATA$Height, probs=0.1)
10%
151
```

설명 10백분위수는 151이다.

- 사분위수

```
> quantile(MYDATA$Height, probs=c(0.25, 0.5, 0.75))
  25%    50%    75%
159.0 165.0 173.5
```

• p분위수로 0.25, 0.5, 0.75을 열로 만들어 1사분위수, 2사분위수, 3사분위수를 구할 수 있다.

- 사분위수 평균

```
> x <- quantile(MYDATA$Height, probs=c(0.25, 0.5, 0.75))
> mean <- (x[1]+x[2]+x[3])/3
> mean
      25%
165.8333
```

• 세 개의 사분위수를 배열로 받고, 이 들 값을 평균을 구한다.
• 사분위수의 평균은 165.833임을 알 수 있다.

2. 변동성 추정

변동성 추정은 널리 퍼져 있는 정도를 추정하는 것으로 위험(Risk)을 추정할 때 많이 사용한다. 예를 들면 수입이 1월 400만원, 2월 400만원, 3월 400만원인 사람1과 1월 200만원, 2월 600만원, 3월 400만원인 사람2가 있다면 사람1은 고정수입에 따라 안정적으로 계획을 수립하여 지출할 수 있지만 사람2는 사람1과 평균은 동일하나 지출계획의 변동성이 높아 1월 지출과 2월 지출을 상이하게 관리하여야 한다. 이러한 경우를 위험이 높다고 말할 수 있다.

1) 범위: 최대값 – 최소값으로 가장 단순한 척도이다. 양극단 값에 많은 영향을 받는다.

- R 코드: range(데이터, na.rm=F(or T))
• 최대값 – 최소값을 보여준다.

2) 사분위수 범위: 3사분위수 − 1사분위수로 데이터 중앙의 50%의 범위이다. 양극단 값에 영향을 받지 않는다.

> R 코드 ▸ IQR(데이터, na.rm=F(or T)), IQR은 Inter Quartile Range의 약어이다.

```
> range(MYDATA$Height)
[1] 145 188
> ? range
> IQR(MYDATA$Height)
[1] 14.5
```

설명 범위는 35cm이고 사분위수 범위는 14.5cm로 많은 차이를 보이고 있는데, 이는 100%의 범위와 50%의 범위의 특징을 잘 보여 주고 있다.

3) 분산: 모든 데이터를 이용하는 변동성의 척도이다. 데이터(x_i)와 평균(모집단의 경우 μ, 표본일 경우 $\overline{x_n}$)과의 차이 즉 모집단의 경우 $x_i - \mu$, 표본일 경우 $x_i - \overline{x_n}$를 편차라고 한다. 편차제곱들의 평균이 분산이다. 다만 표본일 경우 자유도 문제로 분모를 n이 아니라 $n-1$로 사용한다.

- 모집단 분산: $\sigma^2 = \dfrac{\sum_{i=1}^{N}(x_i - \mu)^2}{N}$

- 표본 분산: $s^2 = \dfrac{\sum_{i=1}^{n}(x_i - \overline{x_n})^2}{(n-1)}$

- R 코드: var(데이터, na.rm=F(or T)) variance의 약어로 표본분산 계산한다. 모집단분산을 계산하려면 결과에 곱하기 (n-1)과 나누기 n 하면된다.

■ 모집단과 표본의 관계

- 모집단과 표본과의 관계는 그림 2.1에 나와있다. 모집단을 나타내기 위해서 일반적으로 데이터 갯수는 대문자 N, 평균과 분산을 그리스문자 μ, σ^2을 사용하고 표본을 나타내기 위해서 데이터 갯수는 소문자 n, 평균과 분산은 영어로 $\overline{x_n}$, s^2을 사용한다.

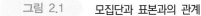

그림 2.1   모집단과 표본과의 관계

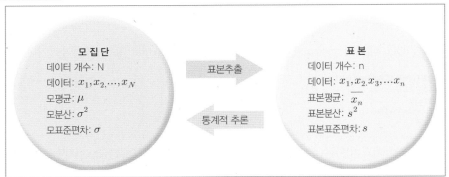

사례 다음 표는 두 사람의 월급이다.

봉급	1월	2월	3월	4월	5월	평균
홍길동	300만	300만	300만	300만	300만	300만
김갑수	200만	400만	300만	400만	200만	300만

결과 ▶

```
> Hong <- c( 300, 300, 300, 300, 300)
> Kim <- c(200, 400, 300, 400, 200)
> var(Hong)
[1] 0
> var(Kim)
[1] 10000
```

설명 홍길동과 김갑수의 평균은 300만원으로 동일하나, 홍길동의 분산은 0만원^{2}이고, 김갑수의 분산은 10,000만원^{2}이다. 따라서 김갑수 봉급의 변동성이 홍길동 보다 높음을 알 수 있다. 또한 var( )은 표본분산을 계산하고 있음을 알 수 있다.

4) 표준편차: 분산의 양의 제곱근이다. 이렇듯 제곱근에 이름을 붙여 표준편차라고 사용하는 이유는 매우 많이 사용하기 때문이다. 왜냐하면 분산의 단위는 제곱의 형태이므로 해석상의 어려움이 있다. 그러나 표준편차는 단위가 같으므로 데이터 변동성을 이해하기 쉽고, 비교하기도 쉽다.

R 코드   sd(데이터, na.rm=F(or T)) sd는 standard deviation의 약어이다.

```
> sd(Hong)
[1] 0
> sd(Kim)
[1] 100
```

설명 홍길동의 표준편차는 0만원이고 김갑수의 표준편차는 100만원이다.

5) 변이계수: 변동성을 추정하는 데 단위를 없애는 방법으로 표준편차가 평균에 비해 어느
   정도 큰가를 계산하는 방법이다.

- 계산 식: $\dfrac{표준편차}{평균} * 100(\%)$

R 코드 주어진 함수는 없고 아래 화면과 같이 계산하여야 한다.

```
> cv1 <- sd(Hong)/mean(Hong)*100
> cv2 <- sd(Kim)/mean(Kim)*100
> cv1
[1] 0
> cv2
[1] 33.33333
```

설명 홍길동의 변이계수는 0, 김갑수의 변이계수는 33.33%임을 알 수 있다.

3. 모집단 분포모양과 이상값 측정

1) 분포모양: 왜도함수 $skewness = \dfrac{n}{(n-1)(n-2)} \displaystyle\sum_{i=1}^{n} ((x_i - \overline{x_n})/s)^3$

- 오른쪽 긴 꼬리 분포: 왼쪽으로 치우친 분포로 왼쪽의 데이터가 많고 오른쪽에는 데이터가 퍼져 있다.
- 왜도 함수 값이 양수이다.

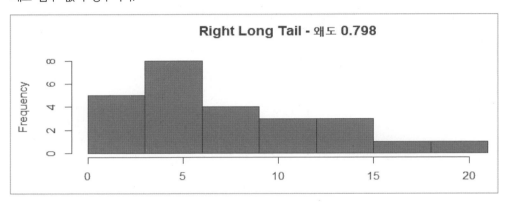

- 왼쪽 긴 꼬리 분포: 오른쪽으로 치우친 분포로 오른쪽의 데이터가 많고 왼쪽에는 데이터가 퍼져 있다.
- 왜도 함수 값이 음수이다.

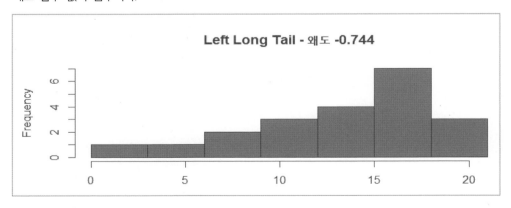

- 대칭분포: 중심으로 왼쪽과 오른쪽의 데이터가 대칭으로 분포되어 있다.

• 왜도 함수 값이 0에 가깝다.

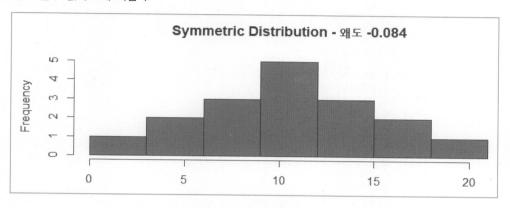

R 코드 skewness( )로 분포모양을 측정하는 왜도함수

• skewness( ) 함수는 moments 패키지에 속해 있으므로 아래와 같이 설치하여야 한다.

```
install.packages("moments")
library(moments)
```

```
> skewness(x3)
[1] -0.0843678
```

- 왜도 함수 의 특징: 오른쪽 꼬리가 긴 분포는 왜도 함수의 값이 양수이고 왼쪽 꼬리가 긴 분포는 음수이고 대칭인 분포는 0에 가까운 특징을 가진다.

2) 데이터의 상대적 위치: 표준화 값 $z_i = \dfrac{(x_i - \overline{x_n})}{s}$

- 데이터가 분포의 중심에서 얼마나 떨어져 있는가를 단위가 없는 상대적 위치를 알고 싶은 경우가 있다. 평균과 표준편차를 이용하여 상대적 위치를 계산할 수 있는데 이를 표준화 값 z_i라 한다. 이를 이용하여 수능에서 원 점수에서 표준점수를 계산한다. 이 밖에도 머신러닝 등에서도 사용되고 있다. $z_i = 1.2$이면 데이터가 표본평균으로부터 1.2표준편차만큼 위에 있다는 것을 의미하고, $z_i = -1.2$이면 데이터가 표본평균으로부터 1.2표준편차만큼 아래에 있다는 것을 의미한다.

R 코드 ▶ scale(데이터, center=T(or F))

```
> x3
 [1]  1  4  4  7  7  7 10 11 12 12 12 13 14 15 18 18 20
```

```
> scale(x3, center=T)
            [,1]
 [1,] -1.84756276
 [2,] -1.28669549
 [3,] -1.28669549
 [4,] -0.72582823
 [5,] -0.72582823
 [6,] -0.72582823
 [7,] -0.16496096
 [8,]  0.02199479
 [9,]  0.20895055
[10,]  0.20895055
[11,]  0.20895055
[12,]  0.39590631
[13,]  0.58286206
[14,]  0.76981782
[15,]  1.33068508
[16,]  1.33068508
[17,]  1.70459659
```

3) 체비세프 정리: 평균과 특정 표준편차 사이에 속할 확률에 관한 정리이다.

체비세프 정리는 1보다 큰 z-값에 대해 평균과 z표준편차 사이에 있을 데이터의 비율은 적어도 (1- 1/z2)이다.

z-값이 2, 3, 4일 경우,

- 평균과 2표준편차 사이에 있는 자료의 비율은 적어도 (1-1/22)=0.75, 즉 75%이다.
- 평균과 3표준편차 사이에 있는 자료의 비율은 적어도 (1-1/32)=0.89, 즉 89%이다.
- 평균과 4표준편차 사이에 있는 자료의 비율은 적어도 (1-1/42)=0.94, 즉 94%이다.

- 체비세프 정리의 예

대학수능 수학시험에서 평균이 70점이고 표준편차가 5점이라고 하자. 그러면 얼마나 많은 학생이 60점과 80점 사이에 있는가? 얼마나 많은 학생들이 55점과 85점 사이에 있는가? 점수가 60점과 80사이이면 60점은 평균보다 표준편차 2배 아래에 있고, 80점은 평균보다 표준편차 2배 위에 있다. 체비쉐프의 정리를 이용하면 평균과 2표준편차 사이의 자료의 비율은 적어도 0.75, 즉 75%임을 알 수 있다. 따라서 적어도 75%의 학생이 60점과 80점 사이에 있다. 55점과 85점 사이이면 60점은 평균보다 표준편차 3배 아래에 있고, 85점은 평균보다 표준편차 3배 위에 있다. 체비쉐프의 정리를 이용하면 평균과 3표준편차 사이의 자료의 비율은 적어도 0.89, 즉 89%임을 알 수 있다. 따라서 적어도 89%의 학생이 55점과 85점 사이에 있음을 알 수 있다.

4) **경험법칙**: 분포가 종 모양일 때, 평균과 특정 표준편차 사이에 속할 확률에 관한 정리이다.

경험법칙: 자료가 종 모양의 분포를 가진다면
- 평균과 1표준편차 사이의 자료비율은 근사적으로 68%이다.
- 평균과 2표준편차 사이의 자료비율은 근사적으로 95%이다.
- 평균과 3표준편차 사이의 자료비율은 근사적으로 99%이다.

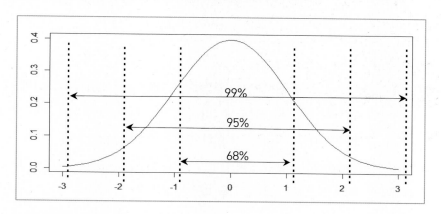

- 경험법칙의 예

대학수능 수학시험에서 평균이 70점이고 표준편차가 5점이라고 하고, 수학성적의 분포가 종 모양이라고 하자. 그러면 얼마나 많은 학생이 60점과 80점 사이에 있는가? 얼마나 많은 학생들이 55점과 85점 사이에 있는가?

점수가 60점과 80사이이면 60점은 평균보다 표준편차 2배 아래에 있고, 80점은 평균보다 표준편차 2배 위에 있다. 경험법칙에 의하면 평균과 2표준편차 사이의 자료의 비율은 근사적으로 95%임을 알 수 있다. 따라서 근사적으로 95%의 학생이 60점과 80점 사이에 있다고 말 할 수 있다. 55점과 85점 사이이면 60점은 평균보다 표준편차 3배 아래에 있고, 85점은 평균보다 표준편차 3배 위에 있다. 경험법칙에 의하면 평균과 3표준편차 사이의 자료의 비율은 근사적으로 99%임을 알 수 있다. 따라서 근사적으로 99%의 학생이 60점과 80점 사이에 있다고 말 할 수 있다.

분포가 종모양이라는 사실은 경험법칙을 이용할 수 있기 때문에 체비세프 정리에 구한 확률 75%에서 95%로, 89%에서 99%로 높여 준다. 따라서 분포의 모양에 대한 정보가 매우 중요함을 알 수 있다.

5) 이상값(Outlier) 검출

- 이상값: 데이터가 비정상적으로 크거나 작은 값으로, 비정상적인 데이터는 발생할 확률은 매우 낮지만 실제 데이터일 수 있고, 부정확하게 기록된 자료들일 수 있다. 이상값이 정확하게 기록된 보기 드문 자료일 수도 있다. 이런 경우 그 자료를 그대로 사용하여야 하고, 자료집합에 부정확하게 포함된 자료라면 제거하여야 한다. 따라서 이상값을 검출하는 단계를 실시하고, 이상값들을 신중하게 검토해야 한다.

① 이상값 검출방법: z-값 이용

z-값이 -3 이하이거나 +3 이상이면 이상값 여부를 판단하는 것이 좋다. 경험법칙에 따르면, 종 모양인 분포에서는 거의 모든 데이터들이, 즉 99%의 데이터들이 평균과 표준편차 3배 사이에 존재한다. 따라서 z-값이 -3 이하이거나 +3 이상이면 1%에 속하는 데이터이므로 이상값 여부를 판단하는 것이 좋다.

• 앞의 예제에서 데이터 리스트인 x3의 z-값을 보면 -3보다 작거나 +3보다 큰 값이 없으므로 이상값이 없다고 볼 수 있다.

② 박스플롯 이용: 박스플롯 하한=1사분위수 - 1.5*IQR, 박스플롯 상한=3사분위수 + 1.5*IQR 이다. 데이터가 박스플롯 하한보다 작거나, 박스플롯 상한보다 크다면 이상값 여부를 판단한다. R의 boxplot( ) 함수를 이용하면 쉽게 확인할 수 있다.

• 앞의 예제에서 1사분위수= 7, 3사분위수=14, IQR=7이므로 박스플롯 하한=7-1.5*7=-3.5, 박스플롯 상한=14+1.5*7=24.5이므로 모든 데이터가 하한과 상한 사이에 존재하므로 이상값이 없다고 말할 수 있다.

6) 분포의 개략적 추정

① 5개 숫자를 이용한 분포의 개략적 추정: 5개 숫자(최소값, 1사분위수, 2사분위수, 3사분위수, 최대값)를 이용하면 분포를 개략적으로 추정할 수 있다.
   - R 코드: fivenum(데이터, na.rm=T(or F))

실습

```
> fivenum(x3)
[1]   1   7  12  14  20
```

5개 숫자를 보면 다음과 같은 분포로 유추할 수 있다.

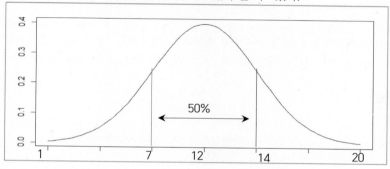

② 박스플롯: 5개 숫자요약에 기초한 분포의 개략적 그림이다.
   - 박스플롯의 요소

   • 박스플롯 하한=1사분위수 - 1.5*IQR,

   • 박스 하단= 1사분위수

   • 박스 중앙= 2사분위수

   • 박사 상단= 3사분위수

   • 박스플롯 상한=3사분위수 + 1.5*IQR

R 코드   boxplot(데이터)

```
> boxplot(x3)
```

결과

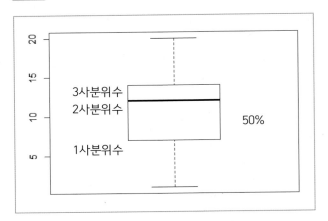

박스를 보면 2사분위수가 1사분위수보다 3사분위수와 가깝고, 하한보다 상한 쪽으로 가깝기 때문에 큰 숫자들이 많은 것을 알 수 있다. 또한 이상값이 존재하면 *로 표시해 준다. 이 그림에서는 *가 없으므로 이상값이 없음을 알 수 있다.

4. 두 변수간의 관계

1) 공분산: 두 변수간의 관계를 추정하는 분산형태로, 두 변수의 데이터가

$(x_1, y_1), (x_2, y_2), \dots (x_n, y_n)$ 있다고 할 때, 피어슨 공분산 $s_{xy} = \dfrac{\sum_{i=1}^{n}(x_i - \overline{x_n})(y_i - \overline{y_n})}{n-1}$ 으로

계산한다. 이는 $s_{xx} = \dfrac{\sum_{i=1}^{n}(x_i - \overline{x_n})(x_i - \overline{x_n})}{n-1}$ 의 y_i 대신에 x_i를 대입한 형태이다. 양수이면

양의 관계를 가지며, 즉 x가 증가할수록 y도 증가하는 관계를 가지며, 음수이면 음의
관계를 가진다. 즉 x가 증가할수록 y는 감소하는 관계를 가진다.

- R 코드: cov(데이터1, 데이터2, method="pearson") cov는 covariance의 약어이다.

- method="pearson" 또는 "kandal", "spearman"으로 공분산을 계산하는 방식지정
- MYDATA의 Height와 Weight의 공분산

```
> cov(MYDATA$Height, MYDATA$Weight, method="pearson")
[1] 130.1571
```

설명 공분산이 130.1571로 양수이므로 양의 관계를 가진다. 이를 그림으로 확인하기 위해 산점도를 그린다.

- 산점도를 그리기 위한 R 코드

• ggplot2 패키지를 설치한다.

• ggplot2 패키지를 사용한다.

• x축과 y축에 두 변수를 이용한 plot을 그린다.

```
install.packages("ggplot2")
library(ggplot2)
plot(MYDATA$Height, MYDATA$Weight)
```

결과 화면

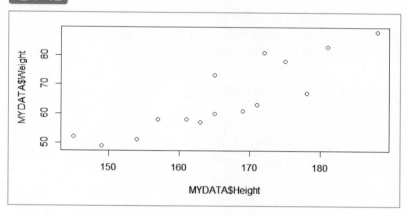

설명 키가 클수록 몸무게도 커지는 경향을 보이고 있다.

- 키(Height)와 점수(Score)의 공분산

```
> cov(MYDATA$Height, MYDATA$Score, method="pearson")
[1] -15.62857
```

• 음수로 음의 관계를 보일 것으로 예상된다.

• 산점도

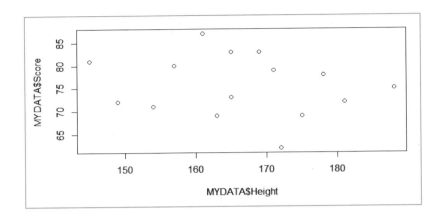

설명   공분산이 -15.62857임에 불구하고, 두 변수는 관계가 없는 형태를 보인다. 즉 키가 클수록 점수가 높아지거나 낮아지는 패턴을 보이지 않는다. 이러한 문제는 어느 정도 큰 공분산을 가져야 양의 관계를 가지는가 음의 관계를 가지는가 하는 기준을 제공하지 못하기 때문에 발생한다. 이를 해결하기 위해 상관계수를 사용한다.

2) 상관계수: 공분산에서 단위를 없애고 계산하는 방식으로 공분산에 두 변수의 표준편차를 나눈다. 피어슨 상관계수 $r_{xy} = \dfrac{s_{xy}}{s_{xx}s_{yy}}$, 여기서 s_{xy}는 피어슨 공분산, s_{xx}, s_{yy}는 x와 y의 표본 표준편차이다.

- 상관계수의 특징

- 상관계수의 값은 $-1 \leq r_{xy} \leq 1$
- -1에 가까우면 강한 음의 상관관계
- +1에 가까우면 강한 양의 상관관계
- 0에 가까우면 상관관계가 없음
- 두 변수가 이차관계를 가질 때에도 0에 가까워서 산점도를 그려서 확인해야 한다.

- R 코드: cor(데이터1, 데이터2, method="pearson")

- method="pearson" 또는 "kandal", "spearman"으로 공분산을 계산하는 방식지정

```
> cor(MYDATA$Height, MYDATA$Weight, method="pearson")
[1] 0.8753197
> cor(MYDATA$Height, MYDATA$Score, method="pearson")
[1] -0.1949486
```

설명   키와 몸무게의 상관계수는 0.8753197로서 높은 양의 상관관계를 가지며, 키와 성적의 상관계수는

-0.1949486으로서 상관계수가 낮아서 상관관계가 없음을 알 수 있다.

■ 두 변수가 이차식의 관계를 가지는 경우

- 두 변수 $y = x^2 + 1$의 관계를 가지는 데이터의 상관계수가 0이다.

```
> x <- c(-3, -2, -1, 0, 1, 2, 3)
> y <- c(10, 5, 3, 1, 3, 5, 10)
> cor(x, y, method="pearson")
[1] 0
```

- 두 변수의 상관계수는 0이지만

- 산점도로 보면 아래 그림과 같이 이차식의 관계가 있음을 알 수 있다.

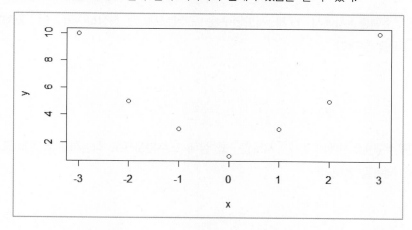

연습문제

1. 우리나라 2015년 인구주택총조사 사이트를 찾아서 csv파일로 저장하고 읽어서, 17개 시도인구를 화면에 프린트하여라.

2. 2015년 인구주택총조사에서 17개 시도인구를 도수분포표로 작성하여라. 단, 표제목과 x축, y축 제목을 넣어라.

3. 2015년 인구주택총조사에서 17개 시도인구를 상대 도수분포표로 작성하여라. 단, 표제목과 x축, y축 제목을 넣어라.

4. 2015년 인구주택총조사에서 17개 시도인구를 파이차트로 작성하여라. 단, 그림 제목을 넣어라.

5. 2016년 근로자 소득분포를 찾아서 ① 남자, ② 여자, ③ 합계를 기준으로 히스토그램으로 나타내어라.

6. 2016년 근로자 소득분포에서 평균은 얼마인가? 가중평균으로 구하여라. 통계청에서 발표한 평균과 차이를 설명하여라. 또한 중위수는 얼마인가? 어느 값을 중심위치로 선정하는 것이 바람직한가? 이에 대해 설명하여라.

7. 올해 초에 1,000만원을 투자하여 수익률이 1년 뒤에 3%, 2년 뒤에 2.5%, 3년 뒤에 3.5%로 예상된다. 그러면 투자수익률은 얼마인가? 그리고 3년 뒤 얼마를 받을 수 있나?

실습과제

mtcars 데이터셋은 1974 Motor Trend US Megazine에 수록된 차량과 차량에 관련된 수치들이 기록된 자료로 11개 변수와 32개 데이터로 구성되어 있다.
mtcars에 기록된 변수는 아래와 같다.

mtcars의 변수 이름과 설명

변수명	변수 설명
mpg	연비 (갤런 당 주행마일: Miles per Gallon)
cyl	실린더 개수
disp	배기량 (cc)
hp	마력
drat	후방차축 비율 (%)
wt	무게 (kg)
qsec	1/4 마일에 도달하는데 걸린 시간 (sec)
vs	엔진 종류(0 : V engine 1 : Straight engine)
am	변속기 종류(0 : 자동, 1 : 수동)
gear	기어 개수
carb	기화기(카뷰레터) 개수

① 실린더 개수별 히스토그램을 작성하여라.

② 실린더 개수와 기어 개수의 교차표를 작성하여라.

③ 실린더 개수와 기어 개수의 도수분포표를 작성하여라.

④ 실린더 개수와 기어 개수의 산포도를 작성하여라.

⑤ 연비의 중심위치는 얼마인가? 평균과 중앙값을 비교하여 설명하여라.

⑥ 연비의 사분위수 범위와 분산, 표준편차를 구하여라.

⑦ 연비를 10구간으로 나누어 히스토그램으로 분포모양을 그려라.
그리고 왜도도 구하여라.

⑧ 연비를 기준으로 체비세프 정리가 만족하는 가를 확률로 설명하여라.

⑨ 연비를 기준으로 경험법칙이 만족하는 가를 확률로 설명하여라.

⑩ 연비에 이상값을 검출하여라. 어느 회사의 자동차가 이상값인가?

⑪ 연비에 대한 5개 숫자요약값은?

⑫ 연비에 대해 박스플롯을 작성하여라.

⑬ 연비에 대해 분포모양과 박스플롯을 비교설명하여라.

⑭ 연비와 배기량의 공분산과 상관계수를 구하여라.
상관계수 값으로 무엇을 알 수 있나?

빅데이터 분석 R과
　　　　빅데이터 플랫폼 하둡(Hadoop) 개론
OpenSource R
　　　and Hadoop

데이터 시각화

OPENSOURCE R
AND HADOOP SYSTEM

데이터 시각화

데이터를 시각화하기 위해 아래의 가이드라인을 따르면, 데이터에 있는 정보를 효과적으로 표현하고 시각화할 수 있다.

- 명확하고 간단한 제목 표현
- 표현은 간단해야 하고, 이차원 표현으로 충분할 때 3차원 표현을 피하기
- 각 축의 제목을 명확하게 붙이고 단위도 표현
- 구분하기 위해 색깔을 사용해야 한다면 대비되는 색깔 사용
- 많은 색깔과 직선형태가 사용될 때, 어떻게 사용되었는가에 대한 설명문을 사용하고, 설명문은 표현하고자 하는 자료에 가까이 위치

1절 ggplot2 패키지를 이용하여 그래프 그리기

ggplot2는 Hadley Wickham이 개발한 강력하고, 다양한 그래프 표현을 하는 패키지이다.

1. ggplot2 패키지 설치방법

1) ggplot2 패키지 설치

- ggplot2 패키지 다운로드: install.packages("ggplot2")

- ggplot2 패키지 사용: library(ggplot2)

```
> install.packages("ggplot2")
trying URL 'https://cran.rstudio.com/bin/windows/contrib/3.5/ggplot2_3.0.0.zip'
Content type 'application/zip' length 3579673 bytes (3.4 MB)
downloaded 3.4 MB

package 'ggplot2' successfully unpacked and MD5 sums checked

The downloaded binary packages are in
        C:\Users\gyryu\AppData\Local\Temp\RtmpKWa4fT\downloaded_packages
```

```
> library(ggplot2)
Warning message:
패키지 'ggplot2'는 R 버전 3.5.1에서 작성되었습니다
```

2) theme: ggplot에서 백그라운드에 대해 주제별로 지정한 객체

- theme_set( ): 주제를 정하기

- theme_get( ): 주제를 불러오기

3) theme의 8가지 기본 주제

① theme_bw( ): 바탕색 흰색, 격자색 회색, 태두리 검정색

코드

```
install.packages("ggplot2")
library(ggplot2)

theme_set(theme_bw())
ggplot(MYDATA, aes(x=Height, y=Weight))+geom_point()
```

설명

- theme_set(theme_bw( )): 바탕을 theme_bw( )로 정의
- ggplot(MYDATA, aes(x=Height, y=Weight))+geom_point( ): 산포도 그림으로 데이터프레임은 MYDATA, aes은 축의 설정으로 x축은 Height, y축은 Weight이고 +로 그래프 추가 한다. geom_point( ) 에서 geom는 geometry(기하)표시에서 데이터 표식은 point로 설정한다.

결과

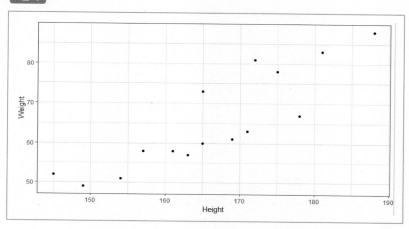

② theme_gray( ): 바탕색 회색, 격자색 흰색, 태두리 없음

코드

```
theme_set(theme_gray())
ggplot(MYDATA, aes(x=Height, y=Weight))+geom_point()
```

결과

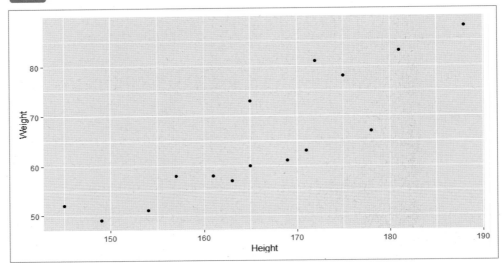

③ theme_linedraw( ): 바탕색 회색, 격자색 검정색, 태두리 검정색

코드

```
theme_set(theme_linedraw())
ggplot(MYDATA, aes(x=Height, y=Weight))+geom_point()
```

결과

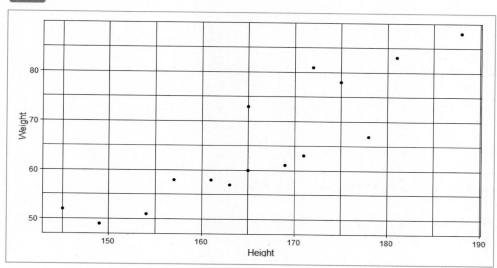

④ theme_light( ): 바탕색 흰색, 격자색 엷은 회색, 태두리 엷은 회색

코드

```
theme_set(theme_light())
ggplot(MYDATA, aes(x=Height, y=Weight))+geom_point()
```

결과

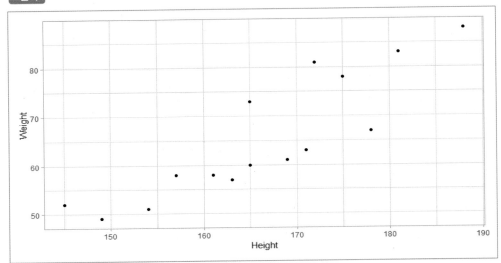

⑤ theme_minimal( ): 바탕색 없음, 격자색 연한 회색, 태두리 없음

코드

```
theme_set(theme_minimal())
ggplot(MYDATA, aes(x=Height, y=Weight))+geom_point()
```

결과

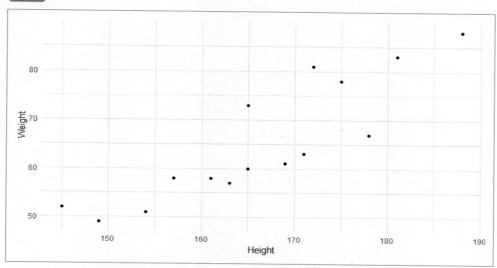

⑥ theme_classic( ): 바탕 없음, 격자 없음, 태두리 없음, 축 검정색

코드

```
theme_set(theme_classic())
ggplot(MYDATA, aes(x=Height, y=Weight))+geom_point()
```

결과

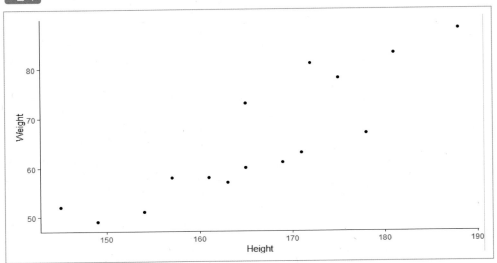

⑦ theme_void( ): 빈 주제로 비표준 요소에 대한 그림으로 적합

⑧ theme_dark( ): 바탕색 엷은 검정색, 격자색 검정색, 태두리 없음

코드

```
theme_set(theme_dark())
ggplot(MYDATA, aes(x=Height, y=Weight))+geom_point()
```

결과

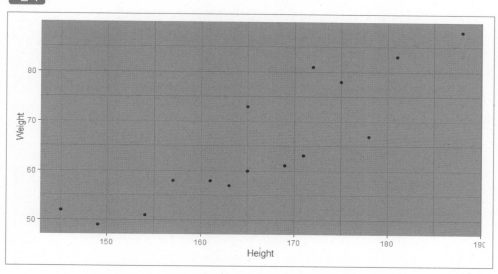

2절 ggplot2 환경설정

1. 글자관련 설정

- base_size( ): 글자크기 설정, 숫자
- base_family( ): 글자체 설정, sans, mono, courier, serif, symbol 등

코드

```
theme_set(theme_bw(base_size=18, base_family = "sans"))
ggplot(MYDATA, aes(x=Height, y=Weight))+geom_point()
```

결과

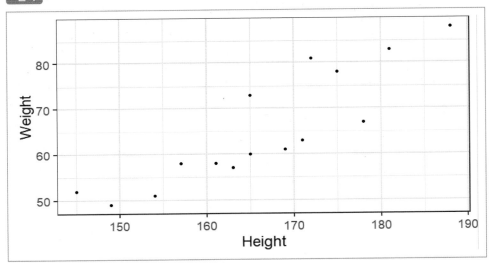

2. 데이터의 점 표시 방법

- 사용함수: geom_point( )
  - 파라미터: colour="red", size=3

코드

```
theme_set(theme_bw())
ggplot(MYDATA, aes(x=Height, y=Weight))+geom_point(colour="red", size=3)
```

결과

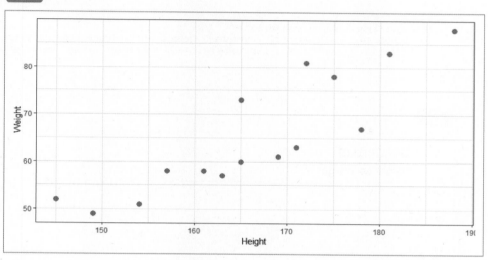

3. 축 구간설정

- x축 xlim(c(0, 200)): x축을 0~200까지 표시
- y축 ylim(c(0, 100)): y축을 0~100까지 표시

4. 설명문(labs): Labels의 약어

- 제목: title=
- 소제목: subtitle=
- 주석: caption=
- x축 설명: x=
- y축 설명: y=

코드

```
theme_set(theme_bw(base_size=15))
ggplot(MYDATA, aes(x=Height, y=Weight))+geom_point(colour="red", size=2
)+labs(title="Scatterplot", caption="MYDATA", subtitle="Height vs Weight",
x="키", y="몸무게")
```

결과

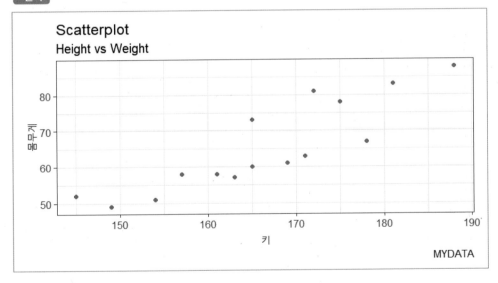

3절   ggplot2를 이용한 산점도 응용

1. 직선추가: geom_abline(intercept= , slope=)

코드

```
theme_set(theme_bw(base_size=15))
ggplot(MYDATA, aes(x=Height, y=Weight))+geom_point(colour
="red", size=2)+labs(title="Scatterplot", caption="MYDATA",
subtitle="Height vs Weight", x="키", y="몸무게")+geom_abline
(intercept = -86.58, slope=0.9137, colour="blue")
```

결과

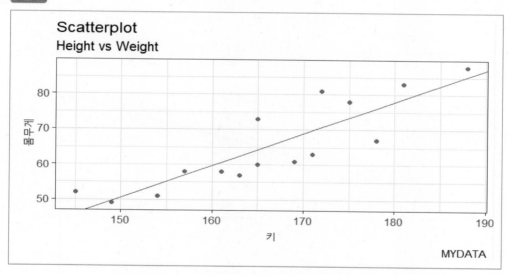

■ **평활화된 함수**(Smooth Function) **추가**: geom_smooth(method= , aes(x= , y=), se=F or T)

* method = "lm": least squared method로 최소자승법으로 abline의 선과 동일하다.

* se=T or F: 신뢰구간 표시

* level = 0.95: 95% 수준의 신뢰구간 설정

코드

```
theme_set(theme_bw(base_size=10))
ggplot(MYDATA, aes(x=Height, y=Weight))+geom_point(colour
="red", size=2)+labs(title="Scatterplot", caption="MYDATA",
subtitle="Height vs Weight", x="키", y="몸무게")+geom_abline
(intercept = -86.58, slope=0.9137, colour="blue")+geom_smooth
(aes(x=Height, y=Weight), method="lm", colour="black", se=T,
level=0.95)
```

결과

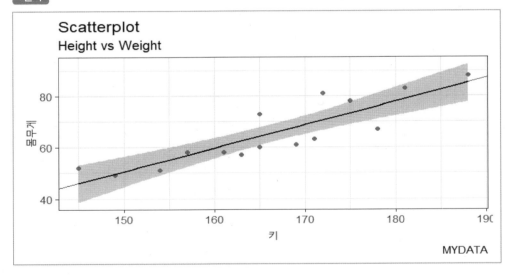

■ method 설정: method는 직선을 추정하는 방법

- method = "glm": generalized least squared method이다.
- method = "loess": local regression으로 국소 회귀분석하는 방법이다. 이 방법은 lm과 차이를 보인다.

코드

```
theme_set(theme_bw(base_size=10))
ggplot(MYDATA, aes(x=Height, y=Weight))+geom_point(colour
="red", size=2)+labs(title="Scatterplot", caption="MYDATA",
subtitle="Height vs Weight", x="키", y="몸무게")+geom_abline
(intercept = -86.58, slope=0.9137, colour="blue")+geom_smooth
(aes(x=Height, y=Weight), method="loess", colour="black")
```

결과

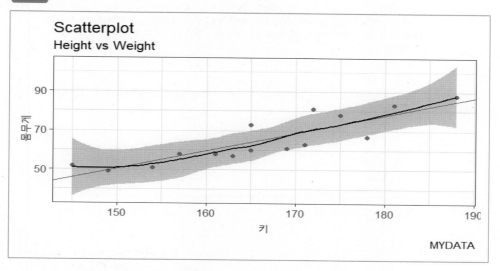

설명　method = "loess"은 최소자승법(lm)으로 구한 회귀직선과 차이를 보이고 있다.

2. 원형 추가: geom_encircle( )

- 사용함수: geom_encircle( )는 ggalt 패키지에 속한 함수로서 정의된 데이터 집합을 포함하는 원형을 그린다.

- 원형을 그리려고 하는 데이터 집합 선정코드

```
ggalt_data <- MYDATA[MYDATA$Height>160 & MYDATA$Height<180 &
MYDATA$Weight>70 & MYDATA$Weight<85, ]
```

코드

```
library(ggalt)
theme_set(theme_bw(base_size=10))
ggplot(MYDATA, aes(x=Height, y=Weight)) + geom_point(colour
="red", size=2)+labs(title="Scatterplot", caption="MYDATA",
subtitle="Height vs Weight", x="키", y="몸무게") + geom_abline
(intercept = -86.58, slope=0.9137, colour="blue") + geom_smoot
h(aes(x=Height, y=Weight), method="loess", colour="black") +
geom_encircle(aes(x=Height, y=Weight), data=ggalt_data, size=4
, colour="blue")
```

설명 그래프에 앞에서 설정한 ggalt_data 변수를 이용하여 geom-encircle( ) 그래프를 추가한다.

결과

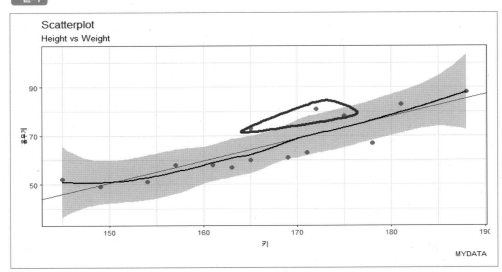

4절 ggplot2를 이용한 그래프 그리기

1. 비누방울 챠트(Bubble Chart): x축과 y축의 변수가 명목변수일 때 데이터 산포도

   1) geom_jitter(aes(x= , y=), size= , colour=): 데이터를 격자선 주위에 나타내는 그래프

   코드

   ```
   ggplot(MYDATA, aes(School, Grade))+geom_jitter(size=3)
   ```

   결과

   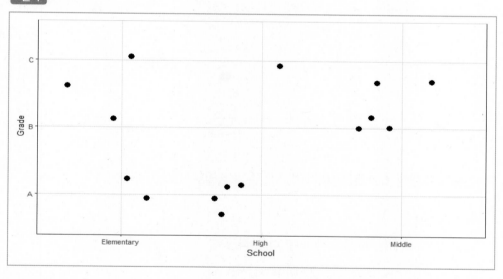

   해석 선 주위로 데이터를 표시한다. 즉 School이 Elementary이고, Grade가 A인 데이터는 2개로 표시하고 있다.

2) geom_count( ) 함수: 산포도를 데이터 개수로 크기를 나타내는 그래프

코드

```
ggplot(MYDATA, aes(School, Grade))+geom_count()
```

결과

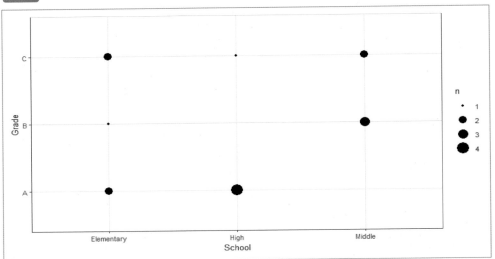

2. 산포도 주변에 히스토그램이나 박스플롯, 확률밀도 그래프 추가하기

■ 사용환경

- R이 제공하는 mtcars 데이터를 이용한다.
- ggExtra 패키지에 있는 ggMarginal( )사용
- ggMarginal(그래프, type="histogram or boxplot or density", fill="transparent")

    type="histogram": 히스토그램

    type="boxplot": 박스플롯

    type="density": 확률밀도함수

    fill="   ": 채우기에 대한 옵션으로 "tranceparant" 채우기 없음이다.

코드

```
gg <- ggplot(mtcars, aes(cyl, mpg))+geom_count()
ggMarginal(gg, type="histogram", fill="transparent")
```

결과

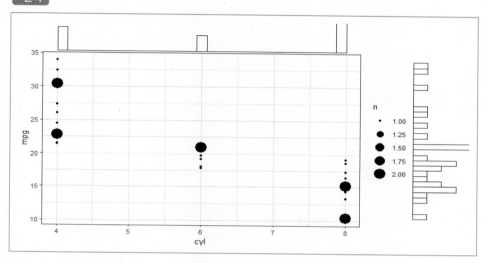

설명 산점도 위쪽에는 cyl(실린더) 갯수에 따르는 히스토그램과 오른쪽에는 mpg(연비)에 따르는 히스토그램 그래프가 추가된 것을 볼 수 있다.

3. 상관관계 그림: ggcorrplot

- 여러 변수들 간의 상관계수를 계산하여 강도를 표현하는 그림

■ 함수: ggcorrplot(**상관관계 행렬**, hc.order=T, lab=T, method="circle", type="lower", outline.col="white", ggtheme=ggtheme.bw, p.mat=p.mat, insig="pch", title=" ")

- 상관관계 행렬: 상관관계 행렬을 계산하여 적시
- hc.order = T or F: 상관관계가 높은 변수부터 정렬 여부
- lab = T or F: 상관계수 값을 표시 여부
- lab_col, lab_size: 상관관계 색과 크기 설정
- method="circle or square": 원형과 사각형 표시
- type="lower or upper or full": 상관관계 행렬을 하방행렬 또는 상방행렬 또는 사각행렬로 표시

- outline.col="white": 상관관계 행렬의 외각선의 색 설정
- ggtheme=ggtheme_bw: 그래프 배경을 설정
- p.mat: 상관관계 유의수준 행렬 설정, ggcorrplot 패키지를 설치하여야 한다.
- insig="pch or blank": pch 유의하지 않은 상관계수는 X 표시, blank는 유의하지 않는 상관계수는 표시하지 않음
- title=" ": 제목

코드

install.packages("ggcorrplot")

library(corrplot)

```
# 상관관계 행렬 소수점이하 첫째자리까지 계산
corre <- round(cor(mtcars), 1)

# 상관관계 행렬 p값 계산
p.mat <-  cor_pmat(mtcars)

ggcorrplot(corre, hc.order=TRUE, type="lower", lab=TRUE,
lab_size=3, method="circle", ggtheme=theme_bw, p.mat=p.mat
, insig="pch", title="mtcars에 대한 상관관계 그림")
```

결과

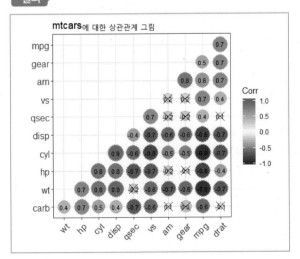

참조 Selva Prabhakaran, Top 50 ggplot2 Visualization - The Master List (With Full R Code), 사이트 http://r-statistics.co/Top50-Ggplot2-Visualizations-MasterList-R-Code.html

- corre <- round (cor(mtcars), 1): mtcars에 있는 변수들의 상관계수를 소수점이하 첫째 자리까지 계산하여 변수 corre에 대입
- p.mat <- cor_pmat (mtcars): mtcars에 있는 변수들의 상관계수에 대한 위의 확률 p를 계산하여 변수 p.mat에 대입

4. 그룹별 평균을 구하여 순위에 따르는 막대그림표 그리기

- 데이터: mpg, R에서 제공하는 자료로서 1999년~2008년 사이의 38개 자동차 제조업체의 차량에 대한 연비에 대한 데이터로서 234개의 행을 가지고 있다.
- mpg 변수 설명
  - manufacturer: 제조업체
  - model: 차량 모델
  - displ: 배기량
  - cyl: 실린더 개수
  - trans: 자동기어 여부
  - cty: 도시 연비
  - hwy: 고속도로 연비
  - fl: 연료 형태
  - class: 차량 타입
- 차량별 평균연비를 구하고, 연비 순위에 따른 막대그림표를 작성해 보자.

코드

```
# model 별 연비
city_mpg <- aggregate(mpg$cty, by=list(mpg$model), FUN=mean)
colnames(city_mpg) <- c("모델", "연비")
city_mpg <- city_mpg[order(city_mpg$연비, decreasing = T), ]
# 모델을 명목변수로 전환
city_mpg$모델 <- factor(city_mpg$모델, levels=city_mpg$모델)

ggplot(city_mpg, aes(x=모델, y=연비)) + geom_bar(stat
="identity", width=0.5, fill="red")+labs(title="순서화된
막대그림표")+theme(axis.text.x=element_text(angle=90))
```

설명

- city_mpg <- aggregate(mpg$cty, by=list(mpg$model), FUN=mean): aggregate()는 합을 구하는 함

수이며, mpg$city는 합을 구하는 변수가 mpg의 city변수라는 것을 지정하며, by=list(mpg$model)는 합을 구하는 카테고리 변수가 mpg의 model변수이며, FUN=mean은 사용하는 함수를 평균으로 지정하는 파라미터이다. 이를 city_mpg 데이터프레임변수에 저장한다.

- colnames(city_mpg) <- c("모델", "연비"): city_mpg 데이터프레임에는 model과 결과변수 값 x 두 개의 변수가 저장되는 데 변수이름을 모델, 연비로 지정한다.
- city_mpg <- city_mpg[order(city_mpg$연비, decreasing = T),]: city_mpg$연비의 결과에 따라 내림차순으로 정렬하여 다시 city_mpg 데이터프레임변수에 저장한다.
- city_mpg$모델 <- factor(city_mpg$모델, levels=city_mpg$모델): city_mpg$모델 변수를 모델의 값을 이용하여 명목변수로 전환한다.
- ggplot(city_mpg, aes(x=모델, y=연비)) + geom_bar(stat="identity", width=0.5, fill="red")+labs(title="순서화된 막대그림표") + theme(axis.text.x=element_text(angle=90, vjust=0.5))
- city_mpg: ggplot을 대상 데이터프레임을 지정
- aes(x=모델, y=연비): x축 변수는 모델, y축변수는 연비로 지정
- geom_bar(stat="identity", width=0.5, fill="red"): 막대의 형태를 지정하는 것으로 stat="identity"는 사용하는 데이터는 해당하는 값으로 지정하며 count등을 사용할 수 있다. width=0.5는 폭의 크기를 지정하며, fill="red"는 막대의 색을 지정한다.
- labs(title="순서화된 막대그림표"): 그림의 제목을 지정한다.
- theme(axis.text.x=element_text(angle=90)): 주제를 정하는 함수로서, axis.text.x는 x축의 값들을 결정하는 파라미터로 element_text(angle=90, vjust=0.5)는 문자열의 각도를 900로 지정한다.

결과 ▶

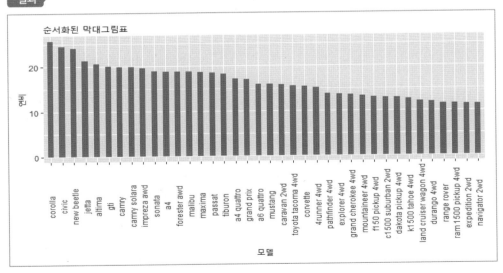

참조 Selva Prabhakaran, Top 50 ggplot2 Visualization - The Master List (With Full R Code), 사이트 http://r-statistics.co/Top50-Ggplot2-Visualizations-MasterList-R-Code.html

5. 박스플롯으로 분포를 직관적으로 비교하기

- 박스플롯은 1사분위수-1.5IQR, 1사분위수, 중앙값, 3사분위수, 3사분위수+1.5IQR 등 5개 숫자
  로 1사분위수와 3사분위수를 박스로 그리고 1사분위수-1.5IQR와 1사분위수 사이는 직선으로
  3사분위수, 3사분위수+1.5IQR 사이는 직선으로 그리는 그래프이다. 이는 데이터분포를 직관적
  으로 이해하는 데 효과적인 도구이다. 특히 여러 그룹 간의 분포를 직관적으로 비교하는데에
  도 효과적이다. 여기에서는 ggplot2 패키지를 이용하여 여러 그룹 간의 분포를 직관적으로 비
  교하는 박스플롯을 그려보자.
- 데이터: mpg
- 목적: 실린더 개수별 연비 비교

코드

```
#BoxPlot
theme_set(theme_classic())
# cyl을 명목변수로 전환
mpg$cyl <- factor(as.character(mpg$cyl))
ggplot(mpg, aes(cyl, cty))+
  geom_boxplot(varwidth=F, fill="red")+
  labs(title="비교를 위한 박스플롯")+
  stat_summary(fun.y="mean", geom="point", size=3, color
="white")
```

설명

- theme_set(theme_classic( )): 그림의 바탕을 축만 직선으로 그리기
- mpg$cyl <- factor(as.character(mpg$cyl)): x축의 값 mpg$cyl 변수를 명목변수로 지정하기.
  as.character(   )는 데이터를 문자열로 변환하는 함수, 즉 1을 문자열 ”1“로 변환한다.
- ggplot(mpg, aes(cyl, cty)): ggplot에서 사용할 데이터집합은 mpg, x축변수는 cyl(도로주행연비), y축변수
  는 cty로 지정
- geom_boxplot(varwidth=T, fill="red"): 그래프를 박스플롯으로 지정하고, varwidth=T는 박스크기를 데이
  터에 비례하게 지정하고, fill="red"은 박스의 색을 빨강색으로 지정한다.
- stat_summary(fun.y="mean", geom="point", size=3, color="white"): 박스플롯 안에 통계량을 표시하
  는 방법으로 fun.y="mean"은 평균을, geom="point"은 점 형태로, size=3는 크기는 3으로, color=
  "white"는 색깔은 흰색으로 지정한다.

결과 ▶

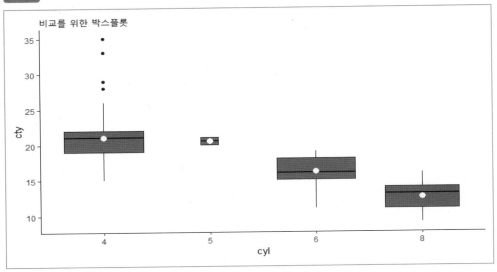

설명

- 실린더 개수가 7개인 데이터는 없으며, 5개인 것도 데이터가 매우 적음을 알 수 있다.
- 실린더 4개인 자동차의 시내주행연비가 가장 높은 분포를 가지고 다음이 6개인 분포, 8개인 자동차의 시내주행연비의 분포는 가장 낮은 분포를 가진다는 사실을 직관적으로 쉽게 비교 확인할 수 있다.
- 평균은 흰색 점으로 표시되고 있다.

참조 Selva Prabhakaran, Top 50 ggplot2 Visualization - The Master List (With Full R Code), 사이트

http://r-statistics.co/Top50-Ggplot2-Visualizations-MasterList-R-Code.html

6. 확률밀도 함수로 비교하기

- 위의 데이터에서 분포를 비교하기 위해서 확률밀도함수 즉 경험적 확률밀도함수(Empirical Density Function)를 사용한다.

코드

```
#경험적 확률밀도함수
ggplot(mpg, aes(cty))+
  geom_density(aes(fill=factor(cyl)), alpha=0.8)+
  labs(title="경험적 확률밀도함수",
       x="시내 주행연비",
       fill="실린더 갯수")
```

설명

- ggplot(mpg, aes(cty)): 사용할 데이터 집합은 mpg이며, x축으로 사용할 변수는 cty로 지정한다.
- geom_density(aes(fill=factor(cyl)), alpha=0.8): geom_density(   )는 커널밀도함수를 이용하여 경험적 확률밀도함수를 만드는 함수로서, aes(fill=factor(cyl))은 x축을 채우는 방식은 cyl변수를 명목변수로 함께 그리는 방식을 지정하고, alpha=0.8는 반투명도를 80%로 즉 뒤의 그래프를 20%를 보여주는 방식으로 그린다.

결과

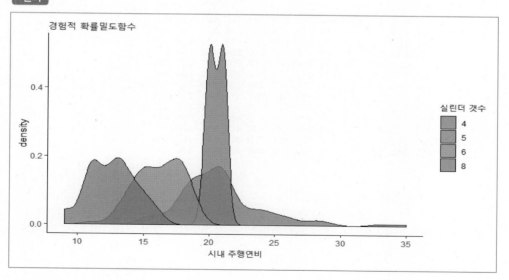

결과설명

- 실린더 갯수가 5인 경우 데이터가 작기 때문에 경험적 확률밀도함수가 뾰족한 쌍봉형태로 나타났다.

- alpha=0.8가 반투명도를 80%로 설정되어 뒤 그래프를 20%만 보인다.
- 실린더 개수가 4인 자동차의 시내주행연비가 가장 높으며 다음이 6개, 실린더 개수가 8인 자동차가 시내주행 연비가 가장 낮음을 알 수 있다.

참조 Selva Prabhakaran, Top 50 ggplot2 Visualization - The Master List (With Full R Code), 사이트 http://r-statistics.co/Top50-Ggplot2-Visualizations-MasterList-R-Code.html

7. ggplot2 패키지를 이용하여 시계열자료 그래프 그리기

- 데이터 셋: ggplot2 패키지를 이용하여 시계열자료 그래프 그리기 위해서는 data.frame으로 구성되어야 한다. 특히 X축에 표시될 시간에 대한 변수가 필요하다.
- 실습 데이터 셋: AirPassengers
  - AirPassengers를 시계열자료 그래프로 그리면 자동으로 X축에 월의 데이터가 삽입된다. 우리는 실습을 위해 X축에 들어갈 시간변수를 삭제하기 위해 데이터셋 AirPassengers를 외부파일로 저장하고 다시 읽어서 시계열자료 그래프 그리기를 실습할 것이다.

- AirPassengers 데이터 셋

```
> AirPassengers
     Jan Feb Mar Apr May Jun Jul Aug Sep Oct Nov Dec
1949 112 118 132 129 121 135 148 148 136 119 104 118
1950 115 126 141 135 125 149 170 170 158 133 114 140
1951 145 150 178 163 172 178 199 199 184 162 146 166
1952 171 180 193 181 183 218 230 242 209 191 172 194
1953 196 196 236 235 229 243 264 272 237 211 180 201
1954 204 188 235 227 234 264 302 293 259 229 203 229
1955 242 233 267 269 270 315 364 347 312 274 237 278
1956 284 277 317 313 318 374 413 405 355 306 271 306
1957 315 301 356 348 355 422 465 467 404 347 305 336
1958 340 318 362 348 363 435 491 505 404 359 310 337
1959 360 342 406 396 420 472 548 559 463 407 362 405
1960 417 391 419 461 472 535 622 606 508 461 390 432
```

1) 데이터셋에 날짜관련 변수 넣기

① AirPassengers 데이터 셋을 txt 파일로 쓰면 아래와 같이 date 변수는 일련번호로 나타나고 날짜는 사라진다.

```
AirPassengers.txt - 메모장        —    □    ×
파일(F)  편집(E)  서식(O)  보기(V)  도움말(H)
"1",112
"2",118
"3",132
"4",129
"5",121
"6",135
"7",148
"8",148
"9",136
"10",119
```

- 이러한 현상은 ts( )함수를 이용하여 date형 변수를 만들 때도 같은 현상이 나타난다.

② date형 변수 생성하기
  - as.Date( ): date형 변수로 변환하는 함수
  - 데이터 셋: economics, 미국의 경제관련 데이터로 6개 변수를 가진다.
  - date: 날짜로 형식은 1967-07-01
  - pce: 개인 소비지출액, 단위 10억달러
  - pop: 인구수, 단위 천명
  - psavert: 개인저축률
  - uempmed: 비고용기간, 단위 주
  - unemploy: 비고용인구, 단위 천명

데이터셋

```
> economics
# A tibble: 574 x 6
    date         pce    pop psavert uempmed unemploy
    <date>      <dbl>  <int>  <dbl>   <dbl>    <int>
 1 1967-07-01  507.  198712   12.5     4.5     2944
 2 1967-08-01  510.  198911   12.5     4.7     2945
 3 1967-09-01  516.  199113   11.7     4.6     2958
 4 1967-10-01  513.  199311   12.5     4.9     3143
 5 1967-11-01  518.  199498   12.5     4.7     3066
 6 1967-12-01  526.  199657   12.1     4.8     3018
 7 1968-01-01  532.  199808   11.7     5.1     2878
 8 1968-02-01  534.  199920   12.2     4.5     3001
 9 1968-03-01  545.  200056   11.6     4.1     2877
10 1968-04-01  545.  200208   12.2     4.6     2709
# ... with 564 more rows
```

설명
- date: date형 변수 즉 첫 번째 데이터는 1967년 7월 1일, 두 번째 데이터는 1967년 8월 1일, …
- pce: db1형 변수 즉 실수
- pop: int형 변수 즉 정수 등으로 구성된다.

- 이 데이터를 아래와 같이 txt파일로 쓰면 다음과 같은 데이터 셋이 구성된다.

```
write.csv(economics, file="c:/rData/economics.txt")
```

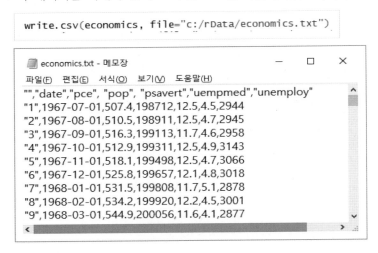

economics.txt - 메모장
파일(F) 편집(E) 서식(O) 보기(V) 도움말(H)
```
"","date","pce", "pop", "psavert","uempmed","unemploy"
"1",1967-07-01,507.4,198712,12.5,4.5,2944
"2",1967-08-01,510.5,198911,12.5,4.7,2945
"3",1967-09-01,516.3,199113,11.7,4.6,2958
"4",1967-10-01,512.9,199311,12.5,4.9,3143
"5",1967-11-01,518.1,199498,12.5,4.7,3066
"6",1967-12-01,525.8,199657,12.1,4.8,3018
"7",1968-01-01,531.5,199808,11.7,5.1,2878
"8",1968-02-01,534.2,199920,12.2,4.5,3001
"9",1968-03-01,544.9,200056,11.6,4.1,2877
```

설명 첫 번째 변수이름은 없이 일련번호가 쓰이고, 나머지는 6개 변수를 쓴다.

③ 저장된 파일 읽기
- 이를 아래와 같이 읽으면, date변수는 date형 변수가 아니라 문자열로 읽힌다.

```
economics2 <- read.csv(file="c:/rData/economics.txt")
economics2
```

- txt 파일을 읽으면

```
economics2 <- read.csv(file="c:/rData/economics.txt")
economics2
   X       date    pce    pop psavert uempmed unemploy
1 1967-07-01  507.4 198712    12.5     4.5     2944
2 1967-08-01  510.5 198911    12.5     4.7     2945
3 1967-09-01  516.3 199113    11.7     4.6     2958
4 1967-10-01  512.9 199311    12.5     4.9     3143
5 1967-11-01  518.1 199498    12.5     4.7     3066
6 1967-12-01  525.8 199657    12.1     4.8     3018
7 1968-01-01  531.5 199808    11.7     5.1     2878
8 1968-02-01  534.2 199920    12.2     4.5     3001
9 1968-03-01  544.9 200056    11.6     4.1     2877
```

설명

- 자동으로 첫 번째 변수이름은 x로 주어지고 값은 일련번호가 된다.
- 변수 date는 date형 변수가 아니라 문자열 변수가 된다. 따라서 변수 date로 ggplot을 사용할 수 없다. 다른 파일에서 데이터를 읽을 때 date형 변수는 문자열로 읽는다. 이를 date형 변수로 전환하여야 한다.

④ 날짜형 변수로 변환하기

■ as.Date( ) 함수: as.은 데이터 형식을 변환하는 키워드이고 Date는 date형으로 변환한다.

- as.Date("2016:09:27", format="%Y:%m:%d"): 형식을 년:월:일
- as.Date("2016-09-27", format="%Y-%m-%d"): 형식을 년-월-일
- as.Date("2016년 9월 26일 13시 49분", format="%Y년 %m월 %d일 %H시 %M분"): 형식을 년 월 일 시 분

- 변수 date를 date 형식의 데이터로 변환하여 변수 date2에 저장.

  변수 date는 문자열, date2는 date형으로 date2로는 ggplot을 사용할 수 있다.

```
economics2$date2 <- as.Date(economics2$date, "%Y-%m-%d")
economics2
    X       date   pce    pop psavert uempmed unemploy      date2
  1 1967-07-01 507.4 198712    12.5     4.5     2944 1967-07-01
  2 1967-08-01 510.5 198911    12.5     4.7     2945 1967-08-01
  3 1967-09-01 516.3 199113    11.7     4.6     2958 1967-09-01
  4 1967-10-01 512.9 199311    12.5     4.9     3143 1967-10-01
  5 1967-11-01 518.1 199498    12.5     4.7     3066 1967-11-01
  6 1967-12-01 525.8 199657    12.1     4.8     3018 1967-12-01
  7 1968-01-01 531.5 199808    11.7     5.1     2878 1968-01-01
  8 1968-02-01 534.2 199920    12.2     4.5     3001 1968-02-01
  9 1968-03-01 544.9 200056    11.6     4.1     2877 1968-03-01
```

⑤ x축에 날짜 데이터를 표시하여 시계열 그래프 그리기

코드

```
theme_set(theme_gray(base_size = 10))
ggplot(economics2, aes(x=date2))+
  geom_line(aes(y=pop))+
  labs(title="미국의 인구수")
```

- geom_line(aes(y=pop)): 그래프 형식은 직선이며, y변수는 pop로 지정

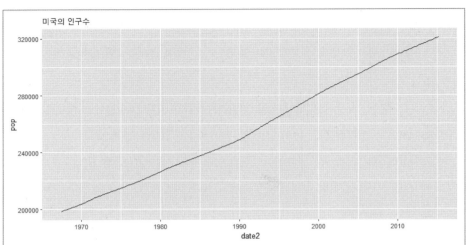

8. lubridate 패키지를 이용하여 날짜를 문자열로 생성하여 X축에 표시하여 그래프 그리기

■ lubridate 패키지: 날짜를 관리하는 패키지, 모든 날짜 데이터를 x축에 표시하기 어려우므로 보기에 알맞게 날짜를 문자열로 표시하는 패키지

코드

```
economics2_m <— economics2[551;574,] #최근 월 데이터
date3 <— paste(month.abb[month(economics2_m$date)], sep=" ", lubridate::year(economics_m$date))
```

- paste( )함수는 파라미터 값을 연결하여 문자열로 만드는 함수
- month.abb[month(economics2_m$date)]: month(economics2_m$date)는 변수 economics2_m$date의 month값을 추출하는 함수로서 month.abb( )는 월의 약어로 세 글자로 반환받으며 month.name( )은 전체 글자로 반환받는다.
- 따라서 economics2_m$date의 월 데이터를 약어로 받아 date3에 대입한다. 결과는 아래 화면과 같다.

결과

```
> date3 <- paste(month.abb[month(economics2_m$date)], sep=" ", lubridate::year(economics2_m$date))
# 달의 변수를 문자열로 생성
> date3
 [1] "May 2013" "Jun 2013" "Jul 2013" "Aug 2013" "Sep 2013" "Oct 2013" "Nov 2013" "Dec 2013"
 [9] "Jan 2014" "Feb 2014" "Mar 2014" "Apr 2014" "May 2014" "Jun 2014" "Jul 2014" "Aug 2014"
[17] "Sep 2014" "Oct 2014" "Nov 2014" "Dec 2014" "Jan 2015" "Feb 2015" "Mar 2015" "Apr 2015"
```

그래프 코드

```
ggplot(economics2_m, aes(x=date2))+
 geom_line(aes(y=pop))+
 labs(title="최근 2년간 미국의 인구수", subtitle="lubridate를 이용하여")+
 scale_x_date(labels = date3,
             breaks=economics2_m$date2)+ # x축표현을 date3로, 구분은 date2 기간으로
 theme(axis.text.x = element_text(angle=90, vjust=0.5),
       panel.grid.minor=element_blank()) #표시되지 않는 줄은 생략
```

설명

- scale_x_date(labels = date3, breaks=economics2_m$date2): x축의 변수값(label)은 문자열인 date3 으로 지정하고, 기간 구분(breaks)은 변수 date3 기준으로 지정한다.
- theme(axis.text.x = element_text(angle=90, vjust=0.5), panel.grid.minor=element_blank( )): axis. text.x은 x축의 문자열 표현 방식을 지정하고, panel.grid.minor=element_blank( )은 월이 표시되지 않는 minor한 달은 생략으로 지정한다.

결과

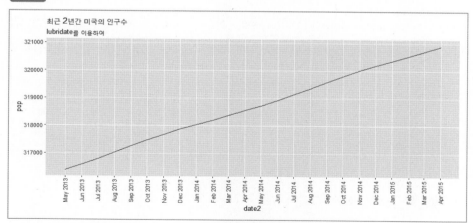

- x축의 변수 값으로 May 2013 등이 출력되어 있음을 알 수 있다.

참조 Selva Prabhakaran, Top 50 ggplot2 Visualization - The Master List (With Full R Code), 사이트 http://r-statistics.co/Top50-Ggplot2-Visualizations-MasterList-R-Code.html

9. 한 화면에 여러 시계열 그래프 그리기

1) x축의 date변수를 12개월 마다 표시하기: 표시하는 데이터 줄이기

- seq(1, length(economics2$date2), 12): seq(from, to, by)함수로서 from에서 시작하여 to 까지 by만큼 뛰어서 생성하는 함수이다. 즉 1, 13, 15, ..., 564번째의 데이터를 추출한다. 왜냐하면 데이터가 너무 많기 때문에 12개에 하나씩 그리기 위해서 데이터를 추출한다.

```
> breakss <- economics2$date2[seq(1, length(economics2$date2), 12)]
> breakss
 [1] "1967-07-01" "1968-07-01" "1969-07-01" "1970-07-01" "1971-07-01"
 [6] "1972-07-01" "1973-07-01" "1974-07-01" "1975-07-01" "1976-07-01"
[11] "1977-07-01" "1978-07-01" "1979-07-01" "1980-07-01" "1981-07-01"
[16] "1982-07-01" "1983-07-01" "1984-07-01" "1985-07-01" "1986-07-01"
[21] "1987-07-01" "1988-07-01" "1989-07-01" "1990-07-01" "1991-07-01"
[26] "1992-07-01" "1993-07-01" "1994-07-01" "1995-07-01" "1996-07-01"
[31] "1997-07-01" "1998-07-01" "1999-07-01" "2000-07-01" "2001-07-01"
[36] "2002-07-01" "2003-07-01" "2004-07-01" "2005-07-01" "2006-07-01"
[41] "2007-07-01" "2008-07-01" "2009-07-01" "2010-07-01" "2011-07-01"
[46] "2012-07-01" "2013-07-01" "2014-07-01"
```

- 결과: economics2$date2 변수 중 아래 결과와 같이 48개의 데이터를 추출하여 breakss에 저장 한다.

2) 날짜 데이터를 문자열로 표시하기

- labell <— paste(lubridate::year(breakss), sep=" ", lubridate::month(breakss)): 위의 12 번째의 데이터를 추출한 breakss변수에서 년과 월을 추출하여 아래 결과와 같이 문자열로 만든다.

```
> labell <- paste(lubridate::year(breakss), sep=" ", lubridate::month(breakss))
> labell
 [1] "1967 7" "1968 7" "1969 7" "1970 7" "1971 7" "1972 7" "1973 7" "1974 7"
 [9] "1975 7" "1976 7" "1977 7" "1978 7" "1979 7" "1980 7" "1981 7" "1982 7"
[17] "1983 7" "1984 7" "1985 7" "1986 7" "1987 7" "1988 7" "1989 7" "1990 7"
[25] "1991 7" "1992 7" "1993 7" "1994 7" "1995 7" "1996 7" "1997 7" "1998 7"
[33] "1999 7" "2000 7" "2001 7" "2002 7" "2003 7" "2004 7" "2005 7" "2006 7"
[41] "2007 7" "2008 7" "2009 7" "2010 7" "2011 7" "2012 7" "2013 7" "2014 7"
```

3) 한 화면에 두 개의 그래프 그리기

- geom_line(aes(y= 변수), col="문자열")을 두 개 작성하여 추가한다.

코드

```
ggplot(economics2, aes(x=date2))+
  geom_line(aes(y=psavert, col="psavert"))+
  geom_line(aes(y=uempmed, col="uempmed"))+
  scale_x_date(labels=labell, breaks=breakss)+
  theme(axis.text.x=element_text(angle=90, vjust=0.6, size=5),
        panel.grid.minor=element_blank())+
  labs(title="한 화면에 두개의 그래프 그리기")
```

결과

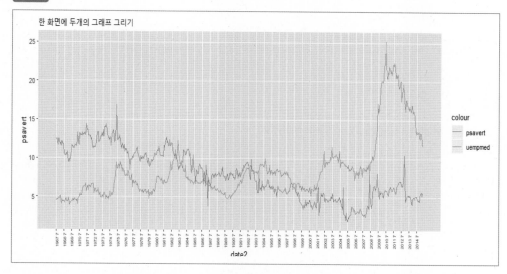

참조 Selva Prabhakaran, Top 50 ggplot2 Visualization - The Master List (With Full R Code), 사이트
http://r-statistics.co/Top50-Ggplot2-Visualizations-MasterList-R-Code.html

10. 계절성 그래프 그리기

- 계절성 그래프: X축을 1월, 2월, 3월, …, 12월로 정하고 Y축에는 각 년도의 값을 그린 그래프
- 함수: ggseasonplot( )는 forecast 패키지에 있다.

코드

```
# 계절성 그래프

install.packages("forecast")
library(forecast)
theme_set(theme_classic())

ggseasonplot(AirPassengers)+
  labs(title="AirPassengers에 대한 계절성 그래프(Seasonal Plot)")
```

결과

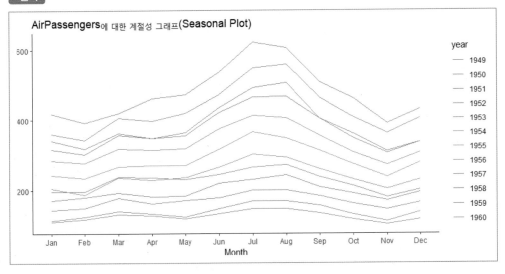

결과해석

- 여행객들은 매년계절성이 뚜렷하게 나타나는 것을 볼 수 있으며, 7~8월에 최고 정점에 이르고 있다는 사실도 그래프로 확인할 수 있다.
- 또한 매년 여행객들의 숫자도 증가하고 있음을 알 수 있다.

참조 Selva Prabhakaran, Top 50 ggplot2 Visualization - The Master List (With Full R Code), 사이트 http://r-statistics.co/Top50-Ggplot2-Visualizations-MasterList-R-Code.html

연습문제

1. AirPassengers 데이터셋을 8개 theme을 바탕으로 그래프를 그려라.
   단 제목과 x축과 y축 설명도 같이 쓰시오.

2. AirPassengers 그래프에 직선을 추가하여라.

3. AirPassengers 그래프에서 X축에는 1958년과 1960년 사이와 Y축에는 300에서 500
   범위에서 데이터가 있는 곳에 원형을 그려라.

4. mtcars 데이터셋에서 실린더 개수별 비누방울 챠트를 작성하여라. 단 주변에 히스토그램
   을 추가하여라.

5. mycars 데이터셋에서 mycars 차량별 평균연비를 구하고, 연비 순위의 오름차순에 따른
   막대그림표를 작성하여라.

6. mycars 데이터셋에서 기어의 개수에 따르는 박스플롯을 작성하여라. 그리고 각 분포를 비교 설명하여라.

7. mycars 데이터셋에서 기어의 개수에 따르는 확률밀도함수를 작성하여라. 그리고 각 분포를 비교 설명하여라.

8. airmiles 데이터셋을 text 파일로 저장하고 읽어서, date형 변수를 추가하여 시계열 그래프를 그려라. 단 x축 변수 값들을 Dec. 1937 이런 방식으로 표시하여라.

실습과제

2016년 1월 ~ 2018년 12월 동안 KT, SKT, LGU+의 이동전화 가입자 수 그래프를 한 화면에 나타내어라. 단 x축 변수 값들을 Jan. 2016 이런 방식으로 표시하여라.

빅데이터 분석 R과
빅데이터 플랫폼 하둡(Hadoop) 개론
OpenSource R
and Hadoop

확률 입문

OPENSOURCE R
AND HADOOP SYSTEM

Chapter 04 확률 입문

1절 확률이란?

우리는 매일 불확실성 하에서 의사결정을 내린다. 다음과 같은 사례를 보자.

1. 아파트 가격이 오를 것인가?
2. 이자율이 어느 정도 오를 것인가?
3. 내가 산 주식이 오를 것인가?
4. 회사에 정시에 출근할 수 있을 것인가?

확률(probability)은 사건이 일어날 수 있는 정도를 측정하는 수치이다. 확률은 0과 1사이의 값으로 추정된다. 확률이 0에 가까우면 사건이 일어나지 않음을 의미하고 확률이 1에 가까우면 사건이 확실히 일어남을 의미한다. 따라서 0과 1사이에 있는 확률은 사건이 일어날 정도를 의미한다. 그리고 확률은 앞에 기술한 네 사건들에 대해 불확실성의 정도를 측정하는 데 이용된다. 확률을 추정할 수 있다면 각 사건이 일어나는 정도를 알 수 있다. 내가 회사에 정시에 출근할 확률이 99%라고 추정된다면 지각할 확률이 1%이고, 지각을 거의하지 않는다는 것을 말한다.

1. 확률부여하기

1) 확률실험
① 실험의 결과는 잘 정의되어야 하고, 결과 목록은 실험을 실시하기 전에 작성되어야 한다.
② 한 번의 실험에서 가능한 결과는 오직 하나이어야 한다.
③ 어떤 시행에서도 실험의 결과는 의도적으로 결정되면 안된다.

2) 확률실험의 사례: 주사위 던지기

　1. 실험의 결과는 1, 2, 3, 4, 5, 6

　2. 한번의 실험에서 결과는 위의 숫자 중 하나만 나타난다.

　3. 의도적으로 주사위 결과를 결정할 수 없다.

3) 표본공간(Sample Space): 실험에서 나타나는 모든 결과들의 집합으로 S로 나타낸다.

　- 주사위 던지기에서 표본공간: S = { 1, 2, 3, 4, 5, 6 }

　- 동전 던지기에서 표본공간: S = { 앞면, 뒷면 }

4) 표본점(Sample Point): 표본공간의 원소

　- 주사위 던지기에서 표본점: 1 또는 2 또는 3 또는 4 또는 5 또는 6

5) 확률 부여의 기본조건: 다음 두 가지 조건을 만족하면 확률이라 할 수 있다.

　① 실험결과에 부여되는 모든 확률은 반드시 0과 1사이에 있어야 한다. E_i를 i번째 실험 결과라 하고 $P(E_i)$를 그의 확률이라 하면 이 조건은 다음과 같은 수식으로 쓸 수 있다 모든 i에 대해　$0 \leq P(E_i) \leq 1$

　② 모든 실험결과의 확률의 합은 반드시 1이어야 한다. n개의 실험결과가 있다면 이 조건은 다음과 같은 수식으로 쓸 수 있다.
　　　$P(E_1) + P(E_2) + ... + P(E_n) = 1$

6) 확률부여 방법

　① 고전적 방법: 모든 실험결과가 동일하게 나타나는 경우에 적합하다. 만일 n개의 실험결과가 있다면 각 실험결과의 확률은 $1/n$이다. 이 방법을 사용하면 두 가지 기본조건이 자동적으로 만족된다.

　　• 고전적 확률의 사례: 주사위 던지기 실험에서 $P(1) = 1/6$, $P(2) = 1/6$, $P(3) = 1/6$, $P(4) = 1/6$, $P(5) = 1/6$, $P(6) = 1/6$

　② 상대도수적 방법: 실험이 많이 반복될 때, 실험결과에 부여되는 확률을 그 사건의 비율로 추정하는 방법이다.

　　• 상대도수적 확률의 사례: TV 판매량

　　　대형 마트에서 30일 동안 TV를 판매한 개수를 조사해 보니 아래 표 4.1과 같았다.

표 4.1   30일 동안 판매된 TV 개수

TV 판매대수	판매 일수	상대도수	상대도수적 확률
0	1	1/30	1/30
1	3	3/30	3/30
2	5	5/30	5/30
3	2	2/30	2/30
4	2	2/30	2/30
5	4	4/30	4/30
6	2	2/30	2/30
7	3	3/30	3/30
8	1	1/30	1/30
9	3	3/30	3/30
10	3	3/30	3/30

설명
- 한 대도 못 팔 확률 P(X=0) = 1/30 = 3.33%, 10대를 팔 확률 P(X=10) = 3/30 = 10%로 추정할 수 있다. 이런 확률은 데이터를 수집하면 할수록 확률이 달라질 수 있다. 그러나 굉장히 많은 데이터를 수집하면 일정 확률이 수렴하는데 이 확률은 변하지 않는다.
- 예를 들면 주사위 던지는 실험에서 1의 눈이 나오는 실험결과를 아래 표 4.2와 같이 구할 수 있다. 결과를 보면 6,000번 이상의 실험에서는 확률이 16.67%로 일정하다. 따라서 상대도수로 확률을 구하려면 많은 횟수의 실험을 하여야 한다.

표 4.2   주사위 던지는 실험에서 1의 눈이 나오는 횟수와 비율

실험 횟수	1의 눈이 나오는 횟수	상대도수	상대도수적 확률
10	1	1/10	1/10 = 10%
60	11	11/60	11/60 = 18.33%
600	120	120/600	120/600 = 20%
6,000	998	998/6000	5/30 = 16.67%
6,000,000	1,000,100	1000100/6000000	1000100/6000000 = 16.67%
60,000,000	10,000,100	10000100/60000000	10000100/60000000 = 16.67%

설명 600번 실험할 때까지 상대도수적 확률이 16.67%와 상당히 다를 수 있지만 6,000번 실험할 때부터는 16.67%와 근사한 값을 가진다. 이 근사값 16.67%는 상대도수적 확률 1/6과 동일하다. 따라서 상대도수적 확률이 정확성을 기하려면 매우 많은 실험을 하여야 함을 알 수 있다.

③ 주관적 방법: 실험결과가 동일하게 나타난다는 가정을 적용하기 어렵거나, 반복실험이 어려울 때 사용하는 방법이다. 주관적 확률은 실험결과의 확률을 부여할 때 경험이나 직관력과 같은 이용가능한 모든 정보를 활용한다. 모든 이용 가능한 정보를 고려한 후 어떤 특정한 실험결과가 나오리라 믿는 정도를 0과 1사이의 확률 값으로 부여한다.

주관적 확률은 확률의 두 가지 기본 조건을 만족시키는 가에 대한 특별한 검토가 필요하다. 즉 개인의 믿음의 정도에 관계없이 실험결과의 확률은 0과 1사이에 있어야 하고 확률의 합은 1.0이 되어야 한다.

• 주관적 확률의 사례: 주택을 구입하기 위해 노력하고 있는 홍길동과 김갑수는 아파트 가격에 대해 관심이 많다. 내년에 아파트 가격이 오르면 구입을 생각하고 있는데 내년 아파트 가격에 대한 실험결과를 다음과 같이 설정할 수 있다.

E1 = 내년에 아파트 가격이 오른다.

E2 = 내년에 아파트 가격이 오르지 않는다.

홍길동은 내년에 아파트 가격이 오를 확률은 0.8로 믿고 있다. 따라서 홍길동은 $P(E1) = 0.8$, $P(E2) = 0.2$로 부여하였다. 그러나 김갑수는 내년에 아파트 가격이 오를 확률은 0.3으로 믿고 있다. 따라서 김갑수는 $P(E1) = 0.3$, $P(E2) = 0.7$로 주었다. E1에 대한 김갑수의 확률은 아파트 가격 상승에 대해 긍정적인 입장을 가지고 있고, 홍길동은 비관적인 입장을 가지고 있는 것을 반영하고 있다. 홍길동과 김갑수의 주관적 확률은 둘 다 확률의 두 가지 기본조건을 만족시키고 있다. 확률이 다르다는 사실은 확률에 대한 개인적인 특성을 반영하고 있다는 것을 보여 준다. 고전적 방법과 상대도수 방법이 적용될 수 있는 경우에도, 주관적 확률을 적용하기를 원할 수도 있다. 그러한 경우에는 고전적 방법과 상대도수 방법을 주관적 방법과 결합하여 좋은 확률을 얻을 수 있다.

2절 확률 계산법칙

확률을 부여하려면 표본공간(실험결과)을 정의하고 수를 세어야 한다. 여기서는 확률계산에 필요한 계산법칙에 대해 설명한다.

1. 다단계 실험

- 동전던지기를 3회 실험하는 경우: 실험 결과는 두 동전의 윗면에 나타나는 앞면과 뒷면으로 정의할 수 있다. 이 실험에서 가능한 실험결과는 몇 개인가?

- 윗면이 앞면이면 Head의 표시로 H로, 뒷면이면 Tail의 표시로 T로 표기한다면 첫 번째도 앞면, 두 번째도 앞면, 세 번째도 앞면인 실험결과는 (H, H, H)로 표시할 수 있고, 첫 번째도 뒷면, 두 번째도 뒷면, 세 번째도 뒷면이면 (T, T, T)로 표시할 수 있다. 이러한 표시를 계속하면 표본공간 S는 다음과 같다.

  S={(H, H, H), (H, H, T), (H, T, H), (H, T, T), (T, H, H), (T, H, T), (T, T, H), (T, T, T)}
  그러므로 이 실험의 결과는 여덟 가지이다. 이 경우 실험의 결과 목록을 쉽게 알 수 있다.

다단계 실험에서 실험의 결과목록을 작성하지 않고 실험결과의 개수를 계산하는 방법이 있다. 동전을 세 번 던지는 실험의 경우 표본공간의 원소 개수는 2(첫번째 동전의 경우의 수)*2(두번째 동전의 경우의 수)*2(세번째 동전의 경우의 수) = 8임을 알 수 있다. 이렇듯 실험을 여러 단계로 독립적으로 실시하는 경우 표본공간의 개수는 각 실험의 결과의 수를 곱한 것과 같다. 각 실험의 결과가 p개로 일정하고 n회 반복실험하는 경우 표본공간의 원소 수는 $p \Pi n = p^n$이 된다.

- 나무그림(tree diagram): 다단계 실험을 그래프로 표현하는 방법

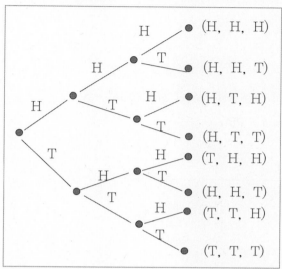

- 순열: 서로 다른 n개 중에 서로 다른 r개를 뽑아 일렬로 나열하는 방법의 수

$$nPr = \frac{n!}{(n-r)!}, \text{ 여기서 } n! = n*(n-1)*(n-2)*...*3*2*1 \text{이다.}$$

- 순열의 사례: 52개의 카드에서 서로 다른 3개를 뽑아 일렬로 나열하는 방법의 수

  첫 번째 경우의 수 52, 두 번째 경우의 수 51, 세 번째 경우의 수 50 따라서 52*51*50

  $_{52}P_3$ = 52!/49! = 52*51*50

- 조합: 서로 다른 n개 중에 서로 다른 r개를 뽑는 방법의 수 $nCr = \dfrac{n!}{(n-r)!r!}$.

  순열의 경우의 수에서 뽑힌 r개를 일렬로 나열하는 경우의 수는 조합에서 동일하기 때문에
  순열의 수에서 r!로 나누면 된다. $nCr = nPr/r!$.

  - 조합의 사례: 52개의 카드에서 서로 다른 3개를 뽑는 수

    $_{52}C_3$ = 52!/49!3! = 52*51*50/1*2*3

2. 사건과 확률

- 사건: 표본점들의 집합
- 사건의 확률: 사건에 부여된 확률들의 합

- 사례: 주사위 던지기 실험에서 윗면이 1 또는 2가 나올 확률은 1이 나올 확률 1/6 더하기 2가 나올 확률 1/6로서 2/6=1/3이 된다.

3. 확률들의 성질

- 사건 A의 여사건: A^c은 표본공간에서 사건 A를 제외한 사건 $A \cup A^c = S$
- $P(A^c) + P(A) = P(S) = 1$, $P(A^c) = 1 - P(A)$

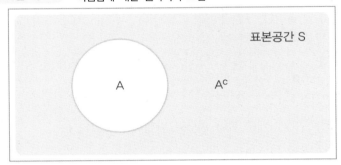

그림 4.1   여집합에 대한 밴다이어 그램

- 여사건 사례: 앞의 사례에서 홍길동이 내년에 아파트가 오르지 않을 거라고 믿을 확률

$P(A^c) = 1 - P(A) = 1 - 0.8 = 0.2$

4. 확률의 덧셈법칙

- 곱사건: 사건 A와 사건 B
- 사건 A와 사건 B가 일어날 확률: $P(A \cap B)$

- 합사건: 사건 A 또는 B
- 사건 A 또는 B가 일어날 확률: $P(A \cup B)$
- $P(A \cup B) = P(A) + P(B) - P(A \cap B)$: $P(A \cap B)$를 차감하는 이유는 $A \cup B$의 모든 원소를 표현할 때, 곱사건 $A \cap B$의 표본점들은 A와 B 둘 다에 속해 있으므로 $P(A) + P(B)$를 계산할 때 $A \cap B$의 표본점들은 두 번 계산되기 때문이다.

그림 4.2   합집합 교집합에 대한 밴다이어 그램

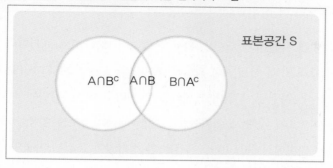

표본공간 S

$A \cap B^c$ $A \cap B$ $B \cap A^c$

문제

확률의 덧셈법칙 사례: 컴퓨터 소프트웨어 회사에서 월급이 불만이어서 2년 내에 회사를 떠나는 비율은 20%, 수행 업무가 불만이어서 2년 내에 떠나는 비율은 25%, 월급과 업무 둘 다에 불만족하여 2년 내에 떠나는 비율은 10%이다. 월급 또는 업무 불만족으로 2년 내 회사를 떠나는 확률을 계산해 보자.

풀이

A = 월급의 불만족으로 회사를 떠나는 사건, B = 업무의 불만족으로 회사를 떠나는 사건으로 정의하면 P(A) = 0.2, P(B) = 0.25, P(A∩B) = 0.1이다.

P(A∪B) = P(A) + P(B) - P(A∩B) = 0.2 + 0.25 - 0.1 = 0.35

월급문제나 업무문제로 2년 내 회사를 떠나는 확률은 0.35임을 알 수 있다.

5. 상호배반 사건: 두 사건에서 공통적인 사건이 없는 사건

- 사건 A와 B는 배반사건이다. P(A∩B) = 0과 동일하다.
- 사건 A와 B는 배반사건이라면 P(A∪B) = P(A) + P(B).

3절   조건부 확률

조건부 확률은 사건 B가 일어났을 때 사건 A가 일어날 확률을 말하며 P(A|B)로 표기한다. 기호 "|"는 사건 B가 일어났다는 조건이 주어질 때 사건 A의 확률을 의미한다. 그러므로 기호 P(A|B)는 B가 주어질 때 A의 확률이라고 읽는다. 사건 A가 일어날 확률을 P(A)라고 하자. 관련된 사건 B가 이미 일어났다는 정보를 가졌다면, 사건 A에 대해 새로 확률을 계산할 때, 이 정보를 이용한다. 따라서 조건부 확률은 정보를 활용한다는 의미에서 중요하다. 이 정보의 정확성이 조건부 확률의 정확성을 결정한다.

1. 조건부 확률 사례

소프트웨어회사의 직원은 200명이고 남성은 150명, 여성은 50명이다. 1년 이내 승진자는 35명이었는데 남성은 25명 여성은 10명이었다. 결과는 표에 나와 있다. 그러면 승진에서 여성의 차별이 있다고 볼 수 있는가?

상대도수적 확률에 의하면 승진자 중 남성의 확률은 P(남성) = 71.4%, P(여성) = 28.6%로 남성의 비율이 훨씬 높아서 여성의 차별이 있는 것으로 추정된다.

사건 A = 1년 내 승진, 사건 B = 남성이라고 하자. 그러면 A^c = 1년 내 승진 못함, B^c = 여성이 된다. 승진에서 남녀 차별이 있다는 주장은 남자의 승진비율이 여자의 승진비율보다 높다는 것이다. 즉 P(A|B) 〉 P(A|B^c)이라고 주장하는 것이다.

남성 150명 중 1년 내 승진자는 25명이므로 P(A|B) = 25/150 = 0.167

여성 150명 중 1년 내 승진자는 10명이므로 P(A|B^c) = 10/50 = 0.2

따라서 승진에서 남녀 차별이 없고 오히려 여성의 승진 비율이 더 높음을 알 수 있다. 이는 상대도수적 확률과는 정반대 결과이다. 이러한 사실은 확률을 추정할 때 조건이 되는 사건을 면밀하게 검토해야함을 일깨워 준다.

표 4.3   1년 이내 승진현황

	남성	여성	계
1년 내 승진	25	10	35
1년 내 승진 못함	125	40	165
	150	50	200

2. 조건부 확률의 계산

교차표의 각 셀을 총 도수 200으로 나눈 표가 결합확률 표이다. 남성이고 1년 내 승진자는 25명이고, 이를 사건으로 표현하면 사건 A∩B이고, 확률로 표현하면 P(A∩B) = 25/200 = 0.125, 남성이고 1년 내 승진하지 못한 자는 25명이고, 이를 사건으로 표현하면 사건 A^c∩B이고, 확률로 표현하면 P(A^c∩B) = 125/200 = 0.625, 여성이고 1년 내 승진자는 10명이고, 이를 사건으로 표현하면 사건 A∩B^c이고, 확률로 표현하면 P(A∩B^c) = 10/200 = 0.05, 여성이고 1년 내 승진하지 못한 자는 40명이고, 이를 사건으로 표현하면 사건 A^c∩B^c이고, 확률로 표현하면 P(A^c∩B^c) = 40/200 = 0.2이다. 그 결과를 표로 나타낸 것이 결합확률 표이다. 행이나 열의 합을 주변 확률(Marginal Probability)라고 부른다.

표 4.4   1년 이내 승진에 관한 결합확률 표

	남성(B)	여성(Bc)	주변 확률
1년 내 승진(A)	0.125=25/200	0.05=10/200	0.175=35/200
1년 내 승진 못함(Ac)	0.625=125/200	0.2=40/200	0.825=165/200
주변 확률	0.75=150/200	0.25=50/200	1.00

표 4.5   1년 이내 승진에 관한 결합확률 표2

	남성(B)	여성(Bc)	주변 확률
1년 내 승진(A)	0.125=P(A∩B)	0.05=P(A∩B^c)	0.175=P(A)
1년 내 승진 못함(A^c)	0.625=P(A^c∩B)	0.2=P(A^c∩B^c)	0.825=P(A^c)
주변 확률	0.75=P(B)	0.25=P(B^c)	1.00

- 조건부 확률 계산 $P(A|B) = 25/150 = \dfrac{25/200}{150/200} = \dfrac{P(A \cap B)}{P(B)} = 0.167$

- 조건부 확률 계산 $P(A|B^c) = 10/50 = \dfrac{15/200}{50/200} = \dfrac{P(A \cap B^c)}{P(B^c)} = 0.2$

- 조건부 확률 계산 식 $P(A|B) = \dfrac{P(A \cap B)}{P(B)}$

조건 B는 표본공간이 S에서 B로 축소된다는 의미와 동일하다.

3. 독립사건

- 사건 A와 B가 독립이다. 이 의미는 사건 A가 사건 B에 영향을 주지 않는다는 것이다. 영향을 주지 않는다는 것은 통계학에서는 발생 확률에 영향을 주지 않는다는 것이다.

- 사건 A와 B가 독립이다. $P(A|B) = P(A)$
사건 B가 사건 A의 확률에 영향을 주지 않는 형태이다.

- 독립사건 사례: 위의 예에서 $P(A) = 0.175$, $P(A|B) = 0.2$이므로 1년 내 승진은 남성이라는 사건과 종속이다. 즉 남성과 여성에 따라 1년 내 승진 확률이 다르다.

4. 확률의 곱셈법칙

- $P(A \cap B) = P(B)P(A|B) = P(A)P(B|A)$
사건 A와 B가 독립이라면 $P(A \cap B) = P(A)P(B)$

- 확률의 곱셈법칙 사례: 위의 예에서
$P(A \cap B) = 25/200 = 0.125$,
$P(B) = 150/200 = 0.75$, $P(A|B) = 0.167$, $P(B)*P(A|B) = 0.75*0.167 = 0.125$
따라서 $P(A \cap B) = P(B)P(A|B)$임을 알 수 있다.

4절　베이즈 정리

조건부 확률에서 새로운 정보가 들어오면 확률을 수정하는 것이 확률에서 중요하다고 설명하였다. 우리는 종종 관심이 있는 사건의 확률을 고전적 방법, 상대도수적 방법, 주관적 방법 등으로 추정하는데 이를 사전확률(prior probability)이라고 한다. 확률의 정확성을 높이기 위해 표본조사, 보고서, 테스트 등과 같은 자료로 부터 사건에 대한 추가적인 정보를 얻는다. 이러한 새로운 정보로부터 사전확률을 수정함으로써 사후확률(posterior probability)이라는 확률을 계산한다. 베이즈 정리(Bayes' theorem)는 이러한 확률을 계산하는 방법을 제공한다. 이 확률 수정과정은 아래 그림에 나와 있다.

그림 4.3　　베이즈 정리를 이용한 확률수정 과정

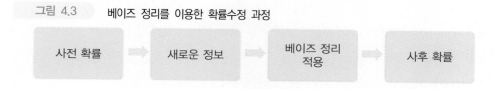

1. 베이즈 정리

- A1, A2, …, An이 표본공간 S를 분할한다면 즉 S = A₁∪A₂∪ … ∪An이라면

- $P(A_i|B) = \dfrac{P(A_i \cap B)}{P(B)} = \dfrac{P(A_i)P(B|A_i)}{P(A_1)P(B|A_1) + P(A_2)P(B|A_2) + \ldots + P(A_n)P(B|A_n)}$ 이다.

　여기서 P(A₁), P(A₂), …, P(Aₙ)는 사전확률

　　　　P(B|A₁), P(B|A₂), …, P(B|Aₙ)는 조건부 확률 (여기서 B는 정보)

　　　　P(A₁|B), P(A₂|B), …, P(Aₙ|B)는 사후확률 즉 정보 B가 주어졌을 때 A1, A2, …, An 이 일어날 확률

　베이즈 정리의 수식은 조건부 확률을 계산하는 식이지만 활용에서는 광범위하다. 예를 들어 내년에 아파트 가격이 오르면 아파트를 구입하고 그렇지 않으면 아파트를 구입하지 않으려 한다. 나는 비관적이기 때문에 내년에 아파트가 오를 확률 P(A) = 0.4로 주관적으로 추정하고 구입하지 않으려 한다. 현명한 사람이라면 이러한 사전 확률로 의사결정하는 것은 위험부담이 있어 아파트 가격에 대해 조사할 것이다. 조사한 결과로 확률을 수정하는 것이 타당할 것이다. 이렇게 합리적으로 의사결정하려는 경우에 적용할 수 있다.

■ 베이즈 정리 사례

내년에 아파트 가격이 오르면 아파트를 구입하고 그렇지 않으면 아파트를 구입하지 않으려 한다. 나는 비관적이기 때문에 내년에 아파트가 오를 확률 P(A) = 0.4로 주관적으로 추정하였다. 올해 경기가 내년 아파트 가격에 많은 영향을 준다는 사실을 알고, 추가적인 정보를 수집을 하여 보니 올해 경기가 좋을 것이라고 전망되었다. 그럼에도 불구하고 아파트를 구입하여야 할까?

이를 위해 과거 20년간 자료를 조사하여 보니 아파트 가격이 오를 때는 15번이었고 그 중에서도 그 전 해에 경기가 좋을 경우는 13번이었다. 또한 아파트 가격이 내릴 때는 5번이었고 그 중에서도 그 전 해에 경기가 좋을 경우는 2번이었다. 상대도수적 방법에 따라 다음과 같은 조건부 확률을 추정하였다.

- 사건 A = 내년 아파트 가격이 오른다. A와 A^c는 표본공간 S를 분할한다. $A \cup A^c$ = S이므로.
- 사건 B = 올해 경기가 좋다.
- 조건부 확률 P(B|A) = 13/15 (왜냐하면 15경우에서 13번이므로)

  P(B|A^c) = 2/5 (왜냐하면 5번 중 2번이므로)

- 사후확률

  올해 경기가 좋을 때 내년 아파트 가격이 오를 확률 $P(A|B) = \dfrac{P(A \cap B)}{P(B)} = \dfrac{P(A)P(B|A)}{P(B)}$

$= \dfrac{P(A)P(B|A)}{P(A)P(B|A)+P(A^c)P(B|A^c)} = \dfrac{0.4*13/15}{0.4*13/15+0.6*2/5} = \dfrac{5.2}{5.2+3.6} = 0.59$

따라서 올해 경기가 좋다는 정보 B가 있다면 아파트를 구입하는 것이 타당하다. 따라서 비관적인 사람도 경기에 대한 추가적인 정보를 수집하면 의사결정이 달라질 수 있다.

위와 같이 계산하면 어렵게 보인다. 이를 쉽게 계산하기 위해 표를 이용할 수 있다.

- 1열 사건
- 2열 사전확률 P(A_i)
- 3열 조건부 확률   P(B|A_i)
- 4열 결합확률 P(B∩A_i) = 2열*3열
- 5열 사후 확률P(A_i|B) = 4열/4열의 합

표 4.6　베이즈 정리 계산을 위한 표 계산법

사건	사전 확률	조건부 확률	결합 확률	사후 확률
A_i	$P(A_i)$	$P(B \mid A_i)$	$P(A_i \cap B) =$ 2열*3열	$P(A_i \mid B) =$ 4열/4열의 합
A	0.4	13/15	0.4*13/15=0.35	$P(A \mid B)=0.35/0.59=0.59$
A^c	0.6	2/5	0.6*2/5=0.24	$P(A^c \mid B)=0.24/0.59=0.41$
계			0.59=0.35+0.24	

결과　올해 경기가 좋다는 정보는 내년에 아파트 가격이 오를 확률을 0.4에서 0.59로 상승시키며 가격이 내릴 확률은 0.6에서 0.41로 낮추고 있음을 보여준다.

5절   이산 확률분포

- 확률변수(random variable): 실험결과를 숫자로 표현하는 방법으로서, 숫자에 따라 확률이 부여된다. 따라서 확률변수는 확률을 가지는 변수로 설명될 수 있다.

1. 이산 확률변수(discrete random variable): 결과를 유한한 숫자나 0, 1, 2, 3, ...와 같이 무한하지만 셀 수 있는 숫자로 표현할 수 있는 확률변수

   - 이산 확률변수 사례
     - 우리 회사 서버에 하루에 접속을 요청하는 건수
     - 공용프린터에 하루에 요청되는 건수
     - 톨게이트에 하루에 도착하는 자동차 수
     - 책에서 오타의 수
     - 우리 회사에 하루에 들어오는 사람의 성별의 수, 남성 또는 여성의 수 등

2. 연속 확률변수(continuous random variable): 실험결과의 값이 구간이나 구간의 모음에 연속적인 값을 가지는 확률변수, 변수명은 일반적으로 영어 대문자를 사용한다.

   - 연속 확률변수 사례
     - 우리 회사의 서버에 접속자 간의 시간
     - 공용 프린트에 요청되는 건 수 사이의 시간
     - 톨게이트에 도착하는 자동차 간의 시간
     - 몸무게
     - 키 등

3. 이산 확률분포

   - 확률분포: 확률변수의 값에 따르는 확률들의 나열
   - 이산 확률분포: 이산 확률변수의 값에 따르는 확률들의 나열

사례 이산 확률분포 사례1: 주사위를 던지는 실험에서 윗면의 수

- 이산 확률변수 X = 1, 2, 3, 4, 5, 6
- 이산 확률분포: 고전적 정의에 의해, 표 4.7과 같이 구할 수 있다.

표 4.7   주사위 던지는 실험에서 확률변수와 확률 분포

X	1	2	3	4	5	6	합
P(X=x)	1/6	1/6	1/6	1/6	1/6	1/6	1

사례 이산 확률분포 사례2: 자동차 판매영업소에서 지난 300일간 판매 실적을 조사하였다. 그 결과 차를 한 대도 판매하지 못한 날은 30일, 1대를 판매한 날은 60일, 2대를 판매한 날은 15일, 3대를 판매한 날은 15일, 4대를 판매한 날은 30일, 5대를 판매한 날은 15일, 6대를 판매한 날은 60일, 7대를 판매한 날은 15일, 8대를 판매한 날은 60일이었다.

- 이산 확률변수 X = 0, 1, 2, 3, 4, 5, 6, 7, 8
- 이산 확률분포: 상대도수적 정의에 의해 아래 표 4.8과 같이 확률분포를 추정할 수 있다.

표 4.8   자동차 판매 대수에 대한 확률변수와 확률 분포

X	0	1	2	3	4	5	6	7	8	합
P(X=x)	0.1	0.2	0.05	0.05	0.1	0.05	0.2	0.05	0.2	1

그림 4.4   자동차 판매 대수에 대한 이산 확률분포 그래프

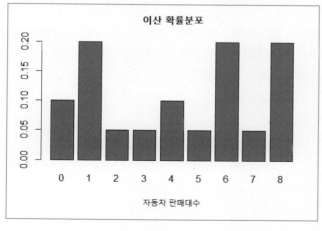

4. 이산 확률변수의 평균과 분산

- 평균(기대값): $E(x) = \mu = \sum_{i=1}^{N} x P(X=x)$

- 분산: $V(x) = \sigma^2 = \sum_{i=1}^{N} (x_i - \mu)^2 P(X=x) = \sum_{i=1}^{N} x^2 P(X=x) - \mu^2 = E(X^2) - E(X)^2$

- 표준편차: $\sigma = \sqrt{V(x)}$

- 평균과 분산 계산을 위한 표 (자동차 판매영업소 사례에서)

표 4.9 자동차 판매영업소 사례에서 평균과 분산 계산을 위한 표

X	P(X=x)	E(X) = xP(X=x)	E(X²) = x²P(X=x)
0	0.1	0	0
1	0.2	0.2	0.2
2	0.05	0.1	0.2
3	0.05	0.15	0.45
4	0.1	0.4	1.6
5	0.05	0.25	1.25
6	0.2	1.2	7.2
7	0.05	0.35	2.45
8	0.2	1.6	12.8
계	1	E(X) = μ = 4.25	E(X²) = 26.15

[설명]

- 평균 $E(X) = \mu$ = 4.25, 즉 하루에 평균 4.25대 판매한다는 의미이다. 이는 하루에 평균 판매량이 4대 또는 5대라는 의미를 내포하고 있으며 4대를 팔면 평균이하 5대를 팔면 평균이상이라는 것을 의미한다.
- 분산 $\sigma^2 = E(X^2) - E(X)^2$ = 26.15 - 4.25^2 = 8.0875
- 표준편차 $\sigma = \sqrt{\sigma^2} = \sqrt{8.0875} = 2.843853$

R 코드

```
> MYDATA <- c(0.1, 0.2, 0.05, 0.05, 0.1, 0.05, 0.2, 0.05, 0.2)
> name <- c(0, 1, 2, 3, 4, 5, 6, 7, 8) # 자동차판매대수
> Ex = sum(MYDATA*name) #기대값 계산
> Ex
[1] 4.25
> Exx= sum(name^2 *MYDATA) # E(X^2) 계산
> Exx
[1] 26.15
> Vx = Exx - Ex^2    #분산 계산
> Vx
[1] 8.0875
> sigma = sqrt(Vx) #표준편차 계산
> sigma
[1] 2.843853
```

설명 MYDATA <— c(0.1, 0.2, 0.05, 0.05, 0.1, 0.05, 0.2, 0.05, 0.2): 확률 분포 선언

name <— c(0, 1, 2, 3, 4, 5, 6, 7, 8): 자동차 판매대수

Ex = sum(MYDATA*name): $\Sigma x_i P(X=x_i)$로 평균 계산

Exx = sum(name^2 *MYDATA): $\Sigma x_i^2 P(X=x_i)$로 $E(X^2)$ 계산

Vx = Exx-Ex^2: $E(x^2) - E^2(x)$로 분산 계산

5. 이항 확률분포: 결과가 두 가지로 나타나는 실험을 반복할 때 따르는 확률분포

1) 이항실험(binomial experiment)은 다음 네 가지 특성을 보인다.

① 각 실험은 두 가지 결과를 가진다. 그 결과를 성공, 실패라고 부른다.

② 성공의 확률은 p이며 반복실험에서 변하지 않는다. 따라서 실패의 확률 1-p도 반복실험에서 변하지 않는다.

③ 각 실험은 다른 실험에 영향을 받지 않고 독립적으로 행해진다.

④ 실험은 동일한 시행 n회로 반복한다.

2) 베르누이 실험: 실험 중 위의 ①, ②를 만족시키는 실험

① 각 실험은 두 가지 결과를 가진다. 그 결과를 성공, 실패라고 부른다.

② 성공의 확률은 p이며 반복실험에서 변하지 않는다. 따라서 실패의 확률 1-p도 반복실험에서 변하지 않는다.

3) 이항실험의 사례: 동전 던지기 10회 반복 실험

① 각 실험의 결과는 앞면 또는 뒷면 두가지 결과만을 가진다.

② 앞면이 나올 확률은 0.5, 뒷면이 나올 확률도 0.5로 실험에서 확률이 변하지 않는다.

③ 동전 던지기에서 앞의 실험결과에 따라 영향을 받지 않는다.

④ 실험은 동일한 10회 반복한다.

따라서 동전 던지기를 10회 반복 실험은 이항실험임을 알 수 있다.

표 4.10   10번의 이항실험에서 실험결과

시행횟수	1	2	3	4	5	6	7	8	9	10
결과	뒷면F	앞면S	앞면S	앞면S	뒷면F	앞면S	뒷면F	뒷면F	앞면S	뒷면F

4) 이항 확률변수: 이항 실험에서 성공의 횟수(X)가 이항 확률변수가 된다.

5) 이항 확률분포: 이항 확률변수가 따르는 분포

사례   이항 확률분포의 계산: 동전던지기 3회 실시하는 실험

• 동전던지기를 3회 실시하는 실험에서 아래와 같은 8가지 실험결과에 따라 변수 성공횟수 x의 결과가 나타난다.

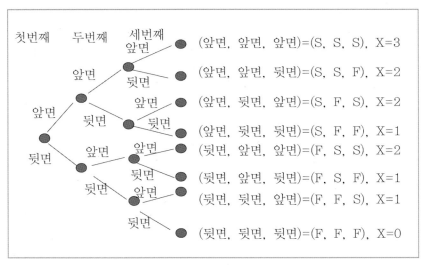

• 베르누이 실험을 3회 반복하는 실험에서 개별 결과가 나올 확률은 $\frac{1}{2}*\frac{1}{2}*\frac{1}{2}=\frac{1}{8}$ 이 된다.

따라서 P(X=0) = $1*\frac{1}{8}$, P(X=1) = $3*\frac{1}{8}$, P(X=2) = $3*\frac{1}{8}$, P(X=3) = $1*\frac{1}{8}$ 이 된다.

이는 P(X=x) = (X=x회의 개수)*개별 확률로 계산된다.

표 4.11   동전 3회 던지기에서 앞면이 나오는 횟수에 대한 확률분포

X	0	1	2	3
P(X=x)	1/8	3/8	3/8	1/8

이를 일반화 하면 아래와 같은 확률을 계산할 수 있다.

6) 이항분포의 확률계산

■ n번 시행에서 x회 성공할 확률

- n번 시행에서 x회 성공할 경우의 수 $nCx = \dfrac{n!}{x!(n-x)!}$, $n! = n*(n-1)*(n-2)*...*3*2*1$

  각 결과가 나올 확률 $p^x(1-p)^{(n-x)}$, 왜냐하면 성공이 x회, 실패가 (n-x)회이므로

  따라서 n번 시행에서 x회 성공할 확률은

- P(X=x) $= nCx*p^x(1-p)^{(n-x)} = \dfrac{n!}{x!(n-x)!}p^x(1-p)^{(n-x)}$이다.

사례   이항확률분포 사례

우리 회사의 공용프린트에 프린트 성공확률은 평균 0.9이다. 3건의 프린트를 공용프린트에 요청할 때 성공횟수에 따르는 확률은 다음과 같다.

- 3건 모두 성공할 확률은 P(X=3) $= \dfrac{3!}{3!0!}0.9^30.1^0 = 1*0.9^3 = 0.729$이 되어 72.9%이다.

- 2건만 성공할 확률은 P(X=2) $= \dfrac{3!}{2!1!}0.9^20.1^1 = 3*0.9^2*0.1^1 = 0.243$이 되어 24.3%이다.

- 1건만 성공할 확률은 P(X=1) $= \dfrac{3!}{1!2!}0.9^10.1^2 = 3*0.9^1*0.1^2 = 0.027$이 되어 2.7%이다.

- 한건도 성공하지 못할 확률은 P(X=0) $= \dfrac{3!}{0!3!}0.9^00.1^3 = 1*0.9^0*0.1^3 = 0.001$이 되어 0.1%이다.

표 4.12   공용프린트 성공횟수에 대한 확률분포표

X=x	0	1	2	3	계
P(X=x)	0.1%	2.7%	24.3%	72.9%	100%

R 코드

- dbinom(x, size, prob): 확률값구하는 함수, x=구하고자 하는 변수값, size=n, prob=p

- pbinom(x, size, prob, lower.tail=T): 누적 확률값 구하는 함수, p=lower.tail=T는 P(X≤x) 를 구하고 lower.tail=F는 P(X<x)를 구한다.

- qbinom(p, size, prob, lower.tail=T): 누적확률이 p가 되는 x값 구하는 함수, p=누적확률

- 코드: 공용프린트를 사용하는 예

```
> p <- dbinom(c(0, 1, 2, 3), 3, 0.9)
> p
[1] 0.001 0.027 0.243 0.729
```

설명 성공횟수에 따르는 이항확률분포를 보여준다.

- 도수분포표 그래프

```
names(p)=c(0, 1, 2, 3)

barplot(p, col ="red", border="black", main="이항 확률분포",
xlab="공용프린트 성공횟수")
```

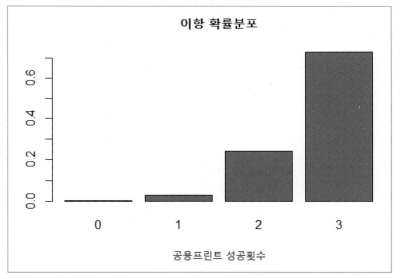

```
> p1 <- pbinom(2, 3, 0.9)
> p1
[1] 0.271
> p2 <- qbinom(0.5, 3, 0.9)
> p2
[1] 3
```

설명

- p1 <- pbinom(2, 3, 0.9): p(x≤2)=0.271
- p2 <- qbinom(.5, 3, 0.9): 누적확률이 0.5가 되는 최소의 x값은 3,
  즉 p(x≤3)≧0.5로 50 백분위수는 3이 된다.

■ 이항 확률분포 그래프 그리기

```
x <- seq(0, 20, by=1) # 0, 1, 2, 3,..., 20의 숫자발생
p <- dbinom(x, 20, 0.2)
names(p)=c(0,1,2,3,4,5,6,7,8,9,10,11,12,13,14,15,16,17,18,19,20)
barplot(p, col ="red", border="black", main="이항 확률분포")
```

설명

- p <- dbinom(x, 20, 0.2): 성공확률 p=20% 베르누이실험을 20회 반복하여 성공횟수가 0, 1, 2,... 20인
  확률을 계산하여 p에 대입
- names(p): X축 변수 값 설정

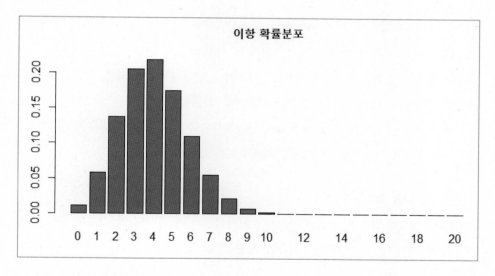

■ 이항확률분포의 기대값과 분산

- 이항확률분포의 기대값: E(X) = np
- 이항확률분포의 분산: V(X) = npq
- 위 공용프린트 예제에서 평균 E(X) = np = 3*0.9 = 2.7 (건)
  분산 V(X) = npq = 3*0.9*0.1 = 0.27 (건2)
  표준편차 σ = $\sqrt{0.27}$ = 0.1596152 (건)

6. 포아송 확률분포

포아송 확률분포는 특정한 시간이나 공간에서 일어나는 사건의 횟수가 따르는 분포로서, 컴퓨터나 네트워크 분야 등에서 많이 사용하는 분포이다. 예를 들면 데이터베이스에 하루에 접근하는 사용자 수, 인터넷 서버에 하루에 접속하는 가입자 수, 공용프린트에 하루에 요청하는 프린트 건수, 내가 하루에 전화를 하는 건수 등에 적용할 수 있는 이산 확률분포가 포아송 확률 분포이다.

다음의 두 가지 특성을 만족하면 발생횟수에 관한 확률변수는 포아송 확률분포(Poisson probability distribution)를 따른다고 한다.

1) 포아송 실험의 특성
① 두 구간의 길이가 같다면 발생확률이 동일하다.
② 어떤 구간에서 발생하거나 발생하지 않는 사건은 다른 구간에서 발생하거나 발생하지 않는 사건과 독립이다.

2) 포아송 확률함수(Poisson probability function)는

$$P(X=x) = \frac{\mu^x e^{-\mu}}{x!}$$, 여기서 μ= 구간에서 발생횟수의 평균, e = 2.71828.

포아송 분포에서 확률변수 x는 주어진 시간이나 구간에서 발생되는 사건의 회수를 나타내는 이산확률변수이다. 발생횟수는 상한이 없으므로 확률함수 P(X=x)는 x= 0, 1, 2, ...이다. 실제로 x가 상당히 큰 수이면 P(X=x)가 0에 가까워지므로 매우 큰 x의 확률은 무시할 수 있다. 벨 연구소는 전화가 오는 모형에 포아송 확률분포를 적용하였다.

사례   포아송 확률분포 사례

인터넷 서버에 접속하는 접속자는 랜덤하게 접속하며, 한시간에 접속자 수는 일정하게 평균 10명이다. 한 시간 동안 8명이 접속할 확률은?

풀이

인터넷 서버에 접속하는 접속자가 랜덤하게 접속하므로 두 구간의 길이가 같으면 발생할 확률은 동일하며, 다른 접속 사건에 영향을 주지 않으므로 독립임을 알 수 있다. 따라서 포아송 확률함수를 적용할 수 있다.

- 포아송 확률함수 $P(X=x) = \dfrac{10^x e^{-10}}{x!}$

따라서 $P(X=8) = \dfrac{10^8 e^{-10}}{8!} = 0.112599$

R 코드

- dpois(x, lambda): 확률값구하는 함수, x=구하고자 하는 변수값, lambda=평균

- ppois(x, lambda, lower.tail=T): 누적 확률값 구하는 함수, p=lower.tail=T는 P(X≦x)를 구하고 lower.tail=F는 P(X > x)를 구한다.

- qpois(p, lambda, lower.tail=T): 누적확률이 p가 되는 x값 구하는 함수, p=누적확률

결과

```
> dpois(8, 10)
[1] 0.112599
```

설명 dpois(8, 10): 평균이 10인 포아송 확률 분포에서 8명이 접속할 확률

■ 포아송 확률분포 그래프

```
x <- seq(0, 30, by=1) # 0, 1, 2, 3,..., 20의 숫자발생
p <- dpois(x, 10)
names(p)=c(0,1,2,3,4,5,6,7,8,9,10,11,12,13,14,15,16,17,18,19,20,21
,22,23,24,25,26,27,28,29,30)
barplot(p, col ="red", border="black", main="포아송 확률분포")
```

설명

p <- dpois(x, 10): 평균이 10인 포아송 확률 분포에서 발생 횟수가 x= 0,1,2,...,30인 확률을 계산하여 p에 대입

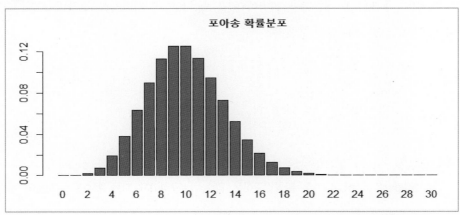

7. 초기하 확률분포

1) 초기하 확률 정의

모집단 N에서 r개의 성공원소가 있고, N-r개의 실패원소가 있을 때, 복원없이 n개를 무작위로 추출하는 실험에서, 성공원소에서 x개, 실패원소에서 n-x개를 뽑을 확률이 초기하확률확률이(hypergeometric probability distribution)다. 이러한 결과가 나오기 위해서는 r개의 성공원소에서 x개를 추출하고 N-r개의 실패원소에서 n-x개를 뽑아야 한다. 다음의 초기하확률함수 f(x)는 n개를 추출하는 데 성공원소를 x개 추출하는 확률이다.

2) 초기하 확률 계산방법

$$P(X=x) = \frac{{}_rC_x \,\, {}_{(N-r)}C_{n-x}}{{}_NC_n} = \frac{r!}{x!(x-r)!} \frac{(N-r)!}{(n-x)!(N-r-(n-x))!} \Big/ \frac{N!}{n!(N-n)!}$$

여기서, N = 모집단의 개수

　　　n = 추출 횟수

　　　r = 성공원소의 개수

> **사례**　**초기하 확률분포 사례**
>
> 자바개발자가 50명, C개발자가 20명이 있을 때, 10명의 개발자를 무작위로 뽑는다고 할 때, 자바개발자가 5명 모두 뽑힐 확률은?

> **풀이**
>
> $$P(X=5) = \frac{{}_{50}C_5 \,\, {}_{20}C_5}{{}_{70}C_{10}} = \frac{50!}{5!45!} \frac{20!}{15!5!} \Big/ \frac{70!}{60!10!} = 0.0828$$

> **R 코드**
>
> - dhyper(x, m, n, k): 확률값구하는 함수, x=구하고자 하는 횟수, m=성공의 수, n=실패의 수, k=추출 횟수
> - phyper(x, m, n, k, lower.tail=T): 누적 확률값 구하는 함수, lower.tail=T는 P(X≤x)를 구하고 lower.tail=F는 P(X<x)를 구한다.

- qhyper(p, m, n, k, lower.tail=T): 누적확률이 p가 되는 x값 구하는 함수, p=누적확률

결과

```
> dhyper(5, 50, 20, 10)
[1] 0.08280535
```

설명 dhyper(5, 50, 20, 10): m=50은 자바개발자가 50명, n=20은 c개발자가 20명, r=10은 10명을 무작위로 추출, x=5는 자바개발자가 5명이며, 그 확률은 0.08280535이다.

■ 초기하 확률분포 그래프

```
x <- seq(0, 10, by=1) # 0, 1, 2, 3,..., 10의 숫자발생
p <- dhyper(x, 50, 20, 10)
names(p)=c(0,1,2,3,4,5,6,7,8,9,10)
barplot(p, col ="red", border="black", main="초기하 확률분포")
```

설명 P<—dhyper(x, 50, 20, 10): 자바개발자가 50명, c개발자가 20명에서 10명을 추출할 때 자바개발자가 0명, 1명, 2명, ..., 10명 뽑힐 확률을 계산해서 변수 p에 대입

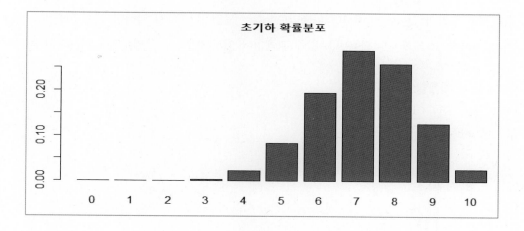

6절 연속 확률분포

확률변수의 값이 인터넷 접속시간, 프린트 요청시간, 수익률 등 연속적인 값을 갖는 변수가 연속 확률변수이며, 연속 확률변수가 따르는 분포가 연속 확률분포이다. 여기에는 대표적인 분포는 균일분포와 정규분포, 지수분포이다. 이산 확률변수는 특정 확률을 확률함수 P(X=x)로 표현하였다. 그러나 연속 확률변수에서의 확률함수는 P(X=x)=0이다. 왜냐하면 연속 확률변수가 한 점을 갖는 경우는 없기 때문이다. 따라서 연속 확률변수의 확률은 구간 확률로 정의한다. 연속 확률변수 X가 주어진 구간 내 존재할 확률이 그 구간에 대한 f(x) 그래프 아래의 면적으로 나타내는 함수 f(x)가 확률밀도함수(probability density function)이다. 다시 말하면 아래 면적이 확률로 정의되는 함수가 확률밀도함수이다. 따라서 이산 확률변수의 확률은 확률함수로, 연속 확률변수의 확률은 확률밀도함수로 정의된다.

1. 균일분포

1) 균일분포 정의
확률이 구간의 길이에 비례하면 확률밀도함수는 균일하다. 다시 말하면 연속 확률변수 X가 일정 길이에 속할 확률은 확률변수 값에 관계없이 일정하면 X는 균일분포에 따른다고 말한다.

2) 균일 확률밀도함수

$$f(x) = \begin{cases} \dfrac{1}{(b-a)}, & a \leq x \leq b \\ 0 & \text{그외} \end{cases}$$

- 평균: $E(X) = \dfrac{a+b}{2}$

- 분산: $V(X) = \dfrac{(b-a)^2}{12}$

사례 균일분포 사례

인터넷 서버에 접속 요청을 하면 서버는 0.01초에서 0.11초 사이의 임의의 시간에 허락을 한다. 다시 말하면 0.01초와 0.11초 사이에 응답하는 비율이 일정하다. 내가 인터넷 서버에 접속을 요청하면 0.05~0.07초 사이에 접속할 확률은? 0.05~0.09초 사이에 접속할 확률은?

풀이

확률밀도함수 $f(x) = \begin{cases} \dfrac{1}{(0.11-0.1)} = 100, & 0.1 \leq x \leq 0.11 \\ 0 & \text{그외} \end{cases}$

P($0.05 \leq X \leq 0.07$) = 100*(0.07-0.05) = 0.2

P($0.05 \leq X \leq 0.09$) = 100*(0.09-0.05) = 0.4

R 코드

- dunif(x, min, max): 확률밀도함수 구하는 함수, x=구하고자 하는 변수값, min=최소값, max=최대값

- punif(q, min, max, lower.tail=T): 누적 확률값 구하는 함수, q= 확률변수 값, lower.tail=T는 P(X≦x)를 구하고 lower.tail=F는 P(X>x)를 구한다.

- qunif(p, min, max, lower.tail=T): 누적확률이 p가 되는 x값 구하는 함수, p=누적확률

결과

```
> p1 <- punif(0.07, 0.01, 0.11)
> p2 <- punif(0.05, 0.01, 0.11)
> p <- p1 -p2
> p
[1] 0.2
```

설명

- p1 <— punif(0.07, 0.01, 0.11): 최소값이 min=0.01이고, 최대값이 max=0.11인 균일분포에서 x=0.07은 0.07까지의 확률 구하기

- p <- p1 <— p2: p(0.05≦ X ≤ 0.07)의 확률을 계산하여 변수 P에 부여

- 평균, 분산구하기

```
> E <- (0.1+0.11)/2  # 평균
> V <- (0.11-0.1)^2 /12  #분산
> E
[1] 0.105
> V
[1] 8.333333e-06
```

■ 연속함수 그리기

ggplot2 패키지 사용, ggplot2는 Hadley Wickham이 개발한 강력하고, 다양한 그래프 표현을 하는 패키지이다.

- ggplot2 패키지 설치

- ggplot2 패키지 다운로드: install.packages("ggplot2")

- ggplot2 패키지 사용: library(ggplot2)

```
> install.packages("ggplot2")
trying URL 'https://cran.rstudio.com/bin/windows/contrib/3.5/ggplot2_3.0.0.zip'
Content type 'application/zip' length 3579673 bytes (3.4 MB)
downloaded 3.4 MB

package 'ggplot2' successfully unpacked and MD5 sums checked

The downloaded binary packages are in
        C:\Users\gyryu\AppData\Local\Temp\RtmpKWa4fT\downloaded_packages
```

```
> library(ggplot2)
Warning message:
패키지 'ggplot2'는 R 버전 3.5.1에서 작성되었습니다
```

`그래프 그리기` ggplot2 패키지를 사용하여 균일분포 그리기

```
g <- ggplot(data.frame(xaxis=c(0.05,0.12)), aes(x=xaxis)) + stat_function(fun
=dunif, args=list(min = 0.1, max = 0.11), colour="red", size=1)
g + ggtitle("Graph of Uniform Distribution") + ylab("unifrom distribution")
```

`설명`

- data.frame(xaxis=c(0.05, 012), aes(x=xaxis)): 데이터를 지정하는 함수로 xaxis=c(0.05, 0.12)는 xaxis 의 값은 0.05~0.12로 지정하고, aes(x=xaxis)는 x축의 값으로 변수 xaxis를 지정한다.

- stat_function(fun=dunif, args=list(min = 0.1, max = 0.11), colour="red", size=1): 사용하는 함수 를 정의하는 명령어로 fun=dunif는 함수(function)는 dunif(균일분포), args=list(min = 0.1, max = 0.11)는 매개변수로 최소값 0.1, 최대값 0.11로 지정, colour="red"는 선의 색깔은 붉은색으로 지정하고, size=1는 선의 굵기는 1로 지정한다.

- graph + ggtitle("Graph of Unifrom Distribution") + ylab("unifrom distribution"): graph는 그래프 배경을 선언하는 명령어이고, ggtitle("Graph of Unifrom Distribution")는 graph 변수에 제목을 부여하 는 명령어이고, ylab("unifrom distribution")는 y축 변수의 이름을 부여하는 명령어이다.

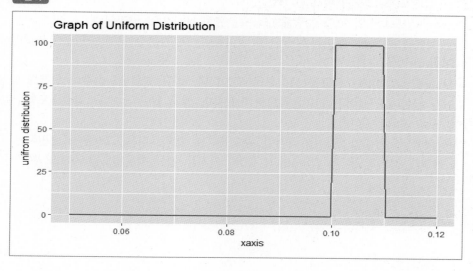

2. 정규분포

1) 정규분포 정의

　　정규분포는 중심에서 확률밀도가 가장 높으며 멀어질수록 급격하게 확률밀도가 낮아지고 중심을 중심으로 대칭인 분포를 말한다. 연속확률변수 중에 가장 중요한 분포이며, 인터넷 접속시간, 서버 사용시간, 과학적 측정, 시험점수, 몸무게, 다양한 분야에서 광범위하게 적용하는 분포이다. 특히 중심극한정리를 포함한 통계적 추론에서 많이 사용하는 분포이다. 따라서 특징을 잘 이해하는 것이 필요하다. 또한 수능점수에서 원점수를 표준점수로 변환하는데 사용한 분포이기도하다.

2) 정규분포의 확률밀도함수

- 정규 확률밀도함수 $f(x) = \dfrac{1}{\sigma\sqrt{2\pi}} e^{\frac{1}{2}\frac{(x-\mu)^2}{\sigma^2}}$,

　여기서　μ = 평균

　　　　　σ = 표준편차

　　　　　π = 3.141592

　　　　　e = 2.71828

특징 ▶ 정규 확률밀도함수의 특징

① 정규 확률밀도함수의 모양은 평균 μ와 표준편차 σ에 의해 달라진다.

② 정규 확률밀도함수의 최고점은 평균에 위치하며, 이 점은 분포의 중앙값이자 최빈값이기도 하다.

③ 정규 확률밀도함수는 평균을 중심으로 대칭이다. 정규 확률밀도함수의 오른쪽과 왼쪽 꼬리는 무한대로 길어지며 이론적으로 가로축에 닿지 않는다. 정규 확률밀도함수는 대칭이므로 왜도는 0이다.

④ 정규 확률밀도함수의 평균은 어떠한 값도 될 수 있다. 다음 그림은 표준편차는 같지만, 평균이 각기 다른 세 값 -10, 0, 20을 가지는 정규 확률밀도함수의 모양이다.

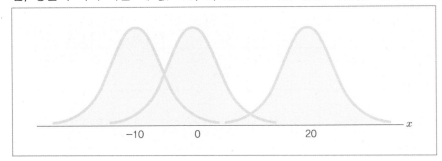

⑤ 표준편차는 정규 확률밀도함수의 높낮이를 결정한다. 표준편차가 크면 정규 확률밀도함수는 넓고 평평해지며, 자료가 좀 더 변동성이 커진다. 표준편차가 작으면 정규 확률밀도함수는 높고 좁아진다. 변동성이 작다. 다음 두 개의 정규 확률밀도함수는 평균은 같지만 서로 다른 표준편차를 가진 경우다.

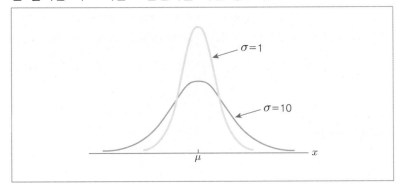

⑥ 정규확률변수의 확률은 정규 확률밀도함수 아래의 면적이다. 정규 확률밀도함수 아래의 총 면적은 1이다. 분포가 대칭이므로 평균의 왼쪽 곡선 아래 면적이 0.50이며, 오른쪽 곡선 아래 면적이 0.50이다.

⑦ 가장 많이 사용하는 구간의 백분율은 다음과 같다.

• 정규 확률변수 값이 (평균±1×표준편차) 구간 내에 있을 확률은 68.3%이다.

- 정규 확률변수 값이 (평균±2×표준편차) 구간 내에 있을 확률은 95.4%이다.
- 정규 확률변수 값이 (평균±3×표준편차) 구간 내에 있을 확률은 99.7%이다.

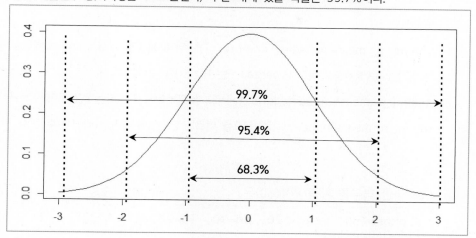

위의 확률 값들은 추정과 검정에서 자주 사용하는 확률구간과 확률값이므로 기억하는 것이 바람직하다. 또한 위 확률 값들이 경험법칙의 확률 값과 유사하다.

3) 정규확률분포에서 확률 구하기

정규분포의 확률계산은 연속확률변수이므로 확률밀도함수 그래프 아래의 면적으로 계산한다. 그러므로 특정 구간 내 위치한 정규확률변수의 확률 계산에서 해당 구간의 정규곡선 아래의 면적을 계산하기 위해서는 적분을 이용해야 한다. 그러나 이런 적분을 계산하는 것은 고급 수학기법을 사용하여야 하므로 매우 힘들다. 따라서 많은 책에서는 표준화(Standardization)하여 표준 정규확률분포표를 이용하여 근사적 확률을 계산한다. R은 정규분포확률을 계산하는 함수를 제공하기 때문에 정확하게 계산할 수 있다.

사례　**정규확률 계산 사례**

우리 회사의 인터넷 서버에 접속하여 이용하는 시간이 평균 2분이고 표준편차는 30초이다.

① 60초미만 머무를 확률 P(X<60)은?
② 70초에서 130초사이로 머무를 확률 P(70<X<130)은?
③ 3분을 머무르는 사용자는 몇 위에 해당할까?
④ 상위 10%에 해당하는 사용자는 몇 초를 접속할까?
⑤ 이 확률변수를 따르는 난수를 5개를 생성하자.

R 코드

- dnorm(x, mean=m, sd=s): 확률밀도함수 구하기, x=구하고자 하는 변수값, mean=평균, sd= 표준편차

- pnorm(q, mean=m, sd=s, lower.tail=T): 누적 확률값 구하기, q= 확률변수 값, lower. tail=T는 P(X≤x)를 구하고 lower.tail=F는 P(X>x)를 구한다.

- qnorm(p, mean=m, sd=s, lower.tail=T): 누적확률이 p가 되는 x값 구하기, p=누적확률

- rnorm(n, mean=m, sd=s): 정규분포를 따르는 난수 생성하기, n=생성난수 갯수

풀이

① 60초미만 머무를 확률 P(X<60)은?

```
> pnorm(60, mean=120, sd=30, lower.tail = T)
[1] 0.02275013
```

따라서 P(X<60) = p(x≤60)=0.2275013

② 70초에서 130초사이로 머무를 확률 P(70<X<130)은?

```
> p1 <- pnorm(70, mean=120, sd=30, lower.tail = T)
> p2 <- pnorm(130, mean=120, sd=30, lower.tail = T)
> p <- p2-p1
> p
[1] 0.5827683
```

따라서 P(70<X<130) = 0.5827683

③ 3분을 머무르는 사용자는 몇 위에 해당할까?

```
> pnorm(180, mean=120, sd=30, lower.tail = T)
[1] 0.9772499
```

따라서 3분을 머무르는 사용자는 1-0.9772499 = 0.0227501로 상위 2.28%에 해당한다.

④ 상위 10%에 해당하는 사용자는 몇 초를 접속할까?

```
> qnorm(0.9, mean=120, sd=30, lower.tail = T)
[1] 158.4465
```

따라서 상위 10%에 해당하는 사용자는 158.4465초를 접속한다.

⑤ 이 확률변수를 따르는 난수를 5개를 생성하자.

```
> rnorm(5, mean=120, sd=30)
[1] 130.91225 102.05152  98.44579 120.57173 151.38051
```

따라서 평균이 120초 표준편차가 30초를 따르는 난수 5개는 130.91225초, 102.05152초, 98.44679초, 120.57173초, 151.38051초 이다.

3. 표준 정규확률분포

1) 표준 정규확률분포 정의

정규확률변수의 평균이 0이고 표준편차가 1인 정규확률분포를 특별히 표준 정규확률분포 (standard normal probability distribution)라고 한다. 표준 정규확률변수를 따르는 확률변수도 일반적으로 특별히 z를 사용한다. 이렇게 특별한 이름과 변수를 부여하는 이유는 많이 사용하기 때문이다.

2) 표준 정규확률밀도함수 $f(x) = \dfrac{1}{\sqrt{2\pi}} e^{\frac{1}{2}x^2}$,

여기서 π = 3.141592

         e = 2.71828

3) 표준 정규확률분포 그래프

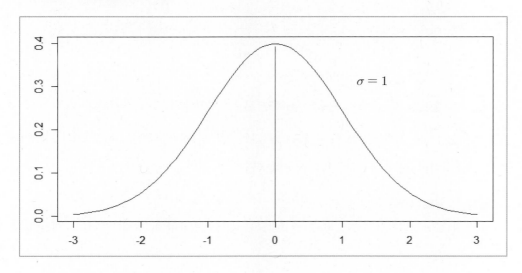

그래프 그리기 R로 표준 정규확률분포 그래프 그리기

```
ggplot(data.frame(x=c(-4, 4)), aes(x=x)) + stat_function(fun=dnorm,
args=list(mean = 0, sd = 1), colour="red", size=1) + ggtitle("Graph
of Standard Normal Distribution")
```

설명

- ggplot2 패키지 사용
- data.frame(x=c(-4, 4)), aes(x=x)): x의 값을 -4 ~ 4이고 x축은 변수 x로 설정
- stat_function(fun=dnorm: 사용하는 함수는 dnorm(정규분포)로 설정
- args=list(mean = 0, sd = 1): 모수설정으로 평균 0, 표준편차 1로 설정
- colour = "red", size=1: 선의 색은 red, 크기는 1로 설정
- ggtitle("Graph of Standard Normal Distribution"): 그래프 제목설정

결과

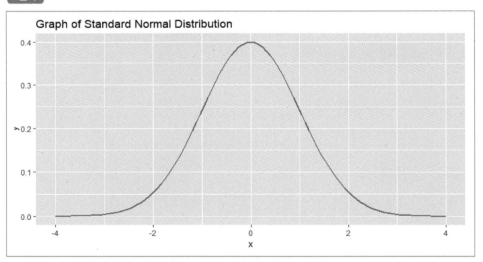

4) 표준화(Standardization): 평균이 m이고 표준편차가 s인 정규 확률변수 X를

$z = \dfrac{X - m}{s}$ 로 하면 평균은 0, 표준편차가 1이 되므로 평균을 빼고 표준편차로 나누어 주는

일을 표준화라고 한다. 여기서 z를 표준화 변수라고 한다.

5) 표준 정규확률분포에서 확률 구하기

표준 정규분포의 확률계산은 표준 정규확률분포표를 이용하여 근사적 확률을 계산할 수 있

다. 그러나 R은 norm( )함수의 파라미터로 mean=0, sd=1만 선언하면 계산할 수 있다.

문제　표준 정규확률 계산 사례

우리 회사의 인터넷 서버에 접속하여 이용하는 시간이 평균 2분이고 표준편차는 30초이다.

① 표준화 변수는?
② 60초미만 머무를 확률을 표준화로 구하여라.
③ 70초에서 130초사이로 머무를 확률을 표준화로 구하여라.
④ 3분을 머무르는 사용자의 표준화 값과 몇 위에 해당할까?
⑤ 상위 10%에 해당하는 사용자의 표준화 값과 몇 초를 이용할까?
⑥ 표준 정규분포를 따르는 난수를 5개를 생성하자.

R 코드

- dnorm(x, mean=0, sd=1): 확률밀도함수 구하기, x=구하고자 하는 변수값
- pnorm(q, mean=0, sd=1, lower.tail=T): 누적 확률값 구하기, q= 확률변수 값
- qnorm(p, mean=0, sd=1, lower.tail=T): 누적확률이 p가 되는 x값 구하기, p=누적확률
- rnorm(n, mean=0, sd=1): 표준정규분포를 따르는 난수 생성하기, n=생성난수 갯수

풀이

① 표준화 변수 $z = \dfrac{X - 120}{30}$

② 60초미만 머무를 확률을 표준화로 구하여라.

- $P(X<60) = P(\dfrac{X-120}{30} < \dfrac{60-120}{30} = -2) = P(z < -2)$

```
> pnorm(-2, mean=0, sd=1, lower.tail = T)
[1] 0.02275013
```

따라서 P(z < -2) = 0.2275013으로 위의 결과와 동일한 것을 알 수 있다.

③ 70초에서 130초사이로 머무를 확률을 표준화로 구하여라.

- $P(70<X<130) = P(\dfrac{70-120}{30} < \dfrac{X-120}{30} < \dfrac{130-120}{30}) = p(-1.667 < z < 3.333)$

```
> p1 <- pnorm(-5/3, mean=0, sd=1, lower.tail = T)
> p2 <- pnorm(1/3, mean=0, sd=1, lower.tail = T)
> p <- p2-p1
> p
[1] 0.5827683
```

따라서 p(-1.667 〈 z 〈 3.333) = 0.5827683임을 알 수 있다. 위의 결과와 동일하다.

④ 3분을 머무르는 사용자의 표준화 값과 몇 위에 해당할까?

- 3분을 이용하는 사람의 표준화 값 $z = \frac{180-120}{30} = 2$

```
> pnorm(2, mean=0, sd=1, lower.tail = F)
[1] 0.02275013
```

따라서 상위 2.28%임을 알 수 있다. 위의 결과와 동일하다.

⑤ 상위 10%에 해당하는 사용자의 표준화 값과 몇 초를 이용할까?

- 상위 10%의 표준화 값

```
> p <- qnorm(0.1, mean=0, sd=1, lower.tail = F)
> p
[1] 1.281552
> x <- p*60+120
> x
[1] 196.8931
```

표준화 값 p=1.281552

사용시간 p=1.281552= $\frac{x-120}{30}$ 이므로 x=p*30+120=196.8931초임을 알 수 있다.
위의 결과와 동일하다.

⑥ 표준 정규분포를 따르는 난수를 5개 생성

```
> rnorm(5, mean=0, sd=1)
[1] -0.3888790 -1.1540949  0.4593896  0.6088144 -0.7031427
```

0 주위의 값들이 나타남을 알 수 있다.

4. 지수확률분포

1) 지수확률분포 정의

어떤 이벤트가 발생하고 난 뒤 다음 이벤트가 발생하기까지의 대기시간이 따르는 분포이다.
예를 들면 인터넷 서버에 접속자이 후에 다음 접속자까지의 대기시간, 공용프린터에 프린터
요청 이 후에 다음 요청까지의 대기시간, 소프트웨어의 로딩 시간 등에 적용되는 분포이다.

2) 지수 확률밀도함수

$$f(x) = \lambda e^{-\lambda x},$$

여기서 λ = 1/평균 (rate)

e = 2.71828.

- 평균 E(X) = μ = $\dfrac{1}{\lambda}$
- 분산 V(X) = μ^2 = $\dfrac{1}{\lambda^2}$
- 확률 P(X<x0) = $\displaystyle\int_0^{x_0} e^{-\lambda x}\,dx$ = $1 - e^{-\lambda x_0}$

지수확률분포의 적분은 쉽게 구할 수 있기 때문에 확률도 쉽게 구할 수 있다. 그러나 R을 이용하면 확률 뿐 만아니라 백분위 수 등을 구할 수 있으므로 R을 이용하여 확률을 구하는 것이 바람직하다.

그래프 그리기 ▶ 지수 확률밀도함수 그래프

```
g <- ggplot(data.frame(xaxis=c(0.0,20)), aes(x=xaxis)) + stat_function(fun=dexp,
args=list(rate=1/2), colour="red", size=1)
g + ggtitle("Graph of Exponential Distribution with expectation 2")
```

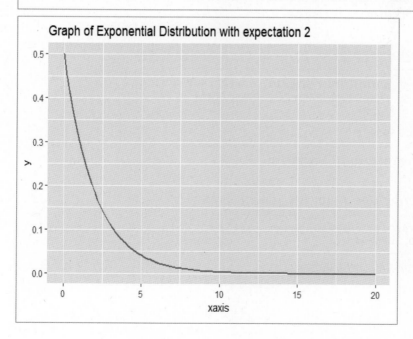

사례 **지수 확률 구하기**

우리 회사 서버에 접속자 간의 시간은 평균 0.1초이다.

① 접속자 간의 시간 간격이 0.05초 이하일 확률은?
② 접속자 간의 시간 간격이 0.01초와 0.2초 사이일 확률은?
③ 접속자 간의 시간 간격이 0.1초이상일 확률은?

R 코드

- dexp(x, rate= r): 확률밀도함수 구하기, x=구하고자 하는 변수값, rate=1/평균

- pexp(q, rate= r, lower.tail=T): 누적 확률값 구하기, q= 확률변수 값

- qexp(p, rate= r, lower.tail=T): 누적확률이 p가 되는 x값 구하기, p=누적확률

- rexp(n, rate= r): 지수분포를 따르는 난수 생성하기, n=생성난수 개수

풀이

① 접속자 간의 시간 간격이 0.05초 이하일 확률은?

```
> pexp(0.05, rate=10, lower.tail = T)
[1] 0.3934693
```

따라서 P(X⟨0.05) = 0.3934693

② 접속자 간의 시간 간격이 0.01초와 0.2초 사이일 확률은?

```
> p1 <- pexp(0.01, rate=10, lower.tail = T)
> p2 <- pexp(0.2, rate=10, lower.tail = T)
> p <- p2 -p1
> p
[1] 0.7695021
```

따라서 P(0.01⟨X⟨0.2) = 0.7695021

③ 접속자 간의 시간 간격이 0.1초이상일 확률은?

```
> pexp(0.1, rate=10, lower.tail = F)
[1] 0.3678794
```

따라서 P(X⟩0.1) = 0.3678794

4 포아송분포와 지수확률분포와의 관계

포아송분포는 특정한 시간이나 공간에서 발생하는 사건의 빈도가 따르는 이산확률분포이고 포아송 확률함수는

$P(X=x) = \dfrac{\mu^x e^{-\mu}}{x!}$,

여기서 μ = 구간에서 발생횟수의 평균,

e = 2.71828.

또한 사건빈도가 포아송분포를 따른다면 사건 사이의 시간의 분포는 반드시 지수분포를 따른다.

지수 확률밀도함수는

$f(x) = \lambda e^{-\lambda x}$,

여기서 $\lambda = \dfrac{1}{\mu}$ (rate)

e = 2.71828.

두 분포와의 관계를 예를 들어 설명하면, 인터넷 서버에 접속하는 접속자 수가 포아송 확률분포를 따르고 1초에 평균 10명이 접속한다면, 포아송 확률함수는

$P(X=x) = \dfrac{\mu^x e^{-\mu}}{x!} = \dfrac{10^x e^{-10}}{x!}$, 이다.

1초당 평균 10명의 접속자가 발생하므로 접속자 간의 평균 시간은 1초/10명 = 0.1초/명이 된다. 따라서 이 포아송확률분포를 따르는 접속사건이 일어났을 때 다음 접속이 일어나는 접속시간의 분포는 지수확률분포로 확률밀도함수는 $f(x) = \lambda e^{-\lambda x} = 10 e^{-10x}$가 된다. 이 두 분포와의 관계는 인터넷이나 네트워크 등 많은 분야에서 사용되는 매우 중요한 관계이기 때문에 숙지하는 것이 필요하다.

연습문제

1. 아래 사건들의 표본공간을 정의하여라.

   ① 네트워크 프린트에 프린트 요청 횟수

   ② 동전 4개를 던지는 실험

   ③ 코스닥에서 주식이 상승하는 건수

2. 서로 다른 2개의 주사위를 던지는 실험에서

   ① 이 실험의 나무그림을 그리시오.

   ② 표본공간은 무엇인가?

   ③ 확률변수를 두 주사위의 합이라고 정의한다면 확률변수의 분포는 무엇인가?

   ④ 확률변수의 평균과 분산, 표준편차를 구하시오.

3. 로또는 로또의 당첨금은 아래와 같이 정해진다.

순위	당첨 내용	당첨금 배분비율
1	6개 번호 모두 일치	총 당첨금 중 4등과 5등 금액을 제외한 금액의 75%
2	5개 번호 일치 + 나머지 1개가 보너스 번호 일치	총 당첨금 중 4등과 5등 금액을 제외한 금액의 12.5%
3	5개 번호 일치	총 당첨금 중 4등과 5등 금액을 제외한 금액의 12.5%
4	4개 번호 일치	50,000원
5	3개 번호 일치	5,000원

로또에 대한 다음의 질문들을 R로 계산하여라.

① 각 순위에 당첨될 확률을 구하여라.

② 이번 회차에서 1,000원짜리 복권이 20,000,000장 팔렸다. 각종 경비를 제외하고 총 당첨금을 100억으로 정하였다. 복권 한 장당 기대 당첨금은 얼마인가?

③ 20,000,000장 팔린 회차에서는 평균적으로 5등은 400,000명이 당첨되고, 4등은 25,000명이 당첨되고 3등은 570명이 당첨되고, 2등은 15명이 당첨되고, 1등은 3명이 당첨된다고 하자. 각 순위의 기댓값은 얼마인가?

④ 이러한 구조에서 로또를 구매하는 것이 합리적인 행동인가? 이에 대해 설명하여라.

4. 우리 회사의 프로젝트는 5개의 모쥴로 구성되어 있다. 각 모쥴은 독립적으로 개발되고 각 모쥴이 성공할 확률은 95%이다. 다음의 확률들을 R로 계산하여라.

① 우리 프로젝트가 완벽하게 성공할 확률은?

② 네 개의 모쥴이 성공할 확률은?

③ 적어도 한 개의 모쥴이 성공할 확률은?

5. 우리 회사의 서버가 A, B, C 등 3대있다. A는 웹 서비스용 서버이고, B는 앱서비스를 위한 서버이고, C는 동영상 서비스를 위한 서버이다. 지난 6개월 동안 서버의 오류가 A에서 5회, B에서 3회, C에서 2회 발생했다. 다음의 확률들을 R로 계산하여라.

① 우리 회사에서 각 서버의 오류발생 확률들을 계산하여라.

② 우리 회사 서버에 오류가 발생했다. 앱 서비스의 오류일 확률은?

6. 우리 회사는 웹서비스와 앱서비스, 동영상 서비스를 제공하고 있다. 각 서비스의 가입 현황은 아래 표와 같다. 다음 질문들을 R로 계산하여라.

표 4.12   서비스 가입현황

가입 서비스	남성	여성	계
웹 서비스	1,000,000	500,000	1,500,000
앱 서비스	800,000	1,200,000	2,000,000
동영상 서비스	500,000	500,000	1,000,000
	2,300,000	2,200,000	4,500,000

① 우리 회사 가입자가 남성일 확률은?

② 우리 회사 가입자 중 여성이었다. 동영상 서비스 가입자일 확률은?

③ 앱 서비스 가입자 중 남성일 확률은?

④ 가입자 중 여성이고 동영상 서비스 가입자일 확률은?

7. 다음 사건들은 독립사건인가 종속사건인가? 그에 대한 근거도 제시하여라.

① 자동차 사고날 사건과 비가 오는 사건

② 내가 지각할 사건과 이자율이 떨어질 사건

③ 코스닥이 상승장일 사건과 거래소 시장이 상승장일 사건

8. 우리 회사의 인터넷 서비스 서버가 A, B 두 대가 있다. 과거 1년 동안 오류를 확인해 보니 A에서 40건, B에서 60건이 발생하였다. 서버 B의 성능개선을 위해 소프트웨어를 교체하였다. 데이터를 보니 서버 A에서 소프트웨어를 교체하였을 경우 오류의 확률이 0.03이고, 서버 B에서 소프트웨어를 교체하였을 경우 오류의 확률이 0.02이었다. B서버에 대해 소프트웨어를 교체하고 난 뒤 서버 B에서 발생될 오류의 확률을 R로 계산하여라. 사전 확률과 비교하여 설명하여라.

9. 우리 회사는 새로운 빅데이터시스템을 도입하기로 하였다. 이 빅데이터시스템이 성공할 확률을 70%로 생각하였다. 성공확률을 높이기 위해 이 빅데이터시스템에 대해 추가적인 정보를 입수하였다. 다른 회사에서 이 빅데이터시스템을 설치하여 성공할 때 정보를 입수할 확률이 90%이었고 이 빅데이터시스템이 실패했을 때 정보를 입수할 확률은 40%이었다. 추가적인 정보를 입수하였을 때 이 빅데이터시스템이 성공할 확률을 R로 계산하여라.

10. 우리 회사는 KT에서 발주하는 대형 프로젝트 입찰에 참가하였다. 우리는 프로젝트를 수주할 확률을 50:50으로 생각하였다. 입찰관리부서는 KT에 추가적인 정보를 얻었다. 과거 경험으로 보아 성공한 입찰의 80%가 추가적인 정보를 요구하였고, 실패한 입찰의 50%가 추가적인 정보를 요구하였다. 아래 확률들을 R로 계산하여라.

　① 이 입찰에 성공할 사전 확률은?

　② 성공한 입찰에 추가정보를 요구할 조건부 확률은?

　③ 추가적인 정보 요구가 있을 경우 입찰에 성공할 확률은?

11. 자동차의 10%가 보험에 가입하지 않았다. 자동차 20대를 조사하였다.
아래 물음들을 R로 구현하여라.

① 확률분포표를 작성하여라.

② 확률분포 그래프를 작성하여라.

③ 4대 이하가 미보험일 확률은?

④ 15대 이상이 미보험일 확률은?

⑤ 평균과 분산, 표준편차를 구하시오.

12. 우리 회사는 30%의 우수고객을 확보하고 있다. 고객 20명을 뽑아서 조사하였다. 아래 물음들을 R로 구현하여라.

① 확률분포표를 작성하여라.

② 확률분포 그래프를 작성하여라.

③ 4명 이하가 우수고객일 확률은?

④ 15명 이상이 우수고객일 확률은?

⑤ 평균과 분산, 표준편차를 구하시오.

13. 다음의 경우 중 지수분포를 적용할 수 없는 경우는?

① 주차 요금소에 도착하는 자동차들의 수
② 설문지를 완성하는 데 소요되는 시간
③ 공용 프린터에 요청 이벤트들의 시간 간격
④ 고속도로에 파손 지점간의 거리

14. 우리 회사 서버에 1초에 평균 3명이 접속한다. 아래 물음들을 R로 구현하여라.

① 확률분포 그래프를 작성하여라.

② 1초에 한명도 접속하지 않을 확률은?

③ 2초에 10명이상이 접속할 확률은?

④ 평균과 분산, 표준편차를 구하시오.

15. 우리 회사의 프린트는 A, B 2대가 있다. 서버 A에는 20명이 연결되어 있고, 서버 B에는 10명이 연결되어 있다. 연결된 직원 5명을 추출하였을 때 아래 질문들을 R로 구현하여라.

① 서버 A에 연결된 직원이 한명 도 뽑히지 않을 확률은?

② 서버 A에 연결된 직원이 3명 뽑힐 확률은?

③ 서버 A에 연결된 직원이 3명 이상 뽑힐 확률은?

16. 우리 회사의 인터넷 이용자들의 이용시간은 3분~4분 사이에 랜덤하게 이용한다. 아래 물음들을 R로 구현하여라.

① 확률밀도함수는?

② 확률밀도 함수 그래프를 그려라.

③ 인터넷 이용시간이 3분 10초 이하일 확률은?

④ 인터넷 이용시간이 3분 30초 이상일 확률은?

⑤ 인터넷 이용시간이 3분 20초에서 3분 40초 사이일 확률은?

⑥ 평균과 분산, 표준편차를 구하여라.

17. 우리 회사의 인터넷 이용자들의 이용시간은 주로 3분~4분 사이 이용하는 데 중심을 중심으로 많이 이용하고 중심으로 멀어질수록 밀도가 낮아진다. 평균은 3분 30초이고 표준편차는 20초이다. 아래 물음들을 R로 구현하여라.

① 확률밀도함수는?

② 확률밀도 함수 그래프를 그려라.

③ 인터넷 이용시간이 3분 10초 이하일 확률은?

④ 인터넷 이용시간이 3분 30초 이상일 확률은?

⑤ 인터넷 이용시간이 3분 20초에서 3분 40초 사이일 확률은?

18. 변수 z는 표준정규 확률변수이다. 다음의 확률들을 R로 계산하여라.

① $P(z > -1.53)$ 　　　　② $P(z < 1.53)$

③ $P(-2.1 < z < 2.11)$ 　　　④ $P(-1.96 < z < 1.96)$

19. X는 평균이 3이고 분산이 16이다. 다음 각 문항에서 X 값을 R로 찾으시오.

① X의 오른쪽 면적이 0.8413이다.　　② -X와 X 사이의 면적이 0.9444이다.

③ X의 왼쪽 면적이 0.8413이다.

20. 수능점수의 평균은 300점이고, 수능점수의 분포는 정규분포라고 하자. 아래 물음들을 R로 계산하여라.

① 84.13%의 수능점수는 310점이었다. 수능점수의 표준편차는 얼마인가?

② 수능점수 280~320점의 비율은?

③ 상위 0.0668%의 수능점수는?

21. 우리 회사 네트워크 프린터에 다음 요청이 들어오기 까지 평균 50초가 소요된다. 아래 물음들을 R로 구현하여라.

① 확률밀도함수는?

② 확률밀도 함수 그래프를 그려라.

③ 다음 요청이 들어오기 까지 걸리는 시간이 30초 이하일 확률은?

④ 다음 요청이 들어오기 까지 걸리는 시간이 60초 이상일 확률은?

⑤ 다음 요청이 들어오기 까지 걸리는 시간이 30초 이상이고 50초 이하일 확률은?

⑥ 평균과 분산, 표준편차를 구하여라.

실습과제

우리 회사의 동영상 가입자는 100만여명이다. 동영상 이용자들을 분석해 보니 평균 10분, 표준편차 5분을 이용하고 있다. 아래 물음들을 R로 구현하여라.

① 확률밀도함수는?

② 확률밀도 함수 그래프를 그려라.

③ 동영상 이용시간이 5분 이하일 확률은?

④ 인터넷 이용시간이 20분 이상일 확률은?

⑤ 인터넷 이용시간이 5분에서 10분 사이일 확률은?

⑥ 평균과 분산, 표준편차를 구하여라.

빅데이터 분석 R과
　　　　빅데이터 플랫폼 하둡(Hadoop) 개론
OpenSource R
and Hadoop

추정 및 검정

Chapter 05　추정 및 검정

1절　표본분포

1. 표본분포의 정의

　　우리는 인터넷, 신문, SNS 등을 통해 자주 데이터를 접한다. 수많은 정보가 실시간으로 변동하면서 부가가치를 창출한다. 우리는 데이터로부터 나온 정보를 접하고, 평가하고, 활용한다. 자본주의에서는 이러한 정보를 평가하고 잘 활용하는가가 자본의 축적에 많은 영향을 주기 때문에 중요한 이슈이다. 그런데 우리가 접하는 데이터는 거의 대부분은 표본으로부터 생성된 데이터이다. 여기에서는 표본으로부터 생성된 표본 평균, 표본 분산 등의 분포인 표본분포를 공부한다. 이와 반대로 모집단은 표본이 추출된 대상으로서 조사대상 전체를 나타낸다. 따라서 추론은 표본 정보를 이용하여 모집단 정보를 예상하는 것으로 표본분포를 이용한다. 표본분포는 표본데이터로부터 추론하고자 하는 통계량이 따르는 분포이다. 따라서 아래 그림에서 보듯이 표본평균 $\bar{x}_n$과 표본분산 s_n^2이 따르는 분포가 표본분포이다.

그림 5.1　　표본과 모집단과의 관계

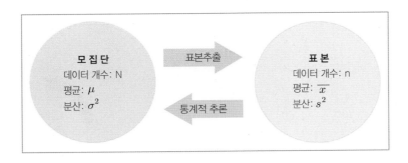

　　모집단에서 사용되는 모수는 그리스어를 사용하고 변수는 일반적으로 대문자를 사용하고 표본에서 사용하는 모수와 변수는 소문자를 사용한다. 이는 모집단과 표본으로부터 생성된 정보라는 것을 구분하기 위함이다. 표본추출과 추론과의 관계에 대한 사례로서 대통령 지지율조사를 보자. 한국갤럽과 리얼미터는 매주 대통령지지율을 조사하여 발표한다. 한국갤럽은 휴대전화 85%, 집전화 15%를 무작위 다이얼링(RDD: Random Digit Dialling)을 통하여 1002명의 표본으로부터 응답을 받아 발표하고 있다. 리얼미터는 유선 자동응답(ARS) 20%, 무선 자동응답 70%, 무선전화면접 10%로 1500여명을 조사하여 발표하고 있다. 2018년 8월 셋째 주 한국갤럽의 대통령 직무평가에서 긍정적인 평가는 60%이고 표본오차는 95%신뢰수준에서 ±3.1%라고 발표하였고, 리얼미터의 국정수행지지율은 56.3%이고 표본오차는 95%신뢰수준에서 ±2.5%라고 발표하였다. 이는 대통령의 국정수행에 대한 지지율 모수($\mu = p$)를 추정하기 위해 한국갤럽과 리얼미터의 다른 두 표본을 뽑아서 지지율을 추정하여 다른 결과를 발표하였다. 모집단은 19세 이상 대한민국 거주자이며, 조사변수는 대통령 직무평가이다. 모집단 모수 즉 대통령의 국정수행에 대한 지지율을 파악하기 위해서는 모집단 전체에 대해 조사하여야 한다. 그러나 매주 모집단 전체에 대해 조사하기에는 시간과 비용이 많이 소요되므로 표본을 추출하여 추론하여 발표하고 있다. 이런 경우 반드시 오차가 발생하는 데 표본통계를 이용하여 추정한다. 대통령 국정수행 지지율의 경우 표본오차는 95%신뢰수준에서 ±3.1%라고 발표하는데, 이런 정보는 표본분포로부터 나온다.

2. 표본 추출하기

　　표본을 추출(sampling)하는 방법에 대해 공부한다. 우선, 유한 모집단에서 표본을 추출하는 방법을 알아본 후, 무한 모집단에서의 표본 추출하는 방법을 알아본다.

1) 유한 모집단에서 표본추출하기

　　표본을 추출할 때 확률적 표본(probability sample)을 선택하여야 한다. 왜냐하면 확률적 표본이 모집단에 대한 통계적인 타당성 있는 추론(inferences)을 할 수 있기 때문이다. 확률적 표본의 정의는 표본들이 독립적으로 추출되어야 하고, 표본들이 추출될 확률을 관리할 수 있어야 한다는 것이다. 확률적 표본의 매우 단순한 유형은 단순무작위 표본(simple random sample)이다. 크기 N인 유한 모집단에서 크기가 n인 단순무작위표본은 표본들은 독립적으로 선택되어야 하고, 선택될 확률이 1/N으로 동일하다. 이를 실현하는 방법 중의 하나는 무작위수(Random Number)를 이용하는 방법이다. 예를 들어 모집단인 1000개인 데이터 중에서 10개

의 표본을 추출하려는 경우, 0에서 1까지 무작위수를 1000개를 추출하여 오름차순으로 정렬시
킨 후 상위 10개의 데이터를 추출하면 된다. R에서는 sample( )함수를 이용하여 쉽게 단순무작
위 표본을 추출할 수 있다. 그 외 층화추출법, 계층추출법, 군집추출법 등 분석목적에 맞게 다
양한 표본추출법이 있다. 여기에서는 단순무작위 추출법에 대해서 공부한다.

R 코드

- sample(tbl, n, replace=F)

  - **tbl**: 데이터 리스트(모집단 리스트)
  - **n**: 추출 표본 개수
  - **replace**=(T/F) 추출된 표본을 넣고 다시 뽑을 경우(복원추출) T,
    넣지 않을 경우(비복원 추출) F

실습

1000명 중 10명의 표본을 추출하는 경우

```
> sample(1:1000, 10)
 [1] 182 345 955 705 898 549  20 418 428  57
```

설명 1000명의 모집단에서 182번째, 345번째, 955번째, 705번째, 898번째, 549번째, 20번째, 418번째, 428
번째, 57번째 데이터를 추출하면 단순무작위 표본이 된다.

2) 무한 모집단에서 표본추출하기

인터넷 서버에 접속하는 접속자, 데이터베이스에 정보를 요청하는 사람, 톨게이트에 도착하
는 자동차 등 모집단이 무한히 크거나 모집단의 수가 제한 없이 계속 진행(ongoing process)되
며 증가되는 경우가 있다. 이 때 모집단의 원소 리스트를 다 작성하는 것은 불가능하다. 이런
경우를 무한 모집단으로 간주한다. 무한 모집단인 경우에는, 모든 원소들의 리스트를 작성할
수 없기 때문에 단순무작위 표본을 추출할 수 없다. 따라서 무한 모집단에서 표본추출은 두가
지 원칙을 지켜야 한다. 첫 번째로 같은 모집단에서 추출하여야 한다. 두 번째로 독립적으로
표본으로 추출하여야 한다. 인터넷 서버 접속자를 표본으로 추출하는 경우, 모집단은 계속 증
가하기 때문에 무한 모집단이라 할 수 있다. 이 문제에서 표본은 인터넷 서버에 접속하는 사
람이므로 같은 모집단이고, 프로그램을 이용하여 예를 들어 난수를 발생시켜 이를 시간으로

변환하여 그 시간 이 후에 최초로 접속한 사람을 추출한다면, 관리자의 의도를 배재하여 표본을 뽑게 되고 독립적으로 표본을 추출하게 된다.

3. 표본평균 $\overline{x_n}$의 분포

모집단이 정규분포라면 모평균, 모표준편차를 알면 분포 전체를 알 수 있다. 여기에서 모평균, 모표준편차를 모수라고 한다. 모수를 추정하기 위해 표본을 추출하고 표본을 통해 표본평균과 표본표준편차를 구한다. 표본평균 $\overline{x} = \dfrac{1}{n}\sum_{i=1}^{n} x_i$과 표본표준편차 $s = \dfrac{1}{(n-1)}\sum_{i=1}^{n}(x_i - \overline{x})^2$를 모평균, 모분산에 대한 점추정량(Point Estimator)라고 하고 표본 데이터를 이용하여 계산된 값들을 점추정치(Point Estimate)라고 한다. 점추정치의 정확성은 모집단 전체를 파악하는데 매우 중요한 이슈이다. 따라서 점추정치와 모수와의 차이를 이해하는 것이 중요하다. 점추정치와 모수와의 차이를 설명하는 것이 표본분포이다.

예를 들어 인터넷 서버에 접속자들은 몇 초를 이용하는 지는 서버용량 증설과 관련되어 중요한 이슈이다. 그래서 인터넷 접속자를 임의로 10명을 표본추출하여 다음과 같은 데이터를 얻었다. 10초, 21초, 35초, 5초, 42초, 38초, 62초, 8초, 19초, 27초. 표본평균은 26.7초, 표본 표준편차는 17.85155초이었다. 그러면 인터넷 서버의 평균 이용시간이 26.7초라고 말할 수 있는가? 10명의 표본이 부족해 보여서 다시 임의로 10명을 추가하여 조사해 본 결과, 18초, 22초, 29초, 41초, 58초, 121초, 2초, 69초, 101초, 93초, 78초이었다. 20명의 표본평균은 41.80953초, 표본 표준편차는 33.57472초이다. 10명의 결과와 상당한 차이를 보이고 있다. 이러한 문제를 불식시키기 위해서는 모집단 전체를 조사하여야 하지만, 무한 모집단이므로 모집단 전체를 조사할 수 없는 문제가 있다. 따라서 표본평균과 표본 표준편차로 추론할 수밖에 없다. 표본평균과 모평균과의 차이는 얼마나 날까? 표본분포는 이러한 문제를 해결할 수 있는 과학적인 근거를 제공한다.

■ 표본평균 $\overline{x_n}$의 분포

• $\overline{x_n}$의 평균

모집단 N으로부터 n개의 표본을 추출할 경우의 수는 $_NC_n$개이다. 예를 들면 100명이 존재하는 모집단에서 5명의 표본을 추출하는 방법의 수는 $_{100}C_5 = 75,287,520$이다 다시 말하면 표본평균 $\overline{x_5}$가 75,287,520개 존재한다.

$E(\overline{x_n})$ = μ(모평균), 이는 위의 예에서 75,287,520의 평균을 구하면 μ와 같다는 의미이다. 이런 특징을 표본평균은 모평균에 대한 불편추정량(Unbiased Estimator)이라고 한다.

- $\overline{x}$의 표준편차

  - 유한 모집단인 경우 $\sigma_{\overline{x}} = \sqrt{\dfrac{N-n}{N-1}}\,\dfrac{\sigma}{\sqrt{n}}$, 여기서 σ는 모 표준편차

  - 무한 모집단의 경우 $\sigma_{\overline{x}} = \dfrac{\sigma}{\sqrt{n}}$

$\sqrt{\dfrac{N-n}{N-1}}$는 유한 모집단에는 존재하지만 무한 모집단에는 존재하지 않기 때문에 이를 유한 모집단 수정인자(Finite Population Correction Factor)라고 한다. 또한 N이 매우 크고 n이 작으면 $\sqrt{\dfrac{N-n}{N-1}}$은 1에 가까워진다. 일반적으로 $\dfrac{n}{N} < 0.05$이면 유한 모집단 수정인자를 무시한다.

앞의 예에서 10명의 표본인 경우 표본평균 $\overline{x}$= 41.80953초, $\sigma_{\overline{x}} = \sqrt{\dfrac{100-10}{100-1}}\,\dfrac{\sigma}{\sqrt{10}}$ = 10.121316이다. 표본평균의 표준편차 $\sigma_{\overline{x}}$는 표본표준편차 σ=33.57472 보다 작음을 알 수 있다.

다른 예로서 대통령 국정지지율을 추정할 때, 모집단 수 가 유권자 수이므로 42,470,910이고 표본을 1005명을 추출해서 지지율이 50%라고 발표하였다고 하자 이 때 유한 모집단 수정인자는 $\sqrt{\dfrac{42,470,910-1005}{42,470,910-1}}$ = 1이므로 $\sigma_{\overline{x}} = \dfrac{\sigma}{\sqrt{1005}}$이다.

$\sigma_{\overline{x}}$와 σ의 차이를 구분하기 위해 $\overline{x}$의 표준편차 $\sigma_{\overline{x}}$를 표본평균의 표준오차(standard error)라고 부른다. 표준오차라는 용어는 일반적으로 점추정량의 표준편차를 의미하고, 이 후에 나오는 추정과 검정에서 많이 사용하는 중요한 개념이다.

■ 중심극한정리

어떠한 모집단이라도 크기가 n인 단순 무작위 표본으로 추출할 때 표본평균 $\overline{x}$의 분포는 데이터 수 n이 커질수록 평균이 μ이고 분산이 $\sigma_{\overline{x}}$인 정규확률분포에 가까워진다.
중심극한정리의 특징을 아래 그림 5.2를 보면 확인할 수 있다.

그림 5.2   데이터 갯수에 따라서 표본평균 $\overline{x}_n$의 분포 변화

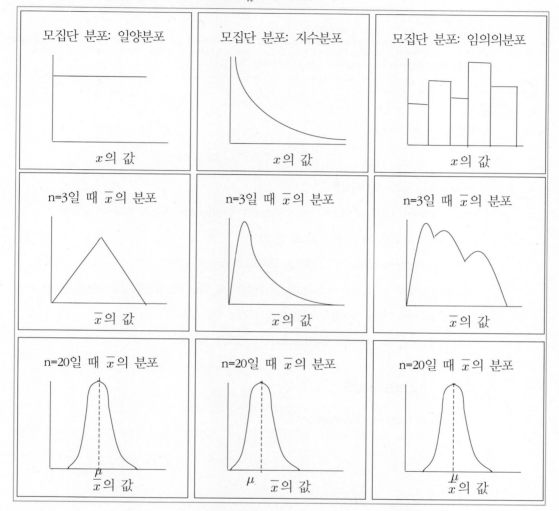

위의 그래프 변화는 모집단의 분포가 일양분포이든, 지수분포이든, 임의의 분포이든 데이터가 20이상으로 많아지면 표본평균 $\overline{x}_n$의 분포는 모집단의 평균 μ를 중심으로 하는 정규분포를 이룬다는 것을 보여준다. 중심극한정리는 추정과 검정에서 사용되는 핵심이 되는 정리로서 반드시 기억해야 하는 정리이다. 데이터의 크기는 대체로 모집단의 분포가 정규분포이면 데이터가 20개 이상이면 되고, 모집단이 정규분포가 아니거나 이상점이 존재하는 경우 데이터가 50이상이어야 한다. 따라서 표본평균의 분포를 적용하기에 데이터의 수는 큰 제약조건이 되지 않는다.

- 사례: 위의 예에서 표본평균 $\bar{x}$의 그래프

```
m=41.80953
sxbar=33.57472/sqrt(20)
ggplot(data.frame(xis=c(m-4*sxbar, m+4*sxbar)), aes(x=xis)) + stat_funct
ion(fun=dnorm, args=list(mean = m, sd = sxbar), colour="red", size=1) +
ggtitle("Graph of Normal Distribution")
```

설명

- 평균 m = 41.80953

- 표준오차: $\sigma_{\bar{x}} = \dfrac{\sigma}{\sqrt{20}} = \dfrac{33.57472}{\sqrt{20}} = 7.5075 = 33.57472.$

- ggplot: ggplot2 패키지사용

- data.frame(xis=c(m-4*sxbar, m+4*sxbar), aes(x=xis): xis의 값을 m-4*sxbar
  ~ m+4*sxbar이고 x축은 변수 xis로 설정

- stat_function(fun=dnorm: 그리려는 그래프 dnorn(정규분포)

- args=list(mean = m, sd = sxbar): 모수설정으로 평균 m, 표준편차 sxbar로 설정

- colour = "red", size=1: 선의 색은 red, 크기는 1로 설정

- ggtitle("Graph of Normal Distribution"): 그래프 제목설정

그림 5.3　R로 그린 정규분포

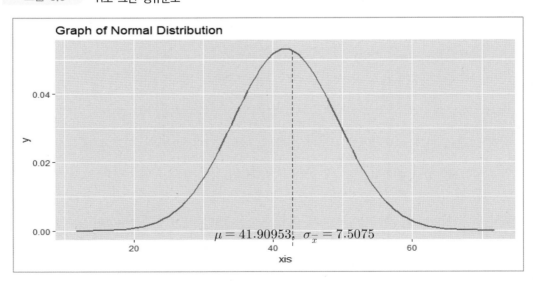

예제 **표본평균에 관한 확률계산**

가. 20명의 접속자의 평균이 45초 이하일 확률은? P($\overline{x}$ < 45)

나. 20명의 접속자의 평균이 35초 이상이고 45초 이하일 확률은? P(35 < $\overline{x}$ < 45)

다. 20명의 접속자의 평균이 40초 이상일 확률은? P($\overline{x}$ > 40)

R 코드

```
> p1 <- pnorm(45, mean=m, sd=sxbar, lower.tail = T)
> p1
[1] 0.6645704
> p2 <- pnorm(35, mean=m, sd=sxbar, lower.tail = T)
> p3 <- p1 - p2
> p3
[1] 0.4823738
> p4 <- pnorm(40, mean=m, sd=sxbar, lower.tail = F)
> p4
[1] 0.5952335
```

결과

가. P($\overline{x}$ < 45) = 0.6645704

나. P(35 < $\overline{x}$ < 45) = 0.4823738

다. P($\overline{x}$ > 40) = 0.5952335

■ 표본크기와 $\overline{x_n}$ 의 분포와의 관계

위의 인터넷 사용시간에 대한 데이터 수를 100명으로 늘인다면 평균과 표준편차가 동일하다면 표준오차 $\sigma_{\overline{x}} = \dfrac{\sigma}{\sqrt{n}}$ 이므로 $\sigma_{\overline{x}} = \dfrac{\sigma}{\sqrt{20}}$ 에서 $\sigma_{\overline{x}} = \dfrac{\sigma}{\sqrt{100}}$ 으로 작아진다. 이를 그래프로 표현하면 그림 5.4와 같다.

그림 5.4   데이터 개수가 증가함에 따라 표준오차의 변화에 따르는 분포의 변화

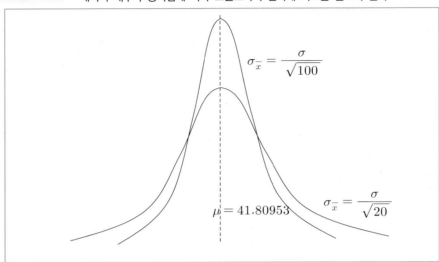

따라서 표본의 개수를 늘이면 모수에 대한 정확한 점추정을 할 수 있다.

4. 표본비율 $\overline{p_n}$의 분포

비율 p는 모집단에서 관심이 특성을 가지는 비율을 나타내는 것으로 예를 들면 대통령 지지율을 들 수 있다. 표본비율 $\overline{p_n}$는 모비율 p의 점주정량(Point Estimator)이다. 계산 공식은

$$\overline{p_n} = \frac{x}{n},$$

여기서 x = 관심 특성을 가지는 표본 내의 원소의 수

　　　 n - 표본 크기

- 표본비율 $\overline{p_n}$의 기대값 $E(\overline{p_n}) = p$, 따라서 $\overline{p_n}$는 모비율 p에 대한 불편추정량이다.
- 표본비율 $\overline{p_n}$의 표준편차

　유한 모집단에서, $\sigma_{\overline{p}} = \sqrt{\dfrac{N-n}{N-1}}\sqrt{\dfrac{p(1-p)}{n}}$

　무한 모집단에서, $\sigma_{\overline{p}} = \sqrt{\dfrac{p(1-p)}{n}},$

$\sqrt{\dfrac{N-n}{N-1}}$ 는 유한수정계수이며 $\dfrac{n}{N} < 0.05$이면 $\sigma_{\overline{p}} = \sqrt{\dfrac{p(1-p)}{n}}$ 을 사용한다.

■ 표본비율 $\overline{p_n}$의 분포:

중심극한정리에 의해 $np \geqq 5$이고 $n(1-p) \geqq 5$이면, $\overline{p}$는 정규분포에 근사된다.

즉 $\overline{p} \sim N(\,p, \sqrt{\dfrac{p(1-p)}{n}}\,)$

■ 표본비율의 사례

한국갤럽은 매주 대통령지지율을 조사하여 발표한다. 한국갤럽은 휴대전화 85%, 집전화 15%를 무작위 다이얼링(RDD: Random Digit Dialling)을 통하여 1002명의 표본으로부터 응답을 받아 발표하고 있다. 2018년 8월 셋째 주 한국갤럽의 대통령 직무평가에서 긍정적인 평가는 60%이었다. 이는 1002명 중 601명이 긍정적인 평가를 하였다. np=601 > 5이고 n(1-p)=401 > 5이므로 $\overline{p_n}$의 분포는 정규분포이며 평균 0.6, 표준편차는 0.01547이다. 표본비율의 분포 그래프는 그림 5.6과 같다.

• 표본비율 $\overline{p_n}$의 분포에 대한 R 코드

```
p=0.6
sd=sqrt(0.6*0.4/1002)
ggplot(data.frame(xis=c(p-4*sd, p+4*sd)), aes(x=xis)) + stat_function
(fun=dnorm, args=list(mean = p, sd = sd), colour="red", size=1) +
ggtitle("Graph of sample population")
```

설명

• p=0.6: 표본비율을 변수 p에 대입

• sd=sqrt (0.6*0.4/1000): 표준오차를 계산하여 sd에 대입

• data.frame (xis=ccp-4*sd, p+4*sd): xis의 값을 p-4*sd에서 p+4*sd까지 표시

• stat_function (fun=dnorm, args=list (mean=p, sd=sd, colour="red", size=1): 그리려는 그래프는 정규분포이며 평균을 p, 표준편자는 sd 사용하고 색깔을 "red", 크기는 1

그림 5.6   표본비율 $\overline{p_n}$의 분포 그래프

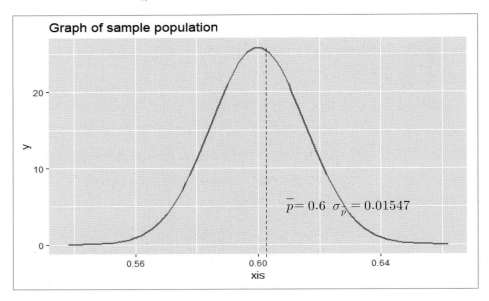

Graph of sample population

$$\overline{p}= 0.6 \quad \sigma_{\overline{p}} = 0.01547$$

예제   표본비율 $\overline{p_n}$에 관한 확률계산

가. 2018년 8월 셋째 주 한국갤럽의 대통령 직무평가에서 긍정적인 평가가 58%이하일 확률은?

　　P($\overline{p}$ 〈 58%)

나. 긍정적인 평가가 61%이상일 확률은? P($\overline{p}$ 〉 61%)

다. 긍정적인 평가가 59%~62%일 확률은? P(59% 〈 $\overline{p}$ 〈 62%)

R 코드

```
> p=0.6
> sd=sqrt(0.6*0.4/1002)
> p1 <- pnorm(0.58, mean=p, sd=sd, lower.tail = T)
> p1
[1] 0.09812927
> p2 <- pnorm(0.61, mean=p, sd=sd, lower.tail = F)
> p2
[1] 0.2590936
> p3 <- pnorm(0.62, mean=p, sd=sd, lower.tail = T)
> p4 <- pnorm(0.59, mean=p, sd=sd, lower.tail = T)
> p5 <- p3 - p4
> p5
[1] 0.6427772
```

설명

- p1<— pnorm(0.58, mean=p, sd=sd, lower.tail=T): 평균이 p이고 표준편차가 sd인, 정규분포에서 lower.tail=T이니까 0.58보다 작을 확률 계산하여 변수 p1에 대입
- p2 <— pnorm(0.61, mean=p, sd=sd, lower.tail=F): lower.tail=F 이니까 0.61보다 클 확률 계산하여 변수 p2에 대입

결과

가. P($\overline{p}$ < 58%) = 0.09812927

나. P($\overline{p}$ > 61%) = 0.2590936

다. P(59% < $\overline{p}$ < 62%) = 0.6427772

2절   구간추정

정규분포에서 모집단의 모수는 평균과 표준편차이다. 모집단의 모수를 추정하기 위한 표본 통계량을 사용하였다. 예를 들면, 표본평균 $\overline{x_n}$는 모집단 평균 μ의 점추정량이고, 표본비율 $\overline{p_n}$는 모집단 비율 p의 점추정량이다. 점추정량이 모집단의 모수와 정확히 일치하는 추정값을 제공하지 않는다. 왜냐하면 중심극한정리에 의해 표본평균 $\overline{x_n}$과 표본비율 $\overline{p_n}$는 정규분포를 따르고 정규분포는 연속확률분포이므로, 연속확률변수 $\overline{x_n}$나 $\overline{p_n}$는 특정한 값을 가질 확률은 P($\overline{x_n}$ = a) = P($\overline{p_n}$ = a) = 0이기 때문이다. 따라서 추정의 정확성을 높이기 위해서 일치되는 값을 제시하는 것 보다, 모평균, 모비율 등 모수를 포함하는 범위를 제시하는 것이 타당하다. 따라서 점추정량에 오차범위라고 불리는 값을 가감하여 구간추정을 한다. 구간추정을 함으로써 모수가 포함될 확률도 추정할 수 있어 정확성을 말할 수 있다. 구간추정의 일반적인 형태는 다음과 같다.

■ 구간추정

- 점추정치 ± 오차범위

구간추정은 표본으로부터 추정된 점추정값이 모집단의 모수값에 얼마나 가까운가를 확률을 이용하여 정보를 제공한다. 여기에서는 모평균 μ와 모비율 p의 구간추정 방법과 그에 따르는 확률에 대해 설명한다. 모집단 평균에 대한 구간추정의 일반적인 형태는 다음과 같다.

$$\overline{x_n} \pm 오차범위$$

이와 유사하게, 모집단 비율에 대한 구간추정의 일반적인 형태는 아래와 같다.

$$\overline{p_n} \pm 오차범위$$

$\overline{x_n}$와 $\overline{p_n}$의 표본분포는 이러한 구간추정을 구하고 확률을 추정하는데 핵심적인 역할을 한다.

1. 모평균에 대한 구간추정: 모표준편차 σ가 알려져 있는 경우

모평균의 구간추정을 하는 데 반드시 모집단의 표준편차 σ 혹은 표본의 표준편차 s를 사용하여 오차범위를 구해야만 한다. 대부분의 경우, σ가 알려져 있지 않으므로 s가 오차범위를 계산하는 데 사용된다. 그러나 특수한 경우, 예를 들면 방대한 과거자료로 표본추출 전에 모집단의 표준편차를 알 수 있는 경우 모표준편차 σ가 알려져 있는 경우로 볼 수 있다. 품질관리 분야에서 어떤 공정이 올바르게 운영 및 관리되고 있다고 가정하면, 모집단의 표준편차가 알려진 경우로 간주될 수 있다. 또한 모표준편차 σ가 알려져 있지 않는 경우를 공부하기 위한 중간과정으로서 모표준편차 σ가 알려져 있는 경우를 공부한다.

인터넷 서버 증설을 위해 서비스 이용자들이 피크타임인 오후 8시~10시 사이에 평균 몇 명이 접속하여 평균 몇 초를 머물러 총 평균 이용시간을 아는 것이 중요하다. 이를 위해 과거 1년간 365일 동안 8시~10시 사이에 조사해 보니 모표준편차가 10분였다. 이런 경우 모 표준편차 $\sigma=10$(분)라고 정의할 수 있다. 현재 평균 이용시간을 알기 위해 20일간 조사해 보니 평균 115(분)이었다. 표본평균 $\overline{x}$의 분포는 중심극한정리에 의해 다음 그림과 같다.

그림 5.6   **정규분포 그래프**

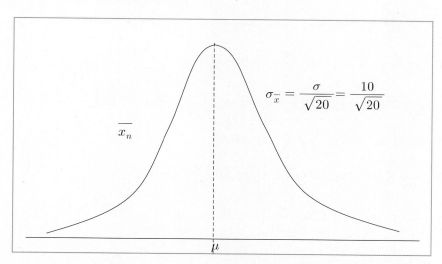

$$\sigma_{\overline{x}} = \frac{\sigma}{\sqrt{20}} = \frac{10}{\sqrt{20}}$$

표본평균 $\overline{x_n}$의 분포는 평균은 μ이고 표준편차는 $\dfrac{10}{\sqrt{20}}$인 정규분포이다. 정규분포의 특징에 따라서 $P(\mu - 1.96\dfrac{\sigma}{\sqrt{20}} \leq \overline{x_n} \leq \mu + 1.96\dfrac{\sigma}{\sqrt{20}}) = 95\%$이다.

그래프로 표현하면 아래 그림과 같다.

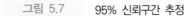

그림 5.7   95% 신뢰구간 추정

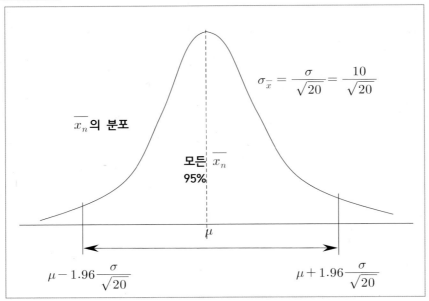

$P(\mu - 1.96\dfrac{\sigma}{\sqrt{20}} \leqq \overline{x_n} \leqq \mu + 1.96\dfrac{\sigma}{\sqrt{20}}) = 95\%$ 이다.

$P(\mu - 1.96\dfrac{\sigma}{\sqrt{20}} \leqq \overline{x_n})$ 그리고 $P(\overline{x_n} \leqq \mu + 1.96\dfrac{\sigma}{\sqrt{20}}) = 95\%$ 가 된다.

위의 두 식에서 μ 와 $\overline{x_n}$ 자리를 바꾸고 (-)를 곱하면

$P(\overline{x_n} - 1.96\dfrac{\sigma}{\sqrt{20}} \leqq \mu)$ 그리고 $P(\overline{x_n} \leqq \overline{x_n} - 1.96\dfrac{\sigma}{\sqrt{20}}) = 95\%$

$P(\overline{x_n} - 1.96\dfrac{\sigma}{\sqrt{20}} < \mu < \overline{x_n} + 1.96\dfrac{\sigma}{\sqrt{20}}) = 95\%$ 가 된다.

따라서 모평균 μ 의 95% 신뢰구간은 $(\overline{x_n} - 1.96\dfrac{\sigma}{\sqrt{n}},\ \overline{x_n} + 1.96\dfrac{\sigma}{\sqrt{n}})$ 이다.

이 신뢰구간에 부여된 확률을 해석하기 위해, 확률의 정의에서 설명한 상대도수적 확률을 적용하면, 아래 그림 5.8과 같다.

그림 5.8　95% 신뢰구간의 의미를 표현하는 그림

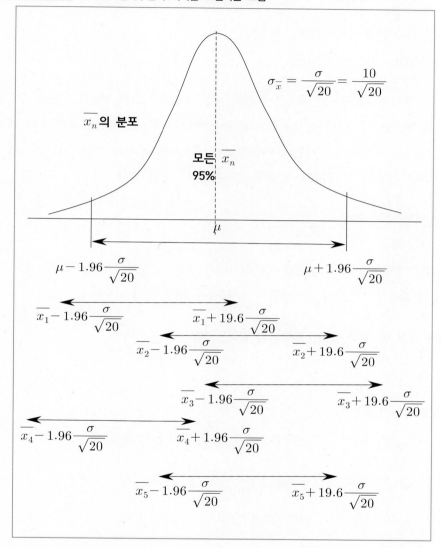

95%구간추정을 $(\overline{x_n} - 1.96\dfrac{\sigma}{\sqrt{n}},\ \overline{x_n} + 1.96\dfrac{\sigma}{\sqrt{n}})$으로 100회 실시하면, 모평균 μ를 포함하는 구간은 95회 이상이라는 의미이다. 위 예제에서는 95%신뢰구간으로 $(\overline{x_n} - 1.96\dfrac{\sigma}{\sqrt{n}},$ $\overline{x_n} + 1.96\dfrac{\sigma}{\sqrt{n}})$ $= (115 - 1.96\dfrac{10}{\sqrt{20}},\ 115 + 1.96\dfrac{10}{\sqrt{20}})$ $= (110.6397,\ 119.3603)$이다. 이 구간

을 점추정치 ± 오차한계 형식으로 표현하면 아래와 같다.

점추정치 = 115, 오차한계 = 4.360333

(110.6397, 119.3603) = 115 ± 4.360333

따라서 110.6397분에서 119.3603분의 구간은 모평균 μ를 포함할 확률이 95%로 신뢰할 수 있다는 의미이다. 여기서 95%를 신뢰수준(confidence level)이라 하고, 0.95를 신뢰계수(confidence coefficient)라고 한다. 구간추정과 관련된 유의수준(level of significance)은 그리스 문자로 α를 사용하며 1-신뢰계수를 말한다. 유의수준과 신뢰계수의 관계는 다음과 같다.

■ 유의수준과 신뢰계수와의 관계

α=유의수준=1-신뢰계수

유의수준을 따로 명명한 이유는 분산과 표준편차에서 설명하였듯이 많이 사용하는 용어이기 때문이다. 이 후에 학습하는 추정과 검정에서는 유의수준을 매우 많이 사용한다.

■ 모집단 평균에 대한 구간추정: 모표준편차 σ가 알려진 경우

$$\overline{x_n} \pm z_{\alpha/2}\frac{\sigma}{\sqrt{n}},$$

여기서 α는 유의수준이며

$z_{\alpha/2}$는 표준정규분포에서 오른쪽 꼬리면적이 $\alpha/2$가 되는 z값이다.

따라서 점추정량은 $\overline{x_n}$이며 오차한계는 $z_{\alpha/2}\frac{\sigma}{\sqrt{n}}$이다. 여기서 $z_{0.05/2} = 1.96$이며

$z_{0.01/2} = 2.58$이다. 이를 확인하기 위해 R로 확인해 보면 아래와 같다.

• 유의수준에 따른 계수를 구하는 R 코드

```
> qnorm(0.025, mean=0, sd=1, lower.tail=F)
[1] 1.959964
> qnorm(0.005, mean=0, sd=1, lower.tail=F)
[1] 2.575829
```

- gnorm(0.025, mean=0, sd=1, lower.tail=F): 평균이 0이고, 표준편차가 1인 정규분포에서 오른쪽 꼬리 부분의 확률이 2.5%가 되는 정규분포의 값

그림 5.9　$z_{\alpha/2}$ 계수의 그래프적 의미

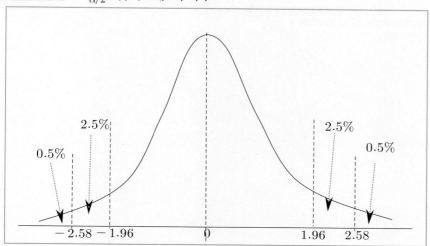

따라서 95% 신뢰구간은 $\overline{x_n} \pm 1.96 \dfrac{\sigma}{\sqrt{n}}$이다. 99%신뢰구간은 $\overline{x_n} \pm 2.58 \dfrac{\sigma}{\sqrt{n}}$이다. $z_{0.05/2} = 1.96$과 $z_{0.01/2} = 2.58$은 이후에 많이 사용되는 값이기 때문에 기억하는 것이 바람직하다.

사례　**99%신뢰구간 사례**

우리 회사의 직원들이 데이터베이스에 접속하여 데이터를 갱신(Update)하는 시간이 많음에 따라 서버를 증설하려고 한다. 하루 평균 이용시간이 70초 이상이면 증설하려고 하는데, 100명의 직원이 하루에 이용시간을 조사해 보니 평균 60초이었다. 과거의 데이터를 보니 표준편차 $\sigma = 10$ 초이었다. 모평균의 99% 신뢰구간을 구하여 검토해보자.

풀이

- 99% 신뢰구간:　점추정치 ± 오차한계

$$60 \pm 2.58 \frac{\sigma}{\sqrt{n}} = 60 \pm 2.58 \frac{10}{\sqrt{100}} = 60 \pm 2.58 = (\,57.42,\ 62.58\,)$$

따라서 70초는 99%신뢰구간에 포함되지 않으므로 현재 평균으로는 99%의 확률로 평균이 70초 아래라는 것을 알 수 있다. 따라서 현재로서는 증설할 필요는 없다.

그림 5.10 　70초의 분포에서의 위치

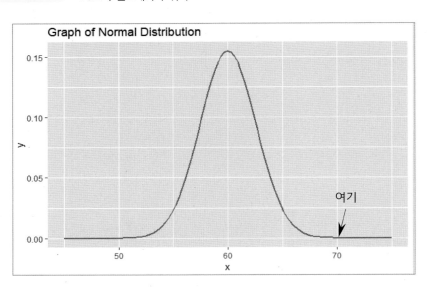

2. 모평균에 대한 구간추정: 모표준편차 σ가 알려져 있지 않는 경우

　모평균에 대한 구간추정을 할 경우 모표준편차 σ가 알려져 있지 않은 경우가 대부분이다. 이 경우에는 표본에서 모평균 μ와 모표준편차 σ를 동시에 추정해야 한다. 모평균을 추정하기 위해 표본평균 $\overline{x_n}$을 사용하고, σ를 추정하기 위하여 표본의 표준 편차 sn를 사용할 경우, $\overline{x_n}$는 중심 극한 정리에서의 정규분포를 따르는 것이 아니라, t분포로 알려진 확률분포를 따르게 된다. Wiliam Sealy Gosset은 필명이 student이고, 그는 t 분포를 만들었다. 옥스퍼드에서 수학을 전공한 Gosset은 아일랜드공화국의 더블링에 소재한 기네스 맥주 양조장에서 근무하였는데, 소규모 자재 관리와 온도 측정실험을 하면서 t 분포를 만들었다.

　t 분포는 표본 추출의 대상이 되는 모집단이 정규분포를 한다는 가정에 기반을 두지만, 그 이후 연구에서 모집단이 정규분포에서 현저히 벗어나는 많은 경우에도 t 분포를 성공적으로 적용할 수 있음을 밝혀냈다. 모표준편차 σ가 알려져 있을 경우 중심극한정리에 의해

$\overline{x_n}$는 평균이 μ이고 표준편차가 $\dfrac{\sigma}{\sqrt{n}}$인 정규분포를 따른다고 하였다. 따라서

$\dfrac{\overline{x_n}-\mu}{\dfrac{\sigma}{\sqrt{n}}}$ 는 표준정규분포를 따른다. 표기는 $\dfrac{\overline{x_n}-\mu}{\dfrac{\sigma}{\sqrt{n}}} \sim N(0,\ 1)$ 이렇게 한다. 모표준편차

σ가 알려져 있지 않을 경우 σ 대신 점추정량 $s_n = \sqrt{\dfrac{1}{(n-1)}\displaystyle\sum_{i=1}^{n}(x_i - \overline{x_n})^2}$ 를 대입한다. 그러면 자유도가 n-1인 t분포를 따른다.

즉 $\dfrac{\overline{x_n}-\mu}{\dfrac{s_n}{\sqrt{n}}} \sim t(n-1)$. 왜냐하면 모표준편차를 모를 때 표본표준편차를 대입하면 정규분포와

차이를 보이기 때문이다. 그러나 데이터가 많아지면 많아질수록 표준정규분포와 같아진다. 데이터의 개수가 100이상이면 표준정규분포와 거의 동일하다.

아래 그림은 데이터의 수에 따르는 t분포에 관한 그래프이다.

그림 5.11   t분포 그래프

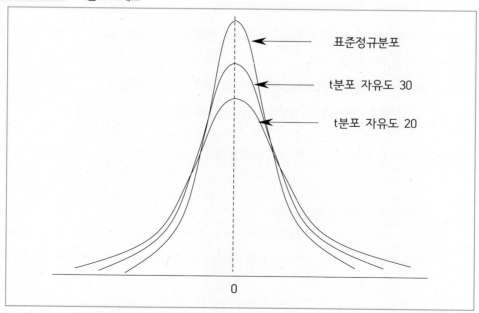

자유도가 커질수록 즉 데이터의 개수가 많아질수록 표준정규분포와 가까워진다는 것을 알 수

있다. 반대로 데이터가 작아질수록 퍼지고 있다는 사실을 알 수 있다.

■ 모집단 평균에 대한 구간추정: 모표준편차 σ가 알려져 있지 않은 경우

- $$\overline{x_n} \ \pm \ t_{\alpha/2}(n-1)\frac{s_n}{\sqrt{n}},$$

  여기서 α는 유의수준이며

  $t_{\alpha/2}(n-1)$는 자유도가 n-1인 t분포에서 오른쪽 꼬리면적이 $\alpha/2$가 되는 t값이다.

  따라서 점추정량은 $\overline{x_n}$이며, 오차한계는 $t_{\alpha/2}(n-1)\dfrac{s_n}{\sqrt{n}}$ 이다.

  95% 신뢰구간은 $\overline{x_n} \ \pm \ t_{0.025}(n-1)\dfrac{s_n}{\sqrt{n}}$,

  99%신뢰구간은 $\overline{x_n} \ \pm \ t_{0.005}(n-1)\dfrac{s_n}{\sqrt{n}}$ 이다.

R 코드

- dt(x, df): t 분포의 확률밀도함수 구하기, df=자유도
- pt(q, df, lower.tail=T): 누적 확률값 구하기, q= 확률변수 값, lower.tail=T는 P(X≤x)를 . 구하고 lower.tail=F는 P(X>x)를 구한다.
- qt(p, df, lower.tail=T): 누적확률이 p가 되는 x값 구하기, p=누적확률
- rt(n, df): 정규분포를 따르는 난수 생성하기, n=생성난수 개수

자유도 n이 10, 20, 30, 40, 50, 60, 70, 80, 90, 100일 때 $t_{0.025}(n)$의 값을 R 코드로 계산해 보면 다음과 같다.

```
> x <- c(10,20,30,40,50,60,70,80,90,100)
> qt(0.025, x, lower.tail = F)
 [1] 2.228139 2.085963 2.042272 2.021075 2.008559 2.000298 1.994437 1.990063 1.986675 1.983972
> qt(0.005, x, lower.tail = F)
 [1] 3.169273 2.845340 2.749996 2.704459 2.677793 2.660283 2.647905 2.638691 2.631565 2.625891
```

자유도가 10일 때는 $z_{0.025}$ = 1.96, $z_{0.005}$ = 2.58과 상당한 차이를 보이다가 자유도가 커질수록 표준정규분포에서 $z_{0.025}$과 $z_{0.005}$에 가까워짐을 알 수 있다. 따라서 자유도가 낮을 때는 표준정규분포와

많은 차이를 보이기 때문에 t분포를 적용해야 할 때 표준정규분포를 적용할 수 없다.

설명

- qt(0.025, x, lower. tail=F): 자유도가 x=(10,20,30,40,50,60,70,80,90,100)에 대해 오른쪽 꼬리 면적이 0.025인 t값 구하기

사례　t분포에서 확률 구하기

우리 회사의 인터넷 서버에 접속하여 이용하는 시간을 조사하기 위해 30명을 조사하여 보니 표본평균 2분이고 표본표준편차는 30초이다.

　가. 모평균이 60초미만일 확률 P($\mu < 60$)은?

　나. 모평균이 70초에서 130초사이일 확률 P($70 < \mu < 130$)은?

풀이

$$\dfrac{\overline{x_n} - \mu}{\dfrac{s_n}{\sqrt{n}}} \sim t(n-1) \text{이므로}$$

가. $\text{P}(\mu < 60) = \text{P}(-\mu > -60) = \text{P}\left(\dfrac{\overline{x_n} - \mu}{\dfrac{s_n}{\sqrt{n}}} > \dfrac{\overline{x_n} - 60}{\dfrac{s_n}{\sqrt{n}}}\right) = \text{P}\left(\dfrac{\overline{x_n} - \mu}{\dfrac{s_n}{\sqrt{n}}} > \dfrac{\overline{x_n} - 60}{\dfrac{s_n}{\sqrt{n}}}\right)$

$= \text{P}\left(\dfrac{\overline{x_n} - \mu}{\dfrac{s_n}{\sqrt{n}}} > \dfrac{120 - 60}{\dfrac{30}{\sqrt{30}}}\right) = \text{P}\left(\dfrac{\overline{x_n} - \mu}{\dfrac{s_n}{\sqrt{n}}} > 10.95445\right) = \text{P}(\,t(29) > 10.95445\,)$

$= 4.010653*10^{-12}$. R로 계산한 결과가 아래 화면에 나와 있다.

```
> pt(10.95445, 29, lower.tail = F)
[1] 4.010653e-12
```

설명 자유도가 29인 t분포에서 10.95445보다 클 확률은 4.010653×10^{-12}

나. P($70 < \mu < 130$)는 위와 같은 계산을 반복하면 P($70 < \mu < 130$) = $\text{P}\left(\dfrac{\overline{x_n} - \mu}{\dfrac{s_n}{\sqrt{n}}} > \dfrac{120 - 130}{\dfrac{30}{\sqrt{30}}}\right)$

그리고 $P(\dfrac{\overline{x_n} - \mu}{\dfrac{s_n}{\sqrt{n}}} < \dfrac{120 - 70}{\dfrac{30}{\sqrt{30}}})$ 이다. $P(\ t(29)\ \rangle\ -1.825742\ )$ 그리고 $P(\ t(29)\ \langle$

9.128709). 따라서 $P(\ -1.825742\ \langle\ t(29)\ \langle\ 9.128709\ )$이다. 이를 R 코드로 계산해보면 아래 결과와 같이 0.9608984가 된다.

```
> p1 <- pt(9.128709, 29, lower.tail = T)
> p2 <- pt(-1.825742, 29, lower.tail = T)
> p <- p1 -p2
> p
[1] 0.9608984
```

사례 t분포를 이용한 구간추정

우리 회사의 인터넷 서버에 접속하여 이용하는 시간을 조사하기 위해 30명을 조사하여 보니 표본평균 2분이고 표본표준편차는 30초이다.

　가. 모평균에 대한 95% 신뢰구간을 구하여라.

　나. 모평균에 대한 99% 신뢰구간을 구하여라.

풀이

가. 95% 신뢰구간은 $\overline{x_n}\ \pm\ t_{0.025}(29)\dfrac{\sigma}{\sqrt{n}}$ 이므로,

　　R 결과에 따라 $t_{0.025}(29)$ = 2.04523, $\dfrac{\sigma}{\sqrt{30}}$ = 5.477226이므로

　오차한계는 11.20218이 된다.

```
> qt(0.025, 29, lower.tail = F)
[1] 2.04523
> 30/sqrt(30)
[1] 5.477226
```

따라서 95% 신뢰구간은 160 $\pm$ 11.20218 = (148.79782, 171.20218)이다.

나. 99%신뢰구간은 $\overline{x_n}\ \pm\ t_{0.005}(n-1)\dfrac{\sigma}{\sqrt{n}}$ 이므로,

　　R 결과에 따라 $t_{0.005}(29)$ = 2.756386, $\dfrac{\sigma}{\sqrt{30}}$ = 5.477226이므로

오차한계는 15.09735가 된다.

```
> t <- qt(0.005, 29, lower.tail = F)
> t
[1] 2.756386
```

따라서 99% 신뢰구간은 160 ± 15.09735 = (144.90265, 175.09735)이다.

위 결과를 보면 표준정규분포를 적용했을 때 보다 신뢰구간이 길어진다. 그 이유는 t값이 표준정규분포값 보다 크기 때문이다.

3. 표본크기 결정

원하는 크기의 오차범위를 가지기 위해 몇 개의 표본을 추출해야 하는 가의 문제가 있다. 이 경우에는 모표준편차가 알려진 경우에 추정이 가능하다. 모표준편차가 알려지지 않은 경우에는 사전에 표본으로 모표준편차를 추정하여 사용할 수 있다.

모표준편차가 알려진 경우 오차한계는 $z_{\frac{\alpha}{2}} * \frac{\sigma}{\sqrt{n}}$ 이므로 이 오차한계가 수준 E 이하로 관리하고자 할 경우 $E = z_{\frac{\alpha}{2}} * \frac{\sigma}{\sqrt{n}}$ 이다. 이를 표본크기 n으로 풀어내면

$$n = \frac{z_{\frac{\alpha}{2}}^2 * \sigma^2}{E^2}$$ 가 된다. 따라서 오차한계를 E 이하로 관리하려고 하면 표본의 개수는

$$n = \frac{z_{\frac{\alpha}{2}}^2 * \sigma^2}{E^2}$$ 이상이 되어야 한다.

사례 표본의 크기결정

우리 회사 서버를 증설하는 것을 결정하기 위해 데이터베이스를 사용하는 평균시간을 알아야 한다. 95% 신뢰구간의 오차한계를 5초 이내로 관리하기 위해 몇 명의 표본을 추출하여야 할까? 이전 조사에서 표준편차는 20초이었다.

> **풀이**

$$n = \frac{z_{\frac{\alpha}{2}}^2 * \sigma^2}{E^2}$$ 이므로 $n = \frac{1.96^2 * 20^2}{5^2} = 61.4656$, 따라서 표본은 62명 이상을 추출

하여 추정하여야 한다.

4. 모비율 p의 구간추정

모집단 비율 p의 구간추정은 (점추정 $\pm$ 오차한계)의 식에서 점추정은 $\overline{p_n}$이고, 오차한계는 $\overline{p_n}$의 표본분포에서 계산할 수 있다. $\overline{p_n}$의 표본분포는 np > 5이고 n(1-p) > 5이면 $\overline{p_n}$는 근사적으로 평균은 p, 표준편차는 $\sqrt{\frac{p(1-p)}{n}}$ 정규분포를 따른다고 설명하였다. 따라서 np > 5이고 n(1-p) > 5이면 오차한계는 $z_{\frac{\alpha}{2}} * \sqrt{\frac{p(1-p)}{n}}$ 가 된다.

■ 모비율 p의 구간추정: $\overline{p_n} \pm z_{\frac{\alpha}{2}} * \frac{\sqrt{\overline{p_n}(1-\overline{p_n})}}{n}$,

95% 구간추정일 경우 $z_{\frac{\alpha}{2}}$ = 1.96

99% 구간추정일 경우 $z_{\frac{\alpha}{2}}$ = 2.58이다.

여기서 주의해야할 점은 오차한계를 추정할 때 p 대신에 $\overline{p_n}$를 대입하였음에도 불구하고 분포는 정규분포를 사용한다는 점에서 평균에서의 구간추정과 다른 점이다.

> **사례**　모비율 구간추정

한국갤럽은 매주 대통령지지율을 조사하여 발표한다. 한국갤럽은 휴대전화 85%, 집전화 15%를 무작위 다이얼링(RDD: Random Digit Dialling)을 통하여 1002명의 표본으로부터 응답을 받아 발표하고 있다. 2018년 8월 셋째 주 한국갤럽의 대통령 직무평가에서 긍정적인 평가는 60%이었다. 이는 1002명 중 601명이 긍정적인 평가를 하였다. 실제 대통령의 긍정적인 평가 비율에 관한

95%신뢰구간과 99%신뢰구간을 구하여라.

풀이

np=601 〉 5이고 n(1-p)=401 〉 5이므로 $\overline{p}$의 분포는 정규분포로 근사할 수 있다.

- 95% 신뢰구간: $\overline{p_n}$ $\pm$ $1.96*\sqrt{\dfrac{\overline{p_n}(1-\overline{p_n})}{n}}$ $=$ 0.6 $\pm$ $1.96*\sqrt{\dfrac{0.6(1-0.6)}{1002}}$

  $= 0.6 \pm 0.03033387 = (0.56966613, 0.63033387)$

  $=(56.7\%, 63.0\%)$

- 99% 신뢰구간: $\overline{p_n}$ $\pm$ $2.56*\sqrt{\dfrac{\overline{p_n}(1-\overline{p_n})}{n}}$ $=$

  0.6 $\pm$ $2.56*\sqrt{\dfrac{0.6(1-0.6)}{1002}}$

  $= 0.6 \pm 0.03961975 = (0.56038025, 0.63961975)$

  $=(56.0\%, 64.0\%)$

■ 표본의 크기결정

오차범위를 특정 수준 이하로 관리 하에서 모집단 비율을 추정하기 위한 표본크기를 결정하는 방법을 알아보자. p의 구간추정에서 적정 표본크기를 결정하는 방법은 평균의 구간추정에서 적정 표본크기를 결정하는 방법과 유사하다.

모집단비율의 구간추정에 사용하는 오차범위는 $z_{\alpha/2}\sqrt{\overline{p_n}(1-\overline{p_n})/n}$ 이었다. 오차범위 계산에 $z_{\alpha/2}$값, 표본비율 $\overline{p_n}$, 그리고 표본크기 n가 사용된다. 표본크기 n이 커질수록 오차범위가 작아지며, 추정의 정확도는 높아진다. 오차범위를 E로 표현하면, $E = z_{\alpha/2}*\sqrt{\dfrac{\overline{p_n}(1-\overline{P_n})}{n}}$ 이 된다. 이 식을 n으로 정리하면 E라는 오차범위를 제공하는 표본크기 n을 결정할 수 있다.

$$n = \frac{z_{\alpha/2}^2*\overline{p_n}(1-\overline{p_n})}{E^2}$$

표본 크기를 결정하기 전에 $\overline{p_n}$가 알려져 있지 않기 때문에 요구 오차범위를 제공하는 표본크기를 계산하는 데 이 공식을 사용할 수 없다. 이는 평균의 구간추정에서 적정 표본크기를 결정하는 방법에서 σ를 모르기 때문에 발생하는 문제와 동일하다. 따라서 $\overline{p_n}$를 사용하기 위해 같거나 유사한 집단을 대상으로 수행된 과거 조사에서 얻은 표본비율을 사용 하거나, 소규모 표본으로 예비 조사를 하고, 여기서 얻은 표본비율을 사용하거나, 보수적으로 사전 예측 값으로 $\overline{p_n}$=0.50를 사용한다. $\overline{p_n}$=0.50인 경우가 표본크기가 가장 크기 때문이다.

사례 ▶ 표본크기 설정

가. 한국갤럽은 매주 대통령지지율을 조사하여 발표한다. 95% 신뢰구간의 오차한계를 2% 이내로 관리하기 위해 몇 명의 표본을 추출하여야 할까?

풀이 ▶

$$n = \frac{z_{\alpha/2}^2 * \overline{p_n}(1 - \overline{p_n})}{E^2} = \frac{1.96^2 * \overline{p_n}(1 - \overline{p_n})}{0.02^2}$$

여기에서 사전에 알려진 $\overline{p_n}$가 없기 때문에 보수적으로 $\overline{p_n}$=0.50를 적용한다. 따라서

$$n = \frac{1.96^2 * 0.5 * 0.5}{0.02^2} = 2376.562$$ 이므로 표본의 크기는 2377명이 된다.

나. 95% 신뢰구간의 오차한계를 3% 이내로 관리하기 위해 몇 명의 표본을 추출하여야 할까?

풀이 ▶

$$n = \frac{1.96^2 * 0.5 * 0.5}{0.03^2} = 1056.25$$ 이므로 표본의 크기는 1057명이 된다.

다. 한국갤럽이 1002명의 표본을 추출하여 대통령 직무지지도를 매주 발표하는데 95% 신뢰구간의 오차한계는 얼마일까?

풀이

$$E = z_{\alpha/2} * \sqrt{\frac{\overline{p_n}(1-\overline{P_n})}{n}} = 1.96 * \sqrt{\frac{0.5*0.5}{1002}} = 0.03096$$ 이다. 따라서 오차

한계는 3.1%이다. 실제로 한국갤럽은 아래와 같이 대통령 직무지지도를 발표할 때 95% 신뢰수준
에서 오차는 3.1%라고 발표하고 있다.

표 5.1   한국갤럽의 오차한계 설명서

한국갤럽 데일리 오피니언 제546호 2023년 6월 3주
→ 홈페이지/웹브라우저/새창에서 글자 크게 보기
→ 조사 결과 집계표 다운로드(PDF)
→ [조사談] 정치에 대한 생각: 주요 지표 각각의 개념, 측정, 특성

/ 조사 개요
- 조사기간: 2023년 6월 13~15일
- 표본추출: 무선전화 RDD 표본 프레임에서 무작위 추출(유선전화 RDD 5% 포함)
- 응답방식: 전화조사원 인터뷰(CATI)
- 조사대상: 전국 만 18세 이상 1,000명
- 표본오차: ±3.1%포인트(95% 신뢰수준)
- 응답률: 9.2%(총 통화 10,844명 중 1,000명 응답 완료)
- 의뢰처: 한국갤럽 자체 조사

3절 가설검정

앞에서 표본을 추출하여 모수의 점추정과 구간추정하는 방법을 공부하였다. 여기에서는 표본평균과 표본비율이 특정 값과 같은지에 대해 채택과 기각여부를 결정하는 방법을 공부한다. 모수가 특정 값과 같은지에 대해 채택하거나 기각하는 행위를 가설검정이라고 한다. 가설검정은 모수가 특정 값과 같다는 잠정적인 가정에서 시작한다. 이 잠정적인 가정을 귀무가설이라 하고 H_0로 표시한다. 귀무가설에 반대되는 가설을 대립가설이라고 하고 H_a 또는 H_1로 표시한다. 우리는 H_a로 표기하기로 한다. 서로 상반되는 두 가지 가설인 H_0와 H_a를 선택하기 위해 표본으로 추출한 자료를 이용한다. 따라서 가설검정은 판단해야 할 경우에 많이 사용하는 방법이다. 여기서는 모평균과 모비율에 대한 가설검정을 설명한다. 먼저 귀무가설과 대립가설을 세우는 방법을 알아보자.

1. 귀무가설과 대립가설 설정

1) 현재상태를 변화시키는 가설검정

귀무가설과 대립가설의 설정은 정해져 있는 방식은 없다. 일반적으로 가설검정하고자 하는 목적은 현재의 상태를 변화시키고자 할 때 가설검정을 실시한다. 변화시키고자 하는 상태를 대립가설로, 현재상태를 귀무가설로 설정한다. 왜냐하면 가설검정은 주로 데이터로 변화된 상태를 증명하기 위해 사용하기 때문이다.

예를 들면 하루 인터넷서버에 접속시간이 평균 22시간이상이면 서버를 증설하여야 한다고 하자. 먼저 증설해야 하는 상황을 대립가설로 설정한다. 왜냐하면 서버 증설은 변화된 상태로서 데이터로 증명해야 하는 상황이기 때문이다. 따라서 대립가설을 H_a: $\mu > 22$로 설정한다. 다음으로 반대의 경우로 귀무가설 H_0: $\mu \leq 22$로 설정한다. 대립가설을 선택하면 서버를 증설하고, 귀무가설을 선택하면 서버를 증설하지 않는다.

다른 예로서 새로 제작한 소프트웨어의 오류 비율이 이전에 제작된 소프트웨어의 오류비율 0.002%보다 낮다고 주장한다. 이 경우 대립가설은 H_a: $p < 0.002\%$로 설정한다. 다음으로 귀무가설 H_0: $p \geq 0.002\%$로 설정한다.

일반적으로 회사가 성장 발전하기 위해 일반적으로 현재 있는 것보다 더 나은 신제품, 새로운 방법, 새로운 시스템 이러한 것들을 개발한다. 그러면 새롭게 개발한 것을 바로 채택하기 전에 새롭게 개발한 것이 더 낫다는 결론을 통계적으로 뒷받침 할 수 있는 연구를 수행하는 것이 바람직하다. 왜냐하면 새롭게 개발한 것이 좋지 않은 경우, 새롭게 개발한 것이 더 좋다고 결론 하에서 생산 또는 설치, 운용하면 큰 손실이 발생하기 때문이다.

2) 주장의 타당성 검정으로서 가설검정

반대로 때때로 주장의 타당성을 확인하기 위해 가설검정을 실시하기도 한다. "인터넷 서버의 평균 이용시간이 21시간이라고 할 수 있을까?"라는 의문을 해소하기 위해 가설검정을 실시할 수 있다. 이 때 귀무가설은 H_0: $\mu = 21$이고 대립가설은 H_a: $\mu \neq 21$로 설정할 수 있다. 귀무가설이 틀렸다는 결론을 뒷받침할만한 통계적 근거가 있을 때 대립가설을 선택하고 그렇지 않은 경우 귀무가설을 선택한다. 귀무가설을 선택하는 경우는 귀무가설 H_o이 타당하다는 것을 의미하고, 대립가설 H_a을 선택하는 경우 귀무가설이 틀렸다는 것을 의미한다.

3) 귀무가설과 대립가설의 형식

모집단 평균과에 대한 가설검정에서 귀무가설과 대립가설의 형식은 다음의 세 가지 중 하나가 된다. 모집단 평균에 대해 가설검정을 할 때 귀무가설에서 숫자로 설정한 값을 μ_0로 표시하고, 가설을 세우면 다음과 같다.

1. H_0 : $\mu = \mu_0$ vs H_a : $\mu < \mu_0$: 왼쪽 검정
2. H_0 : $\mu = \mu_0$ vs H_a : $\mu > \mu_0$: 오른쪽 검정
3. H_0 : $\mu = \mu_0$ vs H_a : $\mu \neq \mu_0$: 양측 검정

여기서 귀무가설 H_o는 항상 등호를 포함한다는 것을 기억하자. 그리고 위 두 개의 가설을 단측검정이라고 하고 세 번째 가설을 양측검정이라고 한다. 대립가설의 형태에 따라 가설검정 형태도 달라진다.

4) 제1종 오류와 제2종 오류

통계적 가설검정에서는 귀무가설 H_o가 참이거나 대립가설 H_a가 참일 수는 있지만 둘 다 참일 수는 없다. 이상적인 가설검정은 H_o가 참이면 H_o을 채택하고, H_a가 참이면 H_o을 기각하는 것이다. 그러나 불행히도 언제나 올바른 결론을 내릴 수가 없다. 왜냐하면 가설검정

은 표본 정보를 기초로 하기 때문에 항상 오류의 가능성이 있기 때문이다. 다음 표는 통계적 가설검정에서 나타날 수 있는 두 가지 유형 오류를 보여준다.

표 5.2   통계적 가설검정에서 올바른 결론과 오류

		모집단	
		H_o가 참	H_a가 참
가설검정 결과	H_o 채택	옳은 결정	제2종 오류
	H_o 기각	제1종 오류	옳은 결정

표 5.2의 첫 번째 행에서 H_o가 참일 때 H_o 채택하면 올바른 결정이고 H_a가 참일 때 H_o를 채택하면 오류가 발생하는 데 이를 제2종 오류라고 부른다. 두 번째 행에서 H_o가 참일 때 H_o를 기각하면 오류가 발생하는 데 이를 제1종 오류라고 부르고, H_a가 참일 때 H_o를 기각하면 올바른 결정이다. 숫자가 말하는 것처럼 제1종 오류는 제2종 오류 보다 훨씬 심각한 오류이다.

앞의 예제에서 하루 인터넷서버에 접속시간이 평균 22시간이상이면 서버를 증설하여야 한다고 하자. 귀무가설 $H_0: \mu \leq 22$로 대립가설을 $H_a: \mu > 22$로 설정한다. 서버증설 여부를 표본의 자료로부터 결정한다고 할 때, 접속시간이 실제로 평균 22시간미만일 때, H_o를 채택하여 증설하지 않는 것은 올바른 결정이다. 접속시간이 실제로 평균 22시간이상일 때, H_o를 채택하여 증설하지 않는 것은 잘못된 결정이다. 이를 제2종 오류라고 부른다. 접속시간이 실제로 평균 22시간미만일 때, H_o를 기각하여 서버를 증설하는 것은 잘못된 결정이다. 이를 제1종 오류라고 부른다. 접속시간이 실제로 평균 22시간이상일 때, H_o를 기각하여 서버를 증설하는 것은 올바른 결정이다.

제1종 오류와 제2종 오류의 심각성을 비교해 보면, 제2종 오류를 범했을 때 즉 접속시간이 실제로 평균 22시간이상일 때, H_o를 채택하여 증설하지 않는 제2종 오류를 범하였을 때는 다시 가설검정을 실시하여 오류를 수정할 수 있는 기회가 있다. 그러나 접속시간이 실제로 평균 22시간미만일 때, H_o를 기각하여 서버를 증설하는 잘못된 결정하는 제1종 오류는 오류를 수정할 수 없을 뿐 만 아니라, 회사에 손해를 직접적으로 끼치게 된다. 따라서 제1종 오류가 제2종 오류에 비해 훨씬 심각한 오류이다.

따라서 통계적 가설검정은 제1종 오류의 확률을 제어하면서 가설검정을 실시한다. 오류의 확률을 유의수준(level of significance)이라고 한다. 즉 유의수준은 귀무가설이 참일 때 귀무가설을 기각할 최대 확률이다. 이 확률을 그리스 문자 α(알파)로 표시하고 일반적으로 0.05와 0.01을 많이 사용한다. 실제로, 가설검정 책임자가 유의수준을 설정한다. 제1종 오류로 인한 비용이 높다면 α값을 낮게 설정하고, 제1종 오류로 인한 비용이 높지 않으면 α값을 높게 설정하는 것이 일반적이다. 단지 제1종 오류만 통제하여 실시하는 가설검정을 유의성 검정(significance tests)이라고 한다. 대부분의 가설검정은 여기에 해당한다. $\alpha = 0.05$는 귀무가설이 사실일 때 귀무가설을 기각할 최대 확률이 0.05로 설정하는 것이다.

2. 모집단 평균에 관한 검정: 모표준편차 σ를 알고 있을 때

σ를 알고 있을 때라는 것은 사전에 경험적 자료나 다른 정보를 통해서 적절한 모표준편차를 추정할 수 있는 경우라고 설명하였다. 모표준편차 σ을 알고 있을 때, 모집단 평균에 관한 검정에 대해 알아본다. 모집단이 정규분포를 따를 때 통계적 가설검정은 유효하지만 모집단이 정규분포를 따르지 않을 때에는 표본의 개수가 많아야 한다.

1) 단측검정(one-tailed test)

- 단측검정은 아래와 같이 대립가설이 μ_0크거나 작은 형태를 보인다.
① 왼쪽 검정 $H_0 : \mu = \mu_0 \; vs \; H_a : \mu < \mu_0$
② 오른쪽 검정 $H_0 : \mu = \mu_0 \; vs \; H_a : \mu > \mu_0$

왼쪽 검정은 기각역이 임계점보다 작은 형태이다. 왜냐하면 표본 평균이 작으면 작을수록 귀무가설이 틀린다는 것을 의미하기 때문이다. 오른쪽 검정은 기각역이 임계점보다 큰 형태이다. 왜냐하면 표본 평균이 크면 클수록 귀무가설이 틀린다는 것을 의미하기 때문이다.

위의 예에서 하루 인터넷서버에 접속시간이 평균 22시간이상이면 서버를 증설하는 문제에 대해 가설검정을 실시하자. 먼저 가설을 설정하여야 하는데 귀무가설은 $H_0: \mu \leq 22$이고, 대립가설은 $H_a: \mu > 22$이기 때문에 오른쪽 검정을 실시한다. 두 번째로 이 문제의 중요도를 평가하여 유의수준을 결정하여야 한다. 우리 회사가 하루 인터넷서버에 접속시간이 평균 22시간이 안됨에도 불구하고 이상이라고 판단하여 잘못된 결정을 내릴 확률을 5%로 제한하고 싶다면, 유의수준을 5%로 설정한다. 세 번째로 가설검정을 실시하는 방법을 찾아야 한다. 가설검정을 실시하는 도구는 검정통계량이라고 한다. 이 문제에서는 $H_0 : \mu \leq 22 \ vs \ H_a : \mu > 22$ 이므로 검정통계량은 표본평균 $\overline{x_n}$ 이다. 네 번째로 검정통계량이 채택역에 속하는 가 기각역에 속하는 가를 판단하는 기준을 설정하여야 한다. 여기에서 유의수준을 참고하여 설정한다. 즉 귀무가설이 참임에도 불구하고 기각할 확률에 따라 기각역과 채택역이 결정된다. 귀무가설이 참일 때 모평균은 최대로 22시간을 갖는다. 따라서 H_0 하에서의 검정통계량 $\overline{x_n}$ 의 분포는 중심극한 정리에 의해 평균이 22이고 표준편차가 $\dfrac{\sigma}{\sqrt{n}}$ 인 정규분포이다. 따라서 $\overline{x_n}$ 의 분포는 아래 그림 5.12와 같다.

그림 5.12 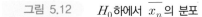 H_0 하에서 $\overline{x_n}$ 의 분포

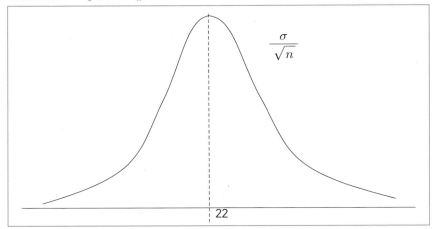

이를 표준화하면 $z = \dfrac{\overline{x_n} - 22}{\dfrac{\sigma}{\sqrt{n}}}$ 는 아래 그림 5.13과 같이 표준정규분포를 따른다.

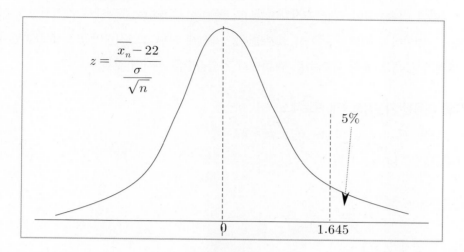

그림 5.13　표준화된 z의 분포

이 분포는 귀무가설이 참인 데이터들에서 z의 분포이므로 유의수준 5%로 정하면 귀무가설이

참임에도 불구하고 귀무가설을 기각할 확률이 5%이므로 $z = \dfrac{\overline{x_n} - 22}{\dfrac{\sigma}{\sqrt{n}}} > 1.645$이면 귀무가설을

기각시킬 수 있다. 왜냐하면 z값이 크면 클수록 대립가설을 뒷받침하는 오른쪽 가설검정 형태

이기 때문이다. 따라서 기각역은 $z > 1.645$이고 채택역은 $z \leq 1.645$이다. 기각역의 형태는 대

립가설의 형태에 따라 결정된다. 만일 유의수준이 1%라면 기각역은 $z > 2.326$이고 채택역은

$z \leq 2.326$이다. 가설검정을 실시하기 위해 표본 데이터를 64개를 뽑아서 표본평균을 계산해 보

니 22.5시간이었다. 모표준편차가 0.5시간으로 알려져 있다고 하자.

■ 기각역을 이용한 가설검정의 5개 프로세스

1. 가설설정: $H_0 : \mu \leq \mu_0 \; vs \; H_a : \mu > \mu_0$

2. 유의수준 결정: $\alpha = 0.05$

3. 검정통계량: $z = \dfrac{\overline{x_n} - \mu_0}{\dfrac{\sigma}{\sqrt{n}}}$

4. 기각역 설정: $z > 1.645$

5. 표본자료로 검정통계량을 계산하여 채택 또는 기각을 결정한다.

사례

하루 인터넷서버에 접속시간이 평균 22시간이상이면 서버를 증설하는 문제에서 가설검정을 실시하기 위해 표본 데이터를 64개를 뽑아서 표본평균을 계산해 보니 22.5시간이었다. 모표준편차가 2시간으로 알려져 있다고 하자. 유의수준 5%하에서 가설검정을 실시해 보자.

■ 기각역을 이용한 가설검정 5개 프로세스

1. 가설설정: $H_0 : \mu \leq 22 \ \ vs \ \ H_a : \mu > 22$

2. 유의수준 결정: $\alpha = 0.05$

3. 검정통계량: $z = \dfrac{\overline{x_n} - \mu_0}{\dfrac{\sigma}{\sqrt{n}}}$

4. 기각역 설정: z 〉 1.645

5. $z = \dfrac{\overline{x_n} - \mu_0}{\dfrac{\sigma}{\sqrt{n}}} = \dfrac{22.5 - 22}{\dfrac{2}{\sqrt{64}}} = 2$ 이므로 기각역에 속한다. 따라서 유의수준 5%하에서 하루 인터넷서버에 접속시간이 평균 22시간이상이라고 말할 수 있다. 이에 따라 서버를 증설할 수 있다. 결과를 보면 표본평균이 0.5시간 많지만 유의수준 5%하에서도 22시간 이상이라고 판단할 수 있다.

■ p-값(p-value)을 이용한 가설검정

다른 방법으로 기각역을 이용하는 가설검정 5개 프로세스 중 네번째 단계에서 기각역설정보다 p-값(p-value)을 통한 가설검정을 실시할 수 있다. p-값은 표본의 자료로부터 귀무가설 H_0를 기각시킬 때 범할 수 있는 제1종 오류의 확률이다. 위의 예에서 검정통계량 z=2이므로 z〉2일 때 귀무가설 H_0를 기각한다면 범할 수 있는 오류 확률은 P(z〉2) = 2.28%이다. 따라서 p-값은 2.28%이므로 5%보다 작으므로 기각역에 속하게 된다. 다시 말하면 허용 오류인 제1종 오류보다 작으므로 H_0를 기각할 수 있다. 그리고 허용 오류보다 크면 H_0를 기각할 수 없다. 따라서 p-값 〈 α이면 기각하고 p-값 $\geq \alpha$이면 기각하지 못한다.

p-값을 이용한 가설검정은 매우 중요하다. 왜냐하면 통계소프트웨어는 어떤 통계량을 추정하면 반드시 p-value를 계산하여 보여준다. 이는 귀무가설 H_0: 추정값=0을 기준으로 p-value를 계산하기 때문에 p-value가 유의수준 α보다 작으면 추정값이 0이 아니라고 결론내릴 수 있으

므로 계속해서 추정값을 사용하지만 α보다 크다면 추정값이 0이므로 이후 추정값을 사용할 수 없다.

그림 5.14 p-값의 위치

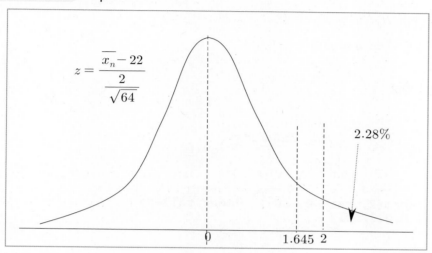

$$z = \frac{\overline{x_n} - 22}{\frac{2}{\sqrt{64}}}$$

2.28%

0   1.645 2

가설검정은 기각역과 채택역을 이용한 검정과 p-값을 이용하여 실시할 수 있다. 그런데 기각역을 이용한 가설검정은 표를 이용하여 실시하고 p-값을 이용한 가설검정은 R 등 소프트웨어를 이용하여 가설검정을 실시할 수 있으므로 p-값을 이용한 가설검정을 하는 것이 바람직하다.

■ p-값을 이용한 가설검정의 5개 프로세스

1. 가설설정: $H_0 : \mu \leqq \mu_0$ vs $H_a : \mu > \mu_0$

2. 유의수준 결정: $\alpha = 0.05$

3. 검정통계량: $z = \dfrac{\overline{x_n} - \mu_0}{\dfrac{\sigma}{\sqrt{n}}}$

4. p-값 계산

5. p-값 〈 유의수준 이면 귀무가설을 기각하고,

   p-값 ≧ 유의수준 이면 귀무가설을 기각하지 못한다.

> [!NOTE]
> **사례**   p-값을 이용한 가설검정

인터넷 서버 증설 문제에서 가설검정을 실시하기 위해 표본 데이터를 64개를 뽑아서 표본평균을 계산해 보니 22.5시간이었다. 모표준편차가 2시간으로 알려져 있다고 하자.

1. 가설설정: $H_0 : \mu \leq 22 \ vs \ H_a : \mu > 22$

2. 유의수준 결정: $\alpha = 0.05$

3. 검정통계량: $z = \dfrac{\overline{x_n} - \mu_0}{\dfrac{\sigma}{\sqrt{n}}}$

4. p-값 계산: $z = \dfrac{\overline{x_n} - \mu_0}{\dfrac{\sigma}{\sqrt{n}}} = \dfrac{22.5 - 22}{\dfrac{2}{\sqrt{64}}} = 2$이므로

```
> pnorm(2, mean=0, sd=1, lower.tail=F)
[1] 0.02275013
```

5. p-값 = 0.02275013 〈 0.05이므로 귀무가설을 기각한다. 따라서 유의수준 5%하에서 하루 인터넷서버에 접속시간이 평균 22시간이상이라고 말할 수 있다. 이에 따라 서버를 증설할 수 있다.

2) 양측검정

가설검정에서 모평균에 대한 양측 검정의 형식은 다음과 같다.

$H_0 : \mu = \mu_0 \ vs \ H_a : \mu \neq \mu_0$

왼쪽검정은 기각역이 임계점보다 작은 영역이고, 오른쪽 검정은 기각역이 임계점보다 큰 영역이다. 양측검정의 기각역은 임계점보다 작거나 임계점보다 큰 영역이다. 왜냐하면 양측검정은 작아도 귀무가설을 기각하고 커도 귀무가설을 기각하기 때문이다. 따라서 기각역은 아래 그림과 같이 양쪽에 만들어진다. 양쪽에 속하는 유의확률은 동일하게 $\dfrac{\alpha}{2}$로 나눈다. 왜냐하면 기각역의 크기를 최대화하기 위해서이다.

유의수준 5%하에서 임계점은 z 〈 -1.96 또는 z 〉 1.96이고,

유의수준 1%하에서 임계점은 z 〈 -2.58 또는 z 〉 2.58이다.

그리고 p-값은 검정통계량 값이 양수이면 검정통계량 값보다 클 확률[2]이고, 음수이면 검정통

계량 값보다 작을 확률*2이다. 따라서 p-값 = P(z〉k)*2 또는 P(z〈k)*2, 여기서 k=검정통계량의 값이다.

그림 5.15   양측검정의 유의확률분배

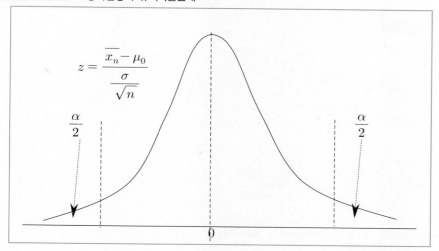

$$z = \frac{\overline{x_n} - \mu_0}{\frac{\sigma}{\sqrt{n}}}$$

$\frac{\alpha}{2}$

$\frac{\alpha}{2}$

0

참고로 양측검정에서 채택역은 신뢰구간의 영역과 동일하다.

사례   양측검정

양측검정 사례로서 인터넷 서비스 회사에서 서버는 접속자가 기다리는 시간이 평균 0.05초로 설계되었다. 이를 확인하기 위해 25명을 조사해 보니 평균 0.04초였다. 모 표준편차는 0.04초이다. 유의수준 5%에서 가설검정을 실시하여라.

■ 기각역 방식 가설검정

1. 가설설정: $H_0 : \mu = 0.05 \ vs \ H_a : \mu \neq 0.05$

2. 유의수준 결정: $\alpha = 0.05$

3. 검정통계량: $z = \dfrac{\overline{x_n} - \mu_0}{\dfrac{\sigma}{\sqrt{n}}}$

4. 기각역 설정: z 〈 -1.96 또는 z 〉 1.96

5. $z = \dfrac{\overline{x_n} - \mu_0}{\dfrac{\sigma}{\sqrt{n}}} = \dfrac{0.04 - 0.05}{\dfrac{0.04}{\sqrt{25}}} = -1.25$ 이므로 채택역에 속한다.

따라서 유의수준 5%하에서 접속자들의 평균 대기시간이 0.05초라고 말할 수 있다.

■ p-값 방식 가설검정

1. 가설설정: H_0 : $\mu = 0.05$ vs H_a : $\mu \neq 0.05$

2. 유의수준 결정: $\alpha = 0.05$

3. 검정통계량: $z = \dfrac{\overline{x_n} - \mu_0}{\dfrac{\sigma}{\sqrt{n}}}$

4. p-값 계산: $z = \dfrac{\overline{x_n} - \mu_0}{\dfrac{\sigma}{\sqrt{n}}} = \dfrac{0.04 - 0.05}{\dfrac{0.04}{\sqrt{25}}} = -1.25$ 이므로

```
> pnorm(-1.25, mean=0, sd=1)
[1] 0.1056498
```

따라서 p-값 = 0.1056498*2 = 0.2112996

5. p-값 = 0.2112996 〉 0.05이므로 귀무가설을 기각할 수 없다. 따라서 유의수준 5%하에서 따라서 접속자들의 평균 대기시간이 0.05초라고 말할 수 있다.

3. 모집단 평균에 관한 검정: 모표준편차 σ를 모를 때

1) 단측검정: 모표준편차 σ를 모를 때

평균에 관한 가설검정을 실시할 때 모표준편차 σ를 모르는 것이 일반적이다. 따라서 평균에 관한 가설검정을 할 때에는 표본표준편차로 모표준편차를 추정하여 사용한다. 그러면 추정 때와 마찬가지로 검정통계량이 $z = \dfrac{\overline{x_n} - \mu_0}{\dfrac{\sigma}{\sqrt{n}}}$ 에서 $t = \dfrac{\overline{x_n} - \mu_0}{\dfrac{s_n}{\sqrt{n}}}$ 로 바뀌고 귀무가설 하에서의 검정통계량의 분포도 표준정규분포에서 자유도가 n-1인 t분포로 바뀐다.

■ p-값을 이용한 가설검정의 5개 프로세스

1. 가설설정: $H_0 : \mu \leq \mu_0 \;\; vs \;\; H_a : \mu > \mu_0$

2. 유의수준 결정: $\alpha = 0.05$

3. 검정통계량: $t = \dfrac{\overline{x_n} - \mu_0}{\dfrac{s_n}{\sqrt{n}}}$ ~ t(n-1) 자유도가 n-1인 t분포를 따른다.

4. p-값 계산

5. p-값 〈 유의수준 이면 귀무가설을 기각하고,

   p-값 ≧ 유의수준 이면 귀무가설을 기각하지 못한다.

사례　**p-값을 이용한 가설검정**

하루 인터넷서버에 접속시간이 평균 22시간이상이면 서버를 증설하는 문제에서 가설검정을 실시하기 위해 표본 데이터를 64개를 뽑아서 표본평균을 계산해 보니 22.5시간이었다. 표본표준편차는 1.5시간이었다. 유의수준 5%하에서 가설검정을 실시해 보자.

1. 가설설정: $H_0 : \mu \leq 22 \;\; vs \;\; H_a : \mu > 22$

2. 유의수준 결정: $\alpha = 0.05$

3. 검정통계량: $t = \dfrac{\overline{x_n} - \mu_0}{\dfrac{s_n}{\sqrt{n}}} = \dfrac{22.5 - 22}{\dfrac{1.5}{\sqrt{64}}} = \dfrac{0.5}{\dfrac{1.5}{8}} = 2.67$

4. p-값 계산: 데이터가 64개이므로 자유도는 n-1 = 63이다.

```
> pt(2.67, 63, lower.tail = F)
[1] 0.00481873
```

5. p-값 = 0.00481873 〈 0.05이므로 귀무가설을 기각한다. 따라서 접속시간 평균이 22시간 이상이라고 말할 수 있다.

2) 양측검정: 모표준편차 σ를 모를 때

어느 인터넷 서비스 회사에서 서버는 접속자가 기다리는 시간이 평균 0.05초로 설계되었다. 이를 확인하기 위해 25명을 조사해 보니 평균 0.04초, 표본표준편차는 0.02초였다. 유의수준 5%에서 가설검정을 실시하여라.

■ p-값 방식 가설검정

1. 가설설정: $H_0 : \mu = 0.05 \ \ vs \ \ H_a : \ \mu \neq 0.05$

2. 유의수준 결정: $\alpha = 0.05$

3. 검정통계량: $t = \dfrac{\overline{x_n} - \mu_0}{\dfrac{s_n}{\sqrt{n}}}$

4. p-값 계산: $t = \dfrac{\overline{x_n} - \mu_0}{\dfrac{s_n}{\sqrt{n}}} = \dfrac{0.04 - 0.05}{\dfrac{0.02}{\sqrt{25}}} = -2.5$ 이므로

```
> pt(-2.5, 24)
[1] 0.009827088
```

따라서 p-값 = 0.009827088*2 = 0.019654176

5. p-값 = 0.019654176 < 0.05이므로 귀무가설을 기각할 수 있다. 따라서 유의수준 5%하에서 따라서 접속자들의 평균 대기시간이 0.05초라고 말할 수 없다.

3. 모비율에 관한 가설검정

여기에서는 모비율 p에 대한 가설검정 방법을 설명하려고 한다. p_o를 가설에서 설정한 모비율이라 하면 모평균에 관한 가설검정과 같이, 모비율에 대한 가설검정 형태도 아래 3가지와 같다.

1. 왼쪽 검정 $H_0 : \ p = p_0 \ \ vs \ \ H_a : \ p < p_0$

2. 오른쪽 검정 $H_0 : \ p = p_0 \ \ vs \ \ H_a : \ p > p_0$

3. 양측 검정 $H_0 : \ p = p_0 \ \ vs \ \ H_a : \ p \neq p_0$

모비율에 관한 가설검정도 모평균에 관한 가설검정과 유사하다. 다만 검정통계량의 분포가 상이하다. 귀무가설 하에서 즉 $p = p_0$에서, $np_0 > 5$이고 $n(1 - p_0) > 5$이면 표본비율 $\overline{p_n}$는 추정에서와 동일하게 평균이 p_0이고 분산이 $\dfrac{p_0(1 - p_0)}{n}$인 정규분포를 따른다.

즉 $\overline{p_n} \sim N(p_0, \ \dfrac{p_0(1 - p_0)}{n})$.

■ p-값을 이용한 모비율에 대한 가설검정의 5개 프로세스

1. 가설설정: $H_0: \ p = p_0 \ \ vs \ \ H_a: \ p > p_0$

2. 유의수준 결정: $\alpha = 0.05$

3. 검정통계량: $z = \dfrac{\overline{p_n} - p_0}{\sqrt{\dfrac{p_0(1-p_0)}{n}}} \quad \sim \ N(0, \ 1)$

4. p-값 계산

5. p-값 〈 유의수준 이면 귀무가설을 기각하고,

　 p-값 ≧ 유의수준 이면 귀무가설을 기각하지 못한다.

> [사례]　모비율에 대한 가설검정

모비율에 대한 가설검정 사례로서 2018년 8월 셋째 주 한국갤럽의 대통령 직무평가에서 긍정적인 평가는 60%이고 표본오차는 95%신뢰수준에서 ±3.1%라고 발표하였고, 리얼미터의 국정수행지율은 56.3%이고 표본오차는 95%신뢰수준에서 ±2.5%라고 발표하였다. 그러면 "리얼미터의 결과인 국정수행지율이 56.3%가 60%라고 할 수 있는가?" 즉 "리얼미터의 조사결과가 갤럽의 조사결과와 같은가?"에 대한 가설검정을 실시해 보자.

> [풀이]

귀무가설의 분포에 대한 검토로서, $np_0 > 5$이고 $n(1-p_0) > 5$이면 귀무가설 하에서 검정통계량이 정규분포를 따른다. $np_0 = 1500*0.6 = 900 > 5$이고 $n(1-p_0) = 1500*0.4 = 600 > 5$이므로 검정통계량은 정규분포를 따른다는 사실을 알 수 있다.

1. 가설설정: $H_0: \ p = 0.6 \ \ vs \ \ H_a: \ p \neq 0.6$

2. 유의수준 결정: $\alpha = 0.05$

3. 검정통계량: $z = \dfrac{\overline{p_n} - p_0}{\sqrt{\dfrac{p_0(1-p_0)}{n}}} = \dfrac{0.563 - 0.6}{\sqrt{\dfrac{0.6(1-0.6)}{1500}}} = -2.925107 \quad \sim \ N(0, \ 1)$

```
> z <- (0.563-0.6)/sqrt(0.6*0.4)*sqrt(1500)
> z
[1] -2.925107
```

4. p-값 계산: P(z 〈 -2.925107) = 0.005532785이므로

양측검정에서의 p-값= 2*0.005532785=0.01106557

```
> dnorm(-2.925107, mean=0, sd=1)
[1] 0.005532785
```

5. p-값 〈 유의수준 이면 귀무가설을 기각하고,

p-값 ≥ 유의수준 이면 귀무가설을 기각하지 못한다.

p-값 = 0.01106557 〈 0.05이므로 귀무가설을 기각한다. 즉 유의수준 5%하에서 갤럽의 조사

결과와 리얼미터의 조사결과가 다르다고 말할 수 있다.

연습문제

1. 표본분포란 무엇인가?

2. 아래 용어에 대해 설명하여라.

   ① 모수   ② p-값

   ③ 제1종오류와 제2종오류   ④ 단순무작위 표본

   ⑤ 표준오차   ⑥ 신뢰수준과 유의수준

3. 평균과 비율에 대한 중심극한정리를 기술하여라.

4. 우리 회사 직원의 자바시험 성적은 평균이 80이고, 표준편차가 10인 정규분포를 한다. 이를 확인하기 위해 100명의 직원을 뽑아서 구한 평균이 78보다 크고 81보다 적을 확률은? 또한 확률밀도 함수를 구하고 이에 대한 그래프를 그려라.

5. 컴퓨터관련학과 졸업생의 정보처리기사 자격증 취득비율을 추정하기 위해 100명을 조사하였다. 이 중 70명이 취득하였다. 표본비율이 60% ~ 80%에 위치할 확률은? 또한 확률밀도 함수를 구하고 이에 대한 그래프를 그려라.

6. 회사 서버성능을 측정하기 위해 36번 응답시간을 측정해 보니, 평균 0.03초이었고 표준편차가 0.06초이었다. 우리 회사 서버의 응답시간에 대한 95% 신뢰구간을 구하여라.

7. 어느 투표에서 후보자 A와 B가 나왔다. 유권자는 10만여 명인데, 지지율을 확인하기 위해 여론조사를 실시하였다. 1,000명을 조사하여보니 후보자 A에 대한 지지율이 45%였다. 후보자 A와 B의 지지율에 대한 99% 신뢰구간을 구하여라. 후보자 A가 후보자 B에 열위에 있는가? 이에 대해 논하여라.

8. 어느 투표에서 지지율에 대한 조사를 실시하려고 한다. 99%의 신뢰구간을 3% 이내로 관리하기 위해서는 몇 명의 표본을 추출하여야 할까?

9. 컴퓨터관련학과 졸업생들의 취업률이 75% 이상이라고 생각하고 있다. 이를 확인하기 위해 100명의 졸업생을 조사해보니 80명이 취업하고 있다. 이러한 생각이 맞는 것인지를 유의수준 5%로 가설검정을 실시하여라. 단 5단계 가설검정을 실시하고 p-값을 이용하여라.

10. 우리가 개발한 시스템은 기존의 시스템에 비해 오류가 적다고 주장하고 있다. 기존 시스템은 한달에 평균 2.3건 오류가 발생하였다. 우리 소프트웨어는 설치하여 검토해 보니 다섯 달 동안 0, 4, 2, 3, 1 건 오류가 발생되었다. 유의수준 5%로 가설검정을 실시하여라. 단 5단계 가설검정을 실시하고 p-값을 이용하여라.

Chapter 05

11. 우리는 서버의 처리능력이 향상된 소프트웨어를 개발하였다. 기존의 서버는 초당 평균 10,000건을 처리하였다. 그런데 우리의 소프트웨어를 탑재하여 36회 실험하니 평균 10,005 건을 처리하였다. 표준편차는 10회이었다. 우리의 소프트웨어가 처리능력을 향상시켰다고 할 수 있는가? 유의수준 0.05로 p값을 이용하여 5단계 가설검정을 실시하여라.

12. 우리 회사는 새로운 검색엔진을 개발하였다. 기존의 엔진은 컨텐츠를 검색하는 데 1초 걸렸다. 새로운 엔진으로 25회 검색해 보니 평균 0.6초 표준편차는 1초 걸렸다. 새로운 엔진이 빠르다고 할 수 있는가? 유의수준 5%로 p값을 이용하여 5단계 가설검정을 실시하여라.

실습과제

어느 인터넷 서비스 회사에서 이용자는 평균 2분이라고 알려져 있다. 이를 확인하기 위해 100명을 조사해 보니 평균 2분10초, 표본표준편차는 0.1초였다. 아래 물음에 답하여라.

① 표본분포의 확률밀도함수는?

② 확률밀도 함수 그래프를 그려라.

③ 인터넷 서비스 이용자는 평균 2분라고 할 수 있는가? 유의수준 0.05로 p값을 이용하여 5단계 가설검정을 실시하여라.

빅데이터 분석 R과
　　빅데이터 플랫폼 하둡(Hadoop) 개론
OpenSource R
　　　and Hadoop

분산분석

분산분석

　지금까지는 모집단이 하나일때, 평균과 비율에 대한 추정과 검정에 대해 공부하였다. 여기서부터는 두 개 이상의 모집단에 대한 비교에 대한 추정과 검정하는 방법에 대해 공부한다. 따라서 지금부터는 모집단이 아래 그림6.1과 같이 존재한다고 가정한다.

그림 6.1　분산분석에서 모집단의 구조

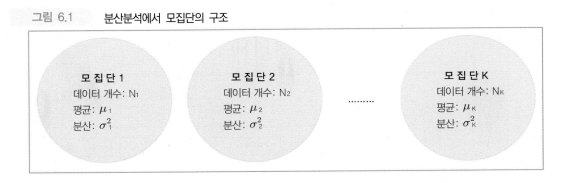

　여기서 모집단 1의 모수로 모평균 μ_1, 모분산 σ_1^2, 모집단 2의 모수로 모평균 μ_2, 모분산 σ_2^2, … 모집단 K의 모수로 모평균 μ_k, 모분산 σ_k^2라고 가정한다.

1절   두 모집단 평균차이($\mu_1 - \mu_2$)에 대한 추정: σ_1과 σ_2를 알고 있을 때

여기에서는 μ_1, μ_2추정에 대해 공부하는 것이 아니라 두 모집단의 평균 차이($\mu_1 - \mu_2$)에 대해 공부한다. 왜냐하면 μ_1, μ_2추정은 앞에서 공부한 바와 같이 추정하면 되기 때문이다. 평균 차이의 추정을 위해 모집단 1에서 n_1개 표본을, 모집단 2에서 n_2개 표본을 무작위로 추출한다. 이와 같이 서로 독립적으로 추출한 표본을 독립 단순 무작위 표본(independent simple random samples)이라고 한다. 이전 추정에서와 마찬가지로 먼저 표본 추출 전에 두 모집단 표준편차 σ_1과 σ_2를 알고 있다고 가정한다. 이를 공부한 다음에 두 모집단 표준편차 σ_1과 σ_2를 모를 때 추정하는 방법을 공부한다.

데이터 구조는 아래 그림6.2와 같이 모집단 1의 모수로 모평균 μ_1, 모분산 σ_1^2, 모집단 2의 모수로 모평균 μ_2, 모분산 σ_2^2이다. 모집단 1에서 표본 n_1개를 단순 무작위 추출한 표본에서 표본평균은 $\overline{x_1}$, 표본표준편차는 s_1이고, 모집단 2에서 표본 n_2개를 단순 무작위 추출한 표본에서 표본평균은 $\overline{x_2}$, 표본표준편차는 s_2이다.

그림 6.2   두 모집단에서의 모집단과 표본 구조

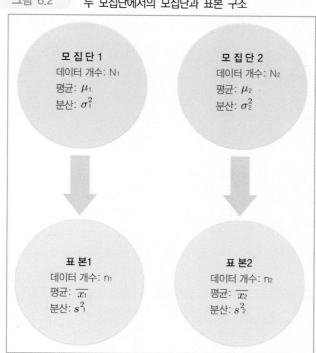

모집단의 분포는 아래 그림 6.3과 같다.

그림 6.3   두 모집단의 분포

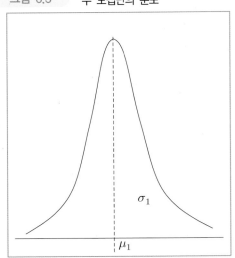
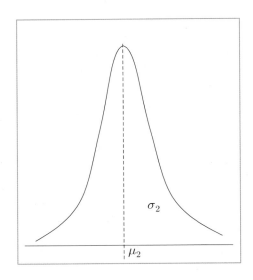

1. 두 평균의 차이 ($\mu_1 - \mu_2$)의 구간추정

중요한 이슈인 빅데이터 분석을 위해 우리 회사 사원에게 교육을 실시하였다. 회사 직원 중 신입직원 20명과 경력직원 20명 총 40명을 선발하여 빅데이터분석 교육을 실시하였다. 우리는 두 집단 간 즉 신입직원과 경력직원 간 교육성적 차이를 추정하려고 한다.

μ_1 = 신입직원의 빅데이터 교육성적

μ_2 = 경력직원의 빅데이터 교육성적

$\mu_1 - \mu_2$ = 신입직원과 경력직원의 빅데이터 교육성적 차이

$\overline{x_1}$ = 표본 신입직원의 빅데이터 교육성적

$\overline{x_2}$ = 표본 경력직원의 빅데이터 교육성적

따라서 $\overline{x_1} - \overline{x_2}$ = 신입직원과 경력직원의 빅데이터 교육성적 차이에 대한 점추정량

$\overline{x_1} - \overline{x_2}$도 다른 점추정량처럼 표본분포를 가진다. 모집단 1과 모집단 2에서 독립적으로 단순 무작위 표본으로 추출한 표본이므로 중심극한정리를 적용할 수 있다. $\overline{x_1} - \overline{x_2}$의 표준편차를

$\overline{x_1} - \overline{x_2}$의 표준오차라 부르며, $\sigma_{\overline{x_1} - \overline{x_2}} = \sqrt{\dfrac{\sigma_1^2}{n_1} + \dfrac{\sigma_2^2}{n_2}}$ 가 된다. 따라서 모집단 1과 모집단 2가

정규분포이거나 $n_1 > 30$이고 $n_2 > 30$이면 중심극한정리를 적용할 수 있다. 즉 아래와 같이 평

균이 $\mu_1 - \mu_2$이고 분산이 $\dfrac{\sigma_1^2}{n_1} + \dfrac{\sigma_2^2}{n_2}$인 정규분포를 따른다.

■ $\overline{x_1} - \overline{x_2}$의 **표본분포**

$$\overline{x_1} - \overline{x_2} \sim N(\mu_1 - \mu_2, \ \dfrac{\sigma_1^2}{n_1} + \dfrac{\sigma_2^2}{n_2})$$

앞에서 공부한 구간추정을 적용할 수 있다.

$n_1 > 30$이고 $n_2 > 30$일때, $\mu_1 - \mu_2$에 대한 구간추정: $\overline{x_1} - \overline{x_2}$ ± 오차범위

여기서 오차범위 = $z_{\frac{\alpha}{2}} \sqrt{\dfrac{\sigma_1^2}{n_1} + \dfrac{\sigma_2^2}{n_2}}$ 이다.

■ **두 모집단간의 평균차이에 대한 구간추정:** σ_1과 σ_2를 알고 있을 때

$$\overline{x_1} - \overline{x_2} \ \pm \ z_{\frac{\alpha}{2}} \sqrt{\dfrac{\sigma_1^2}{n_1} + \dfrac{\sigma_2^2}{n_2}} \ ,$$

여기서 α는 유의수준.

■ **두 집단에서 데이터 n_1과 n_2의 추출 문제**

두 집단에서 데이터 추출은 랜덤하게 이루어 져야하고, n_1과 n_2의 개수는 n_1과 n_2가 30이상
이면 중심극한 정리에 따라 정규분포를 적용할 수 있고, 30미만이면 모집단이 정규분포라는
가정을 만족하여야 중심극한정리를 적용할 수 있다.

> 사례　$\mu_1 - \mu_2$ **구간추정**

앞의 예에서 회사 직원 중 신입직원 20명과 경력직원 20명 총 40명을 선발하여 빅데이터분
석 교육을 실시하였다. 시험성적의 모집단 분포는 정규분포를 이룬다는 가정을 할 수 있으므
로 자료의 수가 20이라 할지라도 중심극한정리를 적용할 수 있다. 우리는 두 집단 간 즉 신입

직원과 경력직원 간 교육성적 차이를 추정하려고 한다. 신입직원과 경력직원 간 교육성적 차이에 대한 99% 신뢰구간을 구하여라. 각 표본 20명의 신입직원과 경력직원의 빅데이터분석 교육 성적의 평균은 아래 표에 나와있고, 모 표준편차는 알려져 있고 아래 표와 같다고 가정한다.

표 6.1   신입직원과 경력직원의 빅데이터분석 교육 성적

	신입직원	경력직원
표본크기	20	20
표본 평균	89	81
모 표준편차	12	14

- 점추정치: $\overline{x_1} - \overline{x_2} = 89 - 81 = 8$

- 99% 오차한계 $= z_{\frac{\alpha}{2}} \sqrt{\dfrac{\sigma_1^2}{n_1} + \dfrac{\sigma_2^2}{n_2}} = 2.58 \sqrt{\dfrac{12^2}{20} + \dfrac{14^2}{20}} = 10.63761$

- 99% 신뢰구간 $= 8 \pm 10.63761 = (\ -2.637613,\ 18.63761\ )$

2. 두 모집단 평균차이($\mu_1 - \mu_2$)에 대한 검정: σ_1과 σ_2를 알고 있을 때

앞에서 공부한 바와 같이 $\mu_1 - \mu_2$의 가설검정도 세 가지 형태가 있다.

- $H_0 : \mu_1 - \mu_2 = k \ \ vs \ \ H_a : \mu_1 - \mu_2 < k$
- $H_0 : \mu_1 - \mu_2 = k \ \ vs \ \ H_a : \mu_1 - \mu_2 > k$
- $H_0 : \mu_1 - \mu_2 = k \ \ vs \ \ H_a : \mu_1 - \mu_2 \neq k$

두 모집단 평균에 대한 가설검정의 대부분은 $k = 0$이 된다. 왜냐하면 두 모집단의 평균차이가 존재하는 가를 주로 검정하기 때문이다. 앞에서 공부한 바와 같이 검정통계량은 아래와 같다.

■ $\mu_1 - \mu_2$ 가설검정에 대한 검정통계량: σ_1과 σ_2를 알고 있을 때

$$z = \frac{(\overline{x_1} - \overline{x_2}) - k}{\sqrt{\dfrac{\sigma_1^2}{n_1} + \dfrac{\sigma_2^2}{n_2}}}$$

사례 $\mu_1 - \mu_2$ **가설검정:** σ_1과 σ_2를 알고 있을 때

위의 예에서 신입직원과 경력직원과의 빅데이터분석 교육의 효과가 차이가 있는가를 유의수준 5%에서 가설검정을 실시하여라.

1. 가설설정: $H_0 : \mu_1 - \mu_2 = 0 \;\; vs \;\; H_a : \mu_1 - \mu_2 \neq 0$

2. 유의수준 결정: $\alpha = 0.05$

3. 검정통계량: $z = \dfrac{(\overline{x_1} - \overline{x_2}) - k}{\sqrt{\dfrac{\sigma_1^2}{n_1} + \dfrac{\sigma_2^2}{n_2}}} = \dfrac{89 - 81}{\sqrt{\dfrac{12^2}{20} + \dfrac{14^2}{20}}} = 1.940285$

4. p-값 계산: $z = \dfrac{(\overline{x_1} - \overline{x_2}) - k}{\sqrt{\dfrac{\sigma_1^2}{n_1} + \dfrac{\sigma_2^2}{n_2}}} = 1.940285$ 이므로 아래 그림 6.4에 있는 R의 결과에 따라 p-값은 0.05234506이다.

- p-값 계산을 위한 R 코드

```
> p <- pnorm(1.940285, mean=0, sd=1, lower.tail = F)
> p2 <- p*2
> p2
[1] 0.05234506
```

설명 p <— pnorm(1.940285, mean=0, sd=1, lower. tail=F): 표준정규분포에서 1.940285보다 같거나 클 확률이며, 양측검정이므로 p-값은 p의 두 배가 된다.

5. p-값 = 0.05234506 〉 0.05 이므로 귀무가설을 기각시키지 못한다. 즉 유의수준 5%에서 "신입직원과 경력직원의 빅데이터분석 교육의 효과가 차이가 없다."라고 결론내릴 수 있다.

참고로 p-값 = 0.05234506 〉 0.01이므로 유의수준 1%하에서는 "신입직원과 경력직원의 빅데이터분석 교육의 효과가 차이가 있다."라고 결론내릴 수 없다. 이는 신입직원과 경력직원의 빅데이터분석 교육의 효과 차이에 대한 99% 신뢰구간 = 8 ± 10.63761 = (-2.637613, 18.63761)이 0을 포함하기 때문에 귀무가설을 기각시키지 못한다. 즉 양측검정에서는 신뢰구간이 0을 포함하지 않으면 귀무가설을 기각하고, 0을 포함하면 귀무가설을 기각시키지 못한다.

3. 두 모집단 평균차이(μ_1-μ_2)에 대한 추정: σ_1과 σ_2를 모를 때

두 모집단 평균차이(μ_1-μ_2)에 대한 추정하려고 할 때, σ_1과 σ_2를 모를 때가 일반적이다. 이 때에는 평균에 대한 추정과 동일하게 σ_1과 σ_2를 s_1과 s_2로 추정하여 평균차이(μ_1-μ_2)를 추정한다.

■ μ_1-μ_2의 **구간추정**: σ_1과 σ_2를 모를 때

앞에서 σ_1과 σ_2를 알 때 구간추정은 $\overline{x_1} - \overline{x_2} \pm z_{\frac{\alpha}{2}} \sqrt{\dfrac{\sigma_1^2}{n_1} + \dfrac{\sigma_2^2}{n_2}}$ 이었다.

σ_1과 σ_2를 모를 때 구간추정은 σ_1과 σ_2를 s_1과 s_2로 추정하여 대입하면 $\overline{x_1} - \overline{x_2}$는 정규분포를 따르지 않고 t분포를 따르므로 μ_1-μ_2의 구간추정은 다음과 같다.

$$\overline{x_1} - \overline{x_2} \pm t_{\frac{\alpha}{2}}(df) \sqrt{\dfrac{s_1^2}{n_1} + \dfrac{s_2^2}{n_2}}$$

여기서 α는 유의수준이고,

t분포의 자유도 $df = \dfrac{(\dfrac{s_1^2}{n_1} + \dfrac{s_2^2}{n_2})^2}{\dfrac{1}{n_1-1}(\dfrac{s_1^2}{n_1})^2 + \dfrac{1}{n_2-1}(\dfrac{s_2^2}{n_2})^2}$ 이다.

> 사례 μ_1-μ_2의 **구간추정**: σ_1과 σ_2모를 때

앞의 예에서 회사 직원 중 신입직원 20명과 경력직원 20명 총 40명을 선발하여 빅데이터분석 교육을 실시하였다. 우리는 두 집단 간 즉 신입직원과 경력직원 간 교육성적 차이를 추정하려고 한다. 신입직원과 경력직원 간 교육성적 차이에 대한 99% 신뢰구간을 구하여라. 각 표본 20명의 신입직원과 경력직원의 빅데이터분석 교육 성적에 대한 표본통계량의 값들은 아래 표 6.2에 나와있다.

표 6.2   신입직원과 경력직원의 빅데이터분석 교육 성적에 대한 표본통계량

	신입직원	경력직원
표본크기	20	20
표본 평균	89	81
표본 표준편차	12	14

- 점추정치: $\overline{x_1} - \overline{x_2}$ = 89 - 81 = 8

- 99% 오차한계 = $t_{\frac{\alpha}{2}}(df)\sqrt{\dfrac{s_1^2}{n_1} + \dfrac{s_2^2}{n_2}}$ 이다.

  여기서 자유도는

$$df = \frac{(\dfrac{s_1^2}{n_1} + \dfrac{s_2^2}{n_2})^2}{\dfrac{1}{n_1-1}(\dfrac{s_1^2}{n_1})^2 + \dfrac{1}{n_2-1}(\dfrac{s_2^2}{n_2})^2} = \frac{(\dfrac{12^2}{20} + \dfrac{14^2}{20})^2}{\dfrac{1}{20-1}(\dfrac{12^2}{20})^2 + \dfrac{1}{20-1}(\dfrac{14^2}{20})^2} = 37.13146$$

  따라서

$$t_{\frac{\alpha}{2}}(df)\sqrt{\frac{s_1^2}{n_1} + \frac{s_2^2}{n_2}} = t_{0.005}(37)\sqrt{\frac{12^2}{20} + \frac{14^2}{20}} = 2.715409\sqrt{\frac{12^2}{20} + \frac{14^2}{20}} = 11.19592$$

- R을 이용한 $t_{0.005}(37)$ 계산

```
> qt(0.005, 37, lower.tail = FALSE)
[1] 2.715409
```

- 99% 신뢰구간 = 8 ± 11.19592 = (-3.19592, 19.19592)

- 이 결과를 보면 같은 표준편차라 하더라도 σ_1과 σ_2모를 때는 t분포를 이용하므로 σ_1과 σ_2를 알 때보다 신뢰구간이 넓어짐을 알 수 있다.

4. 두 모집단 평균차이($\mu_1 - \mu_2$)에 대한 가설검정: σ_1과 σ_2를 모를 때

> **사례**

위의 예에서 신입직원과 경력직원과의 빅데이터분석 교육의 효과가 차이가 있는가를 유의수준 5%에서 가설검정을 실시하여라.

1. 가설설정: $H_0 : \mu_1 - \mu_2 = 0 \;\; vs \;\; H_a : \mu_1 - \mu_2 \neq 0$

2. 유의수준 결정: $\alpha = 0.05$

3. 검정통계량:
$$t = \frac{(\overline{x_1} - \overline{x_2}) - k}{\sqrt{\dfrac{s_1^2}{n_1} + \dfrac{s_2^2}{n_2}}} = \frac{89 - 81}{\sqrt{\dfrac{12^2}{20} + \dfrac{14^2}{20}}} = 1.940285$$

4. p-값 계산: $t = \dfrac{(\overline{x_1} - \overline{x_2}) - k}{\sqrt{\dfrac{s_1^2}{n_1} + \dfrac{s_2^2}{n_2}}} = 1.940285$ 이므로 아래 그림에 있는 R의 결과에 따라

   p-값은 0.05999486이다.

   - p-값 계산을 위한 R 코드

```
> p <- pt(1.940285, 37, lower.tail = FALSE)
> p2 <- p*2
> p2
[1] 0.05999486
```

> **설명** p <— pt(1.9402825, 37, lower.tail = FALSE): 자유도가 37인 t 분포에서 1.940285보다 같거나 클 확률 계산

5. p-값 = 0.05999486 〉 0.05 이므로 귀무가설을 기각시키지 못한다. 즉 유의수준 5%에서 "신입직원과 경력직원의 빅데이터분석 교육의 효과가 차이가 없다."라고 결론내릴 수 있다.

참고로 p-값 = 0.05999486 〉 0.01이므로 유의수준 1%하에서도 "신입직원과 경력직원의 빅데이터분석 교육의 효과가 차이가 있다."라고 결론내릴 수 없다. 이는 신입직원과 경력직원의 빅데이터분석 교육의 효과 차이에 대한 99% 신뢰구간 = 8 ± 10.63761 = (-2.637613, 18.63761)이 0을 포함하는 현상과 같다.

참고

두 모집단에 대한 추정과 검정에서 사용하는 통계량은 정규분포를 따른다는 가정이 없을 때에도 사용할 수 있는 방법이기 때문에 비교적 작은 표본으로도 적용할 수 있다. 전체 표본 수 $n_1 + n_2$가 적어도 20 이상만 되면 대부분 적용할 수 있다. 다만, 모집단 분포의 비대칭 이 매우 심하거나 데이터에 이상값을 포함한다면 표본의 크기가 좀 더 커야 한다. 표본 크기가 $n_1 + n_2$가 20보다 작다면 모집단이 적어도 정규분포에 근사하다는 조건이 만족되어야 사용할 수 있다.

2절   두 모집단 평균차이에 대한 추정과 검정: 대응표본

우리 회사 웹서버 시스템의 응답시간을 줄이기 위해 웹서버 프로그램을 교체하려고 한다. 기존의 웹서버 프로그램의 응답시간을 새로운 웹서버 프로그램이 응답시간을 줄일 수 있는가? 이를 확인하기 위해 새로운 웹서버 프로그램을 테스트하여 검정해 보기로 하였다. 그러면 기존의 웹서버 프로그램의 모평균 응답시간을 μ_1이라 하고 새로운 웹서버 프로그램의 모평균 응답시간을 μ_2라 할 수 있다. 대립가설은 $H_a : \mu_1 > \mu_2$이고 귀무가설은 $H_0 : \mu_1 = \mu_2$이 된다. 실험은 접속자가 기존의 웹서버 프로그램을 접속할 때 응답하는 시간과 새로운 웹서버 프로그램을 접속할 때 응답하는 시간을 측정하여 비교한다. 이렇게 실험하는 경우에서 두 평균을 비교하는 문제는 앞에서 설명한 것과 달리 같은 웹서버 시스템에서 두 프로그램의 응답속도를 비교한다는 점이다. 이는 외부 환경이 동일한 조건에서 순수하게 프로그램의 응답속도 만을 비교하는 문제이므로 두 모집단의 평균 차이에 대한 추정과 검정은 단순화할 수 있다. 이러한 표본을 대응표본이라고 한다.

1. 독립표본: 첫 번째 모집단의 표본과 두 번째 모집단의 표본을 독립적으로 단순 무작위로 추출한 표본

2. 대응표본: 단순 무작위로 접속자를 선정한 후 기존의 웹서버 프로그램을 접속할 때 응답하는 시간이 측정하고, 새로운 웹서버 프로그램을 접속할 때 응답하는 측정하여 아래 표 6.3과 같이 한 쌍의 자료를 얻게 된다.

표 6.3   **대응표본의 자료구조**

실험자	기존의 웹서버 프로그램을 접속할 때 응답하는 시간	새로운 웹서버 프로그램을 접속할 때 응답하는 시간	차이
1	x11	x21	d1 = x11-x21
2	x12	x22	d2 = x12-x22
3	x13	x23	d3 = x13-x23
4	x14	x24	d4 = x14-x24
5	x15	x25	d5 = x15-x25
.	.	.	.
.	.	.	.
.	.	.	.
n	x1n	x2n	d1 = x1n-x2n

두 시스템의 응답시간 차이를 d라고 하고 평균을 d_μ라고 하면 가설은 다음과 같이 바꿀 수 있다.

$H_0 : d_\mu = 0 \qquad H_1 : d_\mu > 0$

그러면 한 모집단에서 평균에 관한 검정문제로 축소된다. 위 접속응답 시간문제에서 아래 표 6.4 와 같이 10개의 데이터를 얻었다고 하자.

표 6.4   대응표본의 자료

실험자	기존의 웹서버 프로그램을 접속할 때 응답시간	새로운 웹서버 프로그램을 접속할 때 응답시간	차이
1	0.033	0.010	0.023
2	0.035	0.015	0.020
3	0.025	0.012	0.013
4	0.027	0.015	0.012
5	0.024	0.012	0.012
6	0.038	0.017	0.021
7	0.038	0.012	0.028
8	0.028	0.025	-0.003
9	0.037	0.007	0.030
10	0.019	0.023	-0.004

여기서

표본 평균 $\bar{d} = \sum \dfrac{d_i}{n} = 0.0152$,

표본 표준편차는 $s_d = \sqrt{\dfrac{\sum (d_i - \overline{d})}{n-1}} = 0.0116692$,

표준오차 $s_{\bar{d}} = \dfrac{s_d}{\sqrt{n}} = 0.003889841$ 이다,

검정통계량 $t = \dfrac{\bar{d}}{s_{\bar{d}}} = 3.907615$

가설: $H_0 : d_\mu = 0 \qquad H_1 : d_\mu < 0$

검정통계량: $t = \dfrac{\bar{d}}{s_{\bar{d}}} = 3.907615$

p-값 = 0.001788856이므로 유의수준 5%하에서 H_0를 기각한다.

따라서 새로운 웹서버 프로그램의 평균 응답시간이 기존의 웹서버 프로그램 평균 응답시간보다 빠르다고 유의수준 5%로 말할 수 있다.

R로 계산한 결과는 아래 그림에 나와 있다.

- 대응표본에 대한 R계산 결과

```
> data2 <- c(0.023, 0.020, 0.013, 0.012, 0.012, 0.021, 0.028, -0.003, 0.030, -0.004)
> mean(data2)
[1] 0.0152
> sd(data2)
[1] 0.01166952
> t <- mean(data2)/{sd(data2)/sqrt(9)}
> t
[1] 3.907615
> pt(t, 9, lower.tail = F)
[1] 0.001788856
```

- 평균 차이에 대한 95% 신뢰구간은

$$\overline{d} \ \pm \ t_{0.025} * \frac{s_d}{\sqrt{n}} \ = \ 0.0152 \pm 2.571 * 0.003889841 \ = \ (0.01131016, \ 0.01908984)$$이다.

설명

- data2: 다음 표본의 차이값을 가지는 변수

- t <—mean(data2)/{sd(data2)/sqrt(9)}: 변수 t에 검정통계량 $\dfrac{\overline{x}}{\frac{s}{\sqrt{9}}}$ 의 값을 계산하여 대입

- pt(t, 9, lower, tail=F): 자유도가 9인 t분포에서 검정통계량 t값보다 클 확률 계산

3절   분산분석

지금까지 두 집단의 평균에 관한 검정에 대해 공부하였다. 이제부터는 세 집단 이상에서의 평균에 관한 추정과 검정에 대해 공부한다. 두집단의 평균에 관한 추정과 검정의 방법과 달리 귀무가설 하에서는 한 집단에서 추출된 데이터이고 대립가설하에서는 다른 모집단에서 추출된 데이터이기 때문에, 귀무가설 하에서는 데이터들이 한 모집단의 특성을 나타내고 대립가설 하에서는 다른 모집단의 특성을 나타낸다는 아이디어에 착안하여 분산을 분해하여 가설검정을 실시한다. 이를 분산분석이라고 한다. 이를 위해 아래와 같이 세 가지 가정이 필요하다.

1. 각 모집단의 변수는 정규분포를 따른다.
2. 변수의 분산은 모든 모집단에서 동일하다.
3. 각 관측 값들은 서로 독립적이어야 한다.

분산분석을 위한 데이터구조는 아래 그림 6.4와 같다.

그림 6.4   분산분석의 데이터구조

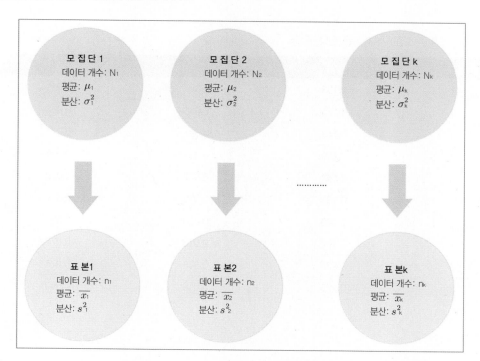

또한 각 그룹 간의 모집단의 분포는 그림 6.5와 같이 정규분포를 이룬다고 가정한다.

그림 6.5　분산분석의 모집단 분포

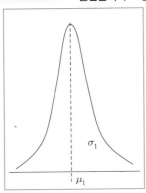 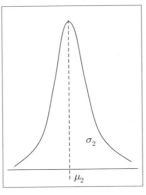 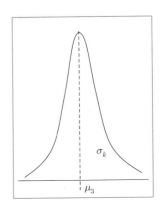

사례　**분산분석**

우리는 같은 웹서버 프로그램을 세 가지 다른 시스템에 적용하여 응답시간을 측정하여 어느 시스템이 우수한지를 알려고 한다. 이를 위해 세 시스템에 단순 무작위로 선발된 30명의 직원을 각 시스템에 10명씩 배치하여 응답시간을 측정하였다. 데이터는 아래 표 6.5와 같다.

표 6.5　세 시스템에서 측정된 응답시간들

순번	시스템 A	시스템 B	시스템 C
1	0.133	0.017	0.051
2	0.125	0.031	0.063
3	0.143	0.031	0.071
4	0.259	0.039	0.081
5	0.158	0.027	0.089
6	0.167	0.028	0.078
7	0.169	0.056	0.091
8	0.262	0.018	0.077
9	0.238	0.016	0.075
10	0.229	0.019	0.063

위 문제에서 주된 관심은 첫 번째로 세 시스템의 응답속도가 같은가? 두 번째로 다르다면 어떤 시스템의 응답속도가 다르다고 할 수 있는가? 먼저 첫 번째 관심에 대한 해법은 가설검정을 실시하는 것이다.

$$H_0 : \mu_1 = \mu_2 = \mu_3 \quad H_1 : \mu_1, \ \mu_2, \ \mu_3 \text{가 모두 같지는 않다.}$$

H_1은 $\mu_1 \neq \mu_2$, 또는 $\mu_1 \neq \mu_3$, 또는 $\mu_2 \neq \mu_3$, 또는 $\mu_1 \neq \mu_2 \neq \mu_3$를 의미한다. 따라서 귀무가설 H_0가 기각이 된다면 어느 평균이 차이가 나는가를 확인하여야 한다. 세 집단 이상의 평균이 동일한가를 가설검정하기 위해서는 분산을 분해하여 가설검정을 실시하는데 이를 분산분석법이라고 한다. 우선 세 집단의 평균이 동일한 가를 검정하는 방법을 설명한다. 이러한 방법을 네 집단 이상으로 확장가능하다. 세 집단의 평균이 동일한가를 가설검정하기 위한 데이터 구조는 아래 표 6.6과 같다.

표 6.6　세 집단의 데이터 구조

그룹 1	그룹 2	그룹 3
x11	x21	x31
x12	x22	x32
x13	x23	x33
x14	x24	x34
.		
.		
.		
$x_1 n_1$	$x_2 n_2$	$x_3 n_3$

■ **분산분석에서는 아래와 같이 세 가지 가정이 필요하다.**

1. 각 모집단의 변수는 정규분포를 따른다. 즉 세 시스템의 응답속도의 분포는 반드시 정규분포를 따라야 한다.

2. 변수의 분산은 모든 모집단에서 동일하다. 즉 세 시스템의 응답속도의 분산은 세 조립방법에서 모두 같아야 한다.

3. 각 관측 값들은 서로 독립적이어야 한다. 즉 세 시스템의 응답속도는 독립적으로 관측되어야 한다.

따라서 위 가정을 만족한다면 귀무가설 H_0가 진실일 때는 아래 그림 6.6과 같은 분포를 보인다. 즉 같은 모집단, 평균이 μ이고 표준편차가 σ인 정규분포에서 추출된 데이터이다.

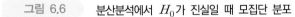

그림 6.6   분산분석에서 H_0가 진실일 때 모집단 분포

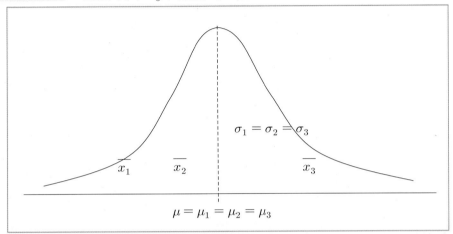

반면에 귀무가설 H_0가 사실이 아니라면 세 분포는 아래 그림 6.7과 같이, 평균이 μ_1, μ_2, μ_3이고 표준편차가 σ_1, σ_2, σ_3인 각기 다른 모집단에서 추출된 데이터라는 것을 의미한다. 분산분석에서는 표준편차가 다르다는 것은 확인하지 않는다.

그림 6.7   분산분석에서 H_0가 진실이 아닐 때 모집단 분포

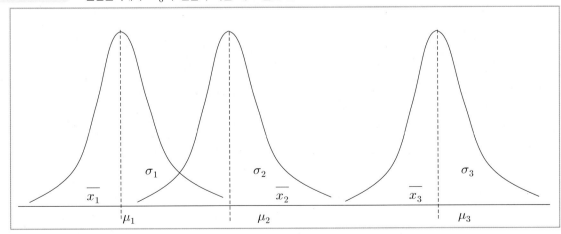

분산분석의 가설 $H_0 : \mu_1 = \mu_2 = \mu_3$ $H_1 : \mu_1,\ \mu_2,\ \mu_3$가 모두 같지는 않다.를 검정하기 위한 검정통계량을 만들기 위해 편차제곱합을 이용한다. 데이터와 총 평균 $\overline{x}$와의 편차 $x_{ij} - \overline{x}$를 총편차라고 하고, $\overline{x_i} - \overline{x}$를 처리간 편차(그룹간 편차)라고 하고, $x_{ij} - \overline{x_i}$를 처리내 편차(그룹내 편차)라고 한다.

$$x_{ij} - \overline{x} \ = \ (x_{ij} - \overline{x_i}) \ \ + \ \ (\overline{x_i} - \overline{x})$$

　　총편차　　　처리내 편차　　　처리간 편차

편차제곱 합은 다음과 같이 분해된다.

$$\sum_{i=1}^{k}\sum_{j=1}^{n}(x_{ij} - \overline{x})^2 = \sum_{i=1}^{k}\sum_{j=1}^{n}((x_{ij} - \overline{x_i}) + (\overline{x_i} - \overline{x}))^2$$
$$= \sum_{i=1}^{k}\sum_{j=1}^{n}(x_{ij} - \overline{x_i})^2 + 2\sum_{i=1}^{k}\sum_{j=1}^{n}(x_{ij} - \overline{x_i})(\overline{x_i} - \overline{x}) + \sum_{i=1}^{k}\sum_{j=1}^{n}(\overline{x_i} - \overline{x})^2$$
$$= \sum_{i=1}^{k}\sum_{j=1}^{n}(x_{ij} - \overline{x_i})^2 + \sum_{i=1}^{k}\sum_{j=1}^{n}(x_i - \overline{x})^2$$

왜냐하면 $\displaystyle\sum_{i=1}^{k}\sum_{j=1}^{n}(x_{ij} - \overline{x})(\overline{x_i} - \overline{x}) = \sum_{j=1}^{n}(x_{ij} - \overline{x})\sum_{i=1}^{n}(\overline{x_i} - \overline{x}) = 0$이기 때문이다.

$$\sum_{i=1}^{k}\sum_{j=1}^{n}(x_{ij} - \overline{x})^2 \ = \ \sum_{i=1}^{k}\sum_{j=1}^{n}(x_{ij} - \overline{x_i})^2 \ \ \ \ + \ \ \ \ \sum_{i=1}^{k}\sum_{j=1}^{n}(\overline{x_i} - \overline{x})^2$$

　총제곱합(SST)　　처리내편차제공$(SSWT)$　　처리간편차제곱합$(SSBT)$

검정통계량 $F \ = \ \dfrac{SSBT/(k-1)}{SSWT/(n-k)} \ = \ \dfrac{MSBT}{MSWT}$는 귀무가설 하$H_0$에서 $F(k-1,\ n-k)$를 따른다. F는 단측검정이므로 기각역은 $F \ > \ F(k-1,\ n-k,\ \alpha)$이다.

즉 $F \ > \ F(k-1,\ n-k,\ \alpha)$이면 H_0를 기각하여 처리간 차이가 존재한다고 결론 내릴 수 있다.

> **실습**　R을 이용한 분산분석

- 데이터 입력

```
#데이터 입력
x1 <- c(0.133, 0.125, 0.143, 0.259, 0.158, 0.167, 0.169, 0.262, 0.238, 0.229)
x2 <- c(0.017, 0.031, 0.031, 0.039, 0.027, 0.028, 0.056, 0.018, 0.016, 0.019)
x3 <- c(0.051, 0.063, 0.071, 0.081, 0.089, 0.078, 0.091, 0.077, 0.075, 0.063)
```

- 각 수준별 평균 구하기

```
#평균구하기
x1.mean <- mean(x1)
x2.mean <- mean(x2)
x3.mean <- mean(x3)
```

- 처리내 제곱합 구하기

```
> #처리내 제곱합
> sse.1 <- sum( (x1 - x1.mean)^2 )
> sse.2 <- sum( (x2 - x2.mean)^2 )
> sse.3 <- sum( (x3 - x3.mean)^2 )
> sse <- sse.1 + sse.2 + sse.3
> sse
[1] 0.0281566
```

- 처리내 제곱합의 자유도

```
> #처리내 제곱합의 자유도
> dfe <- (length(x1)-1) + (length(x2)-1) + (length(x3)-1)
> dfe
[1] 27
```

- 처리간 제곱합 구하기

```
> #처리간 제곱합
> x.mean <- (x1.mean + x2.mean + x3.mean)/3   #총평균
> sst.1 <- length(x1)*sum((x1.mean - x.mean)^2)   # n1*(x1.mean-x.mean)^2
> sst.2 <- length(x2)*sum((x2.mean - x.mean)^2)   # n2*(x2.mean-x.mean)^2
> sst.3 <- length(x3)*sum((x3.mean - x.mean)^2)   # n3*(x3.mean-x.mean)^2
> sst <- sst.1 + sst.2 + sst.3
> sst
[1] 0.1360262
```

- 처리간 제곱합 자유도

```
> #처리간 제곱합의 자유도
> dft <- ( 3-1 )
> dft
[1] 2
```

- 검정통계량

```
> #검정통계량 F = (SST/2) / (SSE/27)
> F <- (sst/2) / (sse/27)
> F
[1] 65.2193
```

- 검정통계량의 유의확률 구하기

```
> #유의확률 구하기
> p.value <- 1 - pf(F, 2, 27)
> p.value
[1] 4.596312e-11
```

자유도가 2, 27인 F분포에서 65.2193보다 큰 값을 가질 확률은 4.596312*10-11으로 귀무가설 H0를 기각할 수 있다. 따라서 세 시스템의 응답속도는 99.99%의 확률로 다르다고 말 할 수 있다.

> 실습 R aov() 함수를 이용한 분산분석

1. 자료를 csv파일로 읽어오기

```
> #데이터 읽기
> MYDATA <- read.csv("c:/rData/anova.csv")
> MYDATA
   system responseTime
1       1        0.133
2       1        0.125
3       1        0.143
4       1        0.259
5       1        0.158
6       1        0.167
7       1        0.169
8       1        0.262
9       1        0.238
10      1        0.229
11      2        0.017
12      2        0.031
13      2        0.031
14      2        0.039
15      2        0.027
16      2        0.028
17      2        0.056
18      2        0.018
19      2        0.016
```

- 20~30번째 자료는 생략되었음

● 표5의 데이터를 system이라는 변수를 추가하여 시스템 A에는 1, 시스템 B에는 2, 시스템 C에는 3을 부여하였음.

2. 변수 system을 명목변수로 변환하기

● system변수가 "integer" 형식인데 명목변수로 변환: 이를 위한 명령어는 factor(system)이다.

```
> MYDATA <- transform(MYDATA, fsystem = factor(system))
> sapply(MYDATA, class)
      system responseTime        fsystem
   "integer"      "numeric"       "factor"
```

설명

- integer 형식인 system 변수를 명목형 형식인 fsystem변수를 생성
- sapply(MYDATA, class): MYDATA의 변수 형식 확인

3. aov( ) 함수를 이용하여 분산분석

- 분산분석 함수(aov(종속변수 ~ 독립변수, data=data set))를 구동
- 종속변수는 응답시간이 되고, 독립변수는 명목형식의 시스템이 된다.

결과 화면

```
> aov(responseTime ~ fsystem, data=MYDATA)
Call:
   aov(formula = responseTime ~ fsystem, data = MYDATA)

Terms:
                fsystem Residuals
Sum of Squares  0.1360262 0.0281566
Deg. of Freedom        2         27

Residual standard error: 0.03229299
Estimated effects may be unbalanced
```

요약표(summary)

```
> summary(aov(responseTime ~ fsystem, data=MYDATA))
            Df  Sum Sq Mean Sq F value  Pr(>F)
fsystem      2 0.13603 0.06801   65.22 4.6e-11 ***
Residuals   27 0.02816 0.00104
---
Signif. codes:  0 '***' 0.001 '**' 0.01 '*' 0.05 '.' 0.1 ' ' 1
```

설명

이 결과는 앞에서 실시한 R로 단계적으로 구한 값들과 같다.

분산분석 표: 위의 결과를 이용하여 분산분석 표(ANOVA 표)를 작성하면 표 6.7과 같다.

표 6.7　분산분석표

	자유도(df)	제곱합 (Sum of Squares)	평균제곱 (Mean Squares)	F-값 (F-value)	P-값 (P-value)
처리 간 (Between Treatment)	2	0.13603	0.06801		
처리 내 (Within Treatment)	27	0.02816	0.00104	65.22	4.6*10-11
계 (Total)	29	0.16419			

위 분산분석표에 의하면 시스템 1, 2, 3 세 그룹간의 평균 차이가 존재하는 것으로 나타났다. 그러면 어느 그룹에서 평균의 차이가 나는 것일까? 이를 확인하기 위한 통계량이 다중비교(Multiple Comparision)이다. 다중비교를 위한 통계량은 Tukey's HSD(honestly significant difference) test와 Duncan's LSR(least significant range) test 등이 있다. Tukey's HSD를 위한 R 코드는 아래와 같다.

■ Tukey's HSD 다중비교를 위한 R 코드

```
> aovResult <- aov(responseTime ~ fsystem, data=MYDATA)
> TukeyHSD(aovResult)
```

설명

- aovResult <- aov( ): 분산분석 결과를 aovResult변수로 받는다.
- TakeyHSD(aovResult): 분산분석 결과를 TukeyHSD 함수를 구동한다.
- 그러면 결과가 아래와 같이 나온다.

- 다중비교의 결과

```
> TukeyHSD(aovResult)
  Tukey multiple comparisons of means
    95% family-wise confidence level

Fit: aov(formula = responseTime ~ fsystem, data = MYDATA)

$`fsystem`
        diff         lwr          upr      p adj
2-1 -0.1601 -0.195907411 -0.12429259 0.0000000
3-1 -0.1144 -0.150207411 -0.07859259 0.0000000
3-2  0.0457  0.009892589  0.08150741 0.0103441
```

설명

- 2-1: 그룹2 - 그룹1의 행
- diff: 그룹2의 평균 - 그룹1의 평균 = -0.1601
- lwr: 그룹2의 평균 - 그룹1의 평균의 95%신뢰구간 하한 = -0.1959

- upr: 그룹2의 평균 - 그룹1의 평균의 95%신뢰구간 상한 = -0.1243
- p adj: 조정된 p-값 = 0.000이므로 H₀를 기각하여 그룹1과 그룹2간의 유의한 차이가 난다.
- 결론: 조정된 p-값에 의하면, 그룹2 - 그룹1 차이존재, 그룹3-그룹1 차이존재, 그룹3-그룹1 차이존재

두 번째로 Duncan's LSR 검정을 하기 위해서는 agricolase 패키지를 다운받아 설치하여 사용하여야 한다. Duncan's LSR를 위한 R 코드는 아래와 같다.

■ Duncan's LSR 다중비교를 위한 R 코드

- agricolase 패키지 다운로드 및 설치

```
install.packages("agricolae")
library(agricolae)
```

- duncan.test( )함수로 Duncan's LSR 실시

```
> duncan.test(aovResult, "fsystem", alpha = 0.05, console=T)

Study: aovResult ~ "fsystem"

Duncan's new multiple range test
for responseTime

Mean Square Error:  0.001042837

fsystem,  means

  responseTime        std r  Min   Max
1       0.1883 0.05314352 10 0.125 0.262
2       0.0282 0.01233604 10 0.016 0.056
3       0.0739 0.01233288 10 0.051 0.091

Alpha: 0.05 ; DF Error: 27

Critical Range
         2          3
0.02963226 0.03113275

Means with the same letter are not significantly different.

  responseTime groups
1       0.1883      a
3       0.0739      b
2       0.0282      c
```

설명

- duncan.test(aovResult, "fsystem", alpha=0.05, console=T):
  - 데이터셋: aovResult로 지정
  - 요인 변수: 명목변수인 "fsystem" 지정

- apha=0.05: 유의수준(α)을 0.05로 지정
- console=T: 결과를 화면(console)로 표시

- Means with the same letter are not significantly different.: 같은 글자로 씌어진 그룹은 유의수준 0.05에서 유의하게 차이가 나지 않는다.

- 결과: 그룹 1, 2, 3이 모두 다른 글자(a, b, c)로 씌어졌기 때문에 유의수준 5%하에서 모든 그룹이 차이가 난다고 결론내릴 수 있다.

Tukey's HSD 테스트에 비해 Duncan's LSR 테스트는 보수적인 특징을 가지고 있다. 즉 Tukey's HSD 테스트에서 차이가 나는 그룹들도 Duncan's LSR 테스트에는 차이가 나지 않는 그룹이 존재한다.

참고 시스템별 분포를 직관적으로 확인하기 위해 박스플롯 작성하기

R 코드

```
> #시스템별 박스플롯 작성하기
> boxplot(responseTime~system, data=MYDATA)
```

설명

- boxplot(response Time ~ system, data=MYDATA): 박스플롯을 그리는데 데이터셋은 MYDATA로 지정하고, 독립변수 즉, 구분하여 그리고자 하는 요인은 system(명목화하지 않은 변수)로 지정하고, 종속변수는 박스플롯을 그리려는 변수로 지정

결과 화면

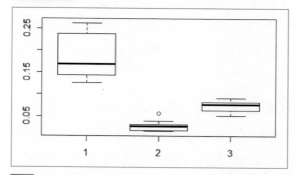

설명 박스플롯을 보면 직관적으로도 세 시스템의 평균차이가 많이 나는 것으로 보인다. 따라서 분포비교를 직관적으로 하는 데에는 박스플롯이 유용해서 많이 사용된다.

연습문제

1. 개발자의 연봉이 비개발자의 연봉보다 높다고 생각한다. 이를 확인하기 위해 개발자 50명과 비개발자 50명을 조사해 보니, 개발자의 평균 연봉은 4,000만원이고 분산이 60,000만원^{2}이고, 비개발자의 평균 연봉은 3,900만원이고 분산이 100,000만원^{2}이었다. 이러한 생각이 맞는 것인지를 유의수준 0.05로 p값을 이용하여 5단계 가설검정을 실시하여라.

2. 우리는 자바 집중 교육을 받은 졸업생과 그렇지 않은 졸업생의 평균 연봉을 비교하려고 한다. 집중 교육을 받은 학생 중 16명을 추출하여 보니 평균 3,200만원 분산이 8000만원^{2}이었고 그렇지 않은 학생 학생들은 평균 3,100만원 분산 200만원^{2}이었다. 집중교육을 받은 학생들의 평균 연봉이 높다고 할 수 있는가? 유의수준 0.05로 p값을 이용하여 5단계 가설검정을 실시하여라.

3. 우리 회사 웹서비스가 경쟁회사의 웹서비스 보다 빠르다고 주장하고 있다. 우리 회사의 웹서비스 응답시간을 100회 조사하여 보니 평균 1초, 분산은 2초^2, 경쟁회사의 응답시간을 100회 조사해 보니 평균 1.4초 분산은 2초^2 였다. 우리 회사의 웹서비스가 빠르다고 주장할 수 있는가? 유의수준 0.01로 p값을 이용하여 5단계 가설검정을 실시하여라.

4. 소프트웨어를 개선하면 응답속도가 개선된다고 주장하고 있다. 이를 확인하기 위해 10명이 모의실험을 실시하였다. 결과는 표 6.8에 나와 있다. 소프트웨어 개선이 응답속도를 빠르게 한다고 주장할 수 있는가? 유의수준 0.01로 p값을 이용하여 5단계 가설검정을 실시하여라.

표 6.8	소프트웨어 개선 전후의 응답속도	
실험자	소프트웨어 개선 전	소프트웨어 개선 후
1	0.003	0.002
2	0.015	0.018
3	0.028	0.015
4	0.002	0.005
5	0.003	0.001
6	0.019	0.021
7	0.009	0.007
8	0.085	0.067
9	0.016	0.035
10	0.005	0.009

5. 남녀별 지각자의 차이가 있는지 알고 싶다. 남자 100명, 여자 100명을 추출하여 지각자를 조사하여 보니, 남자는 10명, 여자는 5명이었다. 남자가 여자보다 지각비율이 높다고 할 수 있는가? 유의수준 0.05로 p값을 이용하여 5단계 가설검정을 실시하여라.

6. 이공계 졸업생들의 취업률이 비이공계 졸업생들의 취업률보다 높다고 생각하고 있다. 이를 확인하기 위해 이공계 100명의 졸업생을 조사해보니 80명이 취업하였고, 비이공계 100명의 졸업생을 조사해보니 78명이 취업하였다. 이 생각을 유의수준 0.01로 p값을 이용하여 5단계 검정하여라.

7. mtcars 데이터셋에서 변속기 종류에 따라 연비가 달라지는가? 유의수준 0.05로 p값을 이용하여 5단계 가설검정을 실시하여라.

8. 우리 회사에는 서버가 세대있다. 이들의 응답시간이 차이가 나는가를 알고 싶어서 각 10회 씩 응답시간을 측정하였다. 분산분석을 실시한 결과가 표에 나와 있다. 번호에 알맞은 내용을 쓰라.

요인	제곱합	자유도	평균제곱	F	p-값
①	34	④	⑦	⑨	⑩
②	③	⑤	⑧		
계	88	⑥			

또한 응답시간이 차이가 나는가에 대한 가설검정을 실시하시오. 단 유의수준은 5%로 하여라.

9. mtcars 데이터셋에서 기어의 개수에 따라 연비가 달라지는가? 유의수준 0.05로 p값을 이용하여 5단계 가설검정을 실시하여라. 다르다면 어느 그룹에서 차이를 보이는가?

10. morley는 5가지 실험조건에 따라 빛의 속도를 20회씩 측정하였다. 변수 speed는 속도 -299,000km/h한 값이다. 실험조건에 따라 빛의 속도가 달라지는가? 유의수준 0.05로 p값을 이용하여 5단계 가설검정을 실시하여라. 다르다면 어느 조건에서 차이를 보이는가? 각 실험조건에 따른 박스플롯도 작성하여라.

11. chickwts는 사료 종류에 따라 닭의 무게를 측정한 자료이다. 사료 종류에 따라 닭의 무게가 달라지는가? 유의수준 0.05로 p값을 이용하여 5단계 가설검정을 실시하여라. 다르다면 어느 사료에서 차이를 보이는가? 각 실험조건에 따른 박스플롯도 작성하여라.

실습과제

mtcars 데이터셋에서 아래 물음에 답하여라.

① 변속기 종류에 따라 연비가 달라지는가? 유의수준 0.05로 t-검정을 실시하여라.

② 변속기 종류에 따라 연비가 달라지는가? 유의수준 0.05로 분산분석을 실시하여라. 위 결과와 일치하는가?

③ 변속기 종류에 따른 연비에 대한 박스플롯을 작성하여라.

④ 변속기 종류에 따른 연비에 대한 확률밀도함수 그래프를 작성하여라.

빅데이터 분석 R과
　　　빅데이터 플랫폼 하둡(Hadoop) 개론
OpenSource R
　　　and Hadoop

선형회귀분석

선형회귀분석

1절 단순 선형회귀분석(simple linear regression analysis)

두 변수 간의 관계를 분석할 때 상관계수를 사용하였다. 이 방법은 두 변수 간의 선형관계가 있는가를 보는 것이고 한 변수가 변할 때 나머지 변수가 어느 정도 변할 것인가를 알려 주지 않았다. 한 변수의 변화가 나머지 변수에 어느 정도의 변화를 주는가를 분석하는 것이 단순 선형회귀분석이다. 영향을 주는 변수를 독립변수(independent variable)라고 하고 X라고 표기한다. 영향을 받는 변수를 종속변수(dependent variable)라고 하고 Y라고 표기한다. 예를 들어 광고비가 매출에 어느 정도 영향을 줄 것인가를 분석한다고 하면, 광고비를 독립변수, 매출액을 종속변수라고 할 수 있다. 독립변수가 하나인 경우를 단순 회귀분석이라고 하고, 독립변수가 둘 이상인 경우를 다중 회귀분석이라고 한다. 또한 회귀분석 모형이 선형인 경우를 선형회귀분석 모형이라고 한다.

1. 단순 선형회귀분석 모형

상관계수를 구할 때 사용된 키와 몸무게의 데이터를 보자. 데이터는 아래 그림에 나와 있다.

그림 7.1   키와 몸무게의 데이터

```
> MYDATA
        School Grade Height Weight Score
1  Elementary    A     154     51    71
2  Elementary    A     163     57    69
3  Elementary    B     157     58    80
4  Elementary    C     145     52    81
5  Elementary    C     149     49    72
6      Middle    B     161     58    87
7      Middle    B     165     60    83
8      Middle    B     171     63    79
9      Middle    C     178     67    78
10     Middle    C     169     61    83
11       High    A     172     81    62
12       High    A     175     78    69
13       High    A     181     83    72
14       High    A     188     88    75
15       High    C     165     73    73
```

아래 그림 7.2에 나와 있는 바와 같이, 키와 몸무게의 공분산은 130.1572이며, 상관계수는 0.8753197이다. 따라서 매우 높은 상관관계를 가지고 있음을 알 수 있었다. 따라서 키가 몸무게에 미치는 영향을 분석하는 것이 필요하다.

그림 7.2   키와 몸무게의 공분산, 상관계수를 구하는 R코드

```
> MYDATA <- read.csv("c:/rData/crosstab.csv")
> cov(MYDATA$Height, MYDATA$Weight, method="pearson")
[1] 130.1571
> cor(MYDATA$Height, MYDATA$Weight, method="pearson")
[1] 0.8753197
```

본 장에서는 키가 1cm 커짐에 따라 몸무게가 평균 몇 kg 늘어나는 가를 분석할 것이다. 분석하는 방법이 단순 선형회귀분석 모형이다. 키가 몸무게에 미치는 영향을 분석하려면 영향을 주는 변수 즉 독립변수는 키가 되고 영향을 받는 변수 즉 종속변수는 몸무게가 된다. 반대의 경우 몸무게가 키에 미치는 영향을 분석하려면 독립변수는 몸무게, 종속변수는 키가 된다. 따라서 분석하고자 하는 모형에 따라 독립변수와 종속변수가 결정된다. 단순 선형회귀 모형은 다음과 같다.

■ 단순 선형회귀 모형: $y_i = \beta_0 + \beta_1 x_i + \epsilon_i$

여기서 β_1은 기울기,

$\qquad$ β_0는 절편,

$\qquad$ x_i는 i번째 독립변수의 값,

$\qquad$ y_i는 i번째 종속변수의 값

그리고 중요한 가정이 오차 ϵ_i는 평균이 0이고 분산이 σ^2인 정규분포를 따른다는 것이다. 이러한 가정에 따라 단순 선형회귀분석 모형의 데이터 분포는 그림 7.3과 같이 나타난다. 주어진 독립변수의 값 x_i에 따라 종속변수 값 y_i는 평균 $E(y_i) = \beta_0 + \beta_1 x_i$이고 분산은 $Var(y_i) = \sigma^2$인 정규분포를 보인다. 따라서 우리의 주된 관심사는 주어진 x_i에 따라 평균 $E(y_i) = \beta_0 + \beta_1 x_i$를 추정하고 계수들에 대한 검정을 실시하고 타당성을 검정한다.

그림 7.3   단순 선형회귀 모형의 데이터분포

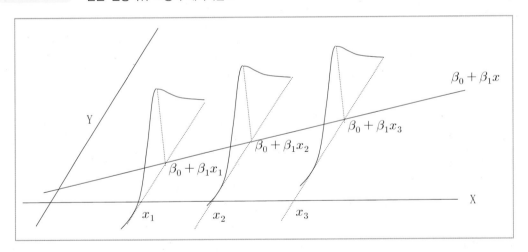

1) 회귀식 추정: 회귀계수 추정

먼저 추정에 대해 추정방법은 오차를 최소로 하는 추정을 생각할 수 있다. 오차의 절대값합을 최소로 하는 방법과 제곱합을 최소로 하는 방법을 생각할 수 있는데, 절대값합을 최소로하는 방법은 분포이론으로 뒷받침할 수 없으므로, 제곱합을 최소로 하는 추정법을 생각한다. 이를 최소제곱법(Least Squares Method)이라고 한다. 오차제곱은 $\sum_{i=1}^{n}(y_i - \beta_0 - \beta_1 x_i)^2$이다. 이를

최소로 하는 β_0와 β_1을 구하려면 오차제곱을 이 두 변수로 미분하여 0을 만족하는 두 방정식 즉

$$\frac{\partial \sum (y_i - \beta_0 - \beta_1 x_i)^2}{\partial \beta_0} = 0 \text{와} \quad \frac{\partial \sum (y_i - \beta_0 - \beta_1 x_i)^2}{\partial \beta_1} = 0 \text{의 근을 구하면}$$

$\beta_1 = \dfrac{\sum (x_i - \overline{x})(y_i - \overline{y})}{\sum (x_i - \overline{x})^2}$ 와 $\beta_0 = \overline{y} - b_1 \overline{x}$ 가 된다. 여기서 데이터를 넣고 추정하면

$b_1 = \widehat{\beta_1}$ 으로 β_1의 점추정이고 $b_0 = \widehat{\beta_0}$ 은 β_0의 점추정이 된다.

■ 최소제곱 추정법: 회귀계수 β_0와 β_1의 점추정법

$$b_1 = \widehat{\beta_1} = \frac{\sum (x_i - \overline{x})(y_i - \overline{y})}{\sum (x_i - \overline{x})^2} \text{,} \quad b_0 = \widehat{\beta_0} = \overline{y} - b_1 \overline{x}$$

> 사례

앞에서 MYDATA의 데이터에서 height가 weight에 미치는 영향을 분석하기 위해 단순 선형 회귀분석을 실시해 보자.

R 코드는 lm(종속변수 ~ 독립변수)이며 결과는 그림 7.4에 나와 있다.

그림 7.4　　R의 회귀분석 함수(lm())의 결과

```
> lm(MYDATA$Weight~MYDATA$Height)

Call:
lm(formula = MYDATA$Weight ~ MYDATA$Height)

Coefficients:
  (Intercept)    MYDATA$Height
     -86.5833           0.9137
```

> 설명

- lm(MYDATA$Weight~MYDATA$Height): 독립변수를 MYDATA$Height, 종속변수를 MYDATA$Weight 로하고 회소 제곱 추정법으로 계수를 추정하는 함수로 lm은 least squared method의 약어
- 결과: b_1=0.19137, b_0=-86.5833

결과를 보면 추정식은 $\widehat{Weight} = -86.5833 + 0.9137 * Height$ 가 된다. 즉 몸무게가 1cm가 커짐에 따라 몸무게는 0.9137kg이 늘어난다는 모형이다. 이 결과를 산포도와 회귀직선을 같이 그려보자.

■ 단순 선형회귀분석 결과를 산점도에 그리기

- plot(): 산점도를 그리는 함수
- abline(a, b): 현재의 그림 위에 직선 a는 절편, b는 기울기로 그리는 함수

```
> result <- lm(MYDATA$Weight~MYDATA$Height)
> plot(MYDATA$Weight~MYDATA$Height, xlab="Height", ylab="Weight")
> abline(result, col="red")
```

설명
- abline(result, col="red"): 앞에서 구한 회소제곱 추정법의 회귀식을 직선으로 추가하는 함수

그림 7.4   산점도와 회귀직선

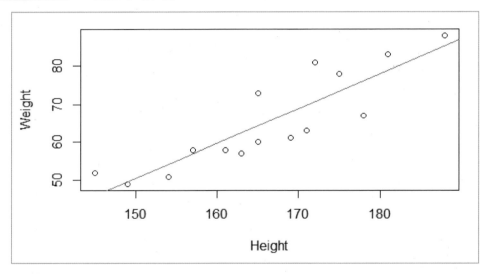

그림 7.4를 보면 회귀직선이 산점도 위를 지나가는 것을 알 수 있다. 이제 위의 회귀직선이 타당한 직선인지를 검정하여야 한다. 이 회귀직선의 타당성을 검정하는 방법은 두 가지가 있다. 먼저 회귀계수의 유의성 검정이다. 즉 가설 $H_0 : \beta_1 = 0 \; vs \; H_1 : \beta_1 \neq 0$을 검정하는 것이다. H_0를 기각하면 독립변수가 종속변수에 영향을 주는 회귀모형이 유의한 것이고 H_0를 기각하지 못하면 회귀모형이 유의하지 않다.

2) 회귀계수 타당성 검정을 통한 회귀모형의 유의성 검정

가설 $H_0 : \beta_1 = 0 \; vs \; H_1 : \beta_1 \neq 0$을 검정을 통해 H_0를 기각하면 독립변수가 종속변수에 영

향을 주는 회귀모형이 유의한 것이고 H_0를 기각하지 못하면 회귀모형이 유의하지 않는 것이다. 따라서 이 가설검정을 통해 회귀모형의 유의성을 검정할 수 있다. 이 가설에 대한 검정통계량은 $t = \dfrac{b_1}{s_{b_1}}$이다. 여기서 s_{b_1}는 b_1의 표준편차로서 b_1의 표준오차이다.

$s_{b_1} = \dfrac{s}{\sqrt{\sum(x_i - \overline{x})^2}}$, 여기서 $s = \sqrt{MSE} = \sqrt{\dfrac{\sum(x_i - \hat{x_i})^2}{n-2}}$ 이다. 가설검정의 결과를 보기 위해서 아래와 같이 summary( ) 함수를 사용한다.

■ 단순 선형회귀분석에 대한 가설 검정

- result <- lm(MYDATA$weight ~ MYDATA$Height): 회귀분석의 결과를 result 변수에 저장한다.
- summary(result): result 결과를 보여준다.

결과 화면

```
> result <- lm(MYDATA$Weight~MYDATA$Height)
> summary(result)

Call:
lm(formula = MYDATA$Weight ~ MYDATA$Height)

Residuals:
    Min      1Q  Median      3Q     Max
-9.0478 -4.7566 -0.5517  4.4522 10.4341

Coefficients:
              Estimate Std. Error t value Pr(>|t|)
(Intercept)   -86.5833    23.3215  -3.713  0.00261 **
MYDATA$Height   0.9137     0.1400   6.527 1.92e-05 ***
---
Signif. codes:  0 '***' 0.001 '**' 0.01 '*' 0.05 '.' 0.1 ' ' 1

Residual standard error: 6.252 on 13 degrees of freedom
Multiple R-squared:  0.7662,    Adjusted R-squared:  0.7482
F-statistic:  42.6 on 1 and 13 DF,  p-value: 1.922e-05
```

설명 결과를 보면 MYDATA$Height의 계수는 0.9137이고, $t = \dfrac{b_1}{s_{b_1}} = 6.527$이고 p-값은 $1.92*10^{-5}$ 이므로 귀무가설 H_0를 기각한다. 따라서 회귀모형에서 기울기 $\beta_1 \neq 0$이므로 키는 몸무게에 영향을 주고 키가 1cm 커짐에 따라 몸무게는 평균 0.9137kg 늘어난다고 말할 수 있다.

3) 분산분석을 이용한 회귀모형의 유의성 검정

두 번째로 분산분석을 이용한 회귀모형의 유의성을 검정할 수 있다. 분산분석에서와 마찬가지로 모형의 변동을 분해하여 유의성을 검정한다. 아래 그림 7.5를 보면 데이터 y_i와 종속변수의 평균 $\overline{y}$와의 차이 $y_i - \overline{y}$를 총편차이라고 하고, 회귀모형으로 추정할 수 있는 값 $\widehat{y_i}$와 평균과의 차이 $\widehat{y_i} - \overline{y}$를 회귀로 설명될 수 있는 회귀편차이라고 하고, 데이터 y_i와 추정값 $\widehat{y_i}$의 차이 $y_i - \widehat{y_i}$를 회귀식으로 설명할 수 없는 오차라고 한다.

그림 7.5   회귀모형에 따르는 총편차, 회귀편차, 오차에 대한 그림

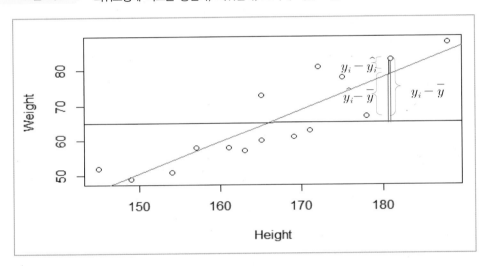

분산분석과 같이 편차 제곱합을 변동으로 정의할 수 있으며 총변동(SST: Total Sum of Squares)은 회귀변동(SSR: Sum of Squares due to Regression)과 오차변동(SSE: Sum of Squares due to Erroe)으로 나뉘어 진다.

$$\sum(y_i - \overline{y})^2 = \sum((y_i - \widehat{y_i}) + (\widehat{y_i} - \overline{y}))^2 = \sum(y_i - \widehat{y_i})^2 + \sum(\widehat{y_i} - \overline{y})^2,$$

왜냐하면 $2\sum(y_i - \widehat{y_i})(\widehat{y_i} - \overline{y}) = 0$이기 때문이다.

$$\sum(y_i - \overline{y})^2 \quad = \quad \sum(\widehat{y_i} - \overline{y})^2 \quad + \quad \sum(y_i - \widehat{y_i})^2$$

총변동(SST)　　　　회귀변동(SSR)　　　오차변동(SSE)

회귀직선이 모든 종속변수 값 y_i를 정확하게 예측한다면 $\hat{y_i} = y_i$가 되고 $\hat{y_i} - y_i = 0$이 된다. 그리고 SSE = $\sum (y_i - \hat{y_i})^2 = 0$이 되기 때문에 SST = SSR이다.   따라서 $\dfrac{SSR}{SST} = 1$이 된다. 적합도가 좋지 않으면 최악의 경우 즉 $\hat{y_i} = \overline{y}$이면 $\dfrac{SSR}{SST} = 0$이 된다. $\dfrac{SSR}{SST}$는 0과 1 사이의 값을 가지는데 1로 갈수록 회귀직선의 설명력이 높고, 0으로 갈수록 설명력이 낮아진다. $\dfrac{SSR}{SST}$를 결정계수(Coefficient of Determination)라고 부르고 R^2 으로 표기한다.

■ 결정계수 $R^2 = \dfrac{SSR}{SST}$: 회귀직선의 설명비율

회귀모형 가정에서 오차 ϵ의 분산인 σ^2은 $\sigma^2 = \dfrac{\sum (y_i - \beta_0 - \beta_1 x_i)^2}{n}$이다.   여기에서 β_0, β_1의 추정치 b_0, b_1를 대입하면 자유도가 n에서 n-2로 낮아지고 σ^2의 추정치가 된다. $\hat{\sigma^2} = \dfrac{\sum (y_i - b_0 - b_1 x_i)^2}{n-2} = \dfrac{SSE}{n-2} = MSE$이다. 따라서 MSE는 오차의 분산추정치가 된다.

■ 분산분석을 이용한 회귀모형의 유의성 검정

R^2이 클수록 회귀직선의 설명력이 높고 작을수록 설명력이 낮아진다. 어느 정도 높아야 회귀직선이 유의한가를 검정하여야 한다. 이를 위해 제곱합의 분포를 이용한다. 분산분석과 동일하다.

1. 가설: $H_0 : \beta_1 = 0$ $H_1 : \beta_1 \neq 0$

   여기서 β_0는 절편이고 독립변수 X와 관계가 없기 때문에 고려하지 않는다.

2. 검정통계량: $F = \dfrac{SSR/1}{SSE/(n-2)} = \dfrac{MSR}{MSE}$는 H_0 하에서는 $F(1, \ n-2)$를 따른다.

3. 유의수준 설정: α

4. p-값 계산

H_0를 기각하면 $\beta_1 \neq 0$이므로 유의수준 α로 회귀계수가 유의하다고 결론내릴 수 있다.

R 코드

```
> result <- lm(MYDATA$Weight~MYDATA$Height)
> summary(result)

Call:
lm(formula = MYDATA$Weight ~ MYDATA$Height)

Residuals:
    Min      1Q  Median      3Q     Max
-9.0478 -4.7566 -0.5517  4.4522 10.4341

Coefficients:
              Estimate Std. Error t value Pr(>|t|)
(Intercept)   -86.5833    23.3215  -3.713  0.00261 **
MYDATA$Height   0.9137     0.1400   6.527 1.92e-05 ***
---
Signif. codes:  0 '***' 0.001 '**' 0.01 '*' 0.05 '.' 0.1 ' ' 1

Residual standard error: 6.252 on 13 degrees of freedom
Multiple R-squared: 0.7662,    Adjusted R-squared: 0.7482
F-statistic: 42.6 on 1 and 13 DF, p-value: 1.922e-05
```

설명

- 맨 하단을 보면 F 값 즉 F-statistic: 42.6이고 자유도는 1과 13이고 p-값 p-valuse: 1.922e-0.5이므로 거의 0에 가까워 유의수준 $\alpha = 0.01$ 수준에서도 귀무가설 H_0를 기각할 수 있다. 따라서 단순 선형회귀 모형은 타당하다고 결론내릴 수 있다.

- 그러나 이 모형에서 유의성 검정결과는 직선관계에 대한 검정이고 이차곡선 관계를 가질 때에도 유의하지 않는 것으로 나타나는데 유의하지 않으면 산점도를 보고 이차관계를 검정하여야 한다. 이 방법은 뒤에서 설명한다.

- 참고로 오차의 분산추정치 $\widehat{\sigma^2}$(Residual standard error)는 6.252임을 알 수 있다.

■ 회귀식 추정

- 점추정

  점추정은 $\widehat{y_i} = b_0 + b_1 x_i$이다.

- 구간추정

  독립변수 x_i에 대한 종속변수의 평균값 $E(y_i)$에 대한 구간추정을 하기 위해서는 분산을 알아야

  한다. $s^2_{E(y_i)} = s^2 \left(\dfrac{1}{n} + \dfrac{(x_i - \overline{x})^2}{\sum (x_i - \overline{x})^2} \right)$이다. 따라서 $E(y_i)$의 구간추정은

  $$b_0 + b_1 x_i \ \pm \ t_{\alpha/2}(n-2) * s^2 \left(\frac{1}{n} + \frac{(x_i - \overline{x})^2}{\sum (x_i - \overline{x})^2} \right)$$

  그리고 개별값 y_i에 대한 구간추정은 분산이 $s^2_{y_i} = s^2 \left(1 + \dfrac{1}{n} + \dfrac{(x_i - \overline{x})^2}{\sum (x_i - \overline{x})^2} \right)$로서 평균값

$E(y_i)$의 분산보다 s^2 만큼 더 커진다. R을 이용하여 추정치를 쉽게 구할 수 있다.

■ 점추정을 위한 R코드

> **R 코드**   predict( )

```
> result <- lm(Weight ~ Height, data=MYDATA)
> predict(result, newdata=data.frame(Height=175))
        1
73.30686
```

설명

- predict( ): 예측하는 함수로서 첫 번째 인자는 예측하고자 하는 모델, 여기서는 result,
  두 번째 인자는 사용하는 데이터 형식으로 newdata = data.frame(예측하고자 하는 값), 세 번째 인자는 구
  간추정으로서 interval="confidence"는 평균에 대한 95% 구간추정치, interval="prediction"은 개별 y에
  대한 구간추정치를 제공한다.

■ 구간추정을 위한 R 코드

```
> predict(result, newdata=data.frame(Height=175), interval ="confidence" )
       fit      lwr      upr
1 73.30686 68.92021 77.69351
> predict(result, newdata=data.frame(Height=175), interval ="prediction" )
       fit      lwr      upr
1 73.30686 59.10666 87.50706
```

설명

- 키가 175cm일 때 몸무게 예측치는 73.30686kg이며 평균에 대한 95% 신뢰구간 추정치는
  68.92021kg ~ 77.69351kg이며 개별 예측치에 대한 95% 신뢰구간 추정치는 59.10666kg ~
  87.50706kg이다. 이로써 평균의 신뢰구간보다 개별 예측치에 대한 신뢰구간이 넓음을 알 수 있다.

2절 | 잔차분석을 통한 타당성 검정

회귀모형의 유의성 검정은 회귀계수의 유의성이나 분산분석으로 실시하였다. 회귀모형의 기본적인 가정은 오차가 정규분포를 이룬다는 것이다. 이러한 가정이 적합한지를 잔차를 이용하여 분석할 수 있다. 회귀분석 모형에서 오차($\epsilon_i = y_i - \beta_0 - \beta_1 x_i$)이고, 오차의 추정치인 잔차($e_i = y_i - b_0 - b_1 x_i$)이다. 따라서 잔차가 정규분포를 따르는 가를 확인하는 것이 중요하다. 여기에서는 이를 확인하는 방법을 공부한다.

1. 잔차를 계산하는 함수: residuals( )

```
> result <- lm(Weight ~ Height, data=MYDATA)
> residuals(result)
          1          2          3          4          5
-3.1200361 -5.3429603  1.1389892  6.1028881 -0.5517449
          6          7          8          9         10
-2.5156438 -4.1702768 -6.6522262 -9.0478339 -6.8249097
         11         12         13         14         15
10.4341155  4.6931408  4.2111913  2.8155836  8.8297232
```

설명

- residuals(result): 변수 result의 잔차를 계산하는 함수
- 위 예제에서 잔차($e_i = y_i - b_0 - b_1 x_i$)의 결과가 나와 있다. 첫 번째 데이터(즉 Height x_1= 154, Weight y_1=51)에 대한 잔차는 -3.1200361, ... 열다섯번째 데이터((즉 Height x_{15}= 165, Weight y_{15}=73)에 대한 잔차는 8.8297232이다.

  이에 대한 그림은 그림 7.7과 같다.

- 잔차 그래프를 구하기 위한 R 코드

```
> ri <- residuals(result)
> plot(ri)
```

그림 7.7   잔차 그래프

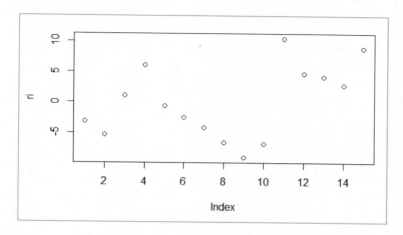

이러한 잔차가 정규분포에 적합한가를 확인하기 위해서는 표준화하여야 한다. 이를 표준화 잔차라고 한다. 표준화잔차는 잔차에 평균을 빼고 표준편차로 나누는 것인데, 회귀분석에서는 표준편차가 조금 다른 형태이다.

■ 표준화 잔차 $\dfrac{y_i - \hat{y_i}}{s\sqrt{1-h_i}}$, 여기서 $h_i = \dfrac{1}{n} + \dfrac{(x_i - \overline{x})^2}{\sum(x_i - \overline{x})^2}$ 이다.

모형의 가정이 맞을 때는 표준화 잔차가 -2.0 ~ 2.0일 확률이 95%이고 -3.0 이하이거나 3.0이상일 확률이 0.26%이므로, -3.0 이하이거나 3.0이상을 이상치로 판단할 수 있다. 좀 더 보수적인 기준으로는 -2.0 이하이거나 2.0 이상일 경우 이상치로 판단하기도 한다.

■ R에서 표준화 잔차 함수: rstandard( )

```
> sri <-  rstandard(result)
> sri
          1           2           3           4           5
-0.53857935 -0.88710152  0.19302714  1.16020867 -0.09961299
          6           7           8           9          10
-0.41958521 -0.69075885 -1.10831970 -1.55747426 -1.13241849
         11          12          13          14          15
 1.74344942  0.79375086  0.74230700  0.54022358  1.46254308
```

설명 표준화 잔차 값들이 모두 -2.0 ~ 2.0에 있음을 알 수 있다.

■ 표준화 잔차 그래프

> plot (sri)

그림 7.8   표준화 잔차 그래프

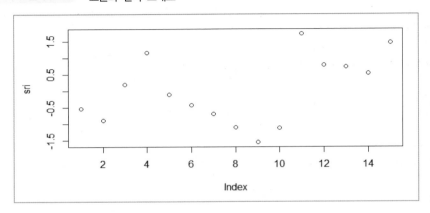

설명

잔차 그래프에서는 잔차들이 이상치인지를 판단하지 못하였으나, 표준화 잔차 그래프에서는 표준화 잔차가 모두 –2~2 에 있으므로 시각적으로도 잔차들이 이상치가 아님을 알 수 있다.

표 7.   잔차와 표준화잔차

데이터	잔차	표준화 잔차
1	-3.1200361	-0.53857935
2	-5.3429603	-0.88710152
3	1.1389892	0.19302714
4	6.1028881	1.16020867
5	-0.5517449	-0.09961299
6	-2.5156438	-0.41958521
7	-4.1702768	-0.69075885
8	-6.6522262	-1.10831970
9	-9.0478339	-1.55747426
10	-6.8249097	-1.13241849
11	10.4341155	1.74344942
12	4.6931408	0.79375086
13	4.2111913	0.74230700
14	2.8155836	0.54022358
15	8.8297232	1.46254308

데이터의 이상치 여부를 판단하는 자세한 방법은 4절에서 공부한다.

2. Q-Q(Quantile-Quantile) 플롯

분석하고자 하는 샘플의 분포과 정규 분포의 분포 형태를 비교하는 시각적 도구인, Q-Q 플롯은 동일 분위수에 해당하는 정상 분포의 값과 주어진 분포의 값을 한 쌍으로 만들어 산점도 (scatter plot)로 그린 것이다. 정규분포는 45각도의 직선으로 표시하고, 그 위에 샘플의 분포를 표시하여 떨어진 정도를 보고 판단한다.

> **R 코드** plot( ): 회귀분석의 결과를 플롯을 하면 아래와 같이 4개의 그래프가 주어진다.

```
> result <- lm(Weight ~ Height, data=MYDATA)
> plot(result)
Hit <Return> to see next plot:
Hit <Return> to see next plot:
Hit <Return> to see next plot:
Hit <Return> to see next plot:
```

1) 추정값과 잔차에 대한 그래프

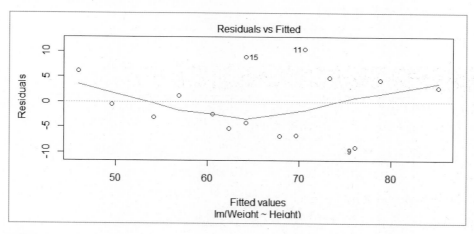

> **설명**
> • X축이 추정값이고 Y축이 잔차인 그래프
> • 잔차가 -10 ~10사이에 존재하고 있음을 알 수 있다.

2) Q-Q 그래프

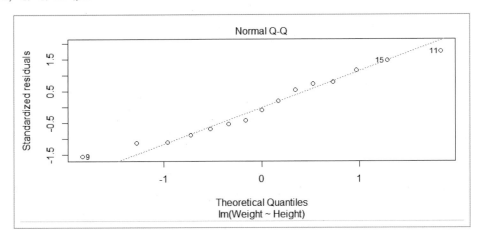

- X.축이 정규분포의 백분위 수이고 Y축이 잔차의 백분위 수인 그래프
- 대체로 잔차의 그래프가 정규분포에 많이 벗어나고 있지 않음을 알 수 있다. 따라서 잔차들이 정규분포를 이루고 있다는 사실을 알 수 있다.

3) 표준화 잔차 그래프

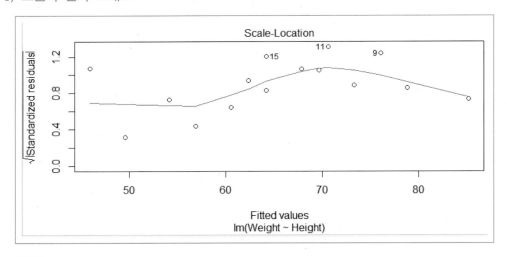

- X축이 추정값이고 Y축이 표준화 잔차의 제곱근 값인 그래프
- 표준화 잔차의 제곱근이 0 ~ 1.3 사이에 있다. 따라서 잔차들이 정규분포를 이루고 있다는 사실을 알 수 있다.

4) 잔차와 레버리지 그래프

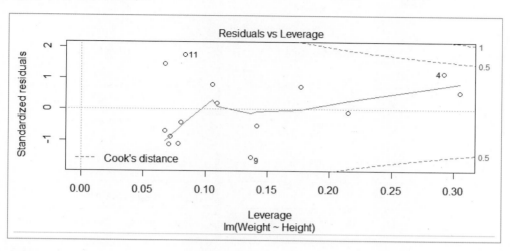

설명

- X축이 레버리지이고 Y축이 표준화 잔차인 그래프

- 레버리지: 표준화 잔차 $\dfrac{y_i - \hat{y_i}}{s\sqrt{1-h_i}}$ 를 계산할 때 h_i로서 $h_i = \dfrac{1}{n} + \dfrac{(x_i - \overline{x})^2}{\sum (x_i - \overline{x})^2}$, $0 < h_i < 1$을

  가진다. 이는 개별적인 데이터가 회귀분석 결과에 미지는 영향을 나타내고 0이면 영향이 없다는 의미이고 1이면 영향이 100%라는 의미이다.

- 여기서 가장 많은 영향을 주는 데이터가 30%임을 알 수 있다.

5) 4개의 그림을 한 화면에 그리기: par( )

- par(mfrow=c(nrowa, ncols)): par(mfrow=c(2, 2))는 2행과 2열의 네 개의 그림을 한꺼번에 그린다.

```
> result <- lm(Weight ~ Height, data=MYDATA)
> par(mfrow=c(2, 2))
> plot(result)
```

결과 화면

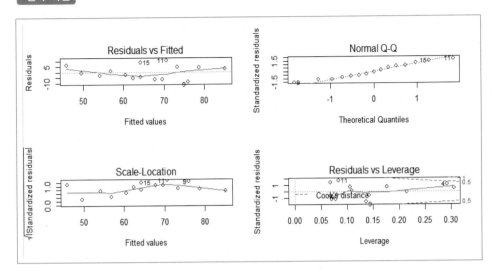

3. 잔차가 정규분포를 따르지 않는 경우의 그래프

1) 잔차의 분산이 커지는 경우

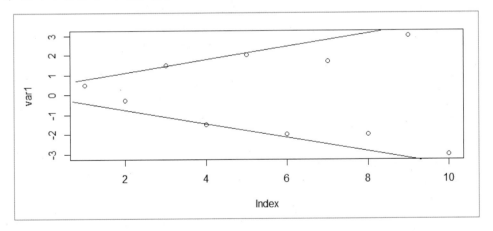

설명

- 잔차의 분포에서 변동이 점점 커지고 있음을 알 수 있다.

2) 잔차의 분포가 2차 곡선인 경우

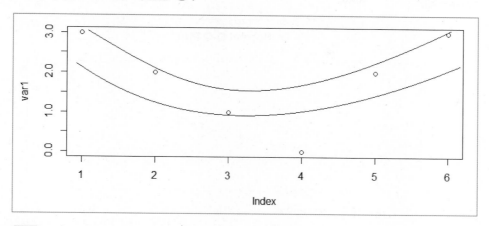

설명

- 이 경우도 회귀직선이 유의한 것으로 나타나기 때문에 잔차의 그래프를 보고 확인하여야 한다. 이차곡선을 적합하는 것은 중회귀분석에서 다룬다.

3) Q-Q 그래프에서 정규분포에 적합하지 않은 경우

R 코드

- qqnorm( ): Q-Q 그래프 함수
- qqline( ): Q-Q 그래프에 직선 그리기

■ 정규분포를 따르지 않는 데이터 만들기

x <— c(-1, 2, 4, -1.5, 5, 2, 1.1, 0.7)

데이터 4와 5는 임의로 만든 표준정규분포를 따르지 않는 데이터이다.

```
> x <- c(-1, 2, 4, -1.5, 5, 2, 1.1, 0.7)
> qqnorm(x)
> qqline(x)
```

결과 화면

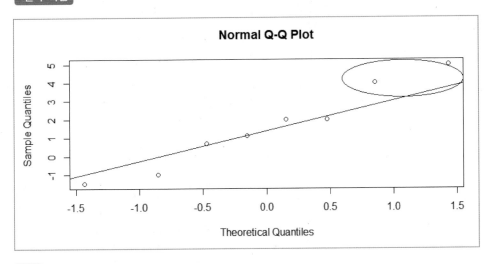

설명

- Q-Q 그래프에서 오른쪽 상단의 두 개의 데이터(4와 5)가 45도 직선과 상당히 많이 떨어져 있어 정규분포를 이룬다고 보기에는 적합하지 않음을 알 수 있다.

3절　중회귀분석(Multiple Regression Analysis)

중회귀모형은 다음과 같다.

$$y_i = \beta_0 + \beta_1 x_{1i} + \beta_2 x_{2i} + ... + \beta_k x_{ki} + \epsilon_i$$

여기서 β_1은 독립변수 x_1의 계수, β_2은 독립변수 x_2의 계수, ..., β_k은 독립변수 x_k의 계수이며, β_0는 절편이며 y_i는 i번째 종속변수의 값이다. 그리고 가정은 단순 선형회귀모형과 같이 ϵ_i는 평균이 0이고 분산이 σ^2인 정규분포를 따른다는 것이다. 주어진 독립변수의 값 x_{1i}, x_{2i}, ..., x_{ki}에 따라 종속변수 값 y_i는 평균 $E(y_i) = \beta_0 + \beta_1 x_{1i} + \beta_2 x_{2i} + ... + \beta_k x_{ki}$이고 분산은 σ^2인 정규분포를 보인다. 따라서 우리의 주된 관심사는 주어진 x_i에 따라 평균 $E(y_i) = \beta_0 + \beta_1 x_{1i} + \beta_2 x_{2i} + ... + \beta_k x_{ki}$를 추정하고 이에 대한 검정을 실시하고 타당성을 검정한다.

1. 최소제곱(Least Squares Method) 추정법

최소제곱 추정법은 오차를 최소화하는 회귀계수 β_0, β_1 β_2, ... β_k를 추정하는 법이다.

즉 $\min \sum_{i=1}^{n} (y_i - (\beta_0 + \beta_1 x_{1i} + \beta_2 x_{2i} + ... + \beta_k x_{ki}))^2$을 만족하는 β_0, β_1 β_2, ... β_k를 구하는

것이다. 이를 만족하는 $\beta_0, \beta_1, \beta_2, ..., \beta_k$는 $\begin{pmatrix} \beta_0 \\ \beta_1 \\ . \\ . \\ \beta_k \end{pmatrix} = (X'X)^{-1} X'y$이다.

여기서 $X = \begin{bmatrix} 1 & x_{11} & x_{21} & \cdots & x_{k1} \\ 1 & x_{12} & x_{22} & \cdots & x_{k2} \\ ..... \\ 1 & x_{1n} & x_{2n} & \cdots & x_{kn} \end{bmatrix}$ 이고, $y = \begin{pmatrix} y_1 \\ y_2 \\ . \\ . \\ y_n \end{pmatrix}$ 이며 $(X'X)^{-1}$은 $X'X$의 역행렬이다.

이러한 결과를 유도하기 위해서는 선형대수가 필요하므로 본 교재에서는 유도과정을 생략한다.

■ R을 이용한 다중회귀분석 함수

lm(종속변수 ~ 독립변수1 + 독립변수2 + ... + 독립변수k, data = 데이터셋)

```
> result2 <- lm(Weight ~ Height+Score, data=MYDATA)
```

결과

```
> summary(result2)

call:
lm(formula = Weight ~ Height + Score, data = MYDATA)

Residuals:
   Min     1Q Median     3Q    Max
-8.518 -4.082  2.120  3.471  7.582

Coefficients:
            Estimate Std. Error t value Pr(>|t|)
(Intercept) -43.7293    30.0455  -1.455    0.171
Height        0.8636     0.1287   6.710 2.16e-05 ***
Score        -0.4567     0.2287  -1.997    0.069 .
---
Signif. codes:  0 '***' 0.001 '**' 0.01 '*' 0.05 '.' 0.1 ' ' 1

Residual standard error: 5.637 on 12 degrees of freedom
Multiple R-squared:  0.8245,    Adjusted R-squared:  0.7953
F-statistic: 28.19 on 2 and 12 DF,  p-value: 2.921e-05
```

설명

- 계수(Coefficients):

  절편(Intercept)의 값은 -43.72293이며 p-값이 0.171이므로 유의하지 않고,

  Height의 계수의 값은 0.8636이며 p-값은 2.16*10-5로 매우 유의하고,

  Score의 계수의 값은 -0.4576이며 p-값은 0.069로 유의수준 0.1로 유의하였다.

따라서 절편이 유의하지 않으므로 먼저 절편을 제거한 다중회귀분석을 실시한다.

■ 절편을 제거하는 회귀모형

- 절편을 제거한 회귀분석 모형: 독립변수에 –1을 추가한다.

```
> result3 <- lm(Weight ~ -1 + Height+Score, data=MYDATA)
> summary(result3)

call:
lm(formula = Weight ~ -1 + Height + Score, data = MYDATA)

Residuals:
     Min      1Q   Median      3Q      Max
 -10.683  -4.242    1.806   4.435    6.754

Coefficients:
        Estimate Std. Error t value Pr(>|t|)
Height   0.70920    0.07597   9.335 3.98e-07 ***
Score   -0.69443    0.16681  -4.163  0.00111 **
---
Signif. codes:  0 '***' 0.001 '**' 0.01 '*' 0.05 '.' 0.1 ' ' 1

Residual standard error: 5.875 on 13 degrees of freedom
Multiple R-squared:  0.9932,    Adjusted R-squared:  0.9922
F-statistic: 950.7 on 2 and 13 DF,  p-value: 8.08e-15
```

[설명]

- 계수(Coefficients):

  절편(Intercept)은 삭제됨

  Height의 계수의 값은 0.70920이며 p-값은 $3.98*10^{-7}$로 매우 유의하고

  Score의 계수의 의 값은 -0.69443이며 p-값은 0.001119로 매우 유의하였다.

- 모형

  Weight = 0.70920*Height - 0.69443*Score

  분산분석표에서 F = 950.7이며 p-값=$8.08*10^{-15}$로 매우 유의하였다.

2. 잔차분석

- 잔차분석 화면

```
> plot(result3)
Hit <Return> to see next plot:
Hit <Return> to see next plot:
Hit <Return> to see next plot:
Hit <Return> to see next plot:
```

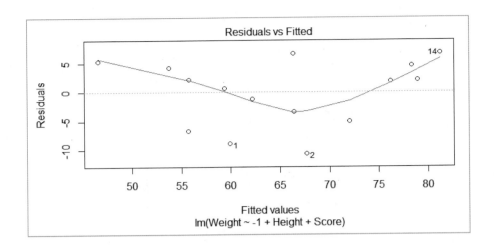

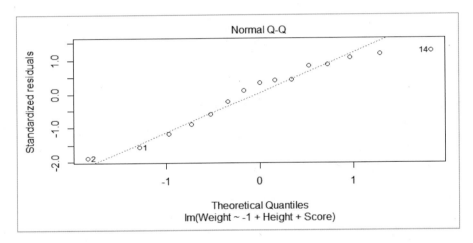

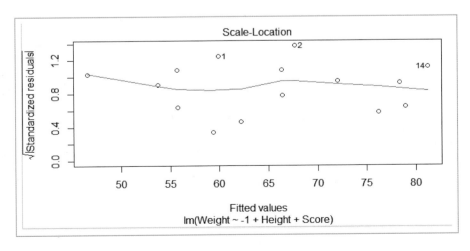

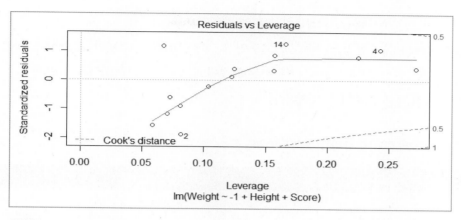

설명

- 모형은 적합하지만 잔차의 분석 그림에서의 **Q-Q Plot**에서 14번째 데이터가 직선과 많이 떨어져 있어서 모형의 적합성을 검토하여야 하는 것으로 나타났다. 이를 확인하기 위해 표준화 잔차를 계산해 보아야 한다.

표준화 잔차들

```
> sri3 <-   rstandard(result3)
> sri3
          1           2           3           4           5           6
 -1.5633333  -1.8976379   0.4022336   1.0592558  -1.1779048   0.8188134
          7           8           9          10          11          12
  0.1127407  -0.6031409  -0.9005103  -0.2186638   0.4134976   0.3347891
         13          14          15
  0.8591555   1.2585739   1.1768467
```

설명

- 표준화 잔차 모두 -2 ~ 2사이에 존재하기 때문에 모형에 문제가 없는 것으로 나타났다.

표준화 잔차그림

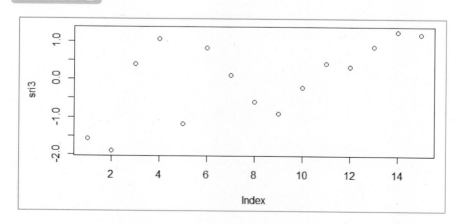

표 7.2는 여러 가지 형태의 중회귀분석 모형에 관한 표이다.

예를 들면 Y~-1+X는 절편을 제거한 모형이고, Y~X1:X2는 X_1*X_2만 포함하는 모형이고, Y~X1*X2는 X_1, X_2, X_1*X_2의 모든 항을 포함하는 모형이고, Y~(X1+X2+X3)^2는 절편과 X_1, X_2, X_3, X_1*X_2, X_1*X_3, X_2*X_3항을 포함하는 모형이다.

표 7.2　여러 가지 중 회귀분석 모형과 R 코드

R 코드	회귀분석 모형
Y ~ X	$y = \beta_0 + \beta_1 x$
Y ~ -1 + X	$y = \beta_1 x$
Y ~ X1 + X2	$y = \beta_0 + \beta_1 x_1 + \beta_2 x_2$
Y ~ X + I(X^2)	$y = \beta_0 + \beta_1 x + \beta_2 x^2$
Y ~ X1:X2	$y = \beta_0 + \beta_1 x_1 x_2$
Y ~ X1*X2	$y = \beta_0 + \beta_1 x_1 + \beta_2 x_2 + \beta_3 x_1 {}^* x_2$
Y ~ (X1 + X2 + X3)^2	$y = \beta_0 + \beta_1 x_1 + \beta_2 x_2 + \beta_3 x_3 + \beta_4 x_1 {}^* x_2 + \beta_5 x_1 {}^* x_3 + \beta_6 x_2 {}^* x_3$

4절　중회귀모형에서 변수 선택방법

다중회귀모형은 변수가 여러 개이기 때문에 모형에 적합한 변수를 선택하여야 한다. 그래야 모형의 타당성도 높일 수 있다. 그리고 유의하지 않는 변수를 추가하면 할수록 모형의 타당성은 떨어진다. 따라서 변수선택은 다중회귀모형에서 매우 중요한 이슈이다. 다중회귀모형에서 변수선택방법은 전방추가법Forward　Selection)와　후방제거법(Backward　Elimination)　단계별제거법(Stepwise Elimination), 가능한 모든 모형 등이 있다.

① 전방추가법: 모형에 유의도가 가장 높은 변수, 즉 p-값이 가장 낮은 변수부터 선택하여 모형에 변수를 추가하는 방법이다.

② 후방제거법: 모든 변수를 모형에 넣고 가장 유의도가 낮은 변수 즉 p-값이 가장 높은 변수부터 선택하여 모형에 변수를 제거하는 방법이다.

③ 단계별제거법: 두 방법 모두 가장 좋은 모형을 찾는다는 보장이 없으므로 이를 보완하는 단계별제거법을 제안하였다. 단계별제거법법은 후방제거법에서 가장 유의도가 낮은 변수를 제거하면서 이전에 제거된 변수가 다시 모형에 유의한지 검정을 하여 유의하다면 변수를 다시 모형에 추가하여 모형을 찾는 방법이다.

④ 가능한 모든 모형: 모든 독립변수들을 넣고 빼고하여 가장 우수한 모형을 찾는 방법으로 비교대상의 모형의 개수가 $(n+1)^2$ 이므로 비교해야할 모형이 많다.

R에서는 변수선택방법을 지원하지 않기 때문에 변수선택방법은 일일이 코드로 구현하여 모형을 찾아야 한다. 지금부터는 R에서 제공하는 mtcars 데이터셋을 이용하여 변수선택방법에 대해 공부한다.

- R에서 제공하는 데이터셋

• site: https://stat.ethz.ch/R-manual/R-devel/library/datasets/html/00Index.html

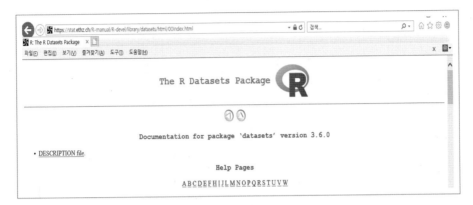

■ mtcars 데이터셋: R에서 제공하는 데이터셋으로 사전조치 없이 사용할 수 있다.

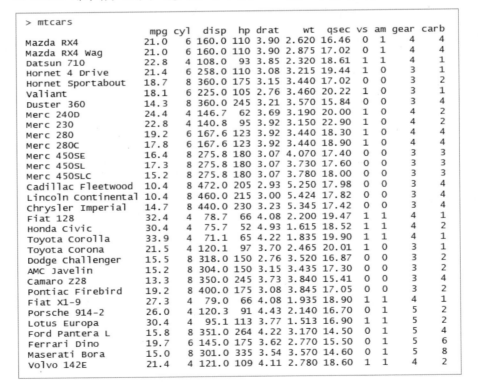

```
> mtcars
                     mpg cyl  disp  hp drat    wt  qsec vs am gear carb
Mazda RX4           21.0   6 160.0 110 3.90 2.620 16.46  0  1    4    4
Mazda RX4 Wag       21.0   6 160.0 110 3.90 2.875 17.02  0  1    4    4
Datsun 710          22.8   4 108.0  93 3.85 2.320 18.61  1  1    4    1
Hornet 4 Drive      21.4   6 258.0 110 3.08 3.215 19.44  1  0    3    1
Hornet Sportabout   18.7   8 360.0 175 3.15 3.440 17.02  0  0    3    2
Valiant             18.1   6 225.0 105 2.76 3.460 20.22  1  0    3    1
Duster 360          14.3   8 360.0 245 3.21 3.570 15.84  0  0    3    4
Merc 240D           24.4   4 146.7  62 3.69 3.190 20.00  1  0    4    2
Merc 230            22.8   4 140.8  95 3.92 3.150 22.90  1  0    4    2
Merc 280            19.2   6 167.6 123 3.92 3.440 18.30  1  0    4    4
Merc 280C           17.8   6 167.6 123 3.92 3.440 18.90  1  0    4    4
Merc 450SE          16.4   8 275.8 180 3.07 4.070 17.40  0  0    3    3
Merc 450SL          17.3   8 275.8 180 3.07 3.730 17.60  0  0    3    3
Merc 450SLC         15.2   8 275.8 180 3.07 3.780 18.00  0  0    3    3
Cadillac Fleetwood  10.4   8 472.0 205 2.93 5.250 17.98  0  0    3    4
Lincoln Continental 10.4   8 460.0 215 3.00 5.424 17.82  0  0    3    4
Chrysler Imperial   14.7   8 440.0 230 3.23 5.345 17.42  0  0    3    4
Fiat 128            32.4   4  78.7  66 4.08 2.200 19.47  1  1    4    1
Honda Civic         30.4   4  75.7  52 4.93 1.615 18.52  1  1    4    2
Toyota Corolla      33.9   4  71.1  65 4.22 1.835 19.90  1  1    4    1
Toyota Corona       21.5   4 120.1  97 3.70 2.465 20.01  1  0    3    1
Dodge Challenger    15.5   8 318.0 150 2.76 3.520 16.87  0  0    3    2
AMC Javelin         15.2   8 304.0 150 3.15 3.435 17.30  0  0    3    2
Camaro Z28          13.3   8 350.0 245 3.73 3.840 15.41  0  0    3    4
Pontiac Firebird    19.2   8 400.0 175 3.08 3.845 17.05  0  0    3    2
Fiat X1-9           27.3   4  79.0  66 4.08 1.935 18.90  1  1    4    1
Porsche 914-2       26.0   4 120.3  91 4.43 2.140 16.70  0  1    5    2
Lotus Europa        30.4   4  95.1 113 3.77 1.513 16.90  1  1    5    2
Ford Pantera L      15.8   8 351.0 264 4.22 3.170 14.50  0  1    5    4
Ferrari Dino        19.7   6 145.0 175 3.62 2.770 15.50  0  1    5    6
Maserati Bora       15.0   8 301.0 335 3.54 3.570 14.60  0  1    5    8
Volvo 142E          21.4   4 121.0 109 4.11 2.780 18.60  1  1    4    2
```

설명

mtcars는 1974 Motor Trend US Megazine에 수록된 차량과 차량에 관련된 수치들이 기록된 자료로 표 7.3
과 같이 11개 변수와 32개 데이터로 구성되어 있다.

표 7.3   mtcars 변수 설명

변수명	변수 설명
mpg	연비 (갤런 당 주행마일: Miles per Gallon)
cyl	실린더 개수
disp	배기량 (cc)
hp	마력
drat	후방차축 비율 (%)
wt	무게 (kg)
qsec	1/4 마일에 도달하는데 걸린 시간 (sec)
vs	엔진 종류(0 : V engine 1 : Straight engine)
am	변속기 종류(0 : 자동, 1 : 수동)
gear	기어 개수
carb	기화기(카뷰레터) 개수

1. 변수선택 방법 적용

■ 목적: mtcars 데이터셋을 이용하여 연비(mpg)에 영향을 주는 독립변수들 찾기,
단 명목변수(vs, am) 제외

1) 전방추가법: 가장 유의한 변수부터 추가한다.

① 첫 번째 변수선택

코드

```
r1 <-lm (mpg ~ cyl, data=mtcars)
summary(r1)
r2 <-lm (mpg ~ disp, data=mtcars)
summary(r2)
r3 <-lm (mpg ~ hp, data=mtcars)
summary(r3)
r4 <-lm (mpg ~ drat, data=mtcars)
summary(r4)
r5 <-lm (mpg ~ wt, data=mtcars)
summary(r5)
r6 <-lm (mpg ~ qsec, data=mtcars)
summary(r6)
r7 <-lm (mpg ~ gear, data=mtcars)
summary(r7)
r8 <-lm (mpg ~ carb, data=mtcars)
summary(r8)
```

결과

변수명	추정값	표준오차	t-value	P-값
cyl	-2.8758	0.3224	-8.92	$6.11*10^{-10}$
disp	-0.041215	0.004712	-8.747	$9.38*10^{-10}$
hp	-0.06823	0.01012	-6.742	$1.79*10^{-7}$
drat	7.678	1.507	5.096	$1.7*10^{-5}$
wt	-5.3445	0.5591	-9.559	$1.29*10^{-10}$
qsec	1.4121	0.5592	2.525	0.0171
gear	3.923	1.303	2.999	0.0054
carb	-2.0557	0.5685	-3.616	0.00108

결과 이 단계에서 가장 유의한 변수는 P- 값이 가장 적은 wt이다.

② 두 번째 변수선택

코드

```
r21 <-lm (mpg ~ wt+cyl, data=mtcars)
summary(r21)
r22 <-lm (mpg ~ wt+hp, data=mtcars)
summary(r22)
r23 <-lm (mpg ~ wt+drat, data=mtcars)
summary(r23)
r24 <-lm (mpg ~ wt+disp, data=mtcars)
summary(r24)
r25 <-lm (mpg ~ wt+qsec, data=mtcars)
summary(r25)
r26 <-lm (mpg ~ wt+gear, data=mtcars)
summary(r26)
r27 <-lm (mpg ~ wt+carb, data=mtcars)
summary(r27)
```

결과

변수명	추정값	표준오차	t-value	P-값
cyl	-1.5078	0.4147	-3.636	0.001064
hp	-0.02484	0.01385	-3.519	0.00145
drat	1.802027	1.542091	0.989	0.330854
disp	-3.35082	1.16413	-1.929	0.06362
qsec	0.212288	0.366776	3.506	0.001500
gear	0.111202	0.967992	-0.345	0.733
carb	-0.955677	0.358789	-2.353	0.0256

설명 두 번째 변수로 cyl선택

③ 세 번째 변수선택

코드

```
r31 <-lm (mpg ~ wt+cyl+hp, data=mtcars)
summary(r31)
r32 <-lm (mpg ~ wt+cyl+drat, data=mtcars)
summary(r32)
r33 <-lm (mpg ~ wt+cyl+disp, data=mtcars)
summary(r33)
r34 <-lm (mpg ~ wt+cyl+qsec, data=mtcars)
summary(r34)
r35 <-lm (mpg ~ wt+cyl+gear, data=mtcars)
summary(r35)
r36 <-lm (mpg ~ wt+cyl+carb, data=mtcars)
summary(r36)
```

결과

변수명	추정값	표준오차	t-value	P-값
hp	-1.784944	0.607110	-1.519	0.140015
drat	-0.031157	0.011436	-0.012	0.990317
disp	0.843965	1.455051	0.631	0.53322
qsec	0.9266492	0.3420967	1.280	0.211061
gear	-0.494349	0.889201	-0.671	0.507524
carb	-0.797182	0.332857	-1.474	0.151536

설명 설명: P-값이 0.05보다 적은 변수가 없어서, 유의한 변수가 없으므로 변수 추가를 마친다.

④ 선택된 모형

```
> r21 <-lm (mpg ~ wt+cyl, data=mtcars)
> summary(r21)

Call:
lm(formula = mpg ~ wt + cyl, data = mtcars)

Residuals:
    Min     1Q  Median     3Q     Max
-4.2893 -1.5512 -0.4684  1.5743  6.1004

Coefficients:
            Estimate Std. Error t value Pr(>|t|)
(Intercept)  39.6863     1.7150  23.141  < 2e-16 ***
wt           -3.1910     0.7569  -4.216 0.000222 ***
cyl          -1.5078     0.4147  -3.636 0.001064 **
---
Signif. codes:  0 '***' 0.001 '**' 0.01 '*' 0.05 '.' 0.1 ' ' 1

Residual standard error: 2.568 on 29 degrees of freedom
Multiple R-squared:  0.8302,    Adjusted R-squared:  0.8185
F-statistic: 70.91 on 2 and 29 DF,  p-value: 6.809e-12
```

- 모형 $mpg = 39.6863 - 3.1910*wt - 1.5078*cyl$

- 모형의 F값= 70.91, p-값=$6.809*10^{-12}$으로 매우 유의함

- 모형의 수정된 R^2=0.8185이므로 이 모형은 연비변동의 81.85%를 설명한다.

잔차 그래프

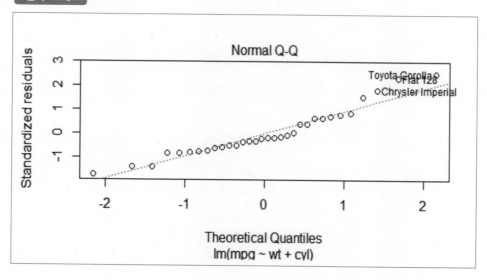

- Q-Q 플롯에서 우측 상단의 데이터가 조금 벗어나 있는 것으로 보인다. 이를 확인하기 위해 표준화 잔차값을 확인하자.

표준화 잔차값

```
> sri21 <-  rstandard(r21)
> sri21
          Mazda RX4       Mazda RX4 Wag           Datsun 710      Hornet 4 Drive
         -0.51244825         -0.18478693          -1.40157794          0.40360828
   Hornet Sportabout             Valiant           Duster 360            Merc 240D
          0.83877393         -0.59597493          -0.78461743          0.39078743
            Merc 230            Merc 280             Merc 280C            Merc 450SE
         -0.33855530         -0.18382951          -0.74022926          0.71025562
           Merc 450SL          Merc 450SLC  Cadillac Fleetwood  Lincoln Continental
          0.63767089         -0.14609271          -0.20542284          0.03755005
   Chrysler Imperial            Fiat 128           Honda Civic        Toyota Corolla
          1.82570047          2.34122168           0.78728146          2.50007531
       Toyota Corona     Dodge Challenger           AMC Javelin           Camaro Z28
         -1.74424120         -0.36287242          -0.59783451         -0.83469849
    Pontiac Firebird            Fiat X1-9          Porsche 914-2          Lotus Europa
          1.55006265         -0.07371481          -0.33581456          0.65704006
      Ford Pantera L         Ferrari Dino         Maserati Bora            Volvo 142E
         -0.71078295         -0.83641545          -0.50035506         -1.39047125
```

설명

- Q-Q 플롯에서 우측 상단의 데이터가 조금 벗어나 있는 것으로 보인다. 이를 확인하기 위해 표준화 잔차값을 확인하자.표준화 잔차 값을 보면, Fiat 128의 값이 2.34122168이며, Toyota Corolla의 값이 2.50007531으로 다소 높으나 3.0을 넘지 않으므로 이상값으로 보지 않을 수 있다.
- 위 모형은 적합한 모형이라고 할 수 있다.

⑤ 모형의 해석
- 모형: $mpg = 39.6863 - 3.1910*wt - 1.5078*cyl$

무게가 1kg늘면 연비가 3.191마일이 줄고, 실린더 하나가 늘수록 1.5078마일이 주는 것으로 나타났다.

그리고 disp(배기량)과 hp(마력), drat(후방차축 비율), qsec(1/4 마일에 도달하는데 걸린 시간), gear(기어의 수), carb(기화기 개수)는 연비에 영향을 주지 않는 것으로 나타났다. 상식적으로 배기량과 마력은 연비에 영향을 주지만 영향은 실린더와 무게에 포함되어서 명시적으로 영향을 주는 변수로 선택되지 않았을 것으로 추정된다.

2) 후방제거법: 유의하지 않는 변수를 제거해 나가는 방법

① 첫 번째 변수제거

코드 및 결과

```
> b1 <- lm(mpg ~ cyl+disp+hp+drat+wt+qsec+gear+carb, data=mtcars)
> summary(b1)

Call:
lm(formula = mpg ~ cyl + disp + hp + drat + wt + qsec + gear +
    carb, data = mtcars)

Residuals:
    Min      1Q  Median      3Q     Max
-3.0230 -1.6874 -0.4109  0.9640  5.4400

Coefficients:
            Estimate Std. Error t value Pr(>|t|)
(Intercept) 17.88964   17.81996   1.004   0.3259
cyl         -0.41460    0.95765  -0.433   0.6691
disp         0.01293    0.01758   0.736   0.4694
hp          -0.02085    0.02072  -1.006   0.3248
drat         1.10110    1.59806   0.689   0.4977
wt          -3.92065    1.86174  -2.106   0.0463 *
qsec         0.54146    0.62122   0.872   0.3924
gear         1.23321    1.40238   0.879   0.3883
carb        -0.25510    0.81563  -0.313   0.7573
---
Signif. codes:  0 '***' 0.001 '**' 0.01 '*' 0.05 '.' 0.1 ' ' 1

Residual standard error: 2.622 on 23 degrees of freedom
Multiple R-squared:  0.8596,    Adjusted R-squared:  0.8107
F-statistic:  17.6 on 8 and 23 DF,  p-value: 4.226e-08
```

설명 모든 변수를 넣고 회귀분석한 결과 가장 높은 p-값인 0.7573을 가지는 carb 제거

② 두 번째 변수제거

코드 및 결과 ▶

```
> b2 <- lm(mpg ~ cyl+disp+hp+drat+wt+qsec+gear, data=mtcars)
> summary(b2)

call:
lm(formula = mpg ~ cyl + disp + hp + drat + wt + qsec + gear,
    data = mtcars)

Residuals:
    Min     1Q  Median      3Q     Max
-3.0118 -1.6509 -0.3987  0.8855  5.5786

Coefficients:
            Estimate Std. Error t value Pr(>|t|)
(Intercept) 18.58648   17.34464   1.072  0.29456
cyl         -0.50123    0.89932  -0.557  0.58245
disp         0.01663    0.01277   1.302  0.20538
hp          -0.02425    0.01731  -1.401  0.17411
drat         1.00092    1.53592   0.652  0.52081
wt          -4.33689    1.27719  -3.396  0.00238 **
qsec         0.60668    0.57407   1.057  0.30112
gear         1.04427    1.24158   0.841  0.40860
---
Signif. codes:  0 '***' 0.001 '**' 0.01 '*' 0.05 '.' 0.1 ' ' 1

Residual standard error: 2.572 on 24 degrees of freedom
Multiple R-squared:  0.859,     Adjusted R-squared:  0.8178
F-statistic: 20.88 on 7 and 24 DF,  p-value: 9.184e-09
```

설명 가장 높은 p-값인 0.58245을 가지는 cyl 제거

③ 세 번째 변수제거

코드 및 결과

```
> b3 <- lm(mpg ~ disp+hp+drat+wt+qsec+gear, data=mtcars)
> summary(b3)

Call:
lm(formula = mpg ~ disp + hp + drat + wt + qsec + gear, data = mtcars)

Residuals:
    Min     1Q  Median     3Q     Max
-3.0487 -1.6745 -0.5009  1.0594  5.5789

Coefficients:
            Estimate Std. Error t value Pr(>|t|)
(Intercept) 11.50856   11.64974   0.988  0.33268
disp         0.01531    0.01238   1.237  0.22756
hp          -0.02735    0.01616  -1.692  0.10308
drat         1.26296    1.44189   0.876  0.38942
wt          -4.47570    1.23528  -3.623  0.00129 **
qsec         0.78416    0.47101   1.665  0.10843
gear         1.33458    1.11139   1.201  0.24108
---
Signif. codes:  0 '***' 0.001 '**' 0.01 '*' 0.05 '.' 0.1 ' ' 1

Residual standard error: 2.537 on 25 degrees of freedom
Multiple R-squared:  0.8572,   Adjusted R-squared:  0.8229
F-statistic:    25 on 6 and 25 DF,  p-value: 2.011e-09
```

설명　가장 높은 p-값인 0.38942을 가지는 drat 제거

④ 네 번째 변수제거

코드 및 결과 ▶

```
> b4 <- lm(mpg ~ disp+hp+wt+qsec+gear, data=mtcars)
> summary(b4)

Call:
lm(formula = mpg ~ disp + hp + wt + qsec + gear, data = mtcars)

Residuals:
    Min     1Q  Median     3Q     Max
-3.2036 -1.5812 -0.4572  1.1686  5.6743

Coefficients:
            Estimate Std. Error t value Pr(>|t|)
(Intercept) 15.40033   10.72084   1.436  0.16279
disp         0.01433    0.01227   1.168  0.25358
hp          -0.02851    0.01604  -1.778  0.08716 .
wt          -4.61796    1.21907  -3.788  0.00081 ***
qsec         0.78106    0.46889   1.666  0.10776
gear         1.75784    0.99635   1.764  0.08943 .
---
Signif. codes:  0 '***' 0.001 '**' 0.01 '*' 0.05 '.' 0.1 ' ' 1

Residual standard error: 2.525 on 26 degrees of freedom
Multiple R-squared:  0.8528,    Adjusted R-squared:  0.8245
F-statistic: 30.12 on 5 and 26 DF,  p-value: 4.956e-10
```

설명 가장 높은 p-값인 0.25358을 가지는 disp 제거

⑤ 다섯 번째 변수제거

코드 및 결과

```
> b5 <- lm(mpg ~ hp+wt+qsec+gear, data=mtcars)
> summary(b5)

Call:
lm(formula = mpg ~ hp + wt + qsec + gear, data = mtcars)

Residuals:
    Min     1Q  Median      3Q     Max
-2.9435 -1.7018 -0.2408  0.8872  5.5522

Coefficients:
            Estimate Std. Error t value Pr(>|t|)
(Intercept) 20.72433    9.76781   2.122 0.043187 *
hp          -0.02178    0.01507  -1.446 0.159796
wt          -3.65983    0.90755  -4.033 0.000406 ***
qsec         0.56948    0.43535   1.308 0.201871
gear         1.13122    0.84509   1.339 0.191869
---
Signif. codes:  0 '***' 0.001 '**' 0.01 '*' 0.05 '.' 0.1 ' ' 1

Residual standard error: 2.542 on 27 degrees of freedom
Multiple R-squared:  0.8451,    Adjusted R-squared:  0.8221
F-statistic: 36.81 on 4 and 27 DF,  p-value: 1.45e-10
```

설명 가장 높은 p-값인 0.201871을 가지는 qsec 제거

⑥ 여섯 번째 변수제거

코드 및 결과

```
> b6 <- lm(mpg ~ hp+wt+gear, data=mtcars)
> summary(b6)

Call:
lm(formula = mpg ~ hp + wt + gear, data = mtcars)

Residuals:
    Min     1Q  Median     3Q     Max
-3.3712 -1.9017 -0.3444  0.9883  6.0655

Coefficients:
            Estimate Std. Error t value Pr(>|t|)
(Intercept) 32.013657   4.632264   6.911 1.64e-07 ***
hp          -0.036786   0.009891  -3.719 0.000888 ***
wt          -3.197811   0.846546  -3.777 0.000761 ***
gear         1.019981   0.851408   1.198 0.240963
---
Signif. codes:  0 '***' 0.001 '**' 0.01 '*' 0.05 '.' 0.1 ' ' 1

Residual standard error: 2.574 on 28 degrees of freedom
Multiple R-squared:  0.8352,    Adjusted R-squared:  0.8176
F-statistic: 47.31 on 3 and 28 DF,  p-value: 4.334e-11
```

설명 가장 높은 p-값인 0.240963을 가지는 gear 제거

⑦ 일곱 번째 변수제거

코드 및 결과

```
> b7 <- lm(mpg ~ hp+wt, data=mtcars)
> summary(b7)

Call:
lm(formula = mpg ~ hp + wt, data = mtcars)

Residuals:
   Min     1Q Median     3Q    Max
-3.941 -1.600 -0.182  1.050  5.854

Coefficients:
            Estimate Std. Error t value Pr(>|t|)
(Intercept) 37.22727    1.59879  23.285  < 2e-16 ***
hp          -0.03177    0.00903  -3.519  0.00145 **
wt          -3.87783    0.63273  -6.129 1.12e-06 ***
---
Signif. codes:  0 '***' 0.001 '**' 0.01 '*' 0.05 '.' 0.1 ' ' 1

Residual standard error: 2.593 on 29 degrees of freedom
Multiple R-squared:  0.8268,    Adjusted R-squared:  0.8148
F-statistic: 69.21 on 2 and 29 DF,  p-value: 9.109e-12
```

설명 p-값이 모두 0.01 이하이므로 더 이상 유의하지 않은 변수는 발견되지 않는다.

⑧ 선택된 모형: $\widehat{mpg} = 37.22727 - 0.03177hp - 3.87783wt$

- F-값은 69.21이고 p-값=9.109*10-12로 매우 유의하다.

- 선택된 모형에서 유의하지 않은 변수는 없다. 왜냐하면 유의하지 않는 변수가 없을 때까지 제거하였기 때문이다.

- 모형의 수정된 R^2=0.8148로 연비변동의 81.48%를 설명한다.

잔차 그래프

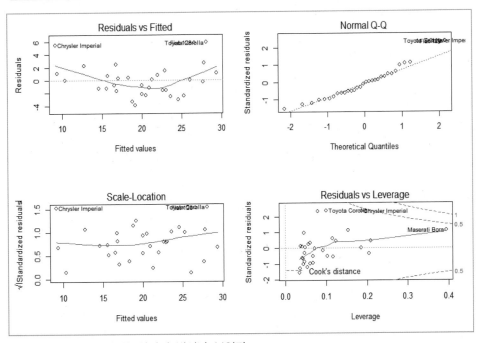

- Q-Q 플롯에서 오른쪽 상단이 벗어나 보인다.

- 이를 확인하기 위해 표준화 잔차값들을 살펴보자.

```
> sb7 <-  rstandard(b7)
> sb7
          Mazda RX4      Mazda RX4 Wag         Datsun 710
         -1.01458647        -0.62332752        -0.98475880
      Hornet 4 Drive  Hornet Sportabout            Valiant
          0.05332850         0.14644776        -0.94769800
          Duster 360          Merc 240D           Merc 230
         -0.53305899         0.62035108         0.32068555
            Merc 280           Merc 280C          Merc 450SE
         -0.30786160        -0.86081660         0.26776519
          Merc 450SL         Merc 450SLC  Cadillac Fleetwood
          0.10087865        -0.65019507         0.01914207
  Lincoln Continental   Chrysler Imperial           Fiat 128
          0.44970228         2.35451716         2.33192251
          Honda Civic      Toyota Corolla       Toyota Corona
          0.44781172         2.37861784        -1.22297829
     Dodge Challenger         AMC Javelin          Camaro Z28
         -1.30026858        -1.54564189        -0.50973308
     Pontiac Firebird          Fiat X1-9        Porsche 914-2
          0.96380569        -0.13220037        -0.01494999
         Lotus Europa     Ford Pantera L        Ferrari Dino
          1.10241512        -0.32270884        -0.48919397
        Maserati Bora          Volvo 142E
          1.11989090        -0.62369214
```

설명

표준화 잔차 값을 보면, Chrysler Imperial의 값이 2.35451716이고, Fiat 128의 값이 2.33192251이며, Toyota Corolla의 값이 2.37861784으로 다소 높으나 3.0을 넘지 않으므로 이상값으로 보지 않을 수 있다. 따라서 위 모형은 적합한 모형이라고 할 수 있다.

⑨ 모형의 해석

- 모형: $\widehat{mpg} = 37.22727 - 0.03177hp - 3.87783wt$

- 배기량이 1마력이 늘수록 시간당 0.03177마일이 줄고, 1kg늘수록 시간당 3.87783마일이 주는 것으로 나타났다.

- 그리고 cyl(실린더 수)과 disp(배기량), drat(후방차축 비율), qsec(1/4 마일에 도달하는데 걸린 시간), gear(기어의 수), carb(기화기 개수)는 연비에 영향을 주지 않는 것으로 나타났다.

3) 단계별제거법(Stepwise Elimination): 유의하지 않는 변수를 제거해 나가면서 제거된 변수 중에 유의한 변수를 추가하는 방법으로 후방제거법의 단점을 보완한 방법

① 첫 번째 변수제거

잔차 그래프

```
> s1 <- lm(mpg ~ cyl+disp+hp+drat+wt+qsec+gear+carb, data=mtcars)
> summary(s1)

Call:
lm(formula = mpg ~ cyl + disp + hp + drat + wt + qsec + gear +
    carb, data = mtcars)

Residuals:
    Min      1Q  Median      3Q     Max
-3.0230 -1.6874 -0.4109  0.9640  5.4400

Coefficients:
            Estimate Std. Error t value Pr(>|t|)
(Intercept) 17.88964   17.81996   1.004   0.3259
cyl         -0.41460    0.95765  -0.433   0.6691
disp         0.01293    0.01758   0.736   0.4694
hp          -0.02085    0.02072  -1.006   0.3248
drat         1.10110    1.59806   0.689   0.4977
wt          -3.92065    1.86174  -2.106   0.0463 *
qsec         0.54146    0.62122   0.872   0.3924
gear         1.23321    1.40238   0.879   0.3883
carb        -0.25510    0.81563  -0.313   0.7573
---
Signif. codes:  0 '***' 0.001 '**' 0.01 '*' 0.05 '.' 0.1 ' ' 1

Residual standard error: 2.622 on 23 degrees of freedom
Multiple R-squared:  0.8596,     Adjusted R-squared:  0.8107
F-statistic:  17.6 on 8 and 23 DF,  p-value: 4.226e-08
```

설명 가장 높은 p-값인 0.7573을 가지는 carb 제거

② 두 번째 변수제거

코드 및 결과

```
> s2 <- lm(mpg ~ cyl+disp+hp+drat+wt+qsec+gear, data=mtcars)
> summary(s2)

Call:
lm(formula = mpg ~ cyl + disp + hp + drat + wt + qsec + gear,
    data = mtcars)

Residuals:
    Min      1Q  Median      3Q     Max
-3.0118 -1.6509 -0.3987  0.8855  5.5786

Coefficients:
            Estimate Std. Error t value Pr(>|t|)
(Intercept) 18.58648   17.34464   1.072  0.29456
cyl         -0.50123    0.89932  -0.557  0.58245
disp         0.01663    0.01277   1.302  0.20538
hp          -0.02425    0.01731  -1.401  0.17411
drat         1.00092    1.53592   0.652  0.52081
wt          -4.33689    1.27719  -3.396  0.00238 **
qsec         0.60668    0.57407   1.057  0.30112
gear         1.04427    1.24158   0.841  0.40860
---
Signif. codes:  0 '***' 0.001 '**' 0.01 '*' 0.05 '.' 0.1 ' ' 1

Residual standard error: 2.572 on 24 degrees of freedom
Multiple R-squared:  0.859,     Adjusted R-squared:  0.8178
F-statistic: 20.88 on 7 and 24 DF,  p-value: 9.184e-09
```

설명 가장 높은 p-값인 0.58245을 가지는 cyl 제거

■ 앞에서 제거한 crab변수를 포함여부 판단(후방제거법과 다른 점)

• 앞에서 제거한 변수를 포함 여부를 다시 검정한다. 왜냐하면 이번에 제거된 변수와의 높은 상관

관계로 탈락되었을 가능성이 있기 때문

코드 및 결과 ▶

```
> s3 <- lm(mpg ~ disp+hp+drat+wt+qsec+gear+carb, data=mtcars)
> summary(s3)

Call:
lm(formula = mpg ~ disp + hp + drat + wt + qsec + gear + carb,
    data = mtcars)

Residuals:
    Min      1Q  Median      3Q     Max
-3.4104 -1.7890 -0.3825  1.0640  5.3849

Coefficients:
            Estimate Std. Error t value Pr(>|t|)
(Intercept) 12.24598   11.94219   1.025    0.315
disp         0.01046    0.01634   0.640    0.528
hp          -0.02184    0.02024  -1.079    0.291
drat         1.33982    1.47430   0.909    0.373
wt          -3.85920    1.82463  -2.115    0.045 *
qsec         0.64987    0.55880   1.163    0.256
gear         1.52889    1.20391   1.270    0.216
carb        -0.35724    0.76743  -0.466    0.646
---
Signif. codes:  0 '***' 0.001 '**' 0.01 '*' 0.05 '.' 0.1 ' ' 1

Residual standard error: 2.577 on 24 degrees of freedom
Multiple R-squared:  0.8584,    Adjusted R-squared:  0.8171
F-statistic: 20.79 on 7 and 24 DF,  p-value: 9.606e-09
```

설명 carb의 p-값이 0.646으로 가 유의하지 않으므로 제거한다.

③ 세 번째 변수 제거

코드 및 결과 ▶

```
> s4 <- lm(mpg ~ disp+hp+drat+wt+qsec+gear, data=mtcars)
> summary(s4)

Call:
lm(formula = mpg ~ disp + hp + drat + wt + qsec + gear, data = mtcars)

Residuals:
    Min      1Q  Median      3Q     Max
-3.0487 -1.6745 -0.5009  1.0594  5.5789

Coefficients:
            Estimate Std. Error t value Pr(>|t|)
(Intercept) 11.50856   11.64974   0.988  0.33268
disp         0.01531    0.01238   1.237  0.22756
hp          -0.02735    0.01616  -1.692  0.10308
drat         1.26296    1.44189   0.876  0.38942
wt          -4.47570    1.23528  -3.623  0.00129 **
qsec         0.78416    0.47101   1.665  0.10843
gear         1.33458    1.11139   1.201  0.24108
---
Signif. codes:  0 '***' 0.001 '**' 0.01 '*' 0.05 '.' 0.1 ' ' 1

Residual standard error: 2.537 on 25 degrees of freedom
Multiple R-squared:  0.8572,    Adjusted R-squared:  0.8229
F-statistic:    25 on 6 and 25 DF,  p-value: 2.011e-09
```

설명 drat의 p-값이 0.38942으로 가 유의하지 않으므로 제거한다.

■ 앞에서 제거한 crab, cyl변수 포함여부 판단

- 앞에서 제거한 crab변수 포함여부

```
> s5 <- lm(mpg ~ disp+hp+wt+qsec+gear+carb, data=mtcars)
> summary(s5)

Call:
lm(formula = mpg ~ disp + hp + wt + qsec + gear + carb, data = mtcars)

Residuals:
    Min     1Q  Median      3Q     Max
-3.2059 -1.7335 -0.3283  1.2404  5.5272

Coefficients:
            Estimate Std. Error t value Pr(>|t|)
(Intercept) 16.16157   11.09899   1.456   0.1578
disp         0.01049    0.01628   0.644   0.5253
hp          -0.02426    0.02000  -1.213   0.2364
wt          -4.14302    1.79143  -2.313   0.0293 *
qsec         0.67598    0.55612   1.216   0.2355
gear         1.92979    1.11627   1.729   0.0962 .
carb        -0.27913    0.75994  -0.367   0.7165
---
Signif. codes:  0 '***' 0.001 '**' 0.01 '*' 0.05 '.' 0.1 ' ' 1

Residual standard error: 2.568 on 25 degrees of freedom
Multiple R-squared:  0.8536,    Adjusted R-squared:  0.8184
F-statistic: 24.29 on 6 and 25 DF,  p-value: 2.722e-09
```

설명 carb의 p-값이 0.7165으로 가 유의하지 않으므로 제거한다.

- 앞에서 제거한 cyl변수 포함여부

```
> s6 <- lm(mpg ~ disp+hp+wt+qsec+gear+cyl, data=mtcars)
> summary(s6)

Call:
lm(formula = mpg ~ disp + hp + wt + qsec + gear + cyl, data = mtcars)

Residuals:
    Min     1Q  Median      3Q     Max
-3.0730 -1.9388 -0.3331  1.2097  5.6469

Coefficients:
            Estimate Std. Error t value Pr(>|t|)
(Intercept) 23.91504   15.11927   1.582  0.12627
disp         0.01639    0.01262   1.299  0.20592
hp          -0.02397    0.01711  -1.401  0.17343
wt          -4.38939    1.25990  -3.484  0.00184 **
qsec         0.54093    0.55859   0.968  0.34213
gear         1.24438    1.18909   1.046  0.30535
cyl         -0.68063    0.84624  -0.804  0.42881
---
Signif. codes:  0 '***' 0.001 '**' 0.01 '*' 0.05 '.' 0.1 ' ' 1

Residual standard error: 2.542 on 25 degrees of freedom
Multiple R-squared:  0.8565,    Adjusted R-squared:  0.822
F-statistic: 24.87 on 6 and 25 DF,  p-value: 2.129e-09
```

설명 cyl의 p-값이 0.42881로 가 유의하지 않으므로 제거한다.

④ 네 번째 변수 제거

코드 및 결과 ▶

```
> s7 <- lm(mpg ~ disp+hp+wt+qsec+gear, data=mtcars)
> summary(s7)

Call:
lm(formula = mpg ~ disp + hp + wt + qsec + gear, data = mtcars)

Residuals:
    Min      1Q  Median      3Q     Max
-3.2036 -1.5812 -0.4572  1.1686  5.6743

Coefficients:
            Estimate Std. Error t value Pr(>|t|)
(Intercept) 15.40033   10.72084   1.436  0.16279
disp         0.01433    0.01227   1.168  0.25358
hp          -0.02851    0.01604  -1.778  0.08716 .
wt          -4.61796    1.21907  -3.788  0.00081 ***
qsec         0.78106    0.46889   1.666  0.10776
gear         1.75784    0.99635   1.764  0.08943 .
---
Signif. codes:  0 '***' 0.001 '**' 0.01 '*' 0.05 '.' 0.1 ' ' 1

Residual standard error: 2.525 on 26 degrees of freedom
Multiple R-squared:  0.8528,    Adjusted R-squared:  0.8245
F-statistic: 30.12 on 5 and 26 DF,  p-value: 4.956e-10
```

설명 disp의 p-값이 0.25358로 가 유의하지 않으므로 제거한다.

■ 앞에서 제거한 crab, cyl, drat변수 포함여부 판단

• 앞에서 제거한 crab변수 포함여부

```
> s8 <- lm(mpg ~ hp+wt+qsec+gear+carb, data=mtcars)
> summary(s8)

Call:
lm(formula = mpg ~ hp + wt + qsec + gear + carb, data = mtcars)

Residuals:
    Min      1Q  Median      3Q     Max
-3.0914 -1.8670 -0.2949  1.0229  5.4253

Coefficients:
            Estimate Std. Error t value Pr(>|t|)
(Intercept) 19.30911    9.85288   1.960   0.0608 .
hp          -0.01658    0.01587  -1.044   0.3059
wt          -3.19599    1.01213  -3.158   0.0040 **
qsec         0.46662    0.44616   1.046   0.3053
gear         1.85389    1.09748   1.689   0.1031
carb        -0.59348    0.57598  -1.030   0.3123
---
Signif. codes:  0 '***' 0.001 '**' 0.01 '*' 0.05 '.' 0.1 ' ' 1

Residual standard error: 2.539 on 26 degrees of freedom
Multiple R-squared:  0.8511,    Adjusted R-squared:  0.8225
F-statistic: 29.73 on 5 and 26 DF,  p-value: 5.709e-10
```

설명 carb의 p-값이 0.3123로 가 유의하지 않으므로 제거한다.

• 앞에서 제거한 cyl변수 포함여부

```
> s9 <- lm(mpg ~ hp+wt+qsec+gear+cyl, data=mtcars)
> summary(s9)

Call:
lm(formula = mpg ~ hp + wt + qsec + gear + cyl, data = mtcars)

Residuals:
    Min      1Q  Median      3Q     Max
-3.3969 -1.5852 -0.5171  1.0712  5.5914

Coefficients:
            Estimate Std. Error t value Pr(>|t|)
(Intercept) 26.96517   15.13161   1.782  0.08643 .
hp          -0.01808    0.01671  -1.082  0.28923
wt          -3.41354    1.02454  -3.332  0.00259 **
qsec         0.38753    0.55312   0.701  0.48975
gear         0.72536    1.13460   0.639  0.52821
cyl         -0.45775    0.83952  -0.545  0.59023
---
Signif. codes:  0 '***' 0.001 '**' 0.01 '*' 0.05 '.' 0.1 ' ' 1

Residual standard error: 2.576 on 26 degrees of freedom
Multiple R-squared:  0.8468,    Adjusted R-squared:  0.8173
F-statistic: 28.74 on 5 and 26 DF,  p-value: 8.227e-10
```

설명 cyl의 p-값이 0.59023으로 가 유의하지 않으므로 제거한다.

• 앞에서 제거한 drat변수 포함여부

```
> s10 <- lm(mpg ~ hp+wt+qsec+gear+drat, data=mtcars)
> summary(s10)

Call:
lm(formula = mpg ~ hp + wt + qsec + gear + drat, data = mtcars)

Residuals:
    Min      1Q  Median      3Q     Max
-3.1690 -1.7316 -0.3935  0.9146  5.4618

Coefficients:
            Estimate Std. Error t value Pr(>|t|)
(Intercept) 17.65046   10.64571   1.658  0.10934
hp          -0.02037    0.01530  -1.331  0.19470
wt          -3.47843    0.94546  -3.679  0.00107 **
qsec         0.55950    0.43900   1.274  0.21376
gear         0.72471    1.00617   0.720  0.47779
drat         1.10101    1.45051   0.759  0.45465
---
Signif. codes:  0 '***' 0.001 '**' 0.01 '*' 0.05 '.' 0.1 ' ' 1

Residual standard error: 2.562 on 26 degrees of freedom
Multiple R-squared:  0.8484,    Adjusted R-squared:  0.8193
F-statistic:  29.1 on 5 and 26 DF,  p-value: 7.192e-10
```

설명 drat의 p-값이 0.45465로 가 유의하지 않으므로 제거한다.

⑤ 다섯 번째 변수 제거

코드 및 결과

```
> s10 <- lm(mpg ~ hp+wt+qsec+gear, data=mtcars)
> summary(s10)

Call:
lm(formula = mpg ~ hp + wt + qsec + gear, data = mtcars)

Residuals:
    Min     1Q  Median      3Q     Max
-2.9435 -1.7018 -0.2408  0.8872  5.5522

Coefficients:
            Estimate Std. Error t value Pr(>|t|)
(Intercept) 20.72433    9.76781   2.122 0.043187 *
hp          -0.02178    0.01507  -1.446 0.159796
wt          -3.65983    0.90755  -4.033 0.000406 ***
qsec         0.56948    0.43535   1.308 0.201871
gear         1.13122    0.84509   1.339 0.191869
---
Signif. codes:  0 '***' 0.001 '**' 0.01 '*' 0.05 '.' 0.1 ' ' 1

Residual standard error: 2.542 on 27 degrees of freedom
Multiple R-squared:  0.8451,    Adjusted R-squared:  0.8221
F-statistic: 36.81 on 4 and 27 DF,  p-value: 1.45e-10
```

설명 qsec의 p-값이 0.201871로 가 유의하지 않으므로 제거한다.

■ 앞에서 제거한 crab, cyl, drat, disp변수 포함여부 판단

• 앞에서 제거한 crab변수 포함여부

```
> s11 <- lm(mpg ~ hp+wt+gear+carb, data=mtcars)
> summary(s11)

Call:
lm(formula = mpg ~ hp + wt + gear + carb, data = mtcars)

Residuals:
    Min     1Q  Median      3Q     Max
-3.4701 -1.7460 -0.3013  0.9833  5.8990

Coefficients:
            Estimate Std. Error t value Pr(>|t|)
(Intercept) 27.77510    5.62707   4.936 3.62e-05 ***
hp          -0.02708    0.01232  -2.198 0.03669 *
wt          -2.73103    0.91085  -2.998 0.00577 **
gear         1.93141    1.09687   1.761 0.08959 .
carb        -0.72825    0.56235  -1.295 0.20628
---
Signif. codes:  0 '***' 0.001 '**' 0.01 '*' 0.05 '.' 0.1 ' ' 1

Residual standard error: 2.544 on 27 degrees of freedom
Multiple R-squared:  0.8449,    Adjusted R-squared:  0.8219
F-statistic: 36.76 on 4 and 27 DF,  p-value: 1.473e-10
```

설명 carb의 p-값이 0.20628로 가 유의하지 않으므로 제거한다.

- 앞에서 제거한 cyl변수 포함여부

```
> s12 <- lm(mpg ~ hp+wt+gear+cyl, data=mtcars)
> summary(s12)

Call:
lm(formula = mpg ~ hp + wt + gear + cyl, data = mtcars)

Residuals:
    Min     1Q  Median     3Q     Max
-3.4710 -1.7876 -0.6517  1.2362  5.9677

Coefficients:
            Estimate Std. Error t value Pr(>|t|)
(Intercept) 36.68953    5.97025   6.145 1.44e-06 ***
hp          -0.02170    0.01574  -1.379  0.17922
wt          -3.02263    0.85116  -3.551  0.00143 **
gear         0.36259    1.00000   0.363  0.71974
cyl         -0.81260    0.66320  -1.225  0.23106
---
Signif. codes:  0 '***' 0.001 '**' 0.01 '*' 0.05 '.' 0.1 ' ' 1

Residual standard error: 2.551 on 27 degrees of freedom
Multiple R-squared:  0.8439,    Adjusted R-squared:  0.8208
F-statistic: 36.49 on 4 and 27 DF,  p-value: 1.599e-10
```

설명 cyl의 p-값이 0.23106으로 가 유의하지 않으므로 제거한다.

- 앞에서 제거한 drat변수 포함여부

```
> s13 <- lm(mpg ~ hp+wt+gear+drat, data=mtcars)
> summary(s13)

Call:
lm(formula = mpg ~ hp + wt + gear + drat, data = mtcars)

Residuals:
    Min     1Q  Median     3Q     Max
-3.1924 -1.8558 -0.3826  1.0345  5.8728

Coefficients:
            Estimate Std. Error t value Pr(>|t|)
(Intercept) 28.57774    6.38283   4.477 0.000124 ***
hp          -0.03503    0.01021  -3.432 0.001946 **
wt          -3.01579    0.88303  -3.415 0.002030 **
gear         0.59509    1.01253   0.588 0.561599
drat         1.15633    1.46652   0.788 0.437282
---
Signif. codes:  0 '***' 0.001 '**' 0.01 '*' 0.05 '.' 0.1 ' ' 1

Residual standard error: 2.592 on 27 degrees of freedom
Multiple R-squared:  0.8389,    Adjusted R-squared:  0.8151
F-statistic: 35.16 on 4 and 27 DF,  p-value: 2.428e-10
```

설명 drat의 p-값이 0.437282으로 가 유의하지 않으므로 제거한다.

- 앞에서 제거한 disp변수 포함여부

```
> s14 <- lm(mpg ~ hp+wt+gear+disp, data=mtcars)
> summary(s14)

Call:
lm(formula = mpg ~ hp + wt + gear + disp, data = mtcars)

Residuals:
    Min      1Q  Median      3Q     Max
-3.5667 -1.8313 -0.3168  1.0760  6.0710

Coefficients:
             Estimate Std. Error t value Pr(>|t|)
(Intercept) 31.506996   4.780618   6.591 4.53e-07 ***
hp          -0.042305   0.014178  -2.984  0.00598 **
wt          -3.550608   1.070639  -3.316  0.00261 **
gear         1.282530   0.985501   1.301  0.20412
disp         0.006428   0.011686   0.550  0.58678
---
Signif. codes:  0 '***' 0.001 '**' 0.01 '*' 0.05 '.' 0.1 ' ' 1

Residual standard error: 2.607 on 27 degrees of freedom
Multiple R-squared:  0.8371,    Adjusted R-squared:  0.8129
F-statistic: 34.68 on 4 and 27 DF,  p-value: 2.834e-10
```

설명 disp의 p-값이 0.58678로 가 유의하지 않으므로 제거한다.

⑥ 여섯 번째 변수 제거

코드 및 결과

```
> s15 <- lm(mpg ~ hp+wt+gear, data=mtcars)
> summary(s15)

Call:
lm(formula = mpg ~ hp + wt + gear, data = mtcars)

Residuals:
    Min      1Q  Median      3Q     Max
-3.3712 -1.9017 -0.3444  0.9883  6.0655

Coefficients:
             Estimate Std. Error t value Pr(>|t|)
(Intercept) 32.013657   4.632264   6.911 1.64e-07 ***
hp          -0.036786   0.009891  -3.719 0.000888 ***
wt          -3.197811   0.846546  -3.777 0.000761 ***
gear         1.019981   0.851408   1.198 0.240963
---
Signif. codes:  0 '***' 0.001 '**' 0.01 '*' 0.05 '.' 0.1 ' ' 1

Residual standard error: 2.574 on 28 degrees of freedom
Multiple R-squared:  0.8352,    Adjusted R-squared:  0.8176
F-statistic: 47.31 on 3 and 28 DF,  p-value: 4.334e-11
```

설명 gear의 p-값이 0.240963으로 가 유의하지 않으므로 제거한다.

■ 앞에서 제거한 crab, cyl, drat, disp, qsec변수 포함여부 판단

  • 앞에서 제거한 crab변수 포함여부

```
> s16 <- lm(mpg ~ hp+wt+carb, data=mtcars)
> summary(s16)

Call:
lm(formula = mpg ~ hp + wt + carb, data = mtcars)

Residuals:
    Min      1Q  Median      3Q     Max
-4.0185 -1.6198 -0.2017  1.0864  5.8084

Coefficients:
            Estimate Std. Error t value Pr(>|t|)
(Intercept) 37.28086    1.64618  22.647  < 2e-16 ***
hp          -0.02996    0.01266  -2.367   0.0251 *
wt          -3.89580    0.64923  -6.001 1.83e-06 ***
carb        -0.09288    0.44721  -0.208   0.8370
---
Signif. codes:  0 '***' 0.001 '**' 0.01 '*' 0.05 '.' 0.1 ' ' 1

Residual standard error: 2.637 on 28 degrees of freedom
Multiple R-squared:  0.8271,    Adjusted R-squared:  0.8085
F-statistic: 44.63 on 3 and 28 DF,  p-value: 8.501e-11
```

설명 carb의 p-값이 0.837로 유의하지 않으므로 제거한다.

  • 앞에서 제거한 cyl변수 포함여부

```
> s17 <- lm(mpg ~ hp+wt+cyl, data=mtcars)
> summary(s17)

Call:
lm(formula = mpg ~ hp + wt + cyl, data = mtcars)

Residuals:
    Min      1Q  Median      3Q     Max
-3.9290 -1.5598 -0.5311  1.1850  5.8986

Coefficients:
            Estimate Std. Error t value Pr(>|t|)
(Intercept) 38.75179    1.78686  21.687  < 2e-16 ***
hp          -0.01804    0.01188  -1.519 0.140015
wt          -3.16697    0.74058  -4.276 0.000199 ***
cyl         -0.94162    0.55092  -1.709 0.098480 .
---
Signif. codes:  0 '***' 0.001 '**' 0.01 '*' 0.05 '.' 0.1 ' ' 1

Residual standard error: 2.512 on 28 degrees of freedom
Multiple R-squared:  0.8431,    Adjusted R-squared:  0.8263
F-statistic: 50.17 on 3 and 28 DF,  p-value: 2.184e-11
```

설명 cyl의 p-값이 0.09848로 유의수준 $\alpha = 10\%$ 으로 유의하므로 변수를 추가한다.

• 앞에서 제거한 drat변수 포함여부

```
> s18 <- lm(mpg ~ hp+wt+cyl+drat, data=mtcars)
> summary(s18)

Call:
lm(formula = mpg ~ hp + wt + cyl + drat, data = mtcars)

Residuals:
    Min     1Q  Median     3Q     Max
-3.6171 -1.5663 -0.6058  1.2612  5.8161

Coefficients:
            Estimate Std. Error t value Pr(>|t|)
(Intercept) 34.49588    7.44101   4.636  8.1e-05 ***
hp          -0.02089    0.01295  -1.613  0.11845
wt          -2.97331    0.81818  -3.634  0.00116 **
cyl         -0.76229    0.63502  -1.200  0.24040
drat         0.81771    1.38684   0.590  0.56034
---
Signif. codes:  0 '***' 0.001 '**' 0.01 '*' 0.05 '.' 0.1 ' ' 1

Residual standard error: 2.541 on 27 degrees of freedom
Multiple R-squared:  0.8451,    Adjusted R-squared:  0.8222
F-statistic: 36.84 on 4 and 27 DF,  p-value: 1.438e-10
```

설명 drat의 p-값이 0.56034로 유의하지 않으므로 제거한다.

• 앞에서 제거한 disp변수 포함여부

```
> s19 <- lm(mpg ~ hp+wt+cyl+disp, data=mtcars)
> summary(s19)

Call:
lm(formula = mpg ~ hp + wt + cyl + disp, data = mtcars)

Residuals:
    Min     1Q  Median     3Q     Max
-4.0562 -1.4636 -0.4281  1.2854  5.8269

Coefficients:
            Estimate Std. Error t value Pr(>|t|)
(Intercept) 40.82854    2.75747  14.807 1.76e-14 ***
hp          -0.02054    0.01215  -1.691 0.102379
wt          -3.85390    1.01547  -3.795 0.000759 ***
cyl         -1.29332    0.65588  -1.972 0.058947 .
disp         0.01160    0.01173   0.989 0.331386
---
Signif. codes:  0 '***' 0.001 '**' 0.01 '*' 0.05 '.' 0.1 ' ' 1

Residual standard error: 2.513 on 27 degrees of freedom
Multiple R-squared:  0.8486,    Adjusted R-squared:  0.8262
F-statistic: 37.84 on 4 and 27 DF,  p-value: 1.061e-10
```

설명 disp의 p-값이 0.331386으로 유의하지 않으므로 제거한다.

- 앞에서 제거한 qsec변수 포함여부

```
> s20 <- lm(mpg ~ hp+wt+cyl+qsec, data=mtcars)
> summary(s20)

Call:
lm(formula = mpg ~ hp + wt + cyl + qsec, data = mtcars)

Residuals:
    Min     1Q  Median     3Q     Max
-4.1532 -1.3425 -0.4944  1.0588  5.6386

Coefficients:
            Estimate Std. Error t value Pr(>|t|)
(Intercept) 34.28084    9.79157   3.501  0.00163 **
hp          -0.01378    0.01513  -0.911  0.37039
wt          -3.47938    1.00813  -3.451  0.00185 **
cyl         -0.80986    0.62663  -1.292  0.20717
qsec         0.22616    0.48675   0.465  0.64591
---
Signif. codes:  0 '***' 0.001 '**' 0.01 '*' 0.05 '.' 0.1 ' ' 1

Residual standard error: 2.547 on 27 degrees of freedom
Multiple R-squared:  0.8444,    Adjusted R-squared:  0.8213
F-statistic: 36.63 on 4 and 27 DF,  p-value: 1.534e-10
```

설명 qsec의 p-값이 0.64591로 유의하지 않으므로 제거한다.

⑦ 일곱 번째 변수제거

코드 및 결과

```
> s21 <- lm(mpg ~ hp+wt+cyl, data=mtcars)
> summary(s21)

Call:
lm(formula = mpg ~ hp + wt + cyl, data = mtcars)

Residuals:
    Min     1Q  Median     3Q     Max
-3.9290 -1.5598 -0.5311  1.1850  5.8986

Coefficients:
            Estimate Std. Error t value Pr(>|t|)
(Intercept) 38.75179    1.78686  21.687  < 2e-16 ***
hp          -0.01804    0.01188  -1.519 0.140015
wt          -3.16697    0.74058  -4.276 0.000199 ***
cyl         -0.94162    0.55092  -1.709 0.098480 .
---
Signif. codes:  0 '***' 0.001 '**' 0.01 '*' 0.05 '.' 0.1 ' ' 1

Residual standard error: 2.512 on 28 degrees of freedom
Multiple R-squared:  0.8431,    Adjusted R-squared:  0.8263
F-statistic: 50.17 on 3 and 28 DF,  p-value: 2.184e-11
```

설명 hp의 p-값이 0.140015로 유의하지 않으므로 제거한다.

■ 앞에서 제거한 crab, drat, disp, qsec, gear변수 포함여부 판단

- 앞에서 제거한 crab변수 포함여부

```
> s22 <- lm(mpg ~ wt+cyl+carb, data=mtcars)
> summary(s22)

Call:
lm(formula = mpg ~ wt + cyl + carb, data = mtcars)

Residuals:
    Min     1Q  Median     3Q     Max
-4.6692 -1.5668 -0.4254  1.2567  5.7404

Coefficients:
            Estimate Std. Error t value Pr(>|t|)
(Intercept)  39.6021     1.6823  23.541  < 2e-16 ***
wt           -3.1595     0.7423  -4.256 0.000211 ***
cyl          -1.2898     0.4326  -2.981 0.005880 **
carb         -0.4858     0.3295  -1.474 0.151536
---
Signif. codes:  0 '***' 0.001 '**' 0.01 '*' 0.05 '.' 0.1 ' ' 1

Residual standard error: 2.517 on 28 degrees of freedom
Multiple R-squared:  0.8425,    Adjusted R-squared:  0.8256
F-statistic: 49.91 on 3 and 28 DF,  p-value: 2.322e-11
```

설명 carb의 p-값이 0.151536으로 유의하지 않으므로 제거한다.

- 앞에서 제거한 drat변수 포함여부

```
> s23 <- lm(mpg ~ wt+cyl+drat, data=mtcars)
> summary(s23)

Call:
lm(formula = mpg ~ wt + cyl + drat, data = mtcars)

Residuals:
    Min     1Q  Median     3Q     Max
-4.2944 -1.5576 -0.4667  1.5678  6.1014

Coefficients:
            Estimate Std. Error t value Pr(>|t|)
(Intercept)  39.7677     6.8729   5.786 3.26e-06 ***
wt           -3.1947     0.8293  -3.852 0.000624 ***
cyl          -1.5096     0.4464  -3.382 0.002142 **
drat         -0.0162     1.3231  -0.012 0.990317
---
Signif. codes:  0 '***' 0.001 '**' 0.01 '*' 0.05 '.' 0.1 ' ' 1

Residual standard error: 2.613 on 28 degrees of freedom
Multiple R-squared:  0.8302,    Adjusted R-squared:  0.812
F-statistic: 45.64 on 3 and 28 DF,  p-value: 6.569e-11
```

설명 drat의 p-값이 0.990317로 유의하지 않으므로 제거한다.

- 앞에서 제거한 disp변수 포함여부

```
> s24 <- lm(mpg ~ wt+cyl+disp, data=mtcars)
> summary(s24)

Call:
lm(formula = mpg ~ wt + cyl + disp, data = mtcars)

Residuals:
    Min      1Q  Median      3Q     Max
-4.4035 -1.4028 -0.4955  1.3387  6.0722

Coefficients:
             Estimate Std. Error t value Pr(>|t|)
(Intercept) 41.107678   2.842426  14.462 1.62e-14 ***
wt          -3.635677   1.040138  -3.495  0.00160 **
cyl         -1.784944   0.607110  -2.940  0.00651 **
disp         0.007473   0.011845   0.631  0.53322
---
Signif. codes:  0 '***' 0.001 '**' 0.01 '*' 0.05 '.' 0.1 ' ' 1

Residual standard error: 2.595 on 28 degrees of freedom
Multiple R-squared:  0.8326,    Adjusted R-squared:  0.8147
F-statistic: 46.42 on 3 and 28 DF,  p-value: 5.399e-11
```

설명 disp의 p-값이 0.53322로 유의하지 않으므로 제거한다.

- 앞에서 제거한 qsec변수 포함여부

```
> s25 <- lm(mpg ~ wt+cyl+qsec, data=mtcars)
> summary(s25)

Call:
lm(formula = mpg ~ wt + cyl + qsec, data = mtcars)

Residuals:
    Min      1Q  Median      3Q     Max
-4.5937 -1.5621 -0.3595  1.2097  5.5500

Coefficients:
             Estimate Std. Error t value Pr(>|t|)
(Intercept)  29.4291     8.1912   3.593 0.001238 **
wt           -3.8616     0.9138  -4.226 0.000229 ***
cyl          -0.9277     0.6113  -1.518 0.140280
qsec          0.4945     0.3863   1.280 0.211061
---
Signif. codes:  0 '***' 0.001 '**' 0.01 '*' 0.05 '.' 0.1 ' ' 1

Residual standard error: 2.54 on 28 degrees of freedom
Multiple R-squared:  0.8396,    Adjusted R-squared:  0.8224
F-statistic: 48.86 on 3 and 28 DF,  p-value: 2.979e-11
```

설명 qsec의 p-값이 0.211061로 유의하지 않으므로 제거한다.

● 앞에서 제거한 gear변수 포함여부

```
> s26 <- lm(mpg ~ wt+cyl+gear, data=mtcars)
> summary(s26)

Call:
lm(formula = mpg ~ wt + cyl + gear, data = mtcars)

Residuals:
    Min      1Q  Median      3Q     Max
-4.8443 -1.5455 -0.3932  1.4220  5.9416

Coefficients:
            Estimate Std. Error t value Pr(>|t|)
(Intercept)  42.3864     4.3790   9.679 1.97e-10 ***
wt           -3.3921     0.8208  -4.133 0.000294 ***
cyl          -1.5280     0.4198  -3.640 0.001093 **
gear         -0.5229     0.7789  -0.671 0.507524
---
Signif. codes:  0 '***' 0.001 '**' 0.01 '*' 0.05 '.' 0.1 ' ' 1

Residual standard error: 2.592 on 28 degrees of freedom
Multiple R-squared:  0.8329,    Adjusted R-squared:  0.815
F-statistic: 46.53 on 3 and 28 DF,  p-value: 5.262e-11
```

설명 gear의 p-값이 0.507524로 유의하지 않으므로 제거한다.

⑧ 여덟 번째 변수제거

코드 및 결과

```
> s27 <- lm(mpg ~ wt+cyl, data=mtcars)
> summary(s27)

Call:
lm(formula = mpg ~ wt + cyl, data = mtcars)

Residuals:
    Min      1Q  Median      3Q     Max
-4.2893 -1.5512 -0.4684  1.5743  6.1004

Coefficients:
            Estimate Std. Error t value Pr(>|t|)
(Intercept)  39.6863     1.7150  23.141  < 2e-16 ***
wt           -3.1910     0.7569  -4.216 0.000222 ***
cyl          -1.5078     0.4147  -3.636 0.001064 **
---
Signif. codes:  0 '***' 0.001 '**' 0.01 '*' 0.05 '.' 0.1 ' ' 1

Residual standard error: 2.568 on 29 degrees of freedom
Multiple R-squared:  0.8302,    Adjusted R-squared:  0.8185
F-statistic: 70.91 on 2 and 29 DF,  p-value: 6.809e-12
```

설명

- 유의하지 않은 변수가 없다.

- 따라서 선택된 모형은 $\widehat{mpg} = 39.6863 - 3.191wt - 1.5078cyl$이며, F-값은 70.91이고 p-값 =6.809*10-12로 매우 유의하다.

- 이 모형의 수정된 R^2(Adjusted R2)=0.8185로 연비변동의 81.85%를 설명한다.

⑨ 모형의 타당성 검정

잔차 그래프

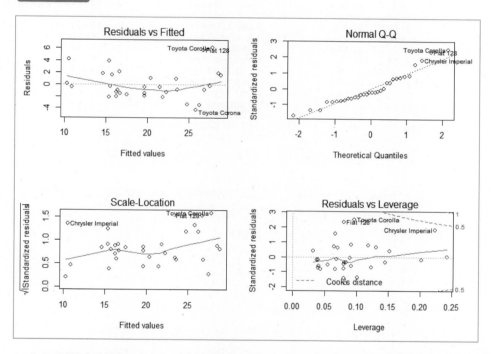

- Q-Q 플롯에서 우측 상단의 데이터가 조금 벗어나 있는 것으로 보인다. 이를 확인하기 위해 표준 화 잔차값을 확인하자.

표준화 잔차값

```
> ssb27 <-  rstandard(s27)
> ssb27
          Mazda RX4         Mazda RX4 Wag           Datsun 710
        -0.51244825          -0.18478693          -1.40157794
      Hornet 4 Drive      Hornet Sportabout              valiant
         0.40360828           0.83877393          -0.59597493
          Duster 360            Merc 240D            Merc 230
        -0.78461743           0.39078743          -0.33855530
            Merc 280            Merc 280C           Merc 450SE
        -0.18382951          -0.74022926           0.71025562
          Merc 450SL          Merc 450SLC    Cadillac Fleetwood
         0.63767089          -0.14609271          -0.20542284
 Lincoln Continental     Chrysler Imperial             Fiat 128
         0.03755005           1.82570047           2.34122168
         Honda Civic        Toyota Corolla        Toyota Corona
         0.78728146           2.50007531          -1.74424120
      Dodge Challenger         AMC Javelin           Camaro Z28
        -0.36287242          -0.59783451          -0.83469849
     Pontiac Firebird           Fiat X1-9         Porsche 914-2
         1.55006265          -0.07371481          -0.33581456
        Lotus Europa        Ford Pantera L         Ferrari Dino
         0.65704006          -0.71078295          -0.83641545
       Maserati Bora            Volvo 142E
        -0.50035506          -1.39047125
```

설명

- 표준화 잔차 값을 보면, Fiat 128의 값이 2.34122168며, Toyota Corolla의 값이 2.50007531으로 다소 높으나 3.0을 넘지 않으므로 이상값으로 보지 않을 수 있다.
- 따라서 위 모형은 적합한 모형이라고 할 수 있다.

⑩ 모형의 해석

- 모형: $\widehat{mpg} = 39.6863 - 3.191wt - 1.5078cyl$

  배기량이 1kg늘수록 시간당 3.191마일이 줄고 실린더 1개 늘일수록 시간당 1.5078마일이 주는 것으로 나타났다.

  disp(배기량)과 hp(마력), drat(후방차축 비율), qsec(1/4 마일에 도달하는데 걸린 시간), gear(기어의 수), carb(기화기 개수)는 연비에 영향을 주지 않는 것으로 나타났다.

4) 세 가지 변수선택 방법에 따르는 결과 요약

■ 선택된 모형

- 전방추가법: $\widehat{mpg} = 39.6863 + 3.1910*wt - 1.5078*cyl$

- 후방제거법: $\widehat{mpg} = 37.22727 - 0.03177hp - 3.87783wt$
- 단계별제거법: $\widehat{mpg} = 39.6863 - 3.191wt - 1.5078cyl$
- 세가지 변수선택방법에 따라 선택된 모형은 다르다. 따라서 세모형을 비교하여야 하는데 결과 요약표가 표7.4에 나와있다.

표 7.4　mtcars에 대한 세가지 변수선택 방법에 따르는 결과 요약

	전방추가법	후방제거법	단계별제거법
회귀분석 횟수	21회	7회	27회
수정된 R^2	0.8185	0.8148	0.8185
F값	70.91	69.21	70.91
p-값	$6.809*10^{-12}$	$9.109*10^{-12}$	$6.809*10^{-12}$
잔차의 표준편차	2.568	2.593	2.568

■ 결과 비교분석

- 선택된 모형은 우연하게 전방추가법과 단계별 제거법이 같았다.
- 후방제거법이 횟수 면에서 가장 작았고 전방추가법이 다음이고 단계별제거법이 가장 많았다. 그런데 전방추가법은 간단하여 회귀분석을 실시하는 데 어려움이 없었으나 단계별제거법은 횟수가 가장 많았고 실시방법이 복잡하였다.
- 단계별제거법이 횟수도 가장 많고 가장 복잡하지만 일반적으로 가장 나은 모형을 선택한다.

■ 모형선택 문제

- 모형선택은 다중회귀분석에서 매우 중요한 문제이다. 정해진 규칙이 없으므로 가장 좋은 모형을 찾기 위한 많은 노력이 필요하고 여기에서 설명된 전방추가법과 후방제거법, 단계별제거법 등을 추천하였고 결과를 설명하였다. 여기에 추가하여 모든 가능한 회귀분석법이 있다. 이는 나중에 설명한다.

5절　다중공선성 문제(Multicolinearity Problem)

다중회귀분석에는 독립변수가 여러 개이기 때문에 독립변수 간의 상관관계가 높은 경우가 종종 있다. 상관관계가 높은 독립변수를 모형에 추가하면 분산을 과대 계산하기 때문에 계수 추정 등에 많은 문제를 일으킨다. 따라서 이러한 문제를 다중공선성 문제라고 있다. 예를 들어 독립변수 중 키와 몸무게가 있다고 하면 키와 몸무게는 상관관계가 높은 변수이므로, 두 변수를 모두 독립변수에 포함시키면 다중공선성 문제가 발생하여 추정의 정확성을 낮추게 된다. 이런 경우 독립변수에서 두 변수 중 하나를 제외하는 것이 바람직하다. 왜냐하면 키를 제외한다면 몸무게가 키의 성질을 대체할 수 있기 때문이다.

1. 다중공선성 판단기준: VIF(Variance Inflation Factor)

다중회귀모형 $y = \beta_0 + \beta_1 x_1 + \beta_2 x_2 + ... + \beta_k x_k + \epsilon$에서 변수 x_j의 계수 β_j에 대한 분산 추정치 $\widehat{var(\beta_j)} = \dfrac{s^2}{(n-1)var^2(x_j)} * \dfrac{1}{1-R_j^2}$이다. 여기서 R_j^2은 변수 x_j를 나머지 독립변수로 선정한 회귀분석 모형의 결정계수이다. 따라서 R_j^2는 변수 x_j를 나머지 독립변수로 설명할 수 있는 비율이다. R_j^2이 1에 가까우면 변수 x_j를 나머지 독립변수로 설명할 수 있어서 상관관계가 높고, 0에 가까우면 x_j를 나머지 독립변수로 설명할 수 없어서 상관관계가 낮다고 말할 수 있다. 이를 이용한 기준은 $\dfrac{1}{1-R_j^2}$이며, 이를 VIF라고 한다.

VIF 〉 4이면 다중공선성이 있다고 판단한다. 왜냐하면

VIF $= \dfrac{1}{1-R_j^2}$ 〉 4이면, R_j^2 〉 $\dfrac{3}{4} = 75\%$이므로 변수 x_j를 나머지 독립변수들이 75% 이상을 설명하기 때문이다.

2. R에서 다중공선성 함수

1) VIF 함수 사용법: 패키지 car에 있다.

1. 패키지 car 설치: install.packages("car")

2. 라이브러리에 등록: libray(car)

3. car함수 사용요구: require(car)

4. vif함수 사용: vif( )

■ vif 함수 사용코드

```
install.packages("car")
library(car)
require(car)
vif(s27)
```

결과▶

```
> require(car)
필요한 패키지를 로딩중입니다: car
필요한 패키지를 로딩중입니다: carData
Warning messages:
1: 패키지 'car'는 R 버전 3.5.2에서 작성되었습니다
2: 패키지 'carData'는 R 버전 3.5.2에서 작성되었습니다
> vif(s27)
      wt       cyl
2.579312 2.579312
```

설명

s27 모형에 사용된 변수 wt와 cyl의 VIF 값들이 모두 4이하이기 때문에 다중공선성이 없다고 판단된다.
다중공선성은 일반적으로 다중회귀분석하기 전에 먼저 실시하여 다중공선성이 있는 변수를 제거하고 하는 것이 바람직
하다.

2) vif( ) 사용법

- vif(mod, data=): mod는 사용모형, data=사용데이터셋

3) vif( ) 사용예제: mtcars 데이터셋을 이용

① mpg에 영향을 주는 독립변수 모두를 넣어서 다중공선성이 있는 변수를 찾는다.

코드 및 결과

```
> vif(lm(mpg ~ cyl+disp+hp+drat+wt+qsec+gear+carb, data=mtcars))
      cyl      disp        hp      drat        wt      qsec      gear      carb
13.189675 21.402534  9.102122  3.292037 14.962903  5.556476  4.827297  7.825779
```

설명 isp의 다중공선성이 가장 높고 설명비율이 $R_i^2 = \dfrac{20}{21} = 0.95$ 따라서 disp는 제거

② disp 변수 제거 후 vif( ) 구동

결과

```
> vif(lm(mpg ~ cyl+hp+drat+wt+qsec+gear+carb, data=mtcars))
      cyl        hp      drat        wt      qsec      gear      carb
11.796671  6.642267  3.249295  5.683116  4.778362  4.799022  4.293226
```

설명 다음으로 cyl의 다중공선성이 가장 높고 설명비율이 $R_i^2 = \dfrac{10.796671}{11.796671} = 0.915$

③ cyl 변수 제거 후 vif( ) 구동

결과

```
> vif(lm(mpg ~ hp+drat+wt+qsec+gear+carb, data=mtcars))
      hp      drat        wt      qsec      gear      carb
5.847841  2.900069  5.142941  3.067922  3.646263  4.249225
```

설명 다음으로 hp의 다중공선성이 가장 높고 설명비율이 $R_i^2 = \dfrac{4.847841}{5.847841} = 0.829$

④ hp 변수 제거 후 vif( ) 구동

결과

```
> vif(lm(mpg ~ drat+wt+qsec+gear+carb, data=mtcars))
    drat        wt      qsec      gear      carb
2.824368  4.296621  1.915542  3.646196  3.775690
```

설명 다음으로 wt의 다중공선성이 가장 높고 설명비율이 $R_i^2 = \dfrac{3.296621}{4.296621} = 0.767$

⑤ wt 변수 제거 후 vif( ) 구동

> **결과**

```
> vif(lm(mpg ~ drat+qsec+gear+carb, data=mtcars))
    drat     qsec     gear     carb
2.389764 1.784365 2.563259 1.954820
```

설명 vif의 값이 4이상인 변수가 없으므로 네 개의 변수로 다중회귀모형을 찾는 것이 바람직하다.

3. 패키지 car에서의 변수선택 방법

- 패키지 car에는 변수선택 함수로 step( )를 제공하고 있다.
- step( ) 함수로 변수선택 방법으로 forward(전방추가법), backward(후방제거법) 등이 제공되고 있다. forward는 단계별 전방추가법이고, backward 단계별 후방 제거법이다. 사용방법은 direction="forward"이다.

■ 다중공선성이 없는 변수 네 개로 최적의 모형 찾기

① car에서 단계별 전방추가법

```
full_model = lm(mpg ~ drat+qsec+gear+carb, data=mtcars)
forward_model = step(full_model, direction="forward")
summary(forward_model)
```

> **설명**
> - full_model은 회귀분석 결과를 저장하는 변수
> - step(결과변수, direction="forward or backward")

결과 화면

```
> summary(forward_model)

Call:
lm(formula = mpg ~ drat + qsec + gear + carb, data = mtcars)

Residuals:
    Min      1Q  Median      3Q     Max
-7.4559 -2.3798  0.2245  1.8186  5.8781

Coefficients:
            Estimate Std. Error t value Pr(>|t|)
(Intercept)  -6.3349     8.7057  -0.728  0.47308
drat          3.4649     1.5547   2.229  0.03436 *
qsec          0.3676     0.4020   0.914  0.36860
gear          3.6403     1.1669   3.120  0.00428 **
carb         -2.1405     0.4655  -4.598 8.96e-05 ***
---
Signif. codes:  0 '***' 0.001 '**' 0.01 '*' 0.05 '.' 0.1 ' ' 1

Residual standard error: 2.994 on 27 degrees of freedom
Multiple R-squared:  0.7851,    Adjusted R-squared:  0.7532
F-statistic: 24.66 on 4 and 27 DF,  p-value: 1.123e-08
```

설명

- direction="forward"결과를 보면 모든 변수를 포함하여 회귀분석한 결과를 보여주고 있다.
- 전방추가법에 의한 결과는 모든 변수를 포함한다.

② car에서 단계별 후방제거법

```
full_model = lm(mpg ~ drat+qsec+gear+carb, data=mtcars)
backward_model = step(full_model, direction="backward")
```

```
Start:  AIC=74.75
mpg ~ drat + qsec + gear + carb

       Df Sum of Sq    RSS    AIC
- qsec  1     7.495 249.52 73.721
<none>              242.02 74.745
- drat  1    44.521 286.54 78.149
- gear  1    87.240 329.26 82.596
- carb  1   189.550 431.57 91.254

Step:  AIC=73.72
mpg ~ drat + gear + carb

       Df Sum of Sq    RSS    AIC
<none>              249.52 73.721
- drat  1    49.57 299.08 77.519
- gear  1    82.46 331.98 80.859
- carb  1   354.02 603.54 99.986
```

설명 direction="backward" 방법으로 변수 qsec가 제거됨을 알 수 있다.

결과요약 화면

- 이 결과는 단계별 후방제거법으로 제거된 변수가 하나이므로 앞에서 구한 단계별제거법과 동일한 결과이다.

```
> summary(backward_model)

Call:
lm(formula = mpg ~ drat + gear + carb, data = mtcars)

Residuals:
    Min     1Q Median     3Q    Max
-8.333 -1.802  0.369  1.543  6.122

Coefficients:
            Estimate Std. Error t value Pr(>|t|)
(Intercept)   0.7848     3.8829   0.202  0.84129
drat          3.6309     1.5395   2.358  0.02557 *
gear          3.5144     1.1553   3.042  0.00506 **
carb         -2.3866     0.3786  -6.303 8.13e-07 ***
---
Signif. codes:  0 '***' 0.001 '**' 0.01 '*' 0.05 '.' 0.1 ' ' 1

Residual standard error: 2.985 on 28 degrees of freedom
Multiple R-squared:  0.7784,    Adjusted R-squared:  0.7547
F-statistic: 32.79 on 3 and 28 DF,  p-value: 2.656e-09
```

설명 이 결과는 절편의 p-값이 유의하지 않으므로 절편이 없는 회귀모형을 선택하여야 한다.

③ 절편을 제거한 모형

```
> backward_model=lm(mpg ~ -1+drat+gear+carb, data=mtcars)
> summary(backward_model)

Call:
lm(formula = mpg ~ -1 + drat + gear + carb, data = mtcars)

Residuals:
    Min     1Q Median     3Q    Max
-8.4526 -1.8335  0.4087  1.4996  6.0541

Coefficients:
     Estimate Std. Error t value Pr(>|t|)
drat   3.8514     1.0679   3.607  0.00115 **
gear   3.4884     1.1290   3.090  0.00439 **
carb  -2.3606     0.3501  -6.742 2.13e-07 ***
---
Signif. codes:  0 '***' 0.001 '**' 0.01 '*' 0.05 '.' 0.1 ' ' 1

Residual standard error: 2.935 on 29 degrees of freedom
Multiple R-squared:  0.9822,    Adjusted R-squared:  0.9804
F-statistic: 533.6 on 3 and 29 DF,  p-value: < 2.2e-16
```

> **설명**
> - 유의하지 않은 변수가 없으며, 분산분석 결과로 p-값이 2.2×10^{-16}이므로 매우 유의하다.
> - 따라서 선택된 모형은 $\widehat{mpg} = 3.8514*drat + 3.4884*gear - 2.3606*carb$ 이며, F-값은 533.6이고 p-값=$2.2*10^{-16}$로 매우 유의하다.
> - 이 모형의 수정된 R^2(Adjusted R2)=0.9804로 이 모형은 연비변동의 98.04%를 설명한다.

④ 모형의 타당성 검정

> **잔차 그래프**

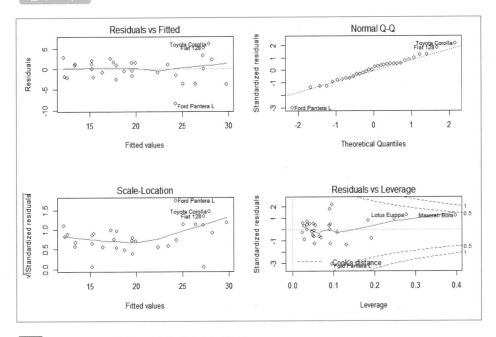

> **설명** 잔차들의 분포에서 문제점이 발견되지 않는다.

표준화 잔차값

```
> backward <-  rstandard(backward_model)
> backward
          Mazda RX4        Mazda RX4 Wag            Datsun 710
         0.513449833          0.513449833          -1.295234053
       Hornet 4 Drive    Hornet Sportabout               Valiant
         0.498975498          0.284953340          -0.221488178
          Duster 360            Merc 240D              Merc 230
         0.326516075          0.335227791          -0.534557550
            Merc 280            Merc 280C             Merc 450SE
        -0.143013497         -0.632814568           0.413800716
          Merc 450SL          Merc 450SLC    Cadillac Fleetwood
         0.726042133         -0.002521174          -0.672072881
   Lincoln Continental    Chrysler Imperial              Fiat 128
        -0.768867996          0.442516693           1.819719568
          Honda Civic        Toyota Corolla          Toyota Corona
         0.822717253          2.169550734          -0.308647208
      Dodge Challenger           AMC Javelin            Camaro Z28
        -0.301239993         -0.925312728          -0.791848753
      Pontiac Firebird             Fiat X1-9          Porsche 914-2
         0.549926450         -0.002382707          -1.382998184
         Lotus Europa        Ford Pantera L          Ferrari Dino
         1.267157795         -3.028765805           0.974340877
         Maserati Bora            Volvo 142E
         1.232787956         -1.282724002
```

설명　표준화 잔차 값을 보면, Fiat 128의 값이 1.819719568이며, Toyota Corolla의 값이 2.169550734 으로 다소 높으나 3.0을 넘지 않으나 Ford Pantera L의 값은 -3.028765805로 -3 이하이므로 이상값 으로 볼 수 있어 제외하는 것이 바람직하다.

⑤ 모형의 해석

- 모형: $\widehat{mpg} = 3.8514 * drat + 3.4884 * gear - 2.3606 * carb$
- 후방차축비율이 1%높아질수록 시간당 3.8514마일이 늘고, 기어의 개수가 1개 늘일수록 시간당 3.4884마일이 늘고, 기화기의 개수가 1개 늘수록 시간당 2.3606마일 주는 것으로 나타났다.
- cyl(실린더 개수)와 disp(배기량)과 hp(마력), qsec(1/4 마일에 도달하는데 걸린 시간), carb(기 화기 개수)는 연비에 영향을 주지 않는 것으로 나타났다.

☑ 변수선택 방법에 따르는 결과 요약

■ 선택된 모형

- 전방추가법: $mpg = 39.6863 + 3.191wt - 1.5078cyl$
- 후방제거법: $\widehat{mpg} = 37.22727 - 0.03177hp - 3.87783wt$
- 단계별제거법: $\widehat{mpg} = 39.6863 - 3.191wt - 1.5078cyl$

- 다중공선성 제거 후 단계별제거법:

$$\widehat{mpg} = 3.8514*drat + 3.4884*gear - 2.3606*carb$$

표 7.5   다중회귀에서 네 가지 변수선택법에 의한 결과

	전방추가법	후방제거법	단계별제거법	다중공선성 제거 후
회귀분석 횟수	21회	7회	27회	1회
수정된 R^2	0.8185	0.8148	0.8185	0.9804
F값	70.91	69.21	70.91	533.6
p-값	6.809×10^{-12}	$9.109*10^{-12}$	$6.809*10^{-12}$	$2.2*10^{-16}$
잔차의 표준편차	2.588	2.593	2.568	2.935

■ 결과 비교분석

- 선택된 모형이 다르다.
- 다중공선성을 제거한 모형의 수정된 R^2이 98.04%로 다른 모형에 비해 월등히 높다. 다만 잔차의 표준편차가 2.935로 다른 모형에 비해 높다. 따라서 다중회귀분석을 실시하기 전에 다중공선성을 제거하는 것이 필요하다는 사실을 알 수 있다. 그러나 다중공선성 제거한 모형에서는 Ford Pantera L가 이상값으로 판명되었다.

변수 선택방법은 변수가 n개 있다면 모든 가능한 경우의 수는 2^{n+1}가지가 있다. mtcars 문재에서 경우의 수는 $2^{10} = 1,024$가지가 된다. 이렇게 많은 경우의 수를 모두 실시하여 비교하기 어려우니까, 전방추가법, 후방제거법, 단계별제거법 등을 제안하여 설명하였다. 이러한 방법들은 최적의 모형을 찾는 방법 중의 하나이기 때문에 최적의 모형을 찾는 노력은 시간이 허락하는 한 계속되어야 한다. 또한 최적의 모형임을 판단하는 방법은 수정된 R^2과 잔차의 표준편차, BIC(Bayesian Information Criterion), AIC(Akaike Information Criterion) 등을 사용한다. 수정된 R^2은 높을수록, 잔차의 표준편차와 BIC, AIC는 낮을수록 좋은 모형이다.

⑥ leaps 패키지를 이용한 가능한 모든 회귀분석 표 만들기

- leaps 패키지로 가능한 모든 회귀분석 표를 만들 수 있다.

- leaps 패키지 설치코드

```
install.packages("leaps")
library(leaps)
require(leaps)
```

- regsubsets(model): model에 포함되는 모든 가능한 회귀분석을 실시하여 BIC 값 계산표

- model: 종속변수 ~ 독립변수들, data=데이터셋

- BIC(Bayesian Information Criterion): 모형의 타당성을 판단하는 기준으로 값이 낮을수록 우수한 모형이다.

코드

```
leaps <- regsubsets(mpg ~ drat+qsec+gear+carb, data=mtcars)

par(mfrow=c(1, 1))
plot(leaps)
```

결과 그래프

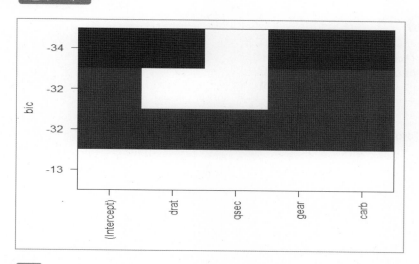

설명

- 행은 모델에 포함된 변수를 나타낸다. 즉 밑에서 두 번째 행은 BIC가 -32으로 모든 변수가 포함되어 있으므로 모형 mpg ~ 절편 + drat + qsec + gear + carb이며 BIC가 -32이다.

- 밑에서 세 번째 행은 변수 drat와 qsec가 빠져 있으므로 모형은 mpg ~ 절편 + drat + carb이며 BIC 는 -32이다.
- 밑에서 네 번째 행을 보면 BIC가 -34로 가장 작고 변수는 gsec가 제외된다.
- BIC 기준으로 보면 변수 절편, drat, gear, crab을 포함시킨 모형이 BIC=-34로 가장 낮아서 이 모형을 선택한다.
- 그러나 앞에서의 분석 결과는 이 모형에서 절편은 제외되어야 더 좋은 모형임을 알 수 있었다. 따라서 추 가적으로 회귀분석을 실시하여 더 좋은 모형을 찾아야 함을 알 수 있다.

■ 추천 변수 선택 방법

① 다중공선성 VIF>4인 변수를 제거한다.
② 단계별 회귀모형과 모든 가능한 회귀모형을 구하여 비교한다.
③ 추가적으로 전방추가법과 후방제거법을 사용하여 모형을 비교한다.

4. car패키지를 이용한 Q-Q플롯 작성방법

- Q-Q플롯은 오차가 정규분포를 따르는가를 검정하는 방법이다. 그런데 판정하는 방법은 직관 에 의존하는데 95%신뢰구간을 표시함으로써 그림의 신뢰도를 높일 수 있다.
- qqPlot( ): car패키지의 qqPlot( ) 함수는 95% 신뢰구간을 표시한다.

코드 및 결과

```
> qqPlot(backward_model)
Toyota Corolla Ford Pantera L
            20            29
```

설명
- 20번째 Toyota Corolla, 29번째 Ford Pantera L이 이상값으로 판명되고 있다.

- Q-Q플롯

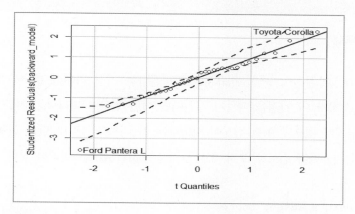

결과

- Q-Q 플롯에 의하면 Toyota Corolla와 Fore Pantera L을 제외한 데이터가 95% 신뢰구간 안에 포함됨을 알 수 있다.

6절 이상치(Outlier) 제거

1. 이상치(Outlier)에 따르는 문제

회귀분석은 오차가 평균이 0이고 분산이 σ^2인 정규분포를 따른다는 가정 하에서 추론하였고 정확성도 검정하였다. 그런데 오차가 이 가정을 따르지 않는다면 어떤 현상이 나타나는 가를 먼저 생각해보자. 즉 오차에 이상치가 있으면 어떤 현상이 나타나는 가를 보자. 1절의 단순 선형회귀분석에서 사용된 MYDATA를 사용하여 검토해 보자. 1절에 사용된 MYDATA는 아래와 같다.

```
> MYDATA
       School Grade Height Weight Score
1  Elementary     A    154     51    71
2  Elementary     A    163     57    69
3  Elementary     B    157     58    80
4  Elementary     C    145     52    81
5  Elementary     C    149     49    72
6      Middle     B    161     58    87
7      Middle     B    165     60    83
8      Middle     B    171     63    79
9      Middle     C    178     67    78
10     Middle     C    169     61    83
11       High     A    172     81    62
12       High     A    175     78    69
13       High     A    181     83    72
14       High     A    188     88    75
15       High     C    165     73    73
```

그리고 단순 회귀분석 결과와 그래프는 아래와 같다.

```
Coefficients:
             Estimate Std. Error t value Pr(>|t|)
(Intercept)  -86.5833    23.3215  -3.713  0.00261
MYDATA$Height  0.9137     0.1400   6.527 1.92e-05

(Intercept)   **
MYDATA$Height ***
---
Signif. codes:
0 '***' 0.001 '**' 0.01 '*' 0.05 '.' 0.1 ' ' 1

Residual standard error: 6.252 on 13 degrees of freedom
Multiple R-squared:  0.7662,    Adjusted R-squared:  0.7482
F-statistic:  42.6 on 1 and 13 DF,  p-value: 1.922e-05
```

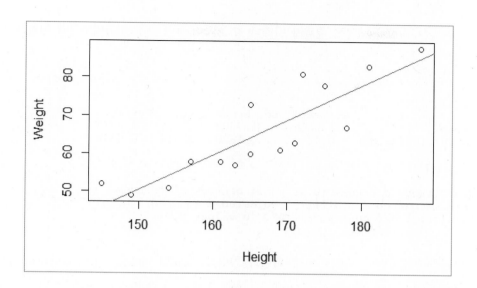

　　그런데 아래와 같이 16번째 데이터(School=High, Grade=A, Height=201, Weight= 55)가 추가되었다고 하면, 즉 키가 201cm인 학생이 몸무게가 55kg으로 이상하게 낮은 학생(이상치)이 추가된 데이터를 회귀분석해 보자. 데이터는 아래와 같다.

```
> MYDATA_OUTLIER
         School Grade Height Weight Score
1   Elementary    A     154     51    71
2   Elementary    A     163     57    69
3   Elementary    B     157     58    80
4   Elementary    C     145     52    81
5   Elementary    C     149     49    72
6       Middle    B     161     58    87
7       Middle    B     165     60    83
8       Middle    B     171     63    79
9       Middle    C     178     67    78
10      Middle    C     169     61    83
11        High    A     172     81    62
12        High    A     175     78    69
13        High    A     181     83    72
14        High    A     188     88    75
15        High    C     165     73    73
16        High    A     201     55    81
```

16번째 데이터를 추가한 회귀분석 결과가 아래와 같다. Height의 계수는 유의하지만 절편은 유의하지 않다.

```
Coefficients:
                     Estimate Std. Error t value Pr(>|t|)
(Intercept)          -15.3864    31.9309  -0.482   0.6373
MYDATA_OUTLIER$Height  0.4752     0.1890   2.514   0.0248 *
---
Signif. codes:  0 '***' 0.001 '**' 0.01 '*' 0.05 '.' 0.1 ' ' 1

Residual standard error: 10.57 on 14 degrees of freedom
Multiple R-squared:  0.3111,    Adjusted R-squared:  0.2619
F-statistic: 6.322 on 1 and 14 DF,  p-value: 0.02477
```

절편을 제거한 회귀모형의 결과는 아래 화면과 같다. Height의 계수는 매우 유의하고 값은 0.38444이다. 회귀식의 유의 확률도 1.66×10^{-13}으로 0에 가까우며, 조정된 $R^2=0.9754$로 데이터의 변동을 97.54%를 설명하는 모형이다.

```
Coefficients:
                     Estimate Std. Error t value Pr(>|t|)
MYDATA_OUTLIER$Height  0.38444    0.01524   25.23 1.07e-13 ***
---
Signif. codes:  0 '***' 0.001 '**' 0.01 '*' 0.05 '.' 0.1 ' ' 1

Residual standard error: 10.3 on 15 degrees of freedom
Multiple R-squared:  0.977,    Adjusted R-squared:  0.9754
F-statistic: 636.4 on 1 and 15 DF,  p-value: 1.066e-13
```

이 회귀식의 그래프는 아래와 같다. 오른쪽 아래에 있는 데이터가 16번째 데이터이며, 이 데이터로 인해 Height의 계수가 0.9137에서 0.38444로 상당히 많이 낮아졌음을 알 수 있다.

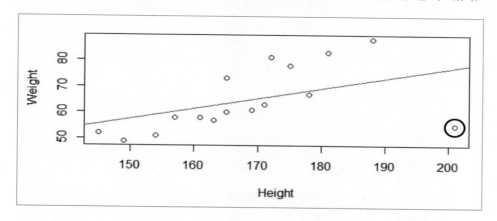

이상치 추가 전과 추가 후의 회귀분석 결과는 표 7.6에 나와 있다. 두 모형 다 매우 유의하였다. 수정된 R^2는 이상치 추가 후가 높았으며 MSE는 이상치 추가 전이 낮았다. 무엇보다 추정계수는 매우 상이하였는데, 이상치가 추가된 후 절편은 -86.5833에서 0으로 올라갔으며, 기울기는 0.9137에서 0.38444로 낮아졌다. 이는 오른쪽 아래에 있는 16번째 데이터인 이상치의 영향으로 절편은 올라갔으며 기울기를 끌어 내린 것으로 보인다. 따라서 두 모형은 적합한 모형으로 판정되므로 이상치를 검출하지 않는 한 잘못된 결과를 유도하게 된다. 따라서 이상치를 검출하는 것이 중요한 문제이다.

표 7.6　　이상치 16번째 데이터 추가 전 후의 회귀분석 결과

통계량	이상치 추가 전	이상치 추가 후	비고
F	42.6	636.4	두 모형 매우 유의
계수	절편: -86.5833 기울기: 0.9137	절편: 0 기울기: 0.38444	이상치 추가 후 절편은 올라가고, 기울기는 내려감
수정된 R2	0.7482	0.9754	이상치 추가 후가 더 높음
MSE	6.253	10.3	이상치 추가 전이 더 낮음

2. 쿡의 거리(Cook's Distance)

앞의 예제에서 16번째 데이터가 실제 데이터인지 이상치인지를 확인해야 한다. 이를 확인하는 통계량이 쿡의 거리(Cook's Distance)이다. Cook's Distance는 이상치인지를 확인하려는 i번째 데이터를 넣고 분석하는 회귀모형과 i번째 데이터를 빼고 분석하는 회귀모형과의 차이를 거리로 계산하는 통계량이다.

- Cook's Distance $\quad D_i = \dfrac{\sum_{j=1}^{n}(\widehat{Y_j} - \widehat{Y_{j(i)}})^2}{p \times MSE}$,

여기서 $\widehat{Y_j}$ = 모든 데이터를 이용하여 추정한 회귀식으로 j번째 데이터를 추정한 값

$\widehat{Y_{j(i)}}$ = i번째 데이터를 제외하여 추정한 회귀식으로 j번째 데이터를 추정한 값

p = 회귀모형에서 독립변수의 수

MSE = mean squared error

Cook's Distance가 크면 클수록 이상치일 확률이 높아지는데, 일반적으로 Cook's Distance 평균의 4배 이상인 데이터를 이상치로 판명한다.

1) R 함수: cooks.distance( )

2) 적용사례

- 위에서 사용하였던 MYDATA_OUTLIER 데이터를 이용한 사례는 아래 결과와 같다.

```
result <- lm(MYDATA_OUTLIER$Weight~-1+MYDATA_OUTLIER$Height)
cooks <- cooks.distance(result)
plot(cooks, pch="*", main="Cooks's Distance",
     xlim=c(1,17), ylim=c(0,0.6))
abline(h=4*mean(cooks), col ="red")
text(x=1:length(cooks)+1, y=cooks, labels=ifelse(cooks>4*mean(cooks),
names(cooks),""), col="red")
```

코드설명

- cooksd <- cooks.distance(result): 회귀분석 결과를 result변수로 받고 result변수를 이용하여 Cook's Distance( ) 함수로 계산한 결과를 변수 cooks에 저장한다.
- plot(cooks, pch="*", xlim=c(1,17), ylim=c(0,0.6)): 변수 cooks를 plot한다. 데이터 표시는 *로 설정하고, x축 범위는 1~17, y축 범위는 0~0.6으로 설정한다.

- abline(h=4*mean(cooks), col ="red"): 직선을 추가하는데, y절편은 cooks변수 평균의 4배, 선의 색은 red로 지정한다.
- text(x=1:length(cooks)+1, y=cooks, labels=ifelse(cooks>4*mean(cooks), names(cooks),""), col="red"): 데이터 label추가, x축은 1~17 y축은 cooks값, label을 붙이는 값은 cooks>4*mean(cooks) 즉 Cook's Distance가 Cook's Distance 평균의 4배보다 큰 값에 names(cooks) 쿡스의 이름을 col="red"로 표시하고, 아니면 공백으로 처리한다. col="red"는 글자색을 빨강으로 지정한다.

결과는 아래 화면에 나타난다. 따라서 16번째 데이터는 이상치로 판명할 수 있다.

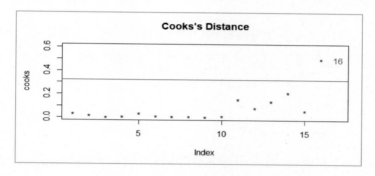

이 이외에도 박스플롯과 표준화 잔차 등을 이용하여 이상치를 판명할 수 있다.

7절   더미변수를 이용한 회귀분석

MYDATA에서 "학교(Elementary, Middle, High)에 따라서 Score값이 다른가?"를 검정하는 데에는 ANOVA를 사용하였다. 그러면 얼마나 차이가 나는 가를 검정하기 위해서 다중비교를 실시하였는데 회귀분석으로도 차이를 분석할 수 있다.

1. 더미변수(Dummy Variable)

더미변수는 변수의 값이 0, 1인 변수를 말하는데, 0은 없음, 1은 있음으로 구분할 수 있다. 이러한 특성을 이용하여 변수가 없을 때와 있을 때의 회귀분석을 실시함으로써 그 변수의 효과를 분석할 수 있다.

1) 더미변수 만들기

- MYDATA2 <― transform(MYDATA, Elementry = ifelse(School=="Elementary", 1, 0),
                            Middle = ifelse(School=="Middle", 1, 0))

설명

- MYDATA에서 변수 School=="Elementary"이면 변수 Elementary=1, 아니면 0
- 변수 School=="Middle"이면 변수 Middle=1, 아니면 0
- 따라서 MYDATA2 데이터셋에는 변수 Elementary, Middle이 추가 되었으며 School의 값이 Elementary이면, 변수 Elementary=1이고 아니면 0, School의 값이 Middle이면, 변수 Middle=1이고 아니면 0, School의 값이 High이면, 변수 Elementary=0이고, 변수 Middle=0이다.
- 더미변수를 생성한 결과

```
> MYDATA2 <-transform( MYDATA, Elementry = ifelse(School=="Elementary", 1, 0),
+                  Middle   = ifelse(School=="Middle", 1, 0))
> MYDATA2
       School Grade Height Weight Score Elementry Middle
1  Elementary     A    154     51    71         1      0
2  Elementary     A    163     57    69         1      0
3  Elementary     B    157     58    80         1      0
4  Elementary     C    145     52    81         1      0
5  Elementary     C    149     49    72         1      0
6      Middle     B    161     58    87         0      1
7      Middle     B    165     60    83         0      1
8      Middle     B    171     63    79         0      1
9      Middle     C    178     67    78         0      1
10     Middle     C    169     61    83         0      1
11       High     A    172     81    62         0      0
12       High     A    175     78    69         0      0
13       High     A    181     83    72         0      0
14       High     A    188     88    75         0      0
15       High     C    165     73    73         0      0
```

■ 더미변수의 개수

수준이 n개인 변수를 더미변수로 구분하려면 n-1개의 더미변수를 만든다. 마지막 수준은 더미변수의 값들이 모두 0으로 표현할 수 있다. 만약 n개의 더미변수로 회귀분석을 하면 역행렬을 계산할 수 없어서 회귀분석을 할 수 없다.

2. 더미변수를 이용한 회귀분석

1) 회귀분석 코드

- 종속변수 Weight와 독립변수 Height에 더미변수 Elementary와 Middle을 추가하여 회귀분석한 결과 절편이 유의하지 않았다.
- 절편을 제외한 회귀분석

```
result<-lm(MYDATA2$Weight ~ -1+MYDATA2$Height+MYDATA2$Elementry+MYDATA2$Middle )
summary(result)
```

결과

```
Call:
lm(formula = MYDATA2$Weight ~ -1 + MYDATA2$Height + MYDATA2$Elementry +
    MYDATA2$Middle)

Residuals:
     Min      1Q   Median      3Q      Max
-2.58310 -1.49824 -0.06058  1.46659  3.04368

Coefficients:
                   Estimate Std. Error t value Pr(>|t|)
MYDATA2$Height     0.457743   0.005157   88.75  < 2e-16 ***
MYDATA2$Elementry -16.909250   1.207031  -14.01 8.47e-09 ***
MYDATA2$Middle    -15.466936   1.259871  -12.28 3.75e-08 ***
---
Signif. codes:  0 '***' 0.001 '**' 0.01 '*' 0.05 '.' 0.1 ' ' 1

Residual standard error: 2.036 on 12 degrees of freedom
Multiple R-squared:  0.9992,    Adjusted R-squared:  0.9991
F-statistic:  5307 on 3 and 12 DF,  p-value: < 2.2e-16
```

설명

- 회귀식: Weight = 0.457743*Height - 16.909250*Elementary - 15.466936*Middle + e_i
- Elementary의 경우: Elementary=1, Middle=0

  Weight = 0.457743*Height - 16.909250*1 - 15.466936*0 + e_i

  Elementry의 계수가 -16.909250이므로 초등학생들은 고등학생들에 비해 평균 16.909kg 적게 나간다는 사실을 말해준다. 그리고 초등학생들은 중학생들에 비해 평균 1.5225564kg (=16.9925-15.466936) 적게나간다.

- Middle의 경우: Elementary=0, Middle=1

  Weight = 0.457743*Height - 16.909250*0 - 15.466936*1 + e$_i$

  Middle의 계수는 -15.466936이므로 중학생들은 고등학생들에 비해 평균 15.467kg 적게 나간다는 사실을 말해준다. 그리고 초등학생들은 중학생들에 비해 평균 1.5225564kg (=16.9925-15.466936)적게 나간다.

- High의 경우: Elementary=0, Middle=0

  Weight = 0.457743*Height - 16.909250*0 - 15.466936*0 + e$_i$

2) 결과 그래프

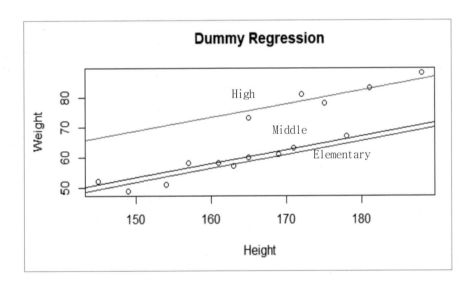

8절 로지스틱 회귀분석(Logistic Regression)

0 또는 1을 예측하는 이진분류나 상품의 성장곡선이 S자 커브를 그릴 경우 성장곡선을 예측하는 데에 로지스틱 회귀분석이 사용된다. 로지스틱 회귀분석은 S자 회귀선을 보일 때 사용되는 방법이다. 그림 7.8은 S자 형태의 회귀선을 보여준다.

그림 7.8   S자 회귀선의 형태

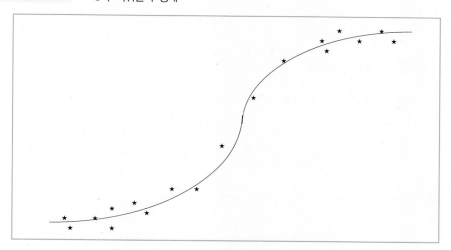

이러한 형태의 회귀선은 직선으로 추정할 수 없으므로 Logit함수=$\log_e \left(\dfrac{p_i}{1-p_i} \right)$로 변환하여 추정한다. 즉 로지스틱 회귀모형은

$$\ln \left(\frac{p_i}{1-p_i} \right) = \beta_0 + \beta_1 x_{1i} + \beta_2 x_{2i} + \ldots + \beta_k x_{ki} + \epsilon_i \text{이다.}$$

여기서 p_i는 i번째 데이터의 1이 될 확률, 또는 시장점유율 등이다.

다음 사례를 보자. 어느 매장에서 6주간에 걸쳐 할인행사를 아래 표 7.7과 같이 실시하였다. 1주차에는 5% 할인행사에 방문객 수는 500명 구매자 수는 15명, 6주차에는 30%할인행사에 방문객 수는 500명 구매자 수는 400명이다. 구매자 수가 할인율이 15%에서 20%로 증가할 때 급격하게 증가하였음을 알 수 있다. 이를 그래프로 표현한 것은 그림 7.9에 나와 있다. 그래프를 보면 구매자 수가 S자를 그리고 있음을 알 수 있다.

표 7.7 　할인율에 따르는 구매자 수

주차	할인률	방문객수	구매자수
1	5%	500	15
2	10%	500	20
3	15%	500	40
4	20%	500	320
5	25%	500	370
6	30%	500	400

그림 7.9 　할인율에 따르는 구매자 수 그래프

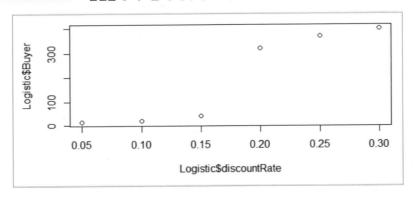

1. 로지스틱 회귀분석 예제

표 7.7에 나와 있는 데이터를 이용하여 로지스틱 회귀분석을 실시해 보자

① 데이터셋

```
> Logistic <- read.csv("c:/rData/logistic.csv")
> Logistic
  week discountRate Customer Buyer
1    1         0.05      500    15
2    2         0.10      500    20
3    3         0.15      500    40
4    4         0.20      500   320
5    5         0.25      500   370
6    6         0.30      500   400
```

② 각 할인율에 따르는 성공확률 p_i 구하기

```
Logistic$P <- Logistic$Buyer/Logistic$Customer #성공확률
```

③ logit 함수 값 구하기

```
Logistic$Logit <- log(Logistic$P/(1-Logistic$P)) #Logit함수
```

④ 회귀분석하기

```
> result <- lm(Logistic$Logit~Logistic$discountRate)
> summary(result)

Call:
lm(formula = Logistic$Logit ~ Logistic$discountRate)

Residuals:
      1        2        3        4        5        6
 0.1720  -0.1949  -0.3718   0.4424   0.1504  -0.1981

Coefficients:
                          Estimate Std. Error t value Pr(>|t|)
(Intercept)                -2.1780     0.3169  -6.873  0.00235 **
Logistic$discountRate       9.9272     1.6273   6.100  0.00365 **
---
Signif. codes:  0 '***' 0.001 '**' 0.01 '*' 0.05 '.' 0.1 ' ' 1

Residual standard error: 0.3404 on 4 degrees of freedom
Multiple R-squared:  0.9029,    Adjusted R-squared:  0.8787
F-statistic: 37.21 on 1 and 4 DF,  p-value: 0.003653
```

설명

- F 값의 유의확률이 0.003653으로 매우 유의함
- 계수들(절편, 기울기)의 유의확률도 0.00234, 0.00365로 매우 유의함

⑤ 로지스틱 회귀모형

$$\ln\left(\frac{p_i}{1-p_i}\right) = -2.178 + 9.9272x_i$$

- 해석: 할인율을 1%올리면 Logit가 9.927올라간다.

⑥ 예측: 할인율이 18%일 때 판매 성공확률

$$\ln\left(\frac{p_i}{1-p_i}\right) = -2.178 + 9.9272 \times 0.18 = -0.391104$$

$$p_i = \frac{e^{-0.391104}}{(1+e^{-0.391104})} = 0.403452, \text{ 약 } 40\%$$

2. R의 glm( )함수 이용하기

1) glm( ) 함수: generalized linear model의 약어로 lm( ) 함수의 확장이다.

① 사용형식: glm(수식, family=family type, data=data set)

    - 수식: y ~ x1 + x2 + ... +xk

    - family=binomial (0, 1의 이항)이며, 3항 이상의 multinomial logistic regression은 nnet 패키지의 multinom( ) 함수 이용

② 데이터 형식: glm( )함수를 사용하기 위해서는 종속변수는 0, 1을 가지는 명목변수

2) glm( ) 사용예제

① 데이터

```
> Logistic2 <- read.csv("c:/rData/logistic2.csv")
> Logistic2
   week discountRate Customer Buyer
1     1         0.05        1     1
2     1         0.05        2     0
3     1         0.05        3     0
4     1         0.05        4     0
5     1         0.05        5     0
6     1         0.05        6     0
7     1         0.05        7     0
8     1         0.05        8     0
9     1         0.05        9     0
10    1         0.05       10     0
11    2         0.10        1     1
12    2         0.10        2     0
13    2         0.10        3     0
14    2         0.10        4     0
15    2         0.10        5     0
16    2         0.10        6     0
17    2         0.10        7     0
```

설명

- 1주차 discountRate=0.05, Customer 10명 방문, Buyer 1(구매)이 1명 0(비구매)가 9명
- 2주차 discountRate=0.10, Customer 10명 방문, Buyer 1(구매)이 1명 0(비구매)가 9명
- 3주차 discountRate=0.15, Customer 10명 방문, Buyer 1(구매)이 2명 0(비구매)가 8명
- 4주차 discountRate=0.20, Customer 10명 방문, Buyer 1(구매)이 7명 0(비구매)가 3명
- 5주차 discountRate=0.25, Customer 10명 방문, Buyer 1(구매)이 8명 0(비구매)가 2명
- 6주차 discountRate=0.30, Customer 10명 방문, Buyer 1(구매)이 9명 0(비구매)가 1명
- 따라서 각 주차마다 10개의 데이터가 있고, 1주차는 1이 1개, 0이 9개, 2주차는 1이 1개, 0이 9개, 3주차는 1이 2개, 0이 8개, …, 9주차는 1이 9개, 0이 1개로 총 60개의 데이터를 생성한다.
- 여기서는 18~60번째 데이터는 생략하였다.
- 데이터 특징: 그래프는 최고가 100%인 S자 곡선을 가지기 때문에 Logistic Regression 필요

② 로지스틱 회귀모형 R 코드

```
> result2 <- glm(Buyer ~ discountRate, data=Logistic2, family="binomial")
> summary(result2)

Call:
glm(formula = Buyer ~ discountRate, family = "binomial", data = Logistic2)

Deviance Residuals:
    Min      1Q   Median      3Q      Max
-2.2543  -0.5412  -0.3236   0.6692   2.4396

Coefficients:
             Estimate Std. Error z value Pr(>|z|)
(Intercept)    -4.000      1.013   -3.950 7.81e-05 ***
discountRate   21.530      5.208    4.134 3.57e-05 ***
---
Signif. codes:  0 '***' 0.001 '**' 0.01 '*' 0.05 '.' 0.1 ' ' 1

(Dispersion parameter for binomial family taken to be 1)

    Null deviance: 82.911  on 59  degrees of freedom
Residual deviance: 53.645  on 58  degrees of freedom
AIC: 57.645

Number of Fisher Scoring iterations: 5
```

설명

- 절편과 기울기 계수의 유의확률은 0에 가까워 매우 유의함
- glm( )에서는 잔차(Residuals)라고 하지 않고 Deviance Residual이라고 함
  잔차(Deviance Residuals)도 -2.2543 ~ 2.4396으로 이상치는 존재하지 않음

③ 추정된 로지스틱 회귀모형

$$\ln\left(\frac{p_i}{1-p_i}\right) = -4 + 21.53x_i$$

해석 할인율을 1%올리면 Logit가 21.53올라 간다.

④ 계수의 신뢰구간: confint( )함수

```
> confint(result2)
Waiting for profiling to be done...
                2.5 %     97.5 %
(Intercept)  -6.282564 -2.242414
discountRate 12.465869 33.256398
```

설명 95% 신뢰구간에 0이 포함되지 않아서 모두 유의함을 알 수 있다.

⑤ 로지스틱 예측: predict( )함수

• 할인율이 27%일 때 판매 성공확률? 85.97%

```
> newdata1=data.frame(discountRate=0.27)
> newdata1
  discountRate
1         0.27
> predict(result2, newdata=newdata1, type="response")
        1
0.8597149
```

설명
• newdata1=data.frame(discountRate=0.27): newdata1 데이터 셋에 discountRate=0.27로 설정
• predict(result2, newdata=newdata1, type="response"): predict( ) 함수는 예측하는 함수로 첫 번째 파라미터: 예측에 사용되는 모델,

newdata=newdata1: 예측하고자 하는 데이터 셋 지정,

type="response": 확률계산, "link"는 odd ratio 계산
• 할인율 discountRate=27%일 때, 판매확률 85.97%

3. 다중 로지스틱 회귀분석

다중 로지스틱 회귀분석은 독립변수가 여러 개인 로지스틱 회귀분석이다. 다중 로지스틱 회귀분석를 실시해 보자. 데이터셋은 mtcars을 사용한다. 종속변수 vs=엔진 종류(0 : V engine, 1 : Straight engine)이고 독립변수는 mpg=연비, disp=배기량을 사용한다. 즉 연비와 배기량에 따라 엔진종의 확률을 추정한다. 판정의 룰은 확률 p > 0.5이면 Straight engine, 그렇지 않으면 V engine으로 판정한다.

① 데이터 셋

```
> mtcars
                   mpg cyl  disp  hp drat    wt  qsec vs am gear carb
Cadillac Fleetwood 10.4   8 472.0 205 2.93 5.250 17.98  0  0    3    4
Lincoln Continental 10.4  8 460.0 215 3.00 5.424 17.82  0  0    3    4
Camaro Z28         13.3   8 350.0 245 3.73 3.840 15.41  0  0    3    4
Duster 360         14.3   8 360.0 245 3.21 3.570 15.84  0  0    3    4
Chrysler Imperial  14.7   8 440.0 230 3.23 5.345 17.42  0  0    3    4
Maserati Bora      15.0   8 301.0 335 3.54 3.570 14.60  0  1    5    8
Merc 450SLC        15.2   8 275.8 180 3.07 3.780 18.00  0  0    3    3
AMC Javelin        15.2   8 304.0 150 3.15 3.435 17.30  0  0    3    2
Dodge Challenger   15.5   8 318.0 150 2.76 3.520 16.87  0  0    3    2
```

② 로지스틱 회귀모형 R 코드

```
> result3 <- glm(vs ~ -1 + mpg + disp, data=mtcars, family="binomial")
> summary(result3)

Call:
glm(formula = vs ~ -1 + mpg + disp, family = "binomial", data = mtcars)

Deviance Residuals:
    Min      1Q   Median      3Q      Max
-2.0296  -0.3974  -0.1101   0.6202   1.5690

Coefficients:
      Estimate Std. Error z value Pr(>|z|)
mpg    0.14581    0.05140   2.837  0.00456 **
disp  -0.01553    0.00524  -2.963  0.00305 **
---
Signif. codes:  0 '***' 0.001 '**' 0.01 '*' 0.05 '.' 0.1 ' ' 1

(Dispersion parameter for binomial family taken to be 1)

    Null deviance: 44.361  on 32  degrees of freedom
Residual deviance: 22.287  on 30  degrees of freedom
AIC: 26.287

Number of Fisher Scoring iterations: 6
```

설명

- 절편은 유의하지 않아서 제외 하였다.
- 연비와 배기량 계수는 매우 유의 하다.
- 잔차(Deviance Residuals)도 -2.0296 ~ 1.569이므로 이상치 존재하지 않는다.

③ 추정된 로지스틱 회귀모형

$$\ln\left(\frac{p_i}{1-p_i}\right) = 0.14581 mpg_i - 0.01553 disp_i$$

해석 연비가 높을수록 Straight engine일 확률이 높고 배기량이 높을수록 V engine일 확률이 높다.

④ 계수의 신뢰구간

```
> confint(result3)
Waiting for profiling to be done...
              2.5 %          97.5 %
mpg    0.06227655   0.270828729
disp  -0.02897062  -0.007347126
```

설명 95% 신뢰구간에 0이 포함되지 않아서 모두 유의함을 알 수 있다.

⑤ 로지스틱 예측

- 연비가 16이고, 배기량이 250일 때 Straight engine일 확률은?

```
> newdata3=data.frame(mpg=16, disp=250)
> newdata3
  mpg disp
1  16  250
> predict(result3, newdata=newdata3, type="response")
         1
0.1752923
```

설명
- 확률: 연비가 16이고 배기량이 250일 때 Straight engine일 확률은 17.52923%
- 판정: V engine

■ 참고

로지스틱 회귀분석은 0 또는 1일 확률을 구할 수 있으므로 P[X=0] > 0.5이면 0이라고 판정하고 그렇지 않으면 1이라고 판정하기 때문에 딥러닝에서 두 개중에 어느 것에 속할 것인가를 판정하는 방법 중의 하나로 사용된다. 결과가 3항 이상의 multinomial logistic regression은 nnet 패키지의 multinom( ) 함수로 구현된다. 이는 딥러닝에서 여러 개를 분류하는 방법 중의 하나로 사용된다.

연습문제

1. 단순 선형회귀모형의 오차에 대한 가정에 대해 기술하여라.
   또한 오차가 적절한지를 검토하는 방법에 대해 설명하여라.

2. cars의 변수 speed는 속도이고 dist는 정지하기까지의 거리이다. speed가 dist를 높인다고
   말할 수 있는가? 이에 대한 단순 선형회귀분석을 실시하여라. 선형관계가 있다면 오차를 검토
   하여 선형관계의 타당성을 설명하여라. 선형회귀분석이 유의하다면 산점도를 작성하고 그 위에
   선형회귀직선을 그려라.

3. mtcars 데이터셋에서 배기량에 따르는 연비에 대한 단순 선형회귀분석을 실시하여라. 분산분
   석표를 기준으로 선형관계가 있는가? 있다면 오차를 검토하여 선형관계의 타당성을 설명하여
   라. 선형회귀분석이 유의하다면 산점도를 작성하고 그 위에 선형회귀직선을 그려라.

4. airquality는 1973년 5월 1일부터 9월 30일까지 뉴욕에서 측정된 대기 질에 관한 자료이다.
   기온이 올라가면 바람의 속도가 낮아진다고 할 수 있는가? 이에 대한 단순 선형회귀분석을 실
   시하여라. 선형관계가 있다면 오차를 검토하여 선형관계의 타당성을 설명하여라. 선형회귀분석
   이 유의하다면 산점도를 작성하고 그 위에 선형회귀직선을 그려라.

5. MASS 패키지에 있는 Animals 데이터셋에서 몸무게와 뇌의 무게는 선형관계가 있는가? 이
   에 대한 단순 선형회귀분석을 실시하여라. 선형관계가 있다면 오차를 검토하여 선형관계의 타
   당성을 설명하여라. 선형회귀분석이 유의하다면 산점도를 작성하고 그 위에 선형회귀직선을
   그려라.

Chapter 07

6. Theoph는 테오필린의 체내 흡수·분포·대사·배설 등의 동태적 연구하는 데이터셋이다. Subject 는 상태를 1에서 12까지 나눈 변수이며, wt는 무게이며, Dose는 복용량이며, Time은 약물 투여 후 시간이며, conc는 농도이다. 농도가 무게나 복용량, 시간과 관련이 있는가? 가장 최적의 모형을 찾아라. 모형에서 선형관계가 유의하다면 오차를 검토하여 선형관계의 타당성을 설명하여라. 또한 유의한 독립변수별 종속변수의 개별 산점도를 작성하여라.

7. trees는 검은 벚꽃 나무의 직경, 높이, 크기에 대한 데이터셋이다. 나무의 직경과 높이가 크기에 영향을 주는가? 전방추가법으로 최적의 모형을 찾아라. 모형에서 선형관계가 유의하다면 오차를 검토하여 선형관계의 타당성을 설명하여라. 또한 유의한 독립변수별 종속변수의 개별 산점도를 작성하여라.

8. USJudgeRatings는 미국 고등 법원이 43명의 변호사 평가한 데이터셋이다. RTEN(유지하고자 하는 점수)에 영향을 주는 독립변수를 단계별제거법(Stepwise Elimination)을 이용하여 선택하여라. 모형에서 선형관계가 유의하다면 오차를 검토하여 선형관계의 타당성을 설명하여라. 또한 유의한 독립변수별 종속변수의 개별 산점도를 작성하여라. 또한 이상치가 있는 지 그래프를 그리고 검정하여라.

9. longley는 잘알려진 상관관계가 높은 거시경제 데이터셋이다. 데이터셋에 대한 설명을 하고 종속변수를 GNP로 정하고 이에 영향을 주는 최적의 독립변수들을 찾아라. 그리고 오차를 검토하여 선형관계의 타당성을 설명하여라. 또한 유의한 독립변수별 종속변수의 개별 산점도를 작성하여라. 또한 이상치가 있는 지 그래프를 그리고 검정하여라.

10. ① mtcars 데이터셋에서 엔진종류에 따라 연비가 얼마나 차이가 나는가? 그리고 결과를 그 래프로 나타내어라.

　② mtcars 데이터셋에서 수동변속기가 자동변속기에 비해 연비가 얼마나 높은가? 그리고 결과를 그래프로 나타내어라.

11. sleep 데이터셋은 10명의 학생 환자에게 2가지 soporific 약을 투여하여 수면 시간을 측정한 자료이다. 수면시간을 가지고 2가지 soporific 약을 판정하는 로지스틱 회귀분석을 실시하여라. 단 group 변수는 factor형이므로 numeric으로 변환하고 값을 0, 1로 변환하여야 한다.

12. mtcars 데이터셋에서 변속기 형태(자동, 수동)을 가장 잘 예측하는 로지스틱 회귀모형을 구하여라.

실습과제

MASS 패키지에 있는 Cars93 데이터셋에 대해 도시 주행 연비에 영향을 주는 변수를 ① 전방추가법 ② 후방제거법 ③ 단계별제거법 ④ 모든 가능한 방법으로 찾아라. 차이가 나는 이유가 무엇이며 어느 방법이 우수한가? 가장 우수한 모형에 대해 오차를 검토하여 타당성을 설명하여라. ⑤ 이상치가 있는 지 검정하여라. 또한 유의한 독립변수별 종속변수의 개별 산점도를 작성하여라.

빅데이터 분석 R과
    빅데이터 플랫폼 하둡(Hadoop) 개론
OpenSource R
        and Hadoop

Chapter 08

시계열분석

시계열분석

1절 시계열 패턴

시계열 데이터는 시간에 따라 측정된 데이터이다. 데이터는 매시간 또는 매일, 매주, 매월, 매분기, 매년 등에 따라 일정한 시기에 측정된다. 시계열분석은 시간이 흐름에 따라 데이터가 따르는 패턴을 찾는 방법이다. 시계열분석에서 사용되는 방법은 지금까지 공부하였던 방법과 차이가 있으므로 특별한 관심을 요한다. 특히 빅데이터 또는 실시간 자료들은 시간에 따라 측정되는 데이터가 많기 때문에 시계열분석은 중요한 주제이다. 또한 시계열분석 방법은 분석보다는 예측에 많이 사용되기 때문에 활용도가 높다.

시계열분석을 위해서는 패턴을 확인하기 위해 그래프를 그려서 패턴 존재유무를 먼저 확인한다.

1. R에서 시계열 그래프 그리기

■ R에서 제공하는 시계열 데이터: AirPassengers

- 1949년 1월 ~ 1960년 12월 동안 월별로 측정된 국제항공 승객 수 (단위: 1,000명)

```
> AirPassengers
     Jan Feb Mar Apr May Jun Jul Aug Sep Oct Nov Dec
1949 112 118 132 129 121 135 148 148 136 119 104 118
1950 115 126 141 135 125 149 170 170 158 133 114 140
1951 145 150 178 163 172 178 199 199 184 162 146 166
1952 171 180 193 181 183 218 230 242 209 191 172 194
1953 196 196 236 235 229 243 264 272 237 211 180 201
1954 204 188 235 227 234 264 302 293 259 229 203 229
1955 242 233 267 269 270 315 364 347 312 274 237 278
1956 284 277 317 313 318 374 413 405 355 306 271 306
1957 315 301 356 348 355 422 465 467 404 347 305 336
1958 340 318 362 348 363 435 491 505 404 359 310 337
1959 360 342 406 396 420 472 548 559 463 407 362 405
1960 417 391 419 461 472 535 622 606 508 461 390 432
```

■ 시계열 그리기: plot(AirPassengers)

```
> plot(AirPassengers)
```

결과 화면

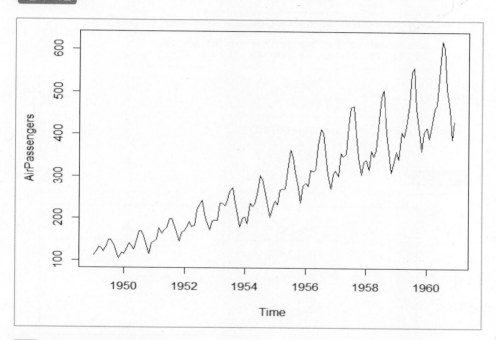

설명 시간이 흐름에 따라 패턴을 보임

1) 수평 패턴(Horizontal Pattern) 시계열

- 평균을 중심으로 랜덤하게 변화하는 패턴이다.

- 다음의 데이터는 2017년 1월 ~ 2017년 12월까지 조사된 웹서비스의 오류 횟수이다.

```
> data
 [1] 26 31 29 35 30 33 28 25 31 27 33 29
```

■ 데이터 셋에 시간 객체 추가하기

- 함수 ts(data, start= , end= , frequency=,): start= 시작, end= 끝, frequency= 1(일), 4(분기), 7(요일), 12(월)

- data1에 2007년 1월부터 12월의 시간 객체가 추가되었음을 알 수 있다.

```
> data1 <- ts(data=data, start=c(2017,1), frequency = 12)
> data1
     Jan Feb Mar Apr May Jun Jul Aug Sep Oct Nov Dec
2017  26  31  29  35  30  33  28  25  31  27  33  29
```

■ 시계열 그리기

```
> plot(data1, ylim=range(0,40))
```

결과화면

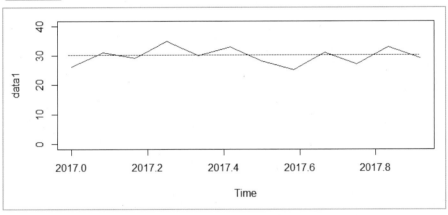

- X축 변수값 표시에 폰트 크기에 의해서 약간의 오류가 있다.

■ 그래프의 특징

    1. 일정한 평균을 가지는 시계열

    2. 분산이 일정한 시계열

2) 평균이 달라지는 시계열(Different Horizontal Pattern)

- 웹서비스 성능향상을 위해 2018년 1월에 새로운 서버를 도입하여 2018년 1월에서 12월까지 오류횟수를 측정하였다.

- 위 데이터에 2018년 1월 ~ 12월까지 측정된 웹서비스의 오류 횟수를 추가한 데이터이다.

```
> data2
     Jan Feb Mar Apr May Jun Jul Aug Sep Oct Nov Dec
2017  26  31  29  35  30  33  28  25  31  27  33  29
2018  12  17  15  19  12  16  12  17  10  18  14  13
```

- 시계열 그래프

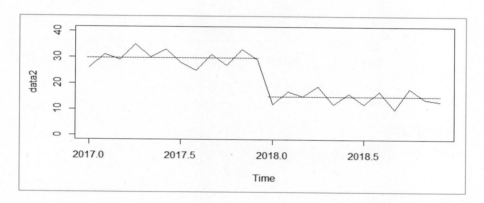

- 그래프의 특징

1. 2017년의 일정한 평균에서 2018년에 하락한 일정한 평균을 가지는 시계열

2. 분산이 일정한 시계열

- 이러한 그래프는 환경변화나 조건의 변동이 생기면 평균수준의 변화를 유발하여 위와 같은 그래프 특징을 보인다.

3) 추세 패턴(Trend Pattern) 시계열

- 경제관련 시계열은 시간이 지남에 따라 커지는 경향을 보인다. 이런 시계열 패턴을 추세 패턴이라고 한다.

- 아래 데이터는 웹서비스 회사에 2017년 1월 ~ 12월까지 방문한 매달 고객 수이다. (단위: 백만명)

```
> data3
     Jan Feb Mar Apr May Jun Jul Aug Sep Oct Nov Dec
2017  26  33  32  41  38  43  40  39  49  47  55  56
```

• 시계열 그래프

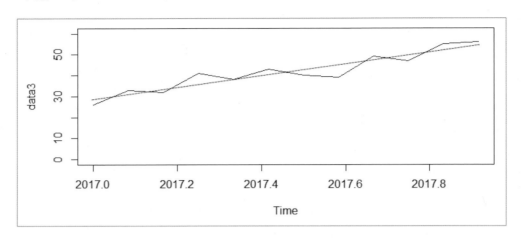

• 그래프 특징

　- 매달 증가하는 패턴을 보인다.

4) 계절 패턴(Seasonal Pattern) 시계열

시계열 데이터는 시간이 지남에 따라 상승하고 하락하는 패턴을 반복할 수 있다. 예를 들면 냉장고는 여름에는 매우 많이 판매되다가 겨울에는 매우 적게 판매된다. 이렇게 계절에 따라 변하는 패턴을 계절 패턴이라고 한다.

• 아래 데이터는 2017년 1월 ~ 12월 사이의 회사의 프린터 고장횟수이다.

```
> data4
     Jan Feb Mar Apr May Jun Jul Aug Sep Oct Nov Dec
2017  21  26  24  14  15  12  23  20  26  12  16  14
```

• 시계열 그래프

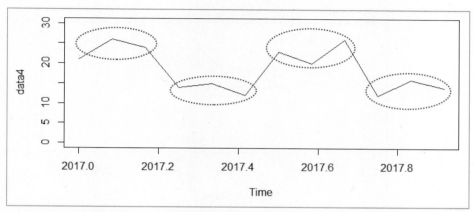

- 그래프 특징: 1사분기는 높고, 2사분기는 낮고, 3사분기는 높고, 4사분기는 낮은 패턴을 가진다.

5) 추세와 계절 패턴(Trend and Seasonal Pattern) 시계열

추세 패턴과 계절 패턴이 동시에 있는 시계열자료로 경제 데이터나 SNS 데이터에 나타나는 특징이다.

• 아래 데이터는 웹서비스 회사에 2017년 1월 ~ 12월까지 방문한 매달 고객 수이다. (단위: 백만명)

```
> data5
     Jan Feb Mar Apr May Jun Jul Aug Sep Oct Nov Dec
2017  19  28  27  21  28  26  37  37  44  32  38  35
```

● 시계열 그래프

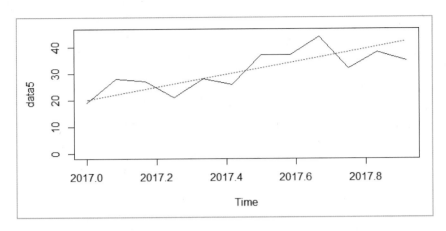

● 그래프 특징

1. 시간이 지남에 따라 증가하는 특징을 가진다.
2. 1사분기는 높고, 2사분기는 낮고, 3사분기는 높고, 4사분기는 낮은 계절 패턴을 가진다.

6) 예측모형 선택

시계열분석 방법은 여러 가지가 있으므로 시계열자료를 이해하고 그에 적합한 시계열분석 방법을 선택하는 것이 가장 중요하다. 왜냐하면 시계열 패턴에 따라 분석방법이 다르기 때문이다. 즉 수평 패턴에 적용하는 방법과 추세 패턴에 적용하는 방법이 다르다. 시계열자료를 이해하기 위해 먼저 그래프를 그리고 자료의 특성들을 파악하여야 한다.

7) 예측의 정확도 측정

시계열분석은 예측을 위한 방법론이므로 예측의 정확도를 측정하는 것이 중요하다. 예측의 정확도를 측정하기 위한 척도가 MAE(Mean of Absolute value of forecast Error), MSE(Mean of Squared Error), MAPE(Mean Absolute Percentage Error) 등이 있다. 이러한 척도는 낮을수록 좋은 모형이라는 것을 의미한다. 그리고 AIC(Akaike Information Criteria)와 BIC(Bayesian Infomation Criteria)도 있는데 이 척도도 낮을수록 좋다.

2절   수평패턴 예측

1. 예측방법론1: 전 달의 데이터로 다음 달 예측

1) 데이터: data1
2) 예측 방법 = 전달의 데이터
3) 예측방법의 정확도 척도

- 오차 = 데이터 - 예측값
- 오차 절대값 = |오차|
- 오차제곱 = 오차2
- 오차비율 = 오차/데이터
- 오차비율 절대값 = |오차비율|

표 8.1   data1에서 전달의 값을 예측값으로 이용한 경우 정확도 측정값들

시간	데이터	예측값	오차	오차 절대값	오차 제곱	오차 비율	오차비율 절대값
2017년 1월	26						
2017년 2월	31	26	5	5	25	16.13%	16.13%
2017년 3월	29	31	-2	2	4	-6.90%	6.90%
2017년 4월	35	29	6	6	36	17.14%	17.14%
2017년 5월	30	35	-5	5	25	-16.67%	16.67%
2017년 6월	33	30	3	3	9	9.09%	9.09%
2017년 7월	28	33	-5	5	25	-17.86%	17.86%
2017년 8월	25	28	-3	3	9	-12.00%	12.00%
2017년 9월	31	25	6	6	36	19.35%	19.35%
2017년 10월	27	31	-4	4	16	-14.81%	14.81%
2017년 11월	33	27	6	6	36	18.18%	18.18%
2017년 12월	29	33	-4	4	36	-13.79%	13.79%
합			3	49	237	-2.13%	161.93%
평균			0.27	4.45	21.55	-0.19%	14.72%

설명 오차는 +와 -가 공존하므로 합을 하면 상쇄가 되어 평균이 0.27이고 오차비율은 -0.19%로 마이너스가 된다. 이를 방지하기 위해 절대값을 구하거나 제곱을 한다. 절대값 평균은 4.45이고 비율로는 14.72%로 오차의 크기를 측정할 수 있다.

4) 예측의 정확도 측정 방법

① MAE(Mean of Absolute value of forecast Error) = $\dfrac{\sum\limits_{i=1}^{n}|Error_i|}{n}$ = $\dfrac{49}{11}$ = 4.45

② MSE(Mean of Squared Error) = $\dfrac{\sum\limits_{i=1}^{n}Error_i^2}{n}$ = $\dfrac{237}{11}$ = 21.55

　MAE와 MSE는 측정단위에 영향을 받아서 측정단위가 다를 경우 오차의 정확도를 비교하기 어렵다. 따라서 측정단위를 없애는 방법이 오차비율을 이용하여 측정하는 방법은 MAPE가 있다.

③ MAPE(Mean Absolute Percentage Error) = $\dfrac{\sum\limits_{i=1}^{n}|Ratio\ of\ Error_i|}{n}$ = $\dfrac{161.93\%}{11}$ = 14.72%

　요약하면
　　① MAE = 4.45
　　② MSE = 21.55
　　③ MAPE = 14.72%이다.

2. 수평 패턴의 예측2: 전 달까지의 데이터 평균으로 예측

1) 데이터: data1

2) 예측 방법 = 전달까지의 평균 값 = $F_{t+1} = \dfrac{\sum\limits_{i=1}^{t}x_i}{t}$

표 8.2   data1에서 전달까지의 평균값을 예측값으로 이용한 경우 정확도 측정값들

시간	데이터	예측값	오차	오차 절대값	오차 제곱	오차 비율	오차비율 절대값
2017년 1월	26						
2017년 2월	31	26.00	5.00	5.00	25.00	16.13%	16.13%
2017년 3월	29	28.50	0.50	0.50	0.25	1.72%	1.72%
2017년 4월	35	28.67	6.33	6.33	40.11	18.10%	18.10%
2017년 5월	30	30.25	-0.25	0.25	0.06	-0.83%	0.83%
2017년 6월	33	30.20	2.80	2.80	7.84	8.48%	8.48%
2017년 7월	28	30.67	-2.67	2.67	7.11	-9.52%	9.52%
2017년 8월	25	30.29	-5.29	5.29	27.94	-21.14%	21.14%
2017년 9월	31	29.63	1.38	1.38	1.89	4.44%	4.44%
2017년 10월	27	29.78	-2.78	2.78	7.72	-10.29%	10.29%
2017년 11월	33	29.50	3.50	3.50	12.25	10.61%	10.61%
2017년 12월	29	29.82	-0.82	0.82	84.31	-2.82%	2.82%
합			7.7	31.31	130.84	14.87%	104.08
평균			0.70	2.85	11.89	1.35%	9.46

3) 두 번째 예측방법의 정확도

① MAE = 2.85

② MSE = 11.89

③ MAPE = 9.46 .

4) 두 예측방법들의 정확도 비교

정확도 측정기준	예측방법1: 전달의 값	예측방법2: 전달까지의 평균
MAE	4.45	2.85
MSE	21.55	11.89
MAPE	14.72	9.45

설명 정확도비교 결과에 의하면 예측방법2가 예측방법1보다 우수함을 알 수 있다.

3. 수평 패턴의 예측3: 이동평균법(MA: Moving Average)

앞에서 수평 패턴에서 다음 달을 예측할 때, 전 달의 값으로 예측하는 것보다 전 달까지의 평균으로 예측하는 것이 우수하였다. 일반적으로 전 달까지의 정보를 모두 이용하는 것이 전 달의 정보만을 이용하는 것보다 우수하다고 생각한다. 그러나 오래된 정보를 이용하는 것이 예측의 정확성을 떨어뜨리기도 하기 때문에 적절한 구간의 평균으로 예측하는 것이 효과적일 수 있다. 적절한 구간을 정할 때도 정확성 측정기준을 이용할 수 있다.

$$\bullet \text{ k 이동평균(MA)} = F_{t+1} = \frac{\sum_{i=t-k+1}^{t} x_i}{k} = \frac{x_t + x_{t-1} + \ldots + x_{t-k+1}}{k} = \text{최근의 k개의 평균}$$

이동평균이라는 말은 평균을 계산할 때마다 가장 오래된 값은 버리고 새로운 값을 추가하여 평균을 내기 때문에 움직이는 평균이라고 일컫는 말이다.

1) 데이터: data1

2) 예측 방법 = 전달부터 3개월 간의 평균 값

표 8.3   data1에서 k=3인 이동평균을 예측값으로 이용한 경우 정확도 측정값들

시간	데이터	예측값	오차	오차 절대값	오차 제곱	오차 비율	오차비율 절대값
2017년 1월	26						
2017년 2월	31						
2017년 3월	29						
2017년 4월	35	28.67	6.33	6.33	40.11	18.10%	18.10%
2017년 5월	30	31.67	-1.67	1.67	2.78	-5.56%	5.56%
2017년 6월	33	31.33	1.67	1.67	2.78	5.05%	5.05%
2017년 7월	28	32.67	-4.67	4.67	21.78	-16.67%	16.67%
2017년 8월	25	30.33	-5.33	5.33	28.44	-21.33%	21.33%
2017년 9월	31	28.67	2.33	2.33	5.44	7.53%	7.53%
2017년 10월	27	28.00	-1.00	1.00	1.00	-3.80%	3.80%
2017년 11월	33	27.67	5.33	5.33	28.44	16.16%	16.16%
2017년 12월	29	30.33	-1.33	1.33	1.78	-4.60%	4.60%
합			11.7	29.67	132.56	-5.00%	98.87%
평균				2.97	13.26		9.87%

3) 세 번째 예측방법의 정확도

① MAE = 2.97
② MSE = 13.26
③ MAPE = 9.87%이다.

4. 수평 패턴의 예측4: 지수평활법(Exponential Smoothing)

좀 더 수학적인 방법으로 과거예측 값과 전 달의 값의 가중평균으로 예측값으로 사용할 수 있다. 왜냐하면 현재의 데이터는 가장 최근의 데이터가 영향을 많이 주고 과거로 갈수록 영향이 적으므로 가중치를 최근의 데이터에 가장 많이 과거로 갈수록 가중치를 적게 주는 방법을 선택할 수 있다. 이러한 방법이 지수평활법이다. 즉

$$F_{t+1} = \alpha x_t + (1-\alpha)F_t, \text{ 여기서 } F_t = t \text{ 시점의 예측값,}$$

$$\alpha = \text{평활계수(smoothing coefficient)}$$

$F_1 = x_1$으로 초기화

두 번째 데이터 예측값: $F_2 = \alpha x_1 + (1-\alpha)F_1 = \alpha x_1 + (1-\alpha)x_1 = x_1$

세 번째 데이터 예측값: $F_3 = \alpha x_2 + (1-\alpha)F_2 = \alpha x_2 + (1-\alpha)x_1$

네 번째 데이터 예측값:

$$F_4 = \alpha x_3 + (1-\alpha)F_3 = \alpha x_3 + (1-\alpha)(\alpha x_2 + (1-\alpha)x_1) = \alpha x_3 + (1-\alpha)\alpha x_2 + (1-\alpha)^2 x_1$$

다섯 번째 데이터 예측값:

$$F_5 = \alpha x_4 + (1-\alpha)F_4 = \alpha x_4 + \alpha(1-\alpha)x_3 + \alpha(1-\alpha)^2 x_2 + (1-\alpha)^3 x_1$$

여섯 번째 데이터 예측값:

$$F_6 = \alpha x_5 + (1-\alpha)F_5 = \alpha x_5 + \alpha(1-\alpha)x_4 + \alpha(1-\alpha)^2 x_3 + \alpha(1-\alpha)^3 x_2 + (1-\alpha)^3 x_1$$

위의 수식을 보면 가장 최근 데이터의 가중치는 α, 그 다음 가중치는 $\alpha(1-\alpha)$, $\alpha(1-\alpha)^2$, $\alpha(1-\alpha)^3$,..., 로 점점 작아지고 있고, 가중치를 합하면 1이 됨을 알 수 있다.

1) 데이터: data1

2) 예측 방법: α=0.2인 지수평활 값

표 8.4   data1에서 α=0.2인 지수평활 값을 예측값으로 이용한 경우 정확도 측정값들

시간	데이터	예측값	오차	오차 절대값	오차 제곱	오차 비율	오차비율 절대값
2017년 1월	26						
2017년 2월	31	26.00	5.00	5.00	25.00	16.13%	16.13%
2017년 3월	29	27.00	2.00	2.00	4.00	6.90%	6.90%
2017년 4월	35	27.40	7.60	7.60	57.76	21.71	21.71%
2017년 5월	30	28.92	1.08	1.08	1.17	3.60%	3.60%
2017년 6월	33	29.14	3.86	3.86	14.93	11.71%	11.71%
2017년 7월	28	29.91	-1.91	1.91	3.64	-6.82%	6.82%
2017년 8월	25	29.53	-4.53	4.53	20.49	-18.11%	18.11%
2017년 9월	31	28.62	2.38	2.38	5.66	7.67%	7.67%
2017년 10월	27	29.10	-2.10	2.10	4.40	-7.77%	7.77%
2017년 11월	33	28.68	4.32	4.32	18.68	13.10%	13.10%
2017년 12월	29	29.54	-0.54	0.54	0.29	-1.87%	1.87%
합			27.2	35.32	127.02	23.23%	92.36%
평균				3.21	11.55		8.40%

3) 네 번째 예측방법의 정확도
  ① MAE = 3.21
  ② MSE = 11.55
  ③ MAPE = 8.40%이다.

5. 수평 패턴에 대한 네 가지 예측방법론 정확성 비교

지금까지 수평패턴을 보이는 시계열자료에 대해 네 가지 예측방법을 이용하여 예측하고 정확도를 측정하였다. 이러한 방법들은 다른 패턴을 보이는 시계열 데이터들에게도 변형하여 사용하기 때문에 기본원리를 이해하는 것이 필요하다. R은 이러한 변형 방법론들에 대한 함수를 제공하기 때문에 쉽게 예측할 수 있다. 이 방법들을 비교하는 표가 아래 표 8.5에 나와 있다.

표 8.5   수평 패턴에 대한 네 가지 예측방법론 정확성 측정값들

정확도 측정기준	예측방법1: 전달의 값	예측방법2: 전달까지의 평균	예측방법3: 이동평균	예측방법4: 지수평활
MAE	4.45	2.85	2.97	3.21
MSE	21.55	11.89	13.26	11.55
MAPE	14.72%	9.46%	9.87%	8.40%

설명

- MAE 기준으로 예측방법2인 전달까지의 평균이 가장 우수한 방법이다.
- MSE 기준으로 예측방법4인 지수평활이 가장 우수한 방법이다.
- MAPE 기준으로 예측방법4인 지수평활이 가장 우수한 방법이다.
- 따라서 기준에 따라 다른 방법이 선택될 수 있다.

  또한 이동평균법은 이동평균의 길이인 k를 변화시켜가면서 우수한 모델을 찾을 수 있고, 지수평활법은 평활계수인 α를 변화시켜가면서 우수한 모델을 찾을 수 있기 때문에 이동평균법과 지수평활법은 개선할 여지가 있다. 또한 이동평균법에서 길이 k를 잘 찾는다면 전달의 데이터나 전달까지의 데이터로 예측하는 보다 나은 결과를 보인다. 따라서 주식예측에 많이 사용된다. 지수평활법에서 평활계수인 α를 잘 찾는다면 일반적으로 이동평균법보다 지수평활법이 더 나은 결과를 보인다. 다만 계산시간이 많이 소요될 수 있다.

6. R 프로그래밍

- FORECAST: 시계열분석 및 예측을 제공해 주는 패키지

```
install.packages("forecast")
library("forecast")
```

1) 전체 데이터 평균으로 예측

- 함수: meanf( ), forecast 패키지에서 제공하는 전체 평균으로 예측하는 함수
- 사용 예: meanf(x, h=3, level=c(80, 95))
  - h=3: 3개 데이터 예측
  - level=c(80, 95): 80%신뢰구간, 95%신뢰구간

결과화면

```
> fit2 <- forecast::meanf(data6, h = 3, level = c(80, 95))
> fitted(fit2)
        Jan   Feb   Mar   Apr   May   Jun   Jul   Aug   Sep   Oct   Nov   Dec
2017 29.75 29.75 29.75 29.75 29.75 29.75 29.75 29.75 29.75 29.75 29.75 29.75
> residuals(fit2)
        Jan   Feb   Mar   Apr   May   Jun   Jul   Aug   Sep   Oct   Nov   Dec
2017 -3.75  1.25 -0.75  5.25  0.25  3.25 -1.75 -4.75  1.25 -2.75  3.25 -0.75
> accuracy(fit2)
             ME     RMSE      MAE        MPE     MAPE MASE       ACF1
Training set  0 2.890358 2.416667 -0.9529881 8.218791  NaN -0.2549875
> forecast(fit2)
         Point Forecast   Lo 80    Hi 80    Lo 95    Hi 95
Jan 2018          29.75 25.4659 34.0341 22.83417 36.66583
Feb 2018          29.75 25.4659 34.0341 22.83417 36.66583
Mar 2018          29.75 25.4659 34.0341 22.83417 36.66583
```

설명

- fit2 <— forecast::meanf( ): forecast 패키지의 함수 meanf( ) 사용하여, 예측하여 결과를 변수 fit2에 저장
- h=3: 3개의 데이터 즉 2018년 1월, 2월, 3월 예측
- level = c(80, 95): 신뢰구간 80%, 95% 두 가지 방법으로 표현
- fitted(fit2): 기존 데이터 예측 값
- residuals(fit2): 기존 데이터 예측 값에 대한 오차
- accuracy(fit2): 기존 데이터 예측 값에 대한 정확도 측정값
- forecast(fit2): 예측값과 신뢰구간

■ forecast 패키지에서 제공하는 함수

- fitted( ): 적합된 값
- residuals( ): 잔차
- accuracy( ): 정확성 측정값들
- forecast( ): 예측 값
- lower( ): 신뢰구간 하한 값
- upper( ): 신뢰구간 상한 값
- model( ): 적합된 모델
- mean( ): 평균 값

2) 이동평균 구하기

- ma(x, n): x는 데이터리스트, n은 이동평균 길이

여기서는 $\widehat{X_t} = \dfrac{1}{n}\sum_{i=-k}^{k} x_{t+j}, \ k = \dfrac{n-1}{2}$ 구하기 때문에 가운데 시점의 이동평균을 구한다.

> **결과**

```
> ma1<-ma(data6, 3)
> ma1
         Jan      Feb      Mar      Apr      May      Jun      Jul      Aug      Sep
2017      NA 28.66667 31.66667 31.33333 32.66667 30.33333 28.66667 28.00000 27.66667
         Oct      Nov      Dec
2017 30.33333 29.66667      NA
```

> **설명**

- 함수 계산결과는 3개월 동안의 이동평균을 계산한 값을 보여준다.
- Feb의 값은 1월, 2월, 3월의 평균값, ..., Nov는 10월, 11월, 12월의 평균값이다.
- 이들 값들을 예측값으로 사용하기 위해서는 Feb의 28.67을 4월의 예측값으로, Mar의 31.67을 5월의 예측값으로 ... Dec의 30.33을 12월 예측값으로 사용한다.
- 정확도 측정은 R에서 제공해 주지 않기 때문에 표 8.3과 같이 오차를 계산하여 정확도를 측정하여야 한다.

■ 시계열 그래프

```
plot(data6, ylim=range(0,40))
par(new=TRUE)
plot(data6MA, type="b", ylim=range(0,40))
```

> **결과 화면**

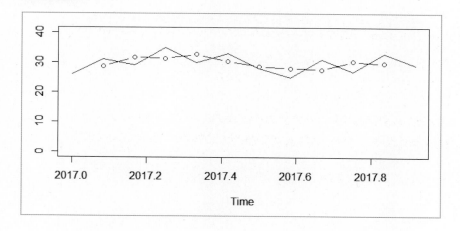

3) 지수평활

① forecast 패키지 ses( )이용

- 함수: ses(x, alpha=0.2, h=3) simple exponential smoothing

• x: 시계열 데이터

• alpha=0.2: 평활계수 α값 지정

• h=3: 예측구간 설정

▶ R 코드 ▶

```
> fit <- ses(data6, alpha=0.2, h=3)
> fitted(fit)
          Jan      Feb      Mar      Apr      May      Jun      Jul
2017 29.60371 28.88297 29.30637 29.24510 30.39608 30.31686 30.85349
          Aug      Sep      Oct      Nov      Dec
2017 30.28279 29.22623 29.58099 29.06479 29.85183
> accuracy(fit)
                   ME     RMSE      MAE       MPE     MAPE MASE
Training set 0.03239777 3.163686 2.678276 -0.9172344 9.092088  NaN
                  ACF1
Training set -0.2796163
```

설명   계산 결과는 표 8.4에서 계산한 결과와 차이가 난다.

– 차이에 대한 설명

• 위에서는 초기값 없이 두 번째 데이터부터 예측하였으나

R에서는 초기값 I=29.60371(전체 평균값과 유사)을 계산하여 지수평활을 한다.

즉 표 8.6과 같이 계산하기 때문에 표 8.4와 차이가 난다

표 8.6   지수평활 값과 R에서 지수평활 계산값

시간	데이터	지수평활값	ses 함수에서 지수평활값
2017년 1월	26		=29.60371
2017년 2월	31	=26.00	0.2*26+0.8*29.60371=28.88
2017년 3월	29	0.2*31 +0.8*26.00=27.00	0.2*31+0.8*28.88=29.30
2017년 4월	35	0.2*29+0.8*27.00=27.40	0.2*29+0.8*29.30=29.24
2017년 5월	30	0.2*35+0.8*27.40=28.92	0.2*35+0.8*29.24=30.40
2017년 6월	33	0.2*30+0.8*28.92=29.14	0.2*30+0.8*30.40=30.32
2017년 7월	28	0.2*33+0.829.14*=29.91	0.2*28+0.8*30.32=30.85
2017년 8월	25	0.2*28+0.8*29.91=29.53	0.2*28+0.8*30.85=30.28
2017년 9월	31	0.2*25+0.8*29.53=28.62	0.2*25+0.8*30.28=29.23
2017년 10월	27	0.2*31+0.8*28.62=29.10	0.2*31+0.8*29.33=29.58
2017년 11월	33	0.2*27+0.8*29.10=28.68	0.2*27+0.8*29.58=29.06
2017년 12월	29	0.2*33+0.8*28.68=29.54	0.2*33+0.8*29.06=29.85

시계열 그래프

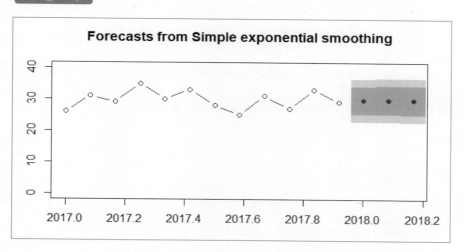

■ 최적의 alpha값을 찾아서 예측

• 함수: ses( )에서 alpha=NULL로 설정하면 α을 최적의 값을 찾는다.

R 코드

```
> # alpha값 추정
> fit <- ses(data6, alpha=NULL, h=3)
```

추정값

```
> fitted(fit)
          Jan      Feb      Mar      Apr      May      Jun      Jul      Aug
2017 29.74966 29.74928 29.74941 29.74933 29.74986 29.74988 29.75021 29.75003
          Sep      Oct      Nov      Dec
2017 29.74956 29.74968 29.74941 29.74973
```

잔차

```
> residuals(fit)
           Jan       Feb        Mar       Apr       May        Jun        Jul
2017 -3.7496559  1.2507191 -0.7494060  5.2506690  0.2501439  3.2501189 -1.7502062
           Aug       Sep        Oct       Nov       Dec
2017 -4.7500311  1.2504439 -2.7496811  3.2505938 -0.7497312
```

정확도 지표들

```
> accuracy(fit)
                       ME     RMSE      MAE       MPE     MAPE MASE      ACF1
Training set 0.0003314259 2.890502 2.416783 -0.9519113 8.219098  NaN -0.254987
```

설명 RMSE, MAE, MAPE 등의 지표에서 α=0.2보다 좋은 결과를 보인다.

요약

```
> summary(fit)

Forecast method: Simple exponential smoothing

Model Information:
Simple exponential smoothing

Call:
 ses(y = data6, h = 3, alpha = NULL)

  Smoothing parameters:
    alpha = 1e-04

  Initial states:
    l = 29.7497
```

설명 α=0.0001이고 초기값이 29.7497이 최적의 값으로 찾아졌음을 알 수 있다. 즉, 평활계수가 0에 가까운 모델이다.

시계열 그래프 ▶ R 코드

```
plot(data6, xlim=range(2017.0, 2018.2), ylim=range(0,40))
par(new=TRUE)
plot(fit, type="b", xlim=range(2017.0, 2018.2), ylim=range(0,40))
```

결과 화면

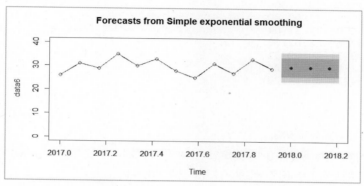

② Holterwinters( ) 함수이용

　Holterwinters( ) 함수는 추세가 없는 경우, 추세가 있는 경우, 계절성이 있는 경우 지수평활법을 이용하여 분석하고 예측하는 함수이다.

■ Holterwinters(x, alpha= , beta=, gamma= , seasonal=c("additive", "multiplicative"))
　• 추세와 계절성이 없는 경우: alpha=값 , beta=FALSE, gamma=FALSE
　　여기서 평활계수 alpha를 쓰지 않는 경우 SSE가 가장 작은 값을 찾아서 분석하고 예측
　• 추세가 있고 계절성이 없는 경우: gamma=FALSE
　• 추세도 있고, 계절성이 있는 경우: alpha, beta, gamma를 적시하지 않는다.
　　　　　　　　　　　　　그러면 R이 최적의 조합을 계산한다.
　• 계절성을 적시하는 경우: seasonal=c("additive", "multiplicative"), "additive"는 가법모형이고, "multiplicative"는 승법모형이다.
　• alpha는 평균, beta는 추세, gamma는 계절성을 추정하는 파라미터이다.

■ Holterwinters( ) 적용사례

```
> Holt <- HoltWinters(data6, alpha=0.2, beta=FALSE, gamma=FALSE)
> fitted(Holt)
              xhat    level
Feb 2017 26.00000 26.00000
Mar 2017 27.00000 27.00000
Apr 2017 27.40000 27.40000
May 2017 28.92000 28.92000
Jun 2017 29.13600 29.13600
Jul 2017 29.90880 29.90880
Aug 2017 29.52704 29.52704
Sep 2017 28.62163 28.62163
Oct 2017 29.09731 29.09731
Nov 2017 28.67784 28.67784
Dec 2017 29.54228 29.54228
```

설명

- data6는 data1과 같은 데이터이다.
- fitted(Holt): Holtwinters 모형의 결과를 담은 변수 Holt에서 추정값 xhat을 보여주는 함수이다.
- ses로 추정한 값이 아니라 수식으로 계산한 지수평활 값과 동일하다.
- 따라서 HoltWinters( )는 초기값을 이용하지 않는 지수평활 값을 계산한다.
- HoltWinters( )는 forecast 패키지의 함수가 아니기 때문에 accuracy( ), summary( ) 등을 지원하지 않는다.

■ 최적의 지수평활 계수를 찾아서 적합시킨 모형: alpha를 지정하지 않는다.

```
> Holt2 <- HoltWinters(data6, beta=FALSE, gamma=FALSE)
> fitted(Holt2)
              xhat    level
Feb 2017 26.00000 26.00000
Mar 2017 27.63112 27.63112
Apr 2017 28.07768 28.07768
May 2017 30.33591 30.33591
Jun 2017 30.22633 30.22633
Jul 2017 31.13117 31.13117
Aug 2017 30.10970 30.10970
Sep 2017 28.44279 28.44279
Oct 2017 29.27702 29.27702
Nov 2017 28.53420 28.53420
Dec 2017 29.99105 29.99105
```

설명

- 적합된 값이 다르기 때문에 α=0.2가 최적의 계수가 아님을 알 수 있다.
  그러나 상세한 파라미터값을 알 수 없다.

잔차값

```
> residuals(Holt2)
           Feb        Mar        Apr        May        Jun        Jul
2017  5.0000000  1.3688785  6.9223171 -0.3359109  2.7736714 -3.1311676
           Aug        Sep        Oct        Nov        Dec
2017 -5.1097047  2.5572051 -2.2770173  4.4658011 -0.9910517
```

- residuals( ): 잔차값을 보여주는 함수

예측값

```
> forecast(Holt2, h=4)
         Point Forecast     Lo 80    Hi 80     Lo 95    Hi 95
Jan 2018        29.66775  24.87828 34.45722  22.34288 36.99261
Feb 2018        29.66775  24.62986 34.70563  21.96297 37.37252
Mar 2018        29.66775  24.39314 34.94235  21.60093 37.73456
Apr 2018        29.66775  24.16659 35.16890  21.25446 38.08104
```

- forecast (변수, h=n): 변수에 있는 예측값 n개를 80%신뢰구간, 95% 신뢰구간과 같이 보여주
  는 함수

시계열 그래프   plot(Holt2)

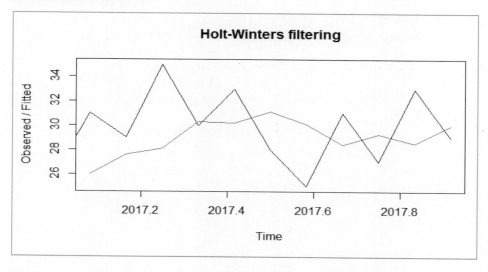

설명 변수 Holt2에는 실제값과 추정값을 가지고 있으므로 Plot( )함수를 이용하여 그리면 두 그래프를 그려준다.

■ 예측 값을 포함한 그래프

```
> Holt2_pred <- predict(Holt2, 4, prediction.interval = TRUE)
> plot(Holt2,Holt2_pred, main="Including Predicted Values", ylab="")
```

결과 화면

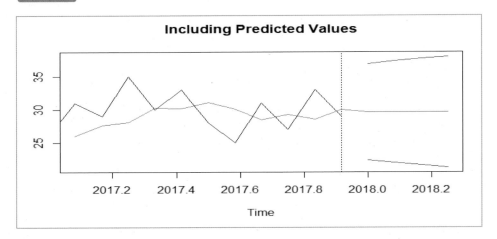

설명

- Holt2_pred <— predict(Holt2, 4, prediction.interval=true): 변수 Holt2를 이용하여 4개의 데이터와 구간 추정을 예측하여 변수 Holt2_pred에 저장한다.
- 수평패턴이므로 예측 값은 마지막 값으로 예측되며 95%신뢰구간의 범위가 넓음을 알 수 있다.

3절　추세패턴 예측

추세패턴이 있는 시계열 데이터를 예측하는 데에는 이중 이동평균법과 이중 지수평활법등이 있다.
여기에서는 이중 지수평활법을 공부한다.

1. 데이터: data3

1) holt함수를 이용하여 예측

① forecast 패키지의 holt( ) 함수
- holt(y, h = 10, level = c(80, 95), exponential = FALSE or NULL,　alpha = NULL, beta = NULL)

  • y: 시계열 데이터
  • h=10: 예측구간 10
  • level=c(80, 95): 예측의 신뢰구간을 80%와 95% 두가지로 계산
  • exponential= FALSE는 직선으로 추세 예측, NULL은 지수로 추세예측
  • alpha = NULL은 최적의 α를 추정, 이는 평균을 추정하는 지수평활 값
  • beta = NULL은 최적의 β를 추정, 이는 추세를 추정하는 지수평활 값

② 사용 데이터: data3으로 385페이지에 있다.

③ R 코드

```
> hol <- holt(data3, h=4, level=c(95), exponential=FALSE, alpha=NULL, beta=NULL)
```

결과
  • exponential=FALSE는 직선으로 추세를 예측, alpha=NULL, beta=NULL은 평균과 추세의 최적의 지수평활 값 추정한다.

④ 추정값: fitted( ) 함수

```
> fitted(hol)
          Jan      Feb      Mar      Apr      May      Jun
2017 28.65704 31.00457 33.35482 35.70315 38.05637 40.40738
          Jul      Aug      Sep      Oct      Nov      Dec
2017 42.76053 45.11036 47.45631 49.80603 52.15282 54.50309
```

⑤ 잔차: residuals( ) 함수

```
> residuals(Holt2)
            Jan        Feb        Mar        Apr        May        Jun
2017 -5.0000000 -1.0388680 -5.5860803  2.1883613 -5.3720669  0.5842380
            Jul        Aug        Sep        Oct        Nov        Dec
2017 -4.2613596 -3.3644341  7.1821096  0.1475563  6.0579636 -3.4039362
```

⑥ 정확성 척도: acccuracy( ) 함수

```
> accuracy(Holt2)
                     ME     RMSE      MAE      MPE     MAPE MASE
Training set -0.9888764 4.287984 3.682248 -4.17257 12.52173  NaN
                   ACF1
Training set -0.2465542
```

⑦ 통계요약: summary( ) 함수

```
> summary(hol)

Forecast method: Holt's method

Model Information:
Holt's method

Call:
 holt(y = data3, h = 4, level = c(95), exponential = FALSE, alpha = NULL,

 Call:
     beta = NULL)

  Smoothing parameters:
    alpha = 4e-04
    beta  = 4e-04

  Initial states:
    l = 26.3073
    b = 2.3497

  sigma:  3.762
```

설명

- 평활계수 α=0.0004, β=0.0004로 매우 작고,
- 초기 절편 추정치는 26.3073, 기울기 추정치는 2.3497
- 따라서 초기 추정치에 많은 영향을 받고 있음을 알 수 있다.

⑧ 그래프 그리기: plot( ) 함수

```
> plot(data3, xlim=range(2017.0, 2018.3), ylim=range(0,80))
> par(new=TRUE)
> plot(hol, type="b", xlim=range(2017.0, 2018.3), ylim=range(0,80))
```

설명

- par(new=true): 그래프를 다양하게 조절하는 함수로 new=TRUE는 화면분할 없이 이전결과와 겹쳐서 그리고, new=FALSE는 현재 지역의 그림을 초기화하고 다시 그린다.

결과화면

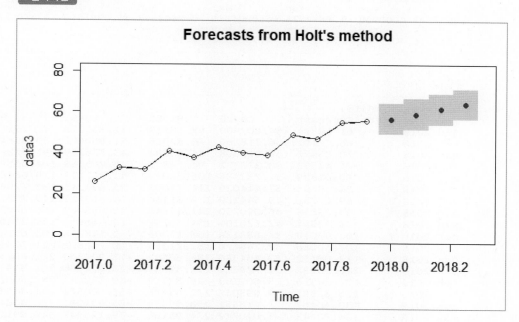

2) HolterWinters( ) 함수를 이용하여 예측

① 사용함수: HolterWinters( )함수에서 alpha와 beta 파라미터를 없애고 gamma=FALSE만 기재

② 사용 데이터: data3

③ R 코드: HoltWinters( )

```
> Holt3 <- HoltWinters(data3, gamma=FALSE)
> fitted(Holt3)
             xhat     level      trend
Mar 2017 40.00000  33.00000   7.0000000
Apr 2017 39.31275  36.15637   3.1563736
May 2017 44.09041  40.12339   3.9670198
Jun 2017 42.20511  41.16425   1.0408607
Jul 2017 44.00979  42.58702   1.4227659
Aug 2017 41.57952  42.08327  -0.5037489
Sep 2017 38.59709  40.34018  -1.7430888
Oct 2017 46.85023  43.59520   3.2550220
Nov 2017 50.24917  46.92219   3.3269813
Dec 2017 58.14126  52.53172   5.6095348
```

④ 잔차: residuals( )

```
> residuals(Holt3)
              Mar         Apr         May         Jun         Jul         Aug
2017  -8.0000000   1.6872528  -6.0904131   0.7948853  -4.0097859  -2.5795221
              Sep         Oct         Nov         Dec
2017  10.4029067   0.1497738   4.7508332  -2.1412551
```

⑤ 예측값: forecast( )

```
> forecast(Holt3)
         Point Forecast      Lo 80      Hi 80        Lo 95       Hi 95
Jan 2018       61.69324   54.802900   68.58359    51.155372    72.23112
Feb 2018       66.27401   56.718160   75.82985    51.659602    80.88841
Mar 2018       70.85477   57.072598   84.63694    49.776759    91.93278
Apr 2018       75.43553   56.322771   94.54829    46.205088   104.66597
May 2018       80.01629   54.732286  105.30029    41.347743   118.68484
Jun 2018       84.59705   52.444029  116.75008    35.423247   133.77086
Jul 2018       89.17781   49.544189  128.81144    28.563415   149.79221
Aug 2018       93.75858   46.090750  141.42640    20.856927   166.66022
Sep 2018       98.33934   42.126104  154.55257    12.368615   184.31006
Oct 2018      102.92010   37.683139  168.15706     3.148778   202.69142
Nov 2018      107.50086   32.788476  182.21325    -6.761871   221.76359
Dec 2018      112.08162   27.464340  196.69891   -17.329343   241.49259
Jan 2019      116.66238   21.729714  211.59505   -28.524606   261.84937
Feb 2019      121.24315   15.601103  226.88519   -40.322417   282.80871
Mar 2019      125.82391    9.093057  242.55476   -52.700522   304.34834
Apr 2019      130.40467    2.218551  258.59079   -65.639081   326.44842
May 2019      134.98543   -5.010742  274.98160   -79.120239   349.09110
Jun 2019      139.56619  -12.584234  291.71662   -93.127805   372.26019
Jul 2019      144.14695  -20.492263  308.78617  -107.647001   395.94091
Aug 2019      148.72772  -28.725955  326.18139  -122.664255   420.11969
Sep 2019      153.30848  -37.277124  343.89408  -138.167048   444.78400
Oct 2019      157.88924  -46.138183  361.91666  -154.143777   469.92226
Nov 2019      162.47000  -55.302074  380.24208  -170.583648   495.52365
Dec 2019      167.05076  -64.762207  398.86373  -187.476581   521.57811
```

⑥ 그래프: plot(Holt3)

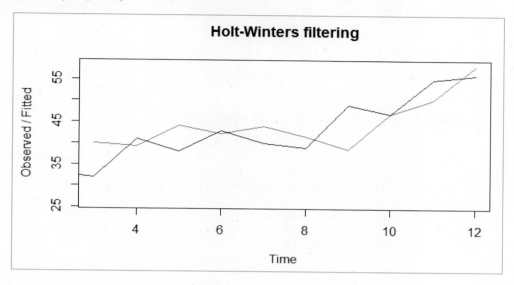

⑦ 예측 값을 포함한 그래프

```
> Holt3_pred <- predict(Holt3, 4, prediction.interval = TRUE)
> plot(Holt3,Holt3_pred, main="Including Predicted Values", ylab="")
```

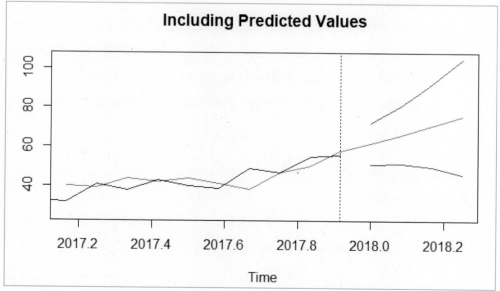

설명

• 예측 값에 대한 95%신뢰구간의 폭이 시간이 지남에 따라 커짐을 알 수 있다.

4절 계절패턴 예측

계절 패턴의 추정은 기본적으로 1월, 2월, 3월, …, 12월의 계절요인을 모두 추정하므로 최소한 2년 정도의 데이터가 필요하다. 따라서 아래와 같이 2018년1월 ~ 12월 데이터를 추가하였다.

■ 데이터: data7(data3에 2018년1월 ~ 12월 데이터 추가)

```
> data7 <- c(21, 26, 24, 14, 15, 12, 23, 20, 26, 12, 16, 14,
+             22, 25, 26, 15, 16, 13, 22, 20, 27, 11, 15, 14)
> data7 <- ts(data=data7, start=c(2017,1), frequency = 12)
> data7
     Jan Feb Mar Apr May Jun Jul Aug Sep Oct Nov Dec
2017  21  26  24  14  15  12  23  20  26  12  16  14
2018  22  25  26  15  16  13  22  20  27  11  15  14
```

1. forecast 패키지의 hw( )함수 이용

■ 함수: hw(y, h = 2, seasonal = c("additive", "multiplicative"), level = c(80, 95), exponential = FALSE, alpha = NULL, beta = NULL, gamma = NULL)

• seasonal = c("additive", "multiplicative"): 계절모형이 가법인지 승법모형인지 선택

• alpha = NULL, beta = NULL, gamma = NULL: 3차 지수평활 계수 추정, alpha = NULL 은 평균 추정, beta = NULL은 추세추정, gamma = NULL은 계절지수 추정

• seasonal은 계절성의 모형을 선택하는 파라미터로 additive(가법형), multiplicative(승법형)이 있다.

참고 가법형과 승법형 모형

① 추세패턴의 경우

• 가법형: $\hat{x}_{t+k} = L_t + k^* T_t$, (수평 추정값과 기울기 추정값이 더하기 형식)

$\hat{x}_{t+k}$는 t시점에서 k시간 후의 예측 값,

L_t는 t시점의 수평추정 값

T_t는 t시점의 기울기추정 값

- 승법형: $\hat{x}_{t+k} = L_t * k\,T_t,$　(수평 추정값과 기울기 추정값이 곱하기 형식)

  　모형이 더하기 형태인 가법형에서 곱하기 형태로 바꾼 모델

② 추세와 계절 패턴의 경우

- 가법형: $\hat{x}_{t+k} = L_t + k* T_t + S_{t+k-m},$

  　S_{t+k-m}은 t+k시점에 해당하는 계절요인

- 승법형: $\hat{x}_{t+k} = L_t * k\,T_t * S_{t+k-m},$

  　모형이 더하기 형태인 가법형에서 곱하기 형태로 바꾼 모델

두 모델 중 우수한 모델을 선택하면 된다.

1) 가법모형

① R 코드: seasonal=c("add.tive")

```
> hol <- hw(data7, h=3, seasonal=c("additive"),level=c(95), exponential=FALSE,
alpha=NULL, beta=NULL, gamma=NULL)
```

② 통계 요약: summary(hol)

```
Model Information:
Holt-Winters' additive method

Call:
 hw(y = data7, h = 3, seasonal = c("additive"), level = c(95),

 Call:
     exponential = FALSE, alpha = NULL, beta = NULL, gamma = NULL)

  Smoothing parameters:
    alpha = 0.036
    beta  = 0.036
    gamma = 0.9637

  Initial states:
    l = 18.2344
    b = 0.0292
    s = -3.152 -3.722 -6.8025 7.5784 1.145 5.8026
          -6.8298 -4.2773 -4.6402 4.1693 7.0101 3.7185

  sigma:  1.6999

     AIC      AICC      BIC
109.3743 211.3743 129.4012

Error measures:
                    ME       RMSE       MAE        MPE      MAPE       MASE
Training set -0.1023869 0.9814457 0.8025232 -0.7498196 4.378009 0.8754798
                    ACF1
Training set -0.1451825
```

2) 승법모형

① R 코드: seasonal=c("multiplicative")

```
> ho1 <- hw(data7, h=3, seasonal=c("multiplicative"),level=c(95), exponential=FALSE,
 alpha=NULL, beta=NULL, gamma=NULL)
```

② 통계요약: summary(hol)

```
Model Information:
Holt-Winters' multiplicative method
Call:
 hw(y = data7, h = 3, seasonal = c("multiplicative"), level = c(95),

 Call:
     exponential = FALSE, alpha = NULL, beta = NULL, gamma = NULL)

 Smoothing parameters:
   alpha = 0.6388
   beta  = 0.0366
   gamma = 1e-04

 Initial states:
   l = 20.0469
   b = -0.0725
   s = 0.7366 0.8293 0.6171 1.4423 1.0854 1.217
        0.676 0.8364 0.7781 1.3214 1.3413 1.1192

 sigma:  0.0642

     AIC      AICc       BIC
 90.66988 192.66988 110.69680

Error measures:
                    ME       RMSE       MAE       MPE     MAPE       MASE
Training set 0.008612451 0.7367716 0.5444942 0.1274124 2.76593 0.5939937
                  ACF1
Training set -0.2191761
```

설명

- RMSE와 MAE, MAPE 기준으로 승법형 계절모형이 가법형 계절모형보다 우수하다.
- 따라서 가법모형과 승법모형 두 개의 모형을 구동하여 두 모형을 비교하여 더 나은 모형을 찾는 것이 바람직하다.

③ 추정값: fitted(hol)

```
> fitted(hol)
           Jan      Feb      Mar      Apr      May      Jun
2017 22.35625 25.59715 25.32989 14.30473 15.03619 12.02675
2018 21.24730 26.00283 24.91203 15.06005 16.12444 12.94563
           Jul      Aug      Sep      Oct      Nov      Dec
2017 21.42478 19.88331 26.36356 11.10796 15.63908 14.05980
2018 23.33064 19.97353 26.46384 11.43545 14.92590 13.24218
```

④ 잔차: residuals(hol)

```
> residuals(hol)
              Jan          Feb          Mar          Apr
2017 -0.060665441  0.015737974 -0.052502939 -0.021302570
2018  0.035425526 -0.038566161  0.043672315 -0.003987295
              May          Jun          Jul          Aug
2017 -0.002406650 -0.002224531  0.073523328  0.005868540
2018 -0.007717502  0.004199614 -0.057033837  0.001325171
              Sep          Oct          Nov          Dec
2017 -0.013790385  0.080305948  0.023077792 -0.004253368
2018  0.020260116 -0.038078751  0.004964338  0.057227617
```

⑤ 그래프 그리기: plot( )

```
plot(data7, xlim=range(2017.0, 2019.3), ylim=range(0,30))
par(new=TRUE)
plot(hol, type="b", xlim=range(2017.0, 2019.3), ylim
=range(0,30))
```

⑥ 결과화면

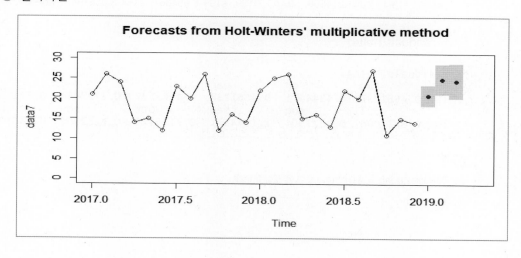

2. HolterWinters( )의 계절 패턴

① R 코드: HolterWinters( )의 계절패턴은 파라미터에 alpha는 쓰지 않고, beta=FALSE, gamma도 쓰지 않는다.

```
> Holt4 <- HoltWinters(data7, beta=FALSE)
> fitted(Holt4)
              xhat    level    season
Jan 2018 21.54388 18.6654   2.878472
Feb 2018 24.58554 18.6654   5.920139
Mar 2018 25.54388 18.6654   6.878472
Apr 2018 14.54388 18.6654  -4.121528
May 2018 15.62721 18.6654  -3.038194
Jun 2018 12.66888 18.6654  -5.996528
Jul 2018 22.87721 18.6654   4.211806
Aug 2018 19.87721 18.6654   1.211806
Sep 2018 25.83554 18.6654   7.170139
Oct 2018 11.71054 18.6654  -6.954861
Nov 2018 15.62721 18.6654  -3.038194
Dec 2018 13.54388 18.6654  -5.121528
```

설명

- xhat = level + season
- xhat = 추정값
- level = 평균추정값 = 18.6654
- season = 계절요인 추정값

  s1=2.878472, s2=5.920139, s3=6.878472, s4=-4.121528, s5=-3.038194, s6=-5.996528

  s7=4.211806, s8=1.211806, s9=7.170139, s10=-6.954861, s11=-3.038194, s12=-5.121528

② 잔차: residuals(holt4)

```
> residuals(Holt4)
            Jan        Feb        Mar        Apr        May        Jun
2018  0.4561237  0.4144571  0.4561237  0.4561237  0.3727904  0.3311237
            Jul        Aug        Sep        Oct        Nov        Dec
2018 -0.8772096  0.1227904  1.1644571 -0.7105429 -0.6272096  0.4561237
```

설명

- 잔차(residual) = 실제값(data) - 추정값(fitted)

③ 예측 값: forecast(holt4)

```
> forecast(Holt4)
         Point Forecast      Lo 80      Hi 80      Lo 95      Hi 95
Jan 2019        21.58949   20.82124   22.35774   20.41455   22.76442
Feb 2019        24.62699   23.85874   25.39524   23.45205   25.80192
Mar 2019        25.58949   24.82124   26.35774   24.41455   26.76442
Apr 2019        14.58949   13.82124   15.35774   13.41455   15.76442
May 2019        15.66449   14.89624   16.43274   14.48955   16.83942
Jun 2019        12.70199   11.93374   13.47024   11.52705   13.87692
Jul 2019        22.78949   22.02124   23.55774   21.61455   23.96442
Aug 2019        19.88949   19.12124   20.65774   18.71455   21.06442
Sep 2019        25.95199   25.18374   26.72024   24.77705   27.12692
Oct 2019        11.63949   10.87124   12.40774   10.46455   12.81442
Nov 2019        15.56449   14.79624   16.33274   14.38955   16.73942
Dec 2019        13.58949   12.82124   14.35774   12.41455   14.76442
Jan 2020        21.58949   20.81741   22.36157   20.40869   22.77028
Feb 2020        24.62699   23.85491   25.39907   23.44619   25.80778
Mar 2020        25.58949   24.81741   26.36157   24.40869   26.77028
Apr 2020        14.58949   13.81741   15.36157   13.40869   15.77028
May 2020        15.66449   14.89241   16.43657   14.48369   16.84528
Jun 2020        12.70199   11.92991   13.47407   11.52119   13.88278
Jul 2020        22.78949   22.01741   23.56157   21.60869   23.97028
Aug 2020        19.88949   19.11741   20.66157   18.70869   21.07028
Sep 2020        25.95199   25.17991   26.72407   24.77119   27.13278
Oct 2020        11.63949   10.86741   12.41157   10.45869   12.82028
Nov 2020        15.56449   14.79241   16.33657   14.38369   16.74528
Dec 2020        13.58949   12.81741   14.36157   12.40869   14.77028
```

④ 예측 값을 포함한 그래프

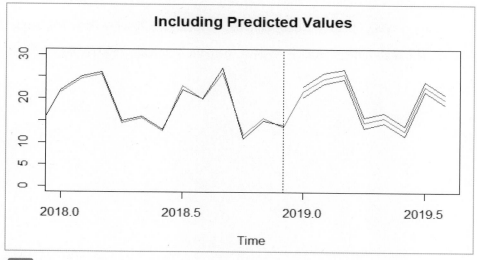

설명

• 신뢰구간의 폭이 좁기 때문에 계절변동을 잘 추정하고 있음을 알 수 있다.

5절   추세와 계절 패턴

추세와 계절 패턴 두 가지 요소가 모두 있는 시계열 데이터를 추정하기 위해서는 기본적으로 추세요인과 1월, 2월, 3월, ..., 12월의 계절요인을 모두 추정하므로 최소한 2년 정도의 데이터가 필요하다. 따라서 아래와 같이 2018년1월 ~ 12월 데이터를 추가하였다.

- 데이터: data8(data5에 2018년1월 ~ 12월 데이터 추가)

```
> data8 <- c(19, 28, 27, 21, 28, 26, 37, 37, 44, 32, 38, 35,
+            32, 39, 40, 32, 42, 36, 50, 48, 58, 42, 48, 46)
> data8 <- ts(data=data8, start=c(2017,1), frequency = 12)
> data8
     Jan Feb Mar Apr May Jun Jul Aug Sep Oct Nov Dec
2017  19  28  27  21  28  26  37  37  44  32  38  35
2018  32  39  40  32  42  36  50  48  58  42  48  46
```

1. forecast 패키지의 hw( )함수 이용

- 함수: hw(y, h = 2, seasonal = c("additive", "multiplicative"), level = c(80, 95), exponential = FALSE, alpha = NULL, beta = NULL, gamma = NULL)

  - seasonal = c("additive", "multiplicative"): 계절모형이 가법인지 승법모형인지 선택

  - alpha = NULL, beta = NULL, gamma = NULL: 3차 지수평활 계수 추정, alpha = NULL은 평균 추정, beta = NULL은 추세추정, gamma = NULL은 계절지수 추정

1) 가법모형

① R 코드: seasonal=c("additive")

```
> hol <- hw(data8, h=12, seasonal=c("additive"), level=c(95),
exponential=FALSE, alpha=NULL, beta=NULL, gamma=NULL)
```

② 통계요약: summary(hol)

```
Model Information:
Holt-Winters' additive method

Call:
 hw(y = data8, h = 12, level = c(95), exponential = FALSE, alp
ha = NULL,

 Call:
     beta = NULL, gamma = NULL)

  Smoothing parameters:
    alpha = 0.0182
    beta  = 0.0175
    gamma = 1e-04

  Initial states:
    l = 24.8793
    b = 0.9873
    s = -1.0984 1.9108 -3.013 11.4011 3.8943 5.6887
           -5.1544 -0.152 -7.595 -0.6064 1.0969 -6.3727

  sigma:  1.495

     AIC      AICc      BIC
103.2090 205.2090 123.2359

Error measures:
                   ME      RMSE       MAE        MPE
Training set -0.08585631 0.863144 0.7470591 -0.3520121
                 MAPE       MASE       ACF1
Training set 2.020984 0.0635795 -0.3481929
```

2) 승법모형

① R 코드: seasonal=c("multiplicative")

```
> hol <- hw(data8, h=12, seasonal=c("multiplicative"), level=
c(95), exponential=FALSE, alpha=NULL, beta=NULL, gamma=NULL)
```

② 통계요약: summary(hol)

```
Model Information:
Holt-Winters' multiplicative method

Call:
 hw(y = data8, h = 12, seasonal = c("multiplicative"), level
= c(95),

 call:
     exponential = FALSE, alpha = NULL, beta = NULL, gamma =
NULL)

  Smoothing parameters:
    alpha = 2e-04
    beta  = 1e-04
    gamma = 2e-04

  Initial states:
    l = 25.0832
    b = 0.9372
    s = 0.9632 1.0632 0.9265 1.3092 1.119 1.1682
           0.8534 0.9795 0.7656 0.996 1.0379 0.8183

  sigma:  0.0567

     AIC      AICc       BIC
117.9466 219.9466 137.9735

Error measures:
                     ME      RMSE      MAE       MPE
Training set -0.1037869 0.953673 0.711548 -0.5863295
                   MAPE      MASE      ACF1
Training set 2.253406 0.06055727 0.278363
```

설명

- RMSE, MAPE 기준으로 가법모형이 적합하고, MAE 기준으로 승법모형이 적합한 것으로 나타났다.
- 따라서 가법모형을 선택하여 추론한다.

3. 가법모형의 결과

① 추정값: fitted(hol)

```
> fitted(hol)
          Jan      Feb      Mar      Apr      May      Jun
2017 19.49391 27.93324 27.21099 21.19463 29.60681 25.51963
2018 30.97652 39.43880 38.69367 32.71794 41.12423 37.12988
          Jul      Aug      Sep      Oct      Nov      Dec
2017 37.32440 36.47136 44.94440 31.45307 37.33639 35.30040
2018 48.92432 48.14055 56.63315 43.25658 49.14787 47.08781
```

② 잔차: residuals(hol)

```
> residuals(hol)
            Jan         Feb         Mar         Apr
2017 -0.49391287  0.06676079 -0.21098839 -0.19462608
2018  1.02347514 -0.43880343  1.30633112 -0.71794231
            May         Jun         Jul         Aug
2017 -1.60681201  0.48037114 -0.32440458  0.52863989
2018  0.87577427 -1.12988091  1.07568329 -0.14055104
            Sep         Oct         Nov         Dec
2017 -0.94440121  0.54693456  0.66361114 -0.30040262
2018  1.36685257 -1.25657614 -1.14787241 -1.08781144
```

③ 예측값: forecast(hol, h=6)

```
> forecast(hol, h=6)
         Point Forecast     Lo 95     Hi 95
Jan 2019        42.74498  39.81481  45.67514
Feb 2019        51.16572  48.23368  54.09776
Mar 2019        50.41377  47.47757  53.34996
Apr 2019        44.37607  41.43254  47.31959
May 2019        52.77028  49.81538  55.72518
Jun 2019        48.71904  45.74789  51.69020
```

④ 그래프 그리기: plot( )

```
> plot(data8, xlim=range(2017.0, 2019.6), ylim=range(0,70))
> par(new=TRUE)
> plot(hol, type="b", xlim=range(2017.0, 2019.6), ylim=range(0,70))
```

⑤ 결과화면

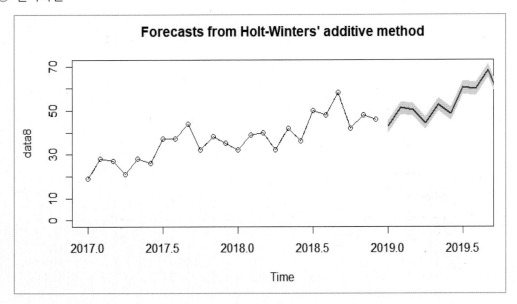

4. HolterWinters( )함수 이용

■ HolterWinters( )함수: 계절 패턴은 파라미터에 alpha, beta, gamma도 쓰지 않는다.

① R 코드: Holtwinters(data8)

```
> Holt5 <- HoltWinters(data8)
> fitted(Holt5)
              xhat     level     trend     season
Jan 2018 26.07505 30.60480 0.9876166 -5.5173611
Feb 2018 37.34717 35.87691 0.9876166  0.4826389
Mar 2018 39.48833 38.05974 0.9876166  0.4409722
Apr 2018 31.84595 39.41736 0.9876166 -8.5590278
May 2018 42.11163 40.51638 0.9876166  0.6076389
Jun 2018 36.14352 41.42327 0.9876166 -6.2673611
Jul 2018 48.77735 42.30710 0.9876166  5.4826389
Aug 2018 49.64910 44.17885 0.9876166  4.4826389
Sep 2018 55.44421 43.97395 0.9876166 10.4826389
Oct 2018 45.27999 46.80973 0.9876166 -2.5173611
Nov 2018 48.85409 45.42550 0.9876166  2.4409722
Dec 2018 45.22409 45.79550 0.9876166 -1.5590278
```

설명

- xhat = level + trend + season
- xhat = 추정값,
- trend = 추세 추정값 = 0.9876166
- season: 계절요인 추정값
- s1=-5.5173611 s2=0.4826389 s3=0.4409722 s4=-8.5590278 s5=0.6076389 s6=-6.2673611
  s7=5.4826389 s8=4.4826389 s9=10.4826389 s10=-2.5173611 s11=2.4409722 s12=-1.5590278

② 잔차: residuals(Holt5)

```
> residuals(Holt5)
           Jan       Feb        Mar        Apr        May        Jun
2018  5.9249466  1.6528314  0.5116718  0.1540507 -0.1116310 -0.1435240
           Jul       Aug        Sep        Oct        Nov        Dec
2018  1.2226458 -1.6491010  2.5557946 -3.2799902 -0.8540852  0.7759117
```

③ 예측 값: forecast(Holt5)

```
> forecast(Holt5)
         Point Forecast    Lo 80    Hi 80    Lo 95    Hi 95
Jan 2019       42.97850 40.05652 45.90048 38.50971 47.44729
Feb 2019       49.84783 46.24192 53.45375 44.33306 55.36261
Mar 2019       50.76219 46.58280 54.94157 44.37037 57.15401
Apr 2019       42.73990 38.05675 47.42305 35.57764 49.90217
May 2019       52.88683 47.74907 58.02459 45.02931 60.74435
Jun 2019       46.99856 41.44328 52.55385 38.50249 55.49464
Jul 2019       59.77401 53.83045 65.71756 50.68413 68.86389
Aug 2019       59.68211 53.37414 65.99008 50.03491 69.32932
Sep 2019       66.78615 60.13370 73.43860 56.61210 76.96020
Oct 2019       54.61219 47.63224 61.59214 43.93727 65.28711
Nov 2019       60.62531 53.33254 67.91807 49.47199 71.77862
Dec 2019       57.65805 50.06536 65.25075 46.04603 69.27008
Jan 2020       54.82990 46.92660 62.73320 42.74285 66.91695
Feb 2020       61.69923 53.51836 69.88011 49.18766 74.21080
Mar 2020       62.61359 54.16425 71.06293 49.69143 75.53574
Apr 2020       54.59130 45.88177 63.30084 41.27122 67.91139
May 2020       64.73823 55.77605 73.70041 51.03176 78.44470
Jun 2020       58.84996 49.64207 68.05786 44.76771 72.93222
Jul 2020       71.62540 62.17819 81.07262 57.17713 86.07368
Aug 2020       71.53351 61.85288 81.21414 56.72827 86.33876
Sep 2020       78.63755 68.72901 88.54609 63.48374 93.79136
Oct 2020       66.46359 56.33226 76.59492 50.96906 81.95812
Nov 2020       72.47671 62.12738 82.82603 56.64878 88.30463
Dec 2020       69.50945 58.94663 80.07227 53.35502 85.66389
```

④ 예측 값을 포함한 그래프: plot(Holt5)

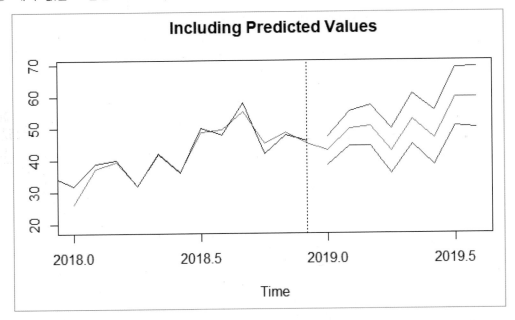

설명

* 추세와 계절변동을 잘 추정하고 있음을 알 수 있다.

표 8.7　　forecast 패키지와 HoltWinters 비교

패턴	forecast 패키지	HoltWinters 함수
수평패턴	ses( ) 사용	beta=FALSE, gamma=FALSE
추세패턴	holt( ) 사용	gamma=FALSE
계절패턴	hw( ) 사용	beta=FALSE
추세와 계절패턴	hw( ) 사용	조건 없음
비고	예측통계량을 모두 사용 결과 값들을 비교 가능 사용하는 함수가 복잡	사용하는 함수 간단 예측결과에 대한 정확성 측정 어려움

■ 참고: ets( ) 함수

* ets( ): Error, Trend, Seasonality의 약자로 HoltWinters함수를 forecast패키지에서 구현하는 함수이다.
* ets(datalist, model="AAA")

- model = "AAA" : error = Additive, trend = Additive, seasonal = Additive
  A: Additive(가법형), M: Multiplicative(승법형), N: None(사용안함), Z: Automatically(자동)

■ 추세와 계절성 데이터 적용: data8(data5에 2018년1월 ~ 12월 데이터 추가)

추정값

```
> ets1 <- ets(data8, model="AAA")
> fitted(ets1)
          Jan      Feb      Mar      Apr      May      Jun
2017 19.49391 27.93324 27.21099 21.19463 29.60681 25.51963
2018 30.97652 39.43880 38.69367 32.71794 41.12423 37.12988
          Jul      Aug      Sep      Oct      Nov      Dec
2017 37.32440 36.47136 44.94440 31.45307 37.33639 35.30040
2018 48.92432 48.14055 56.63315 43.25658 49.14787 47.08781
```

설명 HoltWinters( )의 결과와 다르게 나온다.

잔차

```
> residuals(ets1)
            Jan         Feb         Mar         Apr         May         Jun
2017 -0.49391287  0.06676079 -0.21098839 -0.19462608 -1.60681201  0.48037114
2018  1.02347514 -0.43880343  1.30633112 -0.71794231  0.87577427 -1.12988091
            Jul         Aug         Sep         Oct         Nov         Dec
2017 -0.32440458  0.52863989 -0.94440121  0.54693456  0.66361114 -0.30040262
2018  1.07568329 -0.14055104  1.36685257 -1.25657614 -1.14787241 -1.08781144
```

정확성 척도

```
> accuracy(ets1)
                      ME     RMSE       MAE        MPE     MAPE      MASE
Training set -0.08585631 0.863144 0.7470591 -0.3520121 2.020984 0.0635795
                    ACF1
Training set -0.3481929
```

예측값

```
> forecast(ets1, h=8)
         Point Forecast     Lo 80     Hi 80     Lo 95     Hi 95
Jan 2019        42.74498  40.82905  44.66091  39.81481  45.67514
Feb 2019        51.16572  49.24856  53.08288  48.23368  54.09776
Mar 2019        50.41377  48.49389  52.33364  47.47757  53.34996
Apr 2019        44.37607  42.45140  46.30074  41.43254  47.31959
May 2019        52.77028  50.83818  54.70239  49.81538  55.72518
Jun 2019        48.71904  46.77631  50.66178  45.74789  51.69020
Jul 2019        60.51345  58.55636  62.47054  57.52034  63.50656
Aug 2019        59.67019  57.69454  61.64584  56.64869  62.69168
```

예측 요약

```
> summary(ets1)
ETS(A,A,A)

Call:
 ets(y = data8, model = "AAA")

  Smoothing parameters:
    alpha = 0.0182
    beta  = 0.0175
    gamma = 1e-04

  Initial states:
    l = 24.8793
    b = 0.9873
    s = -1.0984 1.9108 -3.013 11.4011 3.8943 5.6887
            -5.1544 -0.152 -7.595 -0.6064 1.0969 -6.3727

  sigma:  1.495

     AIC      AICC      BIC
103.2090 205.2090 123.2359

Training set error measures:
                     ME      RMSE       MAE        MPE     MAPE      MASE
Training set -0.08585631 0.863144 0.7470591 -0.3520121 2.020984 0.0635795
                   ACF1
Training set -0.3481929
```

■ 그래프 그리기: R 코드

```
> plot(ets1)
```

결과화면

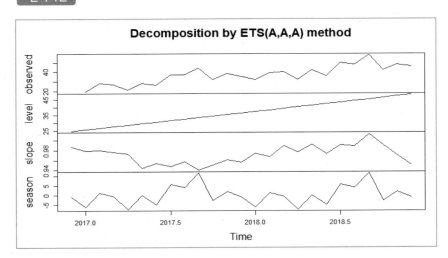

설명
- observed: 데이터
- level: 평균요인 추정 값
- season: 계절요인 추정 값
- slope: 잔차
- observed = level + season + slope

■ 예측값 그래프

R 코드

```
plot(data8, xlim=range(2017.1,2019.5), ylim=range(0, 60))
par(new=TRUE)
plot(ets1_pred, type="b", xlim=range(2017.1,2019.5), ylim=range(0, 60))
```

결과 그래프

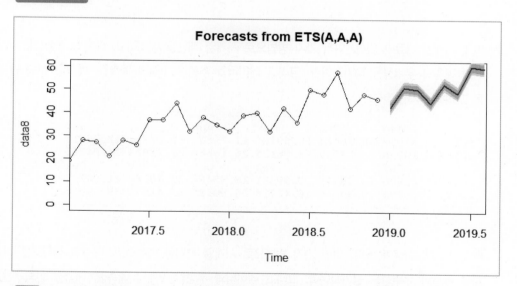

설명 잘 적합하고 있으며 예측의 신뢰구간도 좁기 때문에 예측의 신뢰성도 높은 것으로 판단된다.

■ HoltWinters( )함수와 ets( )함수 비교

- HoltWinters( )함수: forecast 패키지 함수가 아니라서, 요인의 추정 값과 판정기준 값 등 추정에 어려움

- ets( )함수: forecast 패키지 함수이기 때문에, 요인의 추정 값과 판정기준 값 등 추정에 용이

연습문제

1. 아래 시계열 자료가 있다. 여러 가지 방법으로 시계열 패턴을 예측하고, 예측의 정확도를 비교하여 예측의 우수성을 평가하여라. 그리고 데이터와 추정값, 6개의 예측값, 예측값 신뢰구간들을 그려라.

```
        Jan      Feb      Mar      Apr      May      Jun
2017 23.47359 18.56000 22.75696 15.23990 18.34075 12.99859
2018 21.33774 20.03270 18.61254 22.47486 19.30955 14.95327
        Jul      Aug      Sep      Oct      Nov      Dec
2017 18.41205 19.41997 17.08437 17.44508 20.79865 19.09796
2018 20.29158 18.89309 15.89805 23.59116 18.77220 19.35965
```

2. 아래 시계열 자료가 있다. 여러 가지 방법으로 시계열 패턴을 예측하고, 예측의 정확도를 비교하여 예측의 우수성을 평가하여라. 그리고 데이터와 추정값, 6개의 예측값, 예측값 신뢰구간들을 그려라.

```
        Jan      Feb      Mar      Apr      May      Jun
2017 10.85959 16.36423 11.60564 11.79665 19.05954 17.75215
2018 28.19058 22.73700 28.08126 26.16469 21.71973 24.64265
        Jul      Aug      Sep      Oct      Nov      Dec
2017 18.72996 18.38455  5.59381 18.88487 23.40782 21.94727
2018 27.89994 30.39328 26.42318 35.99786 37.51956 33.09656
```

3. 아래 시계열 자료가 있다. 여러 가지 방법으로 시계열 패턴을 예측하고, 예측의 정확도를 비교하여 예측의 우수성을 평가하여라. 그리고 데이터와 추정값, 6개의 예측값, 예측값 신뢰구간들을 그려라.

```
        Jan      Feb      Mar      Apr      May      Jun
2017 20.76499 21.45699 21.11433 22.21733 25.15785 25.32793
2018 20.63986 19.50473 21.99378 23.16018 23.53711 25.32724
        Jul      Aug      Sep      Oct      Nov      Dec
2017 19.39189 21.65977 22.63776 22.78534 25.47590 23.80804
2018 20.57420 21.60400 23.02355 24.06270 23.81139 25.72168
```

Chapter 08

4. 아래 시계열 자료가 있다. 여러 가지 방법으로 시계열 패턴을 예측하고, 예측의 정확도를 비교하여 예측의 우수성을 평가하여라. 그리고 데이터와 추정값, 6개의 예측값, 예측값 신뢰구간들을 그려라.

```
          Jan      Feb      Mar      Apr      May      Jun
2017  42.36083 44.00722 43.67549 43.66586 44.25656 43.77610
2018  31.91783 31.55123 30.91422 31.83972 32.40206 32.75275
          Jul      Aug      Sep      Oct      Nov      Dec
2017  37.36135 38.93048 38.28046 39.11860 36.93795 37.40201
2018  25.81062 26.64110 26.36306 26.59310 24.80977 26.54971
```

5. airmiles 데이터셋에 대해 설명하고, 이 데이터셋에 대한 시계열 패턴을 예측하고, 예측의 정확도를 비교하여 예측의 우수성을 평가하여라. 그리고 데이터와 추정값, 6개의 예측값, 예측값 신뢰구간들을 그려라.

6. austres 데이터셋에 대해 설명하고, 이 데이터셋에 대한 시계열 패턴을 예측하고, 예측의 정확도를 비교하여 예측의 우수성을 평가하여라. 그리고 데이터와 추정값, 6개의 예측값, 예측값 신뢰구간들을 그려라.

7. JohnsonJohnson 데이터셋에 대해 설명하고, 이 데이터셋에 대한 시계열 패턴을 예측하고, 예측의 정확도를 비교하여 예측의 우수성을 평가하여라. 그리고 데이터와 추정값, 6개의 예측값, 예측값 신뢰구간들을 그려라.

8. longley 데이터셋에 있는 GNP에 대한 시계열 패턴을 예측하고, 예측의 정확도를 비교하여 예측의 우수성을 평가하여라. 그리고 데이터와 추정값, 6개의 예측값, 예측값 신뢰구간들을 그려라. 마지막으로 7장 연습문제 9번의 회귀분석 결과와 차이를 분석하여라.

9. nhtemp 데이터셋에 대해 설명하고, 이 데이터셋에 대한 시계열 패턴을 예측하고, 예측의 정확도를 비교하여 예측의 우수성을 평가하여라. 그리고 데이터와 추정값, 6개의 예측값, 예측값 신뢰구간들을 그려라.

10. presidents 데이터셋에 대해 설명하고, 이 데이터셋에 대한 시계열 패턴을 예측하고, 예측의 정확도를 비교하여 예측의 우수성을 평가하여라. 그리고 데이터와 추정값, 6개의 예측값, 예측값 신뢰구간들을 그려라.

11. sunspot.year 데이터셋에 대해 설명하고, 이 데이터셋에 대한 시계열 패턴을 예측하고, 예측의 정확도를 비교하여 예측의 우수성을 평가하여라. 그리고 데이터와 추정값, 6개의 예측값, 예측값 신뢰구간들을 그려라.

12. USAccDeaths 데이터셋에 대해 설명하고, 이 데이터셋에 대한 시계열 패턴을 예측하고, 예측의 정확도를 비교하여 예측의 우수성을 평가하여라. 그리고 데이터와 추정값, 6개의 예측값, 예측값 신뢰구간들을 그려라.

실습과제

AirPassengers 데이터셋에 대해
① 지수평활법과 ② HoltWinters( ), ③ ets( )로 추정값을 구하고 각 방법의 요인들을 설명하여라.
또한 예측의 정확도를 비교하여 예측의 우수성을 평가하여라.
그리고 6개의 예측값을 구하고 AirPassengers 데이터셋과 각 예측값을 한 화면에 나타내어라.

빅데이터 분석 R과
　　　빅데이터 플랫폼 하둡(Hadoop) 개론
OpenSource R
　　　and Hadoop

분류분석
(Classification Analysis)

분류분석(Classification Analysis)

분류분석은 데이터가 어느 군에 속하는 지를 추정하는 분석이다. 즉 범주형 속성 값을 예측하는 분석이다. 반면에 회귀분석이나 시계열분석에서의 예측은 연속형 속성 값을 예측하는 것이다. 예를 들어 분류분석은 학생들의 국어 성적으로 내신 등급 예측하는 방법론이고 예측방법론은 여러 모의고사 국어 성적들로 수능에서 국어 성적을 예측하는 방법론이다.

분류분석에는 의사결정나무(Decision Tree), K-평균 분석(K-Means Analysis), 로지스틱 회귀분석(Logistic Regression Analysis), 신경망 분석(Neural Network Analysis) 등이 있다. 여기에서는 사전에 군집이 결정된 데이터 셋에서 분류를 하는 의사결정나무, 사전에 군집이 결정되지 않은 데이터 셋에서 분류를 하는 K-평균 분석을 공부한다. 사전에 군집이 결정된 데이터 셋에서 분류를 하는 것을 딥러닝에서는 지도학습(Supervised Learning)이라고 하고, 사전에 군집이 결정되지 않은 데이터 셋에서 분류를 하는 것을 비지도학습(Unsupervised Learning)이라고 한다.

1절 　의사결정나무(Decision Tree)

1. 의사결정나무 특징

데이터가 어느 군에 속하는 가를 판단하기 위해 변수들을 이용해 기준을 만들고 나무그림처럼 나누어 가는 방법이다. 이는 모형도 간편하고, 결과를 설명하기 쉽고, 대용량 데이터 처리도 빠르게 할 수 있다. 불필요한 변수가 있어도 큰 영향을 받지 않는다. 다만 모형의 정확도를 높이는데 많은 노력이 필요하다.

2. 의사결정나무 구현 단계

① 데이터 삽입
② 학습(Train)/실험(Test) 데이터 설정: 학습(Train) 데이터는 모형 설정을 위한 데이터, 실험(Test) 데이터는 모형의 정확성을 확인하는 데이터
③ 의사결정나무 모형 설정
④ 분류실시
⑤ 성과분석
⑥ 모형수정

3. 의사결정나무를 위한 패키지

1) rpart

rrpart 패키지는 CART(classification and regression trees) 방법론을 사용하여 의사결정나무를 구현하는 패키지이다. 앤트로피 또는 지니계수라는 기준으로 분류를 하는 변수를 결정하는 방법으로 계산속도가 빠르나 과적합할 수 있으므로, 상대 오차(Relative Error)를 최소화하는 조정이 필요하다.

① 데이터 삽입: iris 데이터 이용

```
> iris
    Sepal.Length Sepal.Width Petal.Length Petal.Width   Species
1            5.1         3.5          1.4         0.2    setosa
2            4.9         3.0          1.4         0.2    setosa
3            4.7         3.2          1.3         0.2    setosa
4            4.6         3.1          1.5         0.2    setosa
5            5.0         3.6          1.4         0.2    setosa
6            5.4         3.9          1.7         0.4    setosa
7            4.6         3.4          1.4         0.3    setosa
```

설명
- 8 ~ 150번째 데이터는 생략됨
- 목적: 종족(Species)를 가장 잘 분류하는 의사결정나무를 설정

참고　iris 데이터
통계학자 R. A. Fisher가 소개한 데이터로 iris(붓꽃)의 세가지 종류(Species)인 setosa, verisicolor, virginica를 분류하기 위해 기준변수로 꽃받침(Sepal)의 길이와 폭, 꽃잎(Petal)의 길이와 폭을 사용하였다.

② 학습(Train)/실험(Test) 데이터 설정: 학습(Train) 데이터 70%, 실험(Test) 데이터 30%

```
> idx <- sample(1:2, nrow(iris), replace = T, prob = c(0.7, 0.3))
> # 1, 2의 값을 iris갯수 만큼, 복원추출, 확률 70%, 30%인 idx 변수생성
> table(idx)
idx
  1   2
101  49
> train <- iris[idx == 1, ] # Train Data Set
> test <- iris[idx == 2, ] # Test Data Set
```

코드설명

- idx <- sample(1:2, nrow(iris), replace = T, prob = c(0.7, 0.3)): 변수 idx에 sample( )로 값을 지정, sample(값리스트, 데이터개수, replace = T는 복원추출 여부, prob = c(0.7, 0.3)) 값리스트는 idx에 대입되는 값 리스트, 데이터 개수는 생성되는 데이터 개수, replace=T는 복원추출, prob=c(0.7, 0.3)은 첫 번째 값은 70%, 두 번째 값은 30%로 설정. 즉 변수 idx에 1, 2를 추출하는 데 데이터개수는 150개, 복원추출로 1은 70%, 2는 30%로 추출된다. 즉 train 데이터는 70%, test 데이터는 30%를 구성한다.
- table(idx): idx의 표를 만드는 함수로 결과는 1의 갯수는 101개, 2의 갯수는 49개임을 알 수 있다.
- train <- iris[idx == 1,]: train 데이터셋은 iris 데이터셋을 copy하는데 idx=1인 행만 추출, 즉 101개의 행으로 구성된다.
- test <- iris[idx == 2,]: test 데이터셋은 iris 데이터셋을 copy하는데 idx=2인 행만 추출, 즉 49개의 행으로 구성된다.

③ 의사결정나무 모형 설정: rpart(종속변수 ~. data=데이터셋)

- rpart 패키지 설치 및 구동

```
> install.packages("rpart")
trying URL 'https://cran.rstudio.com/bin/windows/contrib/3.5/rpart_4.1-15
.zip'
Content type 'application/zip' length 767488 bytes (749 KB)
downloaded 749 KB

package 'rpart' successfully unpacked and MD5 sums checked

The downloaded binary packages are in
        C:\Users\gyryu\AppData\Local\Temp\Rtmpa0xzqy\downloaded_packages
> library(rpart)
Warning message:
패키지 'rpart'는 R 버전 3.5.3에서 작성되었습니다
>
> library(ggplot2)
```

코드설명

- rpart 패키지 설치 및 구동

* ggplot2 패키지 구동 그래프그리기를 위해서

■ 의사결정나무 모형 설정: rpart(종속변수 ~ 기준변수, data = 데이터셋)

```
> tree_model <- rpart(Species ~ ., data = train)
> tree_model
n= 101

node), split, n, loss, yval, (yprob)
      * denotes terminal node

1) root 101 65 virginica (0.33663366 0.30693069 0.35643564)
  2) Petal.Length< 2.45 34   0 setosa (1.00000000 0.00000000 0.00000000) *
  3) Petal.Length>=2.45 67 31 virginica (0.00000000 0.46268657 0.53731343)
    6) Petal.Length< 4.85 30  1 versicolor (0.00000000 0.96666667 0.03333333) *
    7) Petal.Length>=4.85 37  2 virginica (0.00000000 0.05405405 0.94594595) *
```

코드설명

* tree_model <- rpart(Speices ~ . , data = train): 종속변수 Speices를 분류하기 위해 train 데이터셋에 있는 분류변수인 Sepal.Length, Sepal.Width, Petal.Length, Petal.Width 등 모든 변수를 사용하여 의사결정 나무 모형을 세운다. 결과를 변수 tree_model에 대입한다.
* tree_model : 의사결정 모형의 결과를 보여준다.

결과해석

1) root: 1단계인 뿌리를 나타낸다.

  2) Petal. Length < 2.45 34 0 setosa : 2단계로 Ptetal.Length < 2.45이면 setosa

  3) Petal. Length >= 2.45

      6) Petal. Length < 4.85 31 1 virsicolor: 3단계로

      7) Petal. Length >= 4.85 37 2 virginica: 3단계로 Petal. lengh≥4.85 이면 virginica

* printcp( ), plotcp( ) 함수사용

```
> printcp(tree_model)

Classification tree:
rpart(formula = Species ~ ., data = train)

Variables actually used in tree construction:
[1] Petal.Length

Root node error: 65/101 = 0.64356

n= 101

        CP nsplit rel error  xerror     xstd
1 0.52308      0  1.000000  1.09231 0.070651
2 0.43077      1  0.476923  0.47692 0.071311
3 0.01000      2  0.046154  0.13846 0.044050
> plotcp(tree_model)
```

코드설명

* printcp(tree_model): cross validation을 계산해 주는 함수 printcp

* plotcp(tree_model): cross validation을 그래프로 보여 주는 함수 plotcp로 결과는 아래에
  나와있다.

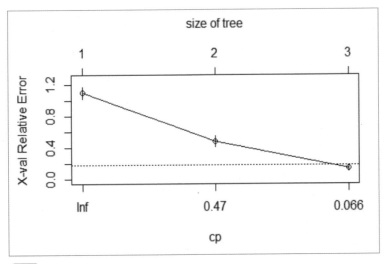

설명

* X변수의 상대적 오차가 가장 적은 0.066인 트리 크기 3개가 타당

④ 분류실시: prune(　)함수를 이용하여 가지치기를 이용한 분류실시

```
> ptree<-prune(tree_model, cp= 0.2)
> # x변수의 상대에러로 가지치기 여기서는 0.2
> plot(ptree)
> text(ptree)
```

설명

- ptree <- prune(tree_model, cp=0.2): prune( )는 가지치기 함수, tree_model은 가지치기하는 데이터셋, cp= Complexity parameter로 가지치기하려는 x 상대오차의 최대값 여기서는 0.2로 설정
- plot(ptree): ptree 그래프 그리기
- text(ptree): Label 붙이기

결과화면

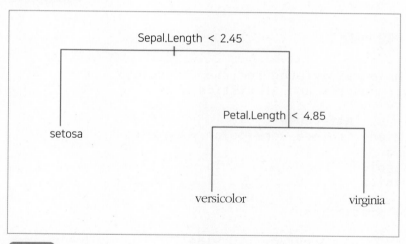

결과설명

- Sepal. Length < 2.45 이면 setosa
- Sepal. Length >= 2.45이고, Petal. Length < 4.85이면 Versicolor
- Sepal.Length>= 2.45이고 Petal. Length >= 4.85이면 virgini

⑤ 성과분석: confusionMatrix (예측값, 실제값)

```
> predtree<-predict(ptree, test, type="class")
> library(caret)
필요한 패키지를 로딩중입니다: lattice
Warning message:
패키지 'caret'는 R 버전 3.5.3에서 작성되었습니다
> confusionMatrix(predtree, test$Species)
```

코드설명

- predtree<-predict(ptree, test, type="class"): predict( )는 예측을 위한 함수, 앞에서 구한 ptree는 의 사결정나무 모형, test는 예측에 사용되는 데이터셋, type="class"는 예측형태는 범주형(class)
- library(caret): caret 패키지는 confusionMatrix( ) 함수를 포함하는 패키지
- confusionMatrix(predtree, test$Species): confusionMatrix(예측값, 실제값)으로 예측값과 실제값의 차이를 행렬로 계산하는 함수

■ 예측값과 실제값 비교결과

```
> confusionMatrix(predtree, test$Species)
Confusion Matrix and Statistics

            Reference
Prediction   setosa versicolor virginica
  setosa         19          0         0
  versicolor      0         15         3
  virginica       0          1        11

Overall Statistics

               Accuracy : 0.9184
                 95% CI : (0.804, 0.9773)
    No Information Rate : 0.3878
    P-Value [Acc > NIR] : 9.618e-15

                  Kappa : 0.8763

 Mcnemar's Test P-Value : NA
```

설명

- Reference: Test 데이터 셋의 setosa 19, versicolor 16, virginica 14
- Prediction: 예측 결과

setosa 19명(실제 setosa 19명),

versicolor 18명(실제 versicolor 15명, virginica 3명),

virginica 12명(실제 virginica 11명, versicolor 1명)

따라서 setosa 예측성공률 100%(19/19), versicolor 예측성공률 93.75%(15/16), virginica 예측성공률 78.57%(11/14)

전체 예측성공률 = 91.84%(45/49), 95%신뢰구간 = 80.4% ~ 97.73%

⑥ 모형수정: 선정된 모형은 우수하므로 수정이 필요하지 않다.

2) party 패키지

party 패키지는 unbiased recursive partitioning based on permutation test를 사용하기 때문에 p-value를 이용하여 가지를 만들기 때문에 rpart 패키지처럼 가지치기를 할 필요가 없다. 다만 입력변수의 수준이 31개 이내라는 제한이 있다.

① 데이터 삽입: 이전 party 패키지에서 사용하였던 데이터 이용
　　- rpart 패키지 데이터 사용

② Train/Test 데이터 설정
　　- rpart 패키지 데이터 사용

③ 의사결정나무 모형 설정

```
> install.packages("tree")
Warning in install.packages :
  package 'tree' is not available (for R version 3.5.0)
> library(party)
```

● tree 패키지 설치 및 구동

● 의사결정나무 함수 구동 : ctree(종속변수~기준변수, data=데이터셋)

```
> tree_model2 <- ctree(Species ~ ., data = train)
> tree_model2

        Conditional inference tree with 4 terminal nodes

Response:  Species
Inputs:  Sepal.Length, Sepal.Width, Petal.Length, Petal.Width
Number of observations:  101

1) Petal.Length <= 1.9; criterion = 1, statistic = 94.868
  2)* weights = 31
1) Petal.Length > 1.9
  3) Petal.Width <= 1.7; criterion = 1, statistic = 49.854
    4) Petal.Length <= 4.6; criterion = 0.992, statistic = 9.435
      5)* weights = 28
    4) Petal.Length > 4.6
      6)* weights = 8
  3) Petal.Width > 1.7
    7)* weights = 34
> plot(tree_model2)
```

④ 분류실시

- 의사결정나무 모형 그래프: plot (변수)

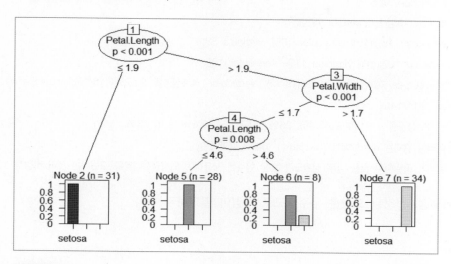

결과해석

- Petal.Length ≤ 1.9 이면 setosa, 결과는 setosa 31명

- Petal.Length ≤ 1.9 이고 Petal.Width ≤ 1.7 이고 Petal.Length ≤ 4.6 이면 versicolor, 결과는 versicolor 28명

- Petal.Length ≤ 1.9 이고 Petal.Width ≤ 1.7 이고 Petal.Length > 4.6 이면 versicolor 또는 virginica, 결과는 versicolor 6명, virginica 2명

- Petal.Length ≤ 1.9 이고 Petal.Width > 1.7 이면 virginica, 결과는 virginica 34명

⑤ 성과분석: confusionMatrix (예측값, 실제값)

```
> pred_model2 <- predict(tree_model2, test)
> confusionMatrix(pred_model2, test$Species)
Confusion Matrix and Statistics

            Reference
Prediction   setosa versicolor virginica
  setosa         19          0         0
  versicolor      0         15         3
  virginica       0          1        11

Overall Statistics

               Accuracy : 0.9184
                 95% CI : (0.804, 0.9773)
    No Information Rate : 0.3878
    P-Value [Acc > NIR] : 9.618e-15

                  Kappa : 0.8763
```

설명

- Reference: Test 데이터 셋의 setosa 19, versicolor 16, virginica 14
- Prediction: 예측 결과

  setosa 19명(실제 setosa 19명),

  versicolor 18명(실제 versicolor 15명, virginica 3명),

  virginica 12명(실제 virginica 11명, versicolor 1명)

  따라서 setosa 예측성공률 100%(19/19), versicolor 예측성공률 93.75%(15/16), virginica 예측성공률 78.57%(11/14)

  전체 예측성공률 = 91.84%(45/49), 95%신뢰구간 = 80.4% ~ 97.73%

- 이러한 결과는 rpart 패키지의 rpart( ) 함수의 결과와 동일
- 결과가 동일하지 않을 경우 정확도가 높은 함수를 사용하여 의사결정나무를 구현하는 것이 바람직

⑥ 모형수정: 선정된 모형은 우수하므로 수정이 필요하지 않다.

2절   k-means 분류

의사결정나무 분석은 목적 변수가 정의되고 변수의 수준들이 정해진 경우에 분류하는 방법이다. k-means는 미리 정해진 수준으로 분류하는 것이 아니라 정해지지 않는 경우에 수준도 결정하고 이를 이용하여 분류하는 방법이다. 딥러닝에서는 나무의사결정을처럼 미리 수준이 정해진 경우에 분류하는 것을 지도학습(Supervised Learning)이라고 하고, k-means와 같이 수준이 미리 정해지지 않는 경우 분류하는 것을 비지도학습(Unsupervised Learning)이라고 한다. 데이터들이 있을 때 아무런 정보없이 비슷한 데이터들끼리 묶어서 그룹을 정하는 방법이다. 계산량이 많지 않기 때문에 빅데이터와 같이 대용량의 데이터를 처리하는 데에도 효과적이다. 다만 초기 군집의 중심점에 매우 종속적이다는 점과 군집의 개수를 정해야 한다는 단점이 있다.

1. k-means 구현 알고리즘

1) 군집 k개를 초기값으로 설정
2) k개 군집의 초기 중심점을 랜덤하게 선정
3) 현재 중심점과 데이터들의 거리를 구한다. 표준화된 거리가 필요하다.
4) 데이터가 현재의 중심점과 가까우면 현 그룹으로 분류, 아니면 다른 그룹으로 분류
5) 군집의 평균을 계산하여 중심점을 다시 계산
6) 새로 구해진 중심점으로 다시 계산하면서 군집이 더 이상 바뀌지 않으면 완료

2. k-means 실습

- 실습 데이터셋: iris

① k-means 패키지 설치: caret

```
install.packages("caret")
library(caret)
```

② 중심위치 설정을 위한 난수 생성

```
> set.seed(56342) # 중심 위치 설정을 위한 난수생성
```

③ 학습 데이터(train)와 실험 데이터(test) 분리: 60%:40%

```
> idx <- sample(1:2, nrow(iris), replace = T, prob = c(0.6, 0.4))
> table(idx)
idx
 1  2
94 56
```

- 학습 데이터 train, 실험 데이터 test

```
> train <- iris[idx == 1, ]
> test <- iris[idx == 2, ]
```

④ 학습 데이터 표준화: scale(데이터 셋)

```
> # 학습데이터 표준화
> train.data <- scale(train[1:4])
> summary(train.data)
  Sepal.Length       Sepal.Width       Petal.Length      Petal.Width
 Min.   :-1.8769   Min.   :-2.4064   Min.   :-1.5294   Min.   :-1.5268
 1st Qu.:-0.8597   1st Qu.:-0.6357   1st Qu.:-1.3032   1st Qu.:-1.1303
 Median :-0.1508   Median :-0.1931   Median : 0.3362   Median : 0.1251
 Mean   : 0.0000   Mean   : 0.0000   Mean   : 0.0000   Mean   : 0.0000
 3rd Qu.: 0.6814   3rd Qu.: 0.6922   3rd Qu.: 0.7602   3rd Qu.: 0.7198
 Max.   : 2.1917   Max.   : 2.9055   Max.   : 1.6929   Max.   : 1.6449
```

⑤ k-means( ) 함수 : kmeans(x, centers, iter.max= , nstart= ,)
  - x: 데이터 셋

  - centers: 군집의 수 k 또는 최초 군집의 수

  - iter.max: 최대 반복횟수

  - nstart: centers가 숫자인 경우 생성되는 난수의 개수

```
> # k-means 함수 구동
> iris_kmeans <- kmeans(train.data[,-5], centers = 3, iter.max = 10000)
> summary(iris_kmeans$centers)
  Sepal.Length          Sepal.Width          Petal.Length
 Min.   :-0.9883505    Min.   :-0.82545     Min.   :-1.37146
 1st Qu.:-0.5889657    1st Qu.:-0.42073     1st Qu.:-0.53460
 Median :-0.1895809    Median :-0.01601     Median : 0.30226
 Mean   :-0.0004494    Mean   : 0.05711     Mean   :-0.03203
 3rd Qu.: 0.4935012    3rd Qu.: 0.49839     3rd Qu.: 0.63768
 Max.   : 1.1765832    Max.   : 1.01279     Max.   : 0.97310
  Petal.Width
 Min.   :-1.31715
 1st Qu.:-0.53277
 Median : 0.25161
 Mean   :-0.02861
 3rd Qu.: 0.61566
 Max.   : 0.97970
```

- train. data [, -5] 는 train. data [1:4]와 같다

⑥ k-means( ) 결과 보기: table( )

```
> # train$cluster 변수 명목화와 결과보기
> train$cluster <- as.factor(iris_kmeans$cluster)
> table(train$cluster, train$Species)

    setosa versicolor virginica
  1     29          0         0
  2      0         24        11
  3      0          5        25
```

설명

- train$clust <- as.factor (iris_kmeans$cluster): iris_kmeans$cluster 변수는 kmeans( ) 함수를 구동 하여 군집을 나타내기 위해 생성된 1,2,3의 값을 가지는 변수이며 as.factor( )함수를 이용하여 명목변수로 전환하여 train$cluster 변수에 저장

- table(train$cluster, train$Species): 행은 우리가 분류한 변수 train$cluster 분류한 값이고 열은 실제 데이 터이다.

- 군집 1: setosa 29, versicolor 0, virginica 0   (setosa)

- 군집 2: setosa 0, versicolor 24, virginica 11   (versicolor)

- 군집 3: setosa 0, versicolor 5, virginica 25   (virginica)
  정확도: 83% (78/94) 이다.

⑦ 데이터 셋 그래프로 확인하기

```
> # 그래프 그리기
> library(ggplot2)
> qplot(Petal.Width, Petal.Length, colour = cluster, data = train)
```

• qlot (x, y, colour=cluster, data=train): qplot( ) 함수는 여러가지 그림을 한번에 보여주는 함수이며 X 축, y축을 지정하고, colour=cluster는 색깔은 cluster의 수 만큼 나타내고, data=train은 데이터 셋은 train 으로 지정한다. 결과는 아래에 나와있다.

결과화면

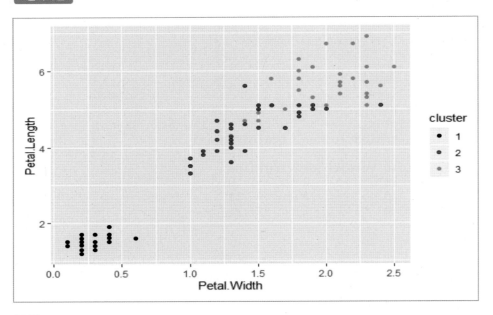

설명

• 군집 2와 3이 약간 겹쳐있음을 알 수 있다.

⑧ 참고: 그룹의 수 k 정하기

■ 군집의 수 k 정하는 패키지: NbClust(Best Number of Cluster)

• NbClust(data, min.nc= , max.nc= , method=)

• min.nc= : 군집의 최소 수

• max.nc= : 군집의 최대 수

• method= : 군집분석 방법 "kmeans", "complete", "average", "wardy"등이 있다.

```
# 군집갯수k 정하기
install.packages("NbClust")
library(NbClust)
nc <- NbClust(train.data, min.nc = 2, max.nc = 15, method = "kmeans")
```

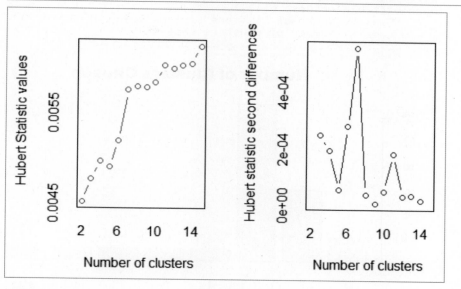

설명

- Hubert statistic second difference 그래프에서 가장 높은 군집의 수 추천, 여기서는 7개

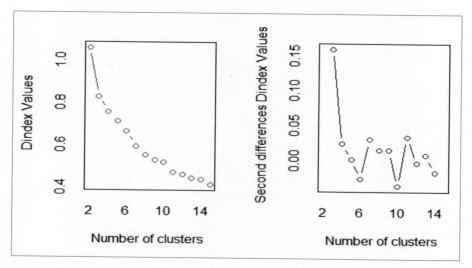

설명

- Second difference Dindex Values 그래프에서 가장 높은 군집의 수 추천, 여기서는 3개

■ 막대그래프로 k 정하기

```
> # 막대그래프로 k정하기
> par(mfrow=c(1,1))
> barplot(table(nc$Best.n[1,]),
+        xlab="Numer of Clusters", ylab="Value of Criteria",
+        main="Number of Clusters Chosen")
```

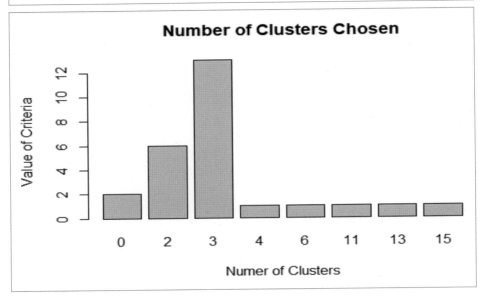

설명 k=3을 선정하는 것이 바람직 즉 군집 (clusre)의 갯수를 3개로 하는것이 바람직

⑨ 실험 데이터에 적용

■ 학습 모형 생성: package "e1071" 이용

```
# 실험데이터에 적용
install.packages("e1071")
library(e1071)
train.data <- as.data.frame(train.data)
modFit <- train(x = train.data[,-5],
                y = train$cluster,
                method = "rpart")
```

설명 modFit 모형은 학습모형의 결과

■ 학습모형을 실험데이터에 적용

```
> test.data <- as.data.frame(scale(test[1:4]))
> ClusterPred <- predict(modFit, test.data)
> table(ClusterPred ,test$Species)

ClusterPred setosa versicolor virginica
          1     21          0         0
          2      0         12         2
          3      0          9        12
```

설명

- 그룹 1: setosa 21, versicolor 0, virginica 0　　(setosa)

- 그룹 2: setosa 0, versicolor 12, virginica 2　　(versicolor)

- 그룹 3: setosa 0, versicolor 9, virginica 12　　(virginica)

- 정확도: 80% (45/56)

연습문제

1. mtcars 데이터 셋을 이용하여 자동변속기와 수동변속기 군집을 가장 잘 구분할 수 있는 의사결정나무를 구하여라. 그리고 실험 데이터로 결과를 확인해 보아라.

2. boot 패키지에서 제공해 주는 amis 데이터 셋은 자동차 속도와 경고 등에 관한 데이터이다. 경고 등 여부를 가장 잘 구분할 수 있는 의사결정나무를 구하여라. 그리고 실험 데이터로 결과를 확인해 보아라.

3. boot 패키지에서 제공해 주는 motor 데이터 셋에서 strata를 가장 잘 구분할 수 있는 의사결정나무를 구하여라. 그리고 실험 데이터로 결과를 확인해 보아라.

4. carData 패키지의 Highway1 데이터 셋은 1973년 차량 백만당 사고율에 관한 데이터이다. rate를 4% 미만과 이상으로 구분하고 이를 가장 잘 구분할 수 있는 의사결정나무를 구하여라. 그리고 실험 데이터로 결과를 확인해 보아라.

5. DAAG 패키지에서 제공해 주는 cps1 데이터 셋은 노동훈련 평가 데이터이다. 노동자가 히스페닉인지 아닌지(hisp)를 가장 잘 구분할 수 있는 의사결정나무를 구하여라. 그리고 실험 데이터로 결과를 확인해 보아라.

6. mtcars 데이터 셋을 이용하여 자동변속기와 수동변속기 군집을 가장 잘 구분할 수 있는 kmeans 모델을 만들어라. 그리고 실험 데이터로 결과를 확인해 보아라.

7. boot 패키지에서 제공해 주는 amis 데이터 셋은 자동차 속도와 경고 등에 관한 데이터이다. 경고 등 여부를 가장 잘 구분할 수 있는 kmeans 모델을 만들어라. 그리고 실험 데이터로 결과를 확인해 보아라.

8. boot 패키지에서 제공해 주는 motor 데이터 셋에서 strata를 가장 잘 구분할 수 있는 kmeans 모델을 만들어라. 그리고 실험 데이터로 결과를 확인해 보아라.

9. carData 패키지의 Highway1 데이터 셋은 1973년 차량 백만당 사고율에 관한 데이터이다. rate를 4% 미만과 이상으로 구분하고 이를 가장 잘 구분할 수 있는 kmeans 모델을 만들어라. 그리고 실험 데이터로 결과를 확인해 보아라.

10. DAAG 패키지에서 제공해 주는 cps1 데이터 셋은 노동훈련 평가 데이터이다. 노동자가 히스페닉인지 아닌지(hisp)를 가장 잘 구분할 수 있는 kmeans 모델을 만들어라. 그리고 실험 데이터로 결과를 확인해 보아라.

실습과제

① 의사결정나무를 적용할 수 있는 데이터 셋을 찾아서 의사결정나무 모델을 구하여라. 그리고 실험 데이터로 결과를 확인해 보아라.

② kmeans 모델을 적용할 수 있는 데이터 셋을 찾아서 의사결정나무 모델을 구하여라. 그리고 실험 데이터로 결과를 확인해 보아라. 단 사전에 군집이 정해지지 않은 데이터 셋을 이용하여라.

빅데이터 분석 R과
    빅데이터 플랫폼 하둡(Hadoop) 개론
OpenSource R
    and Hadoop

리눅스 입문

리눅스 입문

1절 　리눅스(Linux)란?

　　리눅스는 리누스 토르발스가 커뮤니티 주체로 개발한 컴퓨터 운영 체제로 커널을 뜻하기도 한다. 리눅스는 자유 소프트웨어와 오픈소스 개발의 가장 유명한 표본으로 들 수 있다. 리눅스는 다중 사용자, 다중 작업(멀티태스킹), 다중 스레드를 지원하는 네트워크 운영체제(NOS)이다. 엄밀하게 따지면 이 '리눅스'라는 용어는 리눅스 커널만 을 뜻하지만, 리눅스 커널과 GNU 프로젝트의 라이브러리와 도구들이 포함된, 전체 운영 체제(GNU/리눅스라고도 알려진)를 나타내는 말로 흔히 쓰인다. GNU는 컴퓨터 소프트웨어의 모음집이다. GNU는 온전히 자유 소프트웨어로 이루어져 있다. 리눅스 배포판은 핵심 시스템 외에 대다수 소프트웨어를 포함한다. 현재 200여 종류가 넘는 배포판이 존재한다. (출처: 위키피디어)

　　우리는 여러가지 리눅스 배포판 중에서 CentOS를 사용할 것이다. 가장 많이 사용하고 있는 리눅스가 레드햇(Red Hat)사에서 배포하고 있는 레드햇 리눅스인데, 레드햇 엔터프라이즈 리눅스(Red Hat Enterprise Linux)가 상용으로 판매되고 있다. 이를 소스코드를 그대로 로고만 변경하여 무료로 배포되고 있는 리눅스가 CentOS이다. 따라서 기업에서 구매해서 사용하려면 레드햇 엔터프라이즈 리눅스를 사용하고, 무료로 사용하려면 CentOS를 사용하면 된다. 참고로 배포판에 따라 명령어와 사용방법이 다르므로 설치된 리눅스 배포판을 기준으로 공부하여야 한다.

　　그림 10.1은 리눅스의 구성을 보여 준다. 커널 위의 셀 프로그램으로 커널의 환경을 설정한다. 위에 있는 응용프로그램은 활용을 위해 제3자가 만들어서 추가한 프로그램으로 편집기, 통신 프로그램, 웹서버 소프트웨어, DB서버 소프트웨어 등 다양한 프로그램을 추가할 수 있다.

그림 10.1   리눅스 구성

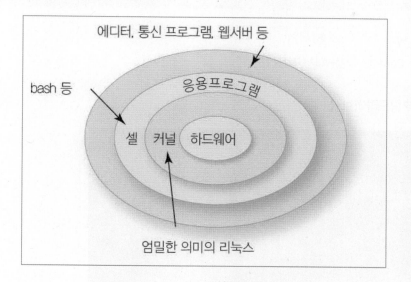

2절　리눅스 설치: CentOS 리눅스

- 설치 방법: 부팅 디스크로 CentOS 설치
  - 부팅 디스크와 CentOS 다운받아서 사용

1. 부팅 시 F9으로 부팅드라이브 선택

- Enter 클릭
  - 디스크 부족 시 window에서 컴퓨터관리 -> 디스크관리에서 디스크 분할하여 설치한다.

2. 언어선택: 한국어선택

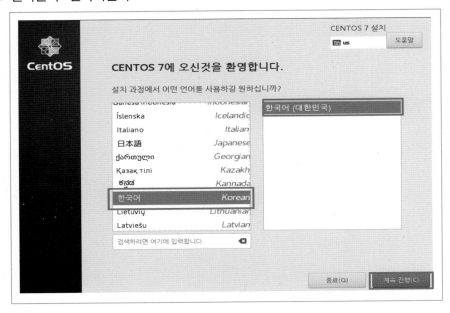

3. 소프트웨어 선택

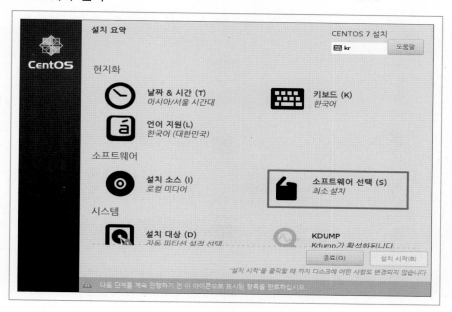

- 계속

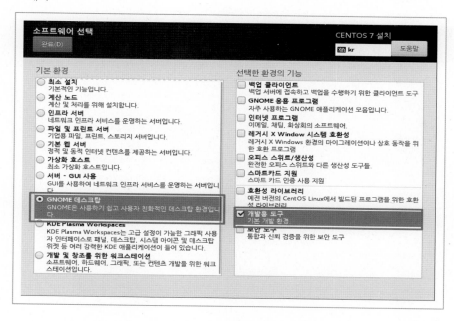

3. 설치대상

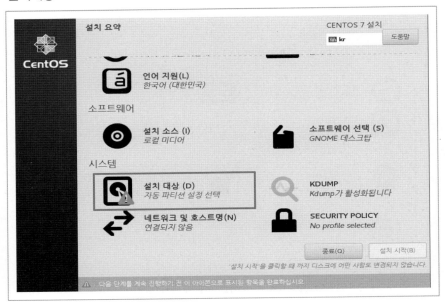

4. 설치할 디스크 선택

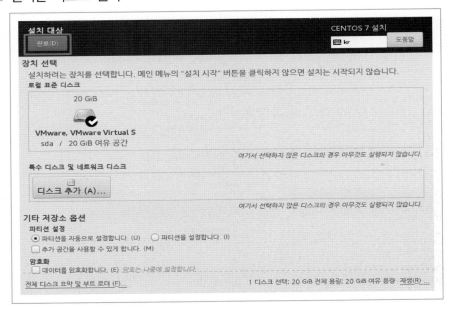

5. 네트워크 및 호스트명

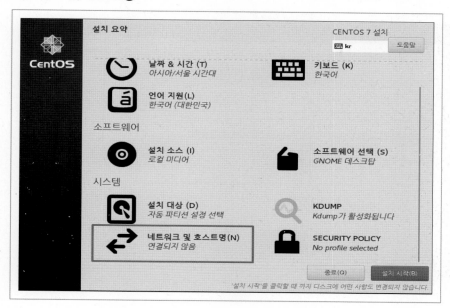

- 설정 클릭

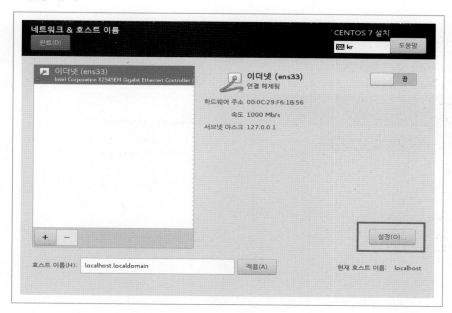

- IPv4 설정 클릭: 네트워크 환경설정

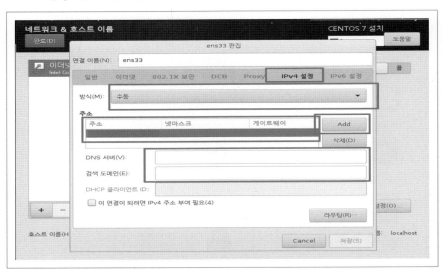

- IPv4 설정 클릭

  • 수동으로 변경

- Add 클릭

  • 주소(IP), 넷마스크, 게이트웨이

  • DNS서버, 보조 DNS 입력

  • 이더넷으로 네트워크가 연결된다.

6. 설치시작

7. ROOT 암호설정

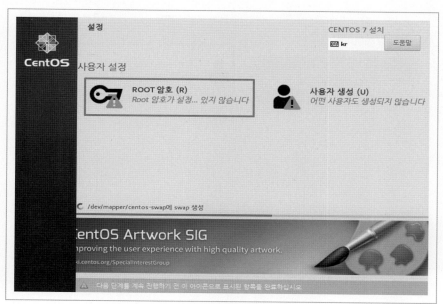

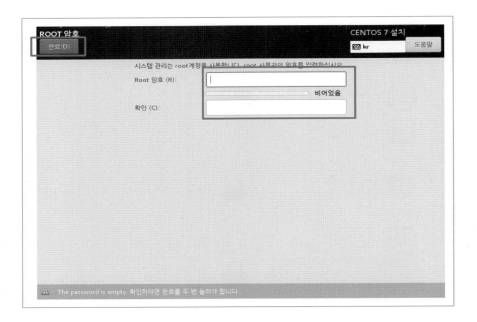

8. 사용자 생성(선택사항)

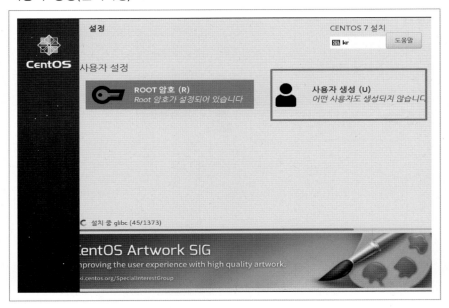

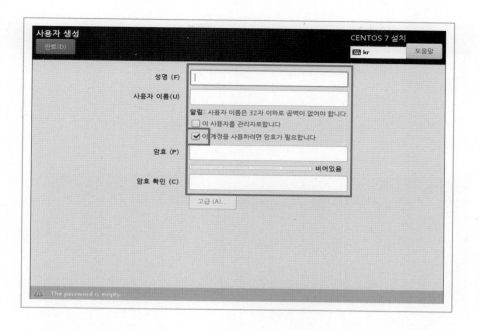

참고 로그인 후 "한글" 설정

1) 우측상단 단추 클릭 → 구모양 클릭

  - 지역 및 언어 선택

    • 언어 한국어

    • 입력소스 한글(Hangul) 선택

또는

2) 우측상단 ko → "한"으로 변경

3절 리눅스의 기본 명령어

1. 리눅스 기본 명령어

① 리눅스 시작과 종료
   - 리눅스 종료

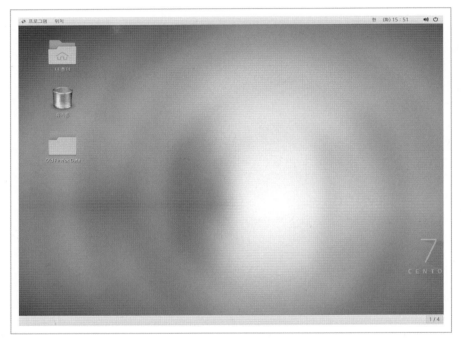

   • 오른쪽 상단의 ⏻ 표시를 클릭하면 탭의 오른쪽에 ⏻가 나오는데 이를 클릭하고 "컴퓨터끄기"를 클릭

   - 로그아웃: 리눅스를 종료하지 않고 이용자가 리눅스를 빠져 나가는 것을 의미한다.
   • 오른쪽 상단의 ⏻ 표시를 클릭하면 탭의 가운데에 있는 자물쇠 그림을 클릭

② 명령어 실행창 띄우기
   - root로 로그인 후 왼쪽 상단 프로그램을 클릭하고 즐겨찾기에서

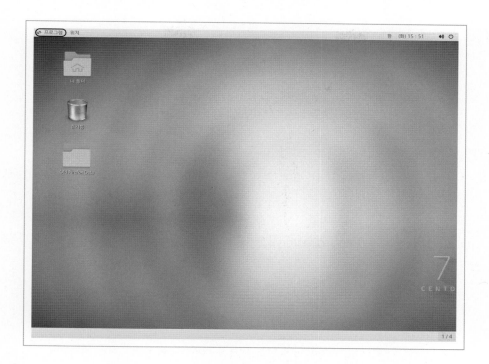

- "터미널"이 나타나는데 이를 클릭하면 아래와 같이 명령어 창이 나타난다.

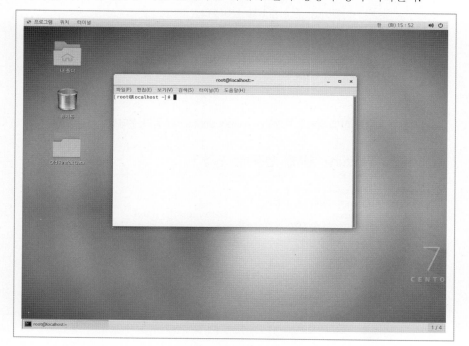

설명 명령어 줄 [root@localhost ~]#
- root: 로그인 사용자가 root
- @localhost: 접속위치가 localhost로서 서버에 직접 접속한 상태를 나타냄
  - ~: 현재 위치가 이용자의 root 폴더
  - #: 이용자가 root가 사용하는 프롬프트, 참고로 다른 이용자는 $로 나타냄

③ 파일이나 폴더관련 명령어
- 리눅스는 GUI(Graphic User Interface) 기능 지원이 미약하기 때문에 폴더 위치 확인에 어려움이 있다.

ⓐ pwd(present working directory): 현재 포인터가 있는 위치를 반환받는 명령어

```
[root@localhost ~]# pwd
/root
```

결과설명
- 현재 디렉토리는 /root이며 이는 이용자 root의 홈 디렉토리를 의미한다.

ⓑ ls(list): 파일이나 폴더를 보여준다.
- ls -a: 숨겨진 파일이나 폴더 모두를 보여준다.

```
[root@localhost ~]# ls
anaconda-ks.cfg    initial-setup-ks.cfg  공개      문서      비디오   서식
eclipse-workspace  m2                    다운로드  바탕화면  사진     음악
```

결과설명
- 이용자 root의 현재 위치에 파일로는 anaconda0ks.cfg 등과 폴더로는 공개 등이 있다.

ⓒ cd(change directory): 위치를 변경하는 명령어

```
[root@localhost ~]# cd /
[root@localhost /]# ls
bin    dev  home         lib    media  opt   root  sbin  sys   tmp   var
boot   etc  jdk1.8.0_191 lib64  mnt    proc  run   srv   temp  usr
```

결과설명
- cd /: 리눅스 서버의 root 디렉토리(/) 이동
- ls: 리눅스 서버의 root 디렉토리에는 폴더 bin에서 폴더 usr까지 있음을 알 수 있다.

ⓓ mkdir(make directory): 디렉토리 생성

　　[root@localhost ~] # mkdir /opt/test 　　// 디렉토리 /opt/test가 생성된다.

ⓔ rmdir(remove directory): 디렉토리 삭제, 단 하위 디렉토리가 없을 때

　　[root@localhost ~] # rmdir ./test 　　// 현재 디렉토리 아래에 있는 test 디렉토리 삭제

ⓕ rm(remove): 파일이나 폴더를 삭제
　- 옵션
　　• r: 파일 디렉토리 함께 삭제하기
　　• f: 파일유무와 관계없이 삭제하기
　　• v: 어떻게 완료되었는지 설명하기

　　[root@localhost ~] # rm -rf ./test 　// 현재 디렉토리 아래에 있는 test 디렉토리 삭제

　- 특수문자가 있는 파일 삭제

　　[root@localhost ~] # rm -rf "test!.txt"

ⓖ cp(copy): 파일이나 폴더를 복사
　- 옵션
　　• a: 원본 파일의 속성, 링크 정보를 그대로 유지하면서 복사
　　• r: 원본이 파일이나 디렉토리라도 복사

　　[root@localhost ~] # cp -r ./test /opt/test 　// test 폴더를 /opt/test로 복사

ⓗ touch: 크기가 0인 파일을 만드는 명령어, 이미 존재하는 경우 시간 변경
　　[root@localhost ~] # touch test.txt

ⓘ mv(move): 파일이나 폴더를 이동시키는 명령어
　　[root@localhost ~] # mv ./test /opt/test 　// 현재 폴더 아래에 있는 test 폴더를
　　/opt/test로 이동

ⓙ cat(concatenate): 화면에 보여주는 명령어
　　[root@localhost ~] # cat test.txt

ⓚ more: 텍스트로 작성된 파일을 페이지 단위로 보여주는 명령어

```
[root@localhost ~] # more test.txt
```

ⓛ head tail: 텍스트로 작성된 파일을 앞 10줄, 뒤 10줄을 보여 주는 명령어

```
[root@localhost ~] # head test.txt
```

ⓜ tar: 파일이나 디렉토리 묶기와 압축, 해제

- 옵션
  - c: 파일을 tar로 묶음
  - f: 파일 이름 지정
  - x: tar 압축을 해제
  - z: gzip으로 압축하거나 해제
- tar로 압축하기

```
[root@localhost ~] # tar -cvf test.tar abc  // abc라는 폴더를 test.tar로 압축
```

- tar로 압축해제하기

```
[root@localhost ~] # tar -xvf test.tar      // test.tar로 압축된 tar 파일해제
```

- tar.gz으로 압축하기

```
[root@localhost ~] # tar -zcvf test.tar.gz abc  // abc라는 폴더를 test.tar.gz
으로 압축
```

- tar.gz으로 압축해제하기

```
[root@localhost ~] # tar -zxvf test.tar.gz abc  // test.tar.gz을 해제
```

④ 사용자와 그룹관련 명령어

ⓐ useradd: 새로운 사용자 생성

```
[root@localhost ~] # useradd hadoop   // 사용자 hadoop 생성
```

ⓑ passwd: 사용자의 비밀번호 생성

```
[root@localhost ~] # passwd passhadoop // 사용자 hadoop의 비밀번호 생성
```

ⓒ usermod: 사용자의 속성 변경

[root@localhost ~] # usermod -g root hadoop // 사용자 hadoop의 그룹을 root 그룹으로 변경

ⓓ userdel: 사용자 삭제

[root@localhost ~] # userdel hadoop // 사용자 hadoop 삭제

ⓔ groupadd: 그룹 생성

[root@localhost ~] # groupadd hadoop // 그룹 hadoop 생성

ⓕ groupdel: 그룹 삭제

[root@localhost ~] # groupdel hadoop // 그룹 hadoop 삭제

ⓖ 사용자에 관한 파일: /etc/passwd

ⓗ 비밀번호에 관한 파일: /etc/shadow

ⓘ 그룹에 관한 파일: /etc/group

실습

1. root로 로그인하여 홈 폴더의 디렉토리와 root 디렉토리를 확인해 보기
2. test 그룹을 만들고
3. 사용자 user1을 만들고 비밀번호를 passuser1으로 설정
4. user1을 test 그룹에 속하게 한다.
5. 생성된 사용자와 비밀번호 그룹을 확인하기
6. user1으로 로그인 하여 size가 0인 test.txt을 만든다.
7. 사진 폴더를 tar로 압축하기, tar.gz으로 압축하고 해제 하기

참고 리눅스에서의 폴더구조

■ 이용자의 홈 폴더: ~

```
/root
[root@localhost ~]# ls
anaconda-ks.cfg    initial-setup-ks.cfg    공개         문서      비디오   서식
eclipse-workspace  m2                      다운로드   바탕화면  사진     음악
```

- root의 홈 폴더에 파일 anaconda-ks.cfg 등과 폴더 공개 등이 있다.
- 이러한 내용은 이용자마다 다른 파일과 폴더를 저장한다.

■ 시스템의 root 폴더: /

```
[root@localhost ~]# cd /
[root@localhost /]# ls
bin   dev  home           lib    media  opt   root  sbin  sys   tmp  var
boot  etc  jdk1.8.0_191   lib64  mnt    proc  run   srv   temp  usr
```

- 이러한 내용은 모든 이용자와 같은 파일과 폴더이다.

■ 시스템의 root폴더와 이용자로서 root의 홈폴더와의 관계

- 시스템의 root폴더에 root라는 폴더가 있다. 여기로 옮기면 이용자 root의 홈폴더가 있음을 알 수 있다.

```
[root@localhost /]# cd root
[root@localhost ~]# ls
anaconda-ks.cfg    initial-setup-ks.cfg    공개         문서      비디오   서식
eclipse-workspace  m2                      다운로드   바탕화면  사진     음악
```

■ 시스템의 root폴더와 일반사용자 hadoop의 홈 폴더와 관계

- hadoop의 홈 폴더

```
[hadoop@localhost ~]$ ls
Accident-test-0.0.1-SNAPSHOT.jar    RHadoop                          공개
Accident_List-0.0.1-SNAPSHOT.jar    WordCount.java                   다운로드
Accident_Token-0.0.1-SNAPSHOT.jar   WordCountMapper.java             문서
MaxTemperature.java                 WordCountReducer.java            바탕화면
MaxTemperatureMapper.java           eclipse-workspace                비디오
MaxTemperatureReducer.java          maven-test-0.0.1-SNAPSHOT.jar    사진
NCDC-0.0.1-SNAPSHOT.jar             ncdcdata.txt                     서식
R                                   thinclient_drives                음악
```

- 시스템의 root 폴더에 home 폴더가 있다.

```
[hadoop@localhost ~]$ cd /
[hadoop@localhost /]$ ls
bin   dev   home          lib    media   opt    root   sbin   sys    tmp   var
boot  etc   jdk1.8.0_191  lib64  mnt     proc   run    srv    temp   usr
```

- home로 이동하면 서버에 등록된 이용자 id 디렉토리가 나온다.

이용자 hadoop 디렉토리로 이동하면 hadoop의 홈 폴더와 같음을 알 수 있다.

```
[hadoop@localhost /]$ cd home
[hadoop@localhost home]$ ls
gyryu  hadoop  hadoop2  hdd4tb  hdd8tb
[hadoop@localhost home]$ cd hadoop
[hadoop@localhost ~]$ ls
Accident-test-0.0.1-SNAPSHOT.jar    RHadoop                            공개
Accident_List-0.0.1-SNAPSHOT.jar    WordCount.java                     다운로드
Accident_Token-0.0.1-SNAPSHOT.jar   WordCountMapper.java               문서
MaxTemperature.java                 WordCountReducer.java              바탕화면
MaxTemperatureMapper.java           eclipse-workspace                  비디오
MaxTemperatureReducer.java          maven-test-0.0.1-SNAPSHOT.jar      사진
NCDC-0.0.1-SNAPSHOT.jar             ncdcdata.txt                       서식
R                                   thinclient_drives                  음악
```

④ 파일과 디렉토리 소유권과 허가권

ⓐ 파일 확인: ls -all

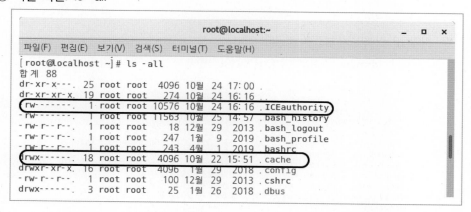

ⓑ 파일 및 디렉토리 특성

-	rw-	---	---	1	root	root	10576	10월 24 16:16	ICEauthority
(a)	(b)	(c)	(d)	(e)	(f)	(g)	(h)	(i)	(j)

(a) 형태: 디렉토리이면 d, 파일이면 -

(b) 소유자의 파일권한: r(read 읽기), w(write 쓰기), e(execute 실행) 권한

　　정수로도 표현가능: 1　　　　　　1　　　　　1

　　　　　　　　　　　　　4　　　　　2　　　　1 (7)

(c) 그룹의 파일권한: rwe

(d) 그 외사용자(Other)의 사용권한: rwd

(e) 링크 수: 1

(f) root: 소유자 이름

(g) root: 소유그룹 이름

(h) 10576: 파일 크기(Byte)

(i) 10월 24 16:16: 마지막 변경 날짜 시간

(k) ICEauthority: 파일 이름

ⓒ 파일 및 디렉토리 허가권 명령어: chown

(a) 형식: chown {소유권자}:{소유그룹} {변경하고자 하는 파일 또는 그룹}

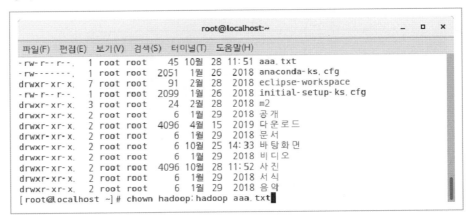

코드설명
- root 소유의 aaa.txt 파일은 이용자 hadoop, 그룹 hadoop에게 소유권을 넘긴다.

⑤ vi 편집기
- 리눅스에서 사용하는 문서 편집기

(a) 파일 열기: vi aaa.txt

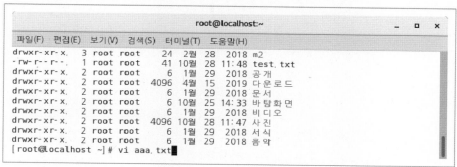

참고

vi 편집기로 파일이 생성되지 않으면 touch aaa.txt로 크기가 0인 파일을 생성하고 난 뒤 vi 편집기로
열면된다.

(b) 입력하기: 문서 창이 뜨면 i를 입력하여 INSERT 모드로 만든다.

(c) 데이터를 입력한다.

(d) 파일을 저장하려면 ESC를 클릭하면 아래와 같이 -- INSERT --가 없어진다.

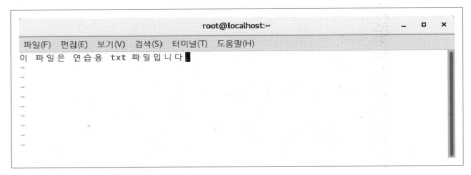

(e) 파일저장 명령어 :wq

:wq (write and quit)로 저장한다.

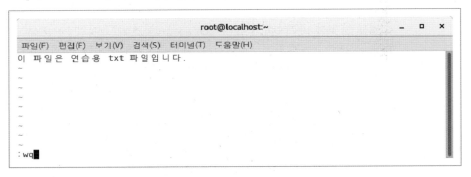

(e) ls -all로 파일을 확인한다.

```
                                  root@localhost:~                          _  □  ×

파일(F)  편집(E)  보기(V)  검색(S)  터미널(T)  도움말(H)
- rw-------.   1 root root 12288 10월  28 11:39 .test.txt.swp
drwxr-xr-x.   3 root root    20  2월  26  2018 .tooling
- rw-------.   1 root root   808  2월   7  2018 .viminfo
- rw-------.   1 root root   132  4월   4  2018 .xauthPue9Ah
- rw-------.   1 root root   132  4월   4  2018 .xauthXbpphx
- rw-r--r--.   1 root root    45 10월  28 11:51 aaa.txt
```

⑥ 기타 주요 명령어

ⓐ 자동완성

자동완성은 이름이 복잡한 경우 쉽게 쓸 수 있도록 지원하는 기능으로 파일의 일부만 입력하고 나머지는 (Tab)키를 클릭하면 자동으로 완성해 주는 기능

- 아래와 같이 eclipse-workspace 폴더는 이름이 길어서 ecl(TAB)을 하면

```
파일(F)  편집(E)  보기(V)  검색(S)  터미널(T)  도움말(H)
- rw- rw- r - - .   1 hadoop hadoop          0 10월 28 12:03 aaa.txt
drwxrwxr-x. 10 hadoop hadoop        157  4월 29 11:16 eclipse-workspace
- rw- r - - r - - .   1 hadoop hadoop       8232  1월 11  2019 maven-test-0.0.1-SNAPSHOT.jar
- rw- r - - r - - .   1 hadoop hadoop   19630411  4월  4  2018 ncdcdata.txt
drwxr-xr-t.  2 hadoop hadoop          6  4월 30 15:26 thinclient_drives
drwxr-xr-x.  2 hadoop hadoop          6  2월 28  2018 공개
drwxr-xr-x.  4 hadoop hadoop       8192 10월 25 16:13 다운로드
drwxr-xr-x.  2 hadoop hadoop         21  2월 28  2018 문서
drwxr-xr-x.  2 hadoop hadoop          6  2월 28  2018 바탕화면
drwxr-xr-x.  2 hadoop hadoop          6  2월 28  2018 비디오
drwxr-xr-x.  2 hadoop hadoop       4096  4월 18  2019 사진
drwxr-xr-x.  2 hadoop hadoop          6  2월 28  2018 서식
drwxr-xr-x.  2 hadoop hadoop          6  2월 28  2018 음악
[hadoop@localhost ~]$ cd ecl(TAB)
```

- 결과는 아래 그림과 같이 자동으로 완성시켜준다.

```
파일(F)  편집(E)  보기(V)  검색(S)  터미널(T)  도움말(H)
- rw- rw- r - - .   1 hadoop hadoop          0 10월 28 12:03 aaa.txt
drwxrwxr-x. 10 hadoop hadoop        157  4월 29 11:16 eclipse-workspace
- rw- r - - r - - .   1 hadoop hadoop       8232  1월 11  2019 maven-test-0.0.1-SNAPSHOT.jar
- rw- r - - r - - .   1 hadoop hadoop   19630411  4월  4  2018 ncdcdata.txt
drwxr-xr-t.  2 hadoop hadoop          6  4월 30 15:26 thinclient_drives
drwxr-xr-x.  2 hadoop hadoop          6  2월 28  2018 공개
drwxr-xr-x.  4 hadoop hadoop       8192 10월 25 16:13 다운로드
drwxr-xr-x.  2 hadoop hadoop         21  2월 28  2018 문서
drwxr-xr-x.  2 hadoop hadoop          6  2월 28  2018 바탕화면
drwxr-xr-x.  2 hadoop hadoop          6  2월 28  2018 비디오
drwxr-xr-x.  2 hadoop hadoop       4096  4월 18  2019 사진
drwxr-xr-x.  2 hadoop hadoop          6  2월 28  2018 서식
drwxr-xr-x.  2 hadoop hadoop          6  2월 28  2018 음악
[hadoop@localhost ~]$ cd eclipse-workspace/
```

ⓑ 심블릭 링크: ln -s   원본   새로운 이름

파일이나 폴더의 이름이 길거나 복잡할 경우 간단한 이름으로 연결하는 기능

- ln -s eclipse-workspace eclip: eclipse-workspace을 eclip으로 단순화

```
파일(F)  편집(E)  보기(V)  검색(S)  터미널(T)  도움말(H)
[hadoop@localhost eclipse-workspace]$
[hadoop@localhost eclipse-workspace]$ ln -s eclipse-workspace eclip
[hadoop@localhost eclipse-workspace]$ ls -all
합계 4
```

결과화면

```
파일(F)  편집(E)  보기(V)  검색(S)  터미널(T)  도움말(H)
drwxrwxr-x.  4 hadoop hadoop  33  4월 18  2019 .recommenders
drwxrwxr-x.  5 hadoop hadoop  97  4월 19  2019 Accident-test
drwxrwxr-x.  5 hadoop hadoop  97  4월 30 10:07 Accident_List
drwxrwxr-x.  5 hadoop hadoop  97  4월 29 11:09 Accident_Token
drwxrwxr-x.  5 hadoop hadoop  97  3월 29  2019 NCDC
lrwxrwxrwx.  1 hadoop hadoop  17 10월 28 12:30 eclip -> eclipse-workspace
drwxrwxr-x.  5 hadoop hadoop  97  3월 25  2019 maven-class
drwxrwxr-x.  5 hadoop hadoop  97  3월 29  2019 maven-test
[hadoop@localhost eclipse-workspace]$ 
```

설명

- eclip -> eclipse-workspace로 링크되어 있음을 알 수 있다.

ⓒ 히스토리 기능

이전에 입력한 명령어를 키 ⇑를 클릭하면 나오게 하고

이 후에 입력한 명령어를 키 ⇓를 클릭하면 나오게 하는 기능

ⓓ 프로그램 설치

ⓐ RPM(Redhat Package Manager): 레드햇에서 제공하는 설치 매니저 소프트웨어

- 패키지 설치

  rpm -Uvh {패키지 이름} : U(패키지설치/업그레이드) v(설치과정 보기) h(설치과정#마크로화면에 출력)

- 패키지 삭제

  rpm -e {패키지 이름}: e(erase 삭제)

ⓑ YUM(Yellodog Update Modified): 인테넷을 통해 패키지를 설치하는 소프트웨어

- 패키지 설치

  yum -y install {패키지 이름}: y 옵션은 설치 시 상황에 대해 yes로 답변하면서 설치

- 패키지 삭제

  yum remove {패키지 이름}

⑦ 네트워크관련

(a) TCP/IP:네트워크에서 컴퓨터끼리 데이터를 주고받는 가장 널리 사용되는 프로토콜

(b) 호스트이름(Hostname): 각각의 컴퓨터에 지정된 이름

(c) 도메인 이름(Domainname): 네트워크 상에서의 이름, 예: skuniv.ac.kr

(d) IP(Internet Protocol): 각 컴퓨터에 부여되는 중복되지 않는 유일한 주소,

예: 210.110.144.567

(e) 게이트웨이(Gateway): 컴퓨터가 최초로 반드시 거쳐야 할 주소

(f) DNS(Domain Name Server): URL(www.skuniv.ac.kr)을 IP로 바꿔주는 서버로 설정

파일은 /etc/resolv.conf

(g) ifconfig: IP를 포함한 네트워크 카드 정보 등

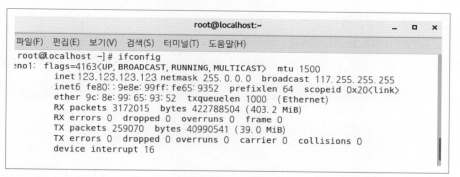

(h) ping {IP주소}: IP 주소의 컴퓨터가 네트워크에서 작동하는 지를 테스트하는 명령어

```
[root@localhost ~]# ping 123.123.123.123
PING 123.123.123.111   ( 123.123.123.123 )  56(84) bytes of data.
64 bytes from 123.123.123.111 :  icmp_seq=1  ttl=128  time=0. 248 ms
64 bytes from 123.123.123.111 :  icmp_seq=2  ttl=128  time=0. 255 ms
```

(i) nslookup: DNS서버의 작동을 테스트하는 명령어

Chapter 10

연습문제

1번

① 사용자 test를 비밀번호 secret로 생성하여라.
② root의 홈폴더와 test의 홈폴더의 내용을 확인하여 비교하여라.
③ root 디렉토리의 내용을 확인하여라.

2번

① test로 로그인하여
② 홈폴더 아래 test1 폴더를 생성하고
③ test1 폴더에서 vi 에디터를 이용하여 exercise.txt를 만들어 아래 내용을 입력하여라.

ID	NAME	WEIGHT	HEIGHT
1	KIM	55	165
2	LEE	58	167
3	PARK	62	172
4	RYU	66	175
5	JUNG	68	178

④ exercise.txt의 소유권을 확인하여라.
⑤ test1 폴더를 testzip으로 압축하여라.
⑥ testzip을 root 디렉토리로 복사하여라.

3번

내 컴퓨터의
① Host 이름은?
② Domain 이름은?
③ IP 주소는?
④ ping을 사용하여 응답시간을 측정하여라.

빅데이터 분석 R과
　　　빅데이터 플랫폼 하둡(Hadoop) 개론
OpenSource R
　　　and Hadoop

하둡

Chapter 11 하둡

위키피디어(WIKIPEDIA)는 빅데이터를 기존의 자료처리를 위한 소프트웨어로 적절하게 처리하기 힘든 방대한 양의 데이터로 정의하고 있다. 대용량 데이터베이스에 있는 많은 행과 열을 가지는 복잡한 데이터는 잘못된 결과를 가져오는 확률을 높이기도 하지만, 데이터를 원하는 정보로 가공하기에 어려움이 많다. 빅데이터 플랫폼로부터의 정보는 보다 큰 통계의 힘의 보여준다. 그런 측면에서 빅데이터는 데이터를 찾고, 저장하고, 분석하고, 시각화하고, 공유하고, 전파하는 일들을 하고 있는데, 여기에는 사적인 정보문제, 데이터 원천 등의 문제도 포함된다. 원래 세가지 중요한 요소가 있는데 크기(Volume)과 속도(Velocity), 다양성(Variety)이다. 이는 크기 뿐 만 아니라 대량의 데이터를 빠른 시간에 처리하여 결과를 확인해야 하고, 데이터에 부과되는 다양한 요구를 수용하여야 한다는 것을 의미한다. 여기에 데이터품질(Veracity) 요소가 추가되었다. 이는 획득된 데이터의 품질이 정확한 분석에 매우 중요한 요인이기 때문이다. 이를 4V라고 부르기도 한다. 현대의 빅데이터라는 용어는 데이터의 특정 크기에만 적용되는 것이 아니라, 모든 데이터로부터 추출할 수 있는 예측분석, 사용자 행동분석, 발전된 데이터분석 기법 등에 사용되고 있다. 사물인터넷(IoT: Internet Of Things) 기기, 무선 감지기기, 소프트웨어 로그, 카메라, 이동전화, 전자태그(RFID: Radio-Frequency IDentification), 무선감지 네트워크 등에서 값싸고 많은 양의 데이터를 모을 수 있기 때문에 데이터는 크기가 급속도로 커지고 있다. IDC(International Data Group)는 세계의 데이터 크기는 2013년 4.4 제타바이트(2^{70}바이트)에서 2020년 44제타바이트로 8년 만에 10배 성장하고, 2025년에는 163제타바이트로 14년 만에 37배로 급속도로 성장할 것으로 예측하였다. 참고로 1제타바이트는 약 1조 8천억 기가바이트(GB)에 이르는 크기이다. 이는 4GB의 HD영화를 4,500천억 개를 저장하는 규모이다.

그림 11.1　　빅데이터의 특성

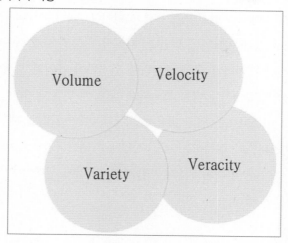

　　빅데이터가 중요한 이유는 빅데이터를 사용하는 분야가 기업, 공장, 정부, 의료, 영상, 교육, 보험 등 매우 많은 분야에서 활용하고 있기 때문이다. 딥러닝에서도 빅데이터를 사용하고 있다. 빅데이터의 예로서, 인간의 DNA연구에서 빅데이터를 활용하고 있다. 사람 1명의 DNA 염색체 1개를 이미지 파일로 바꾸면 약 750메가바이트(MB=2^{20}Byte)에 이르는 용량이 나온다. 변이까지 감안하면 한 사람당 유전자 정보의 데이터 크기는 약 1GB(2^{30}Byte)로, 이를 전세계 인구로 환산하면 약 4억 페타바이트(PB=2^{50}Byte)에 이른다. 또한 DNA 연구 과정에서 발생하는 데이터는 상당수가 비정형 데이터인 점도 한몫한다. DNA를 구성하는 염기서열 1쌍당 4테라바이트(TB=2^{40}Byte)의 이미지 데이터가 생성되며, 각 염기서열에서 발생한 정보와 질병 간 상관관계 연구 결과 데이터도 있다. 인간의 DNA 연구는 각 유전자 값의 속성, 질병 유전자와의 교차 분석, 정합성 정도를 따지기 위한 검증 작업까지 복잡한 데이터 처리의 연속이다. 1995년에는 하나의 유전자 분석 당 1천만 달러가 들었다면 2009년에는 1만 달러 미만으로 줄어들었다. 계속 줄어들어 1천달러까지 떨어질 전망이다. DNA 정보수집 속도는 2009년과 비교했을 때 10배 빨라졌고, 수년씩 걸리던 DNA 정보분석 시간도 1~2주 밖에 걸리지 않을 정도로 단축됐다. 이를 가능하게 한 것은 오픈소스인 하둡이다. 하둡은 병렬처리를 이용해 4TB의 데이터를 쪼개서 분산저장한 뒤, 분석을 위해 다시 합쳐서 속도를 획기적으로 높일 수 있는 빅데이터 프레임워크이다. 이러한 속도는 계속 빨라질 것으로 전망된다. 출처: www.bloter.net/archives/112591, 2012년 6월 3일

　　다음으로 빅데이터가 개인에게 영향을 줄 수 있는 중요한 문제일까? 현대는 유선, 무선 네트워크는 물론 IoT 등 다양한 네트워크로 연결된 초연결 사회이다. 개인은 SNS 등에 개인생활 또는 의견 등을 올려서 자신을 알리고 정보를 교환하고 있다. 따라서 개인은 자체 데이터를 끊임없이 생산하고 이를 연결하고 있다. 이러한 데이터와 외부 데이터를 연결하여 개인의 경쟁력을 높이는 데 많은 기여를 할 수 있다. 이는 기업입장에서는 더욱 중요하다. 기업 내부의 데이터는 주로 정형화 된 형태로 데이터베이스에 기록하고 비즈니스를 위해 활용하고 있다. 이러한 기업 내부의 데이터와 기업 외부의 데이터를 결합하여 비즈니스를 실시하는 것은 기업내부 데이터만으로 비즈니스를 실시하는 것보다 경쟁력이 훨씬 높을 것이다. 따라서 기업은 빅데이터 도입이 선택이 아니라 필수요건으로 되고 있다.

■ 왜 하둡(Hadoop)인가?

　　하둡은 여러 가지 다양한 애플리케이션으로 정형데이터 등을 다루고 있지만, 기본적으로 대용량 비정형 데이터를 텍스트 형식으로 저장하고 거의 실시간으로 검색하여 결과를 보여주는 플랫폼이다. 이러한 플랫폼 위에서 자바나 R 등을 이용하여 데이터를 분석하고 결과를 시각화하여 보여 줄 수 있다. 또한 하둡은 오픈소스 프로젝트이기 때문에 기본적으로 소프트웨어 비용이 들지 않는다. 기존의 데이터 저장소인 데이터베이스 관리시스템(DBMS: DataBase Management System)을 이용하기 위해 DBMS 소프트웨어 구입하고 크기에 따라 기간에 따라 비용을 지불하여야 했으나, 하둡은 기본적으로 소프트웨어 비용이 소요되지 않는다. 또한 기존의 DBMS는 주로 유닉스 시스템에 설치 운영하고 있는데 하둡은 리눅스에 설치 운영된다. 리눅스 또한 오픈소스 시스템이기 때문에 기본적으로 소프트웨어 비용이 들지 않고 서버를 계속 증설 운영할 수 있다. 하둡은 데이터 복제본을 저장하기 때문에 데이터에 문제가 생겼을 때 복구도 지원한다.

　　이러한 장점에도 불구하고 초기에는 야후(Yahoo)에서만 주도적으로 적용하였지만 현재는 아마존(Amazon), 페이스북(Facebook), 이베이(ebay) 등 유수한 글로벌 기업들이 도입하여 사용하고 있어 안정성이 증명되고 있으며, 국내에서는 KT, SKT 등과 같은 통신업체, 네이버, 다음 등과 같은 포털 업체에서도 사용하고 있다. 따라서 빅데이터 플랫폼으로 하둡을 많이 사용한다.

■ 정형데이터와 비정형데이터

정형데이터는 정해진 형식으로 표현된 데이터로 DBMS에서 사용하는 데이터이다. 데이터를 쓰고, 갱신하고, 검색하는 데 효과적인 데이터 형식이다. 그러나 데이터 분석 등 여러 가지 다양한 요구를 충족시키기에는 적합하지 않다. 여기에는 오라클, SQL, mySQL 등 관계형 DBMS(RDBMS)가 여기에 속한다.

비정형데이터는 정해진 형식이 없는 데이터로서 쓰기 후 읽기에는 적합하나 갱신은 어렵고 주로 텍스트 타입의 파일을 사용할 수 있으므로 파일의 크기를 작게할 수 있다. 따라서 데이터를 분산 저장하고 데이터 처리를 위해 병합하는 빅데이터에 적합한 데이터 형태이다. 하둡은 정형데이터와 비정형데이터를 처리할 수 있다.

2절 하둡의 생태계

1. 코어

- 운영체제(OS): 리눅스
- 프로그래밍 언어(PL): 자바
- 파일 시스템: HDFS(Hadoop File System)으로 분산저장
- 데이터처리 방법: MapReduce

2. 서브 프로젝트

- YARN: 데이터 처리작업을 실행하기 위해 CPU, 메모리, 디스크 등의 자원을 스케쥴링을 위한 프레임워크
- Zookeeper: 분산환경에서 서버 간의 상호조정이 필요한 서비스를 제공하는 시스템
- Mesos: 클라우드 및 컴퓨팅에 필요한 다양한 자원(CPU, 메모리, 디스크 등)을 통합적으로 관리하는 자원관리 프로젝트

3. 데이터 저장관련 서브 프로젝트

- HBase: HDFS기반의 RDBMS와 같은 데이터베이스 시스템
- Kudu: 컬럼기반의 스토리지로 특정 컬럼의 읽기를 고속화할 수 있음
- Chukwa: 분산환경에서 생성되는 데이터를 HDFS에 안정적으로 저장하는 플랫폼

4. 데이터 처리관련 서브 프로젝트

- Pig: 맵리듀스 프로그래밍을 지원하는 언어
- Spark: 인메모리 기반의 배치처리, 머신러닝, SQL 질의처리, 스트리밍 데이터처리, 그래프 라이브러리 처리 등 데이터 처리 플랫폼
- Impala: 클라우데라에서 개발한 하둡기반의 분산 쿼리처리 엔진
- Maout: 하둡기반의 데이터 마이닝 알고리즘을 구현한 오프소스
- Hive: 페이스북에서 개발한 하둡기반의 데이터웨어하우스용 솔루션

5. 데이터 수집관련 서브 프로젝트

- Sqoop: 대용량 데이터 전송 솔루션
- Kafka: 데이터 스트림을 실시간으로 관리하기 위한 분산 메세징 시스템
- Scribe: 페이스북에서 개발한 데이터 수집 플랫폼

그림 11.2　　하둡생태계

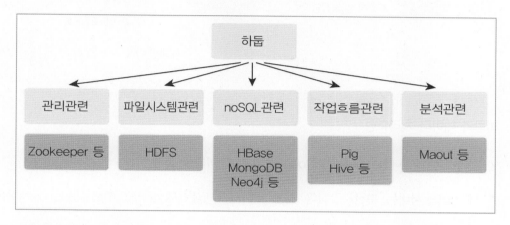

6. 하둡의 과제

- 데이터 수정불가

　　HDFS에 저장된 파일은 파일의 이름변경, 이동 등은 가능하지만 수정이 불가능하다. 따라서 파일읽기나 배치작업(한꺼번에 작업)에 적당하다. 하둡 0.21 버전에서는 기존의 저장된 파일에 내용을 덧붙이는 작업(append)은 가능하다.

- 파일 네임스페이스의 제한

　　네임노드가 관리하는 메타정보로 메모리에 적재되어 관리하기 때문에 서버의 용량에 따라 HDFS에 저장되는 디렉토리와 파일의 개수에 제한이 있다. 이를 해결하기 위해서는 메모리를 늘여야 한다.

그림 11.3   하둡의 기본적인 데이터 처리 워크플로우

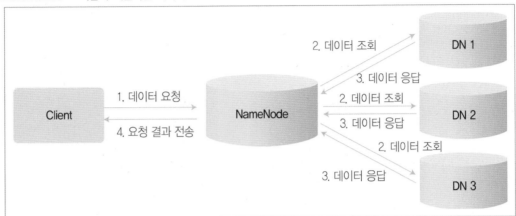

7. 하둡의 데이터 처리과정

① 클라이언트가 네임노드(NameNode) 서버에 데이터를 요청

② 네임노드 서버는 분산저장되어 있는 데이터가 있는 데이터노드(DataNode) 서버들에게 조회

③ 분산저장되어 있는 데이터 응답을 받고 요청에 맞게 정보를 취합 분석

④ 네임노드 서버가 클라이언트에게 요청결과를 전송

8. 빅데이터 처리를 위한 환경

- 서버의 운영체제(OS): 리눅스
- 빅데이터 플랫폼: 하둡
- 프로그래밍 언어: 자바
- 자바개발 도구: 이클립스(Eclipse)
- 맵리듀스 개발도구: 메이븐(Maven)

3절　자바설치

- JDK(Java Development Kit) 설치: 하둡의 프로그래밍 언어가 자바이기 때문에 JDK를 설치하여야 한다.

1. JDK 다운로드

1) root로 로그인 하면 다음의 화면이 나타난다.

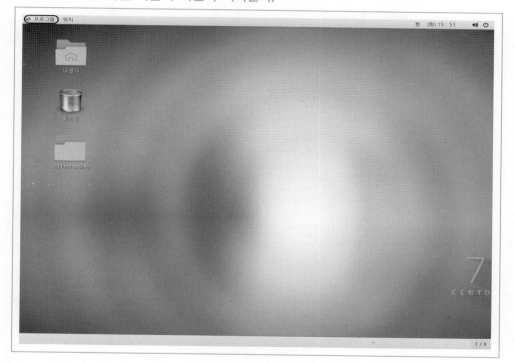

설명
- 왼쪽 상단의 "프로그램"을 클릭하면 "Firefox"가 나타나는데 이를 클릭하면 Firefox 브라우저가 뜬다.
- 웹브라우저에서 아래 다운로드 사이트로 이동한다.

2) 다운로드 사이트: https://www.oracle.com/technetwork/java/javase/downloads/index.html
- JAVA 8 이전버전을 다운받아야 한다. 하둡이 이 후 버전을 지원하지 않기 때문

3) 접속 화면 아래로 스크롤 하면 JAVA 8 버전이 나타난다.

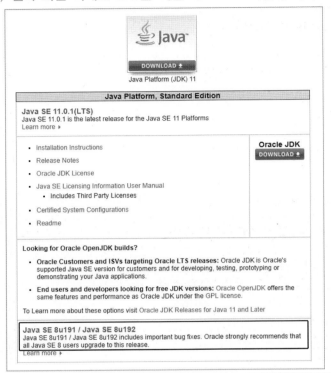

Java SE Development Kit 8u162

You must accept the Oracle Binary Code License Agreement for Java SE to download this software.

✓ Accept License Agreement　　○ Decline License Agreement

Product / File Description	File Size	Download
Linux ARM 32 Hard Float ABI	77.93 MB	⬇ jdk-8u162-linux-arm32-vfp-hflt.tar.gz
Linux ARM 64 Hard Float ABI	74.88 MB	⬇ jdk-8u162-linux-arm64-vfp-hflt.tar.gz
Linux x86	169.01 MB	⬇ jdk-8u162-linux-i586.rpm
Linux x86	183.81 MB	⬇ jdk-8u162-linux-i586.tar.gz
Linux x64	166.13 MB	⬇ jdk-8u162-linux-x64.rpm
Linux x64	181.02 MB	⬇ jdk-8u162-linux-x64.tar.gz
macOS	247.12 MB	⬇ jdk-8u162-macosx-x64.dmg
Solaris SPARC 64-bit (SVR4 package)	139.98 MB	⬇ jdk-8u162-solaris-sparcv9.tar.Z
Solaris SPARC 64-bit	99.3 MB	⬇ jdk-8u162-solaris-sparcv9.tar.gz
Solaris x64	140.68 MB	⬇ jdk-8u162-solaris-x64.tar.Z
Solaris x64	97.03 MB	⬇ jdk-8u162-solaris-x64.tar.gz
Windows x86	198.57 MB	⬇ jdk-8u162-windows-i586.exe
Windows x64	206.76 MB	⬇ jdk-8u162-windows-x64.exe

2. JDK 설치과정

① 다운로드 폴더로 이동

　　[root@localhost /]# cd ~/다운로드

참고 리눅스 폴더 및 파일에 관한 명령어

root@localhost: 로그인 사용자가 root임을 의미하고 localhost는 사용하고 있는 컴퓨터가 local 호스트 서버 즉 지금의 컴퓨터라는 의미이다.

/ : root 디렉토리

~ : home 디렉토리로서 사용자를 생성할 때 마다 각기 다른 home 디렉토리를 만든다.

cd ~/다운로드 : cd(change directory)로 "~/다운로드" 는 로그인 되어 있는 이용자의 home 디렉토리 밑에 있는 다운로드 폴더로 이동, 즉 현재 다운로드 받은 jdk-8u162-linux--x64.tar.gz 파일이 있는 다운로드 폴더로 이동한다.

. : 현재 디렉토리

.. : 상위 디렉토리

mkdir /opt/java/ : make directory라는 의미로 /opt 밑에 java라는 디렉토리 생성한다.

rmdir /opt/java/ : remove directory라는 의미로 /opt 밑에 java라는 디렉토리 삭제한다. 단 파일이 없을 때

rmdir -rf /opt/java/ : -rf라는 옵션은 /opt 밑에 java라는 디렉토리 삭제 파일이 있을 때 파일과 같이 폴더를 삭제
　　　　　　　　　　 하는 명령어이다.

vi test.txt　　　　: text.txt 파일 만들기

　　　　　　　　　　i 키를 클릭하여 insert 모드로 들어가 파일을 작성한 후

　　　　　　　　　　ESC 키를 클릭하고 wq(write and quit)로 쓰기하고 종료

rm text.txt　　　　 : text.txt 파일 삭제

rm "text(1).txt"　　: 특수문자 (1)가 있는 파일 삭제할 때는 문자열을 삭제하듯이 " "로 감싸주어야 한다.

② 다운로드 받은 jdk관련 파일을 tmp 폴더로 이동

```
[root@localhost ~]# mv jdk-(Tab) /tmp
```

설명

- mv : move의 약어로 파일을 이동시키는 명령어
- (Tab)키는 jdk- 뒤에 있는 이름의 파일을 자동선택

③ 다운받은 tar파일 압축해제 그리고 /opt/tmp 폴더 생성

```
[root@localhost ~]# tar zxvf /tmp/jdk-(Tab)  && mkdir /opt/jdk
```

설명

- tar : 리눅스에서 사용하는 압축해제 명령어
- zxvf : 압축해제의 옵션으로 z은 zip파일, x는 extract(추출), v는 verbosely의 약어로 파일이름을 사용, f는 file로 뒤에 오는 파라미터는 파일이름
- mkdir : make dir의 약어로 폴더 생성

④ 압축해제한 파일을 /opt/jdk로 이동

```
[root@localhost ~]# mv /tmp/jdk(Tab) /opt/jdk
```

⑤ /opt/jdk/jdk1.8.0_162 디렉토리를 간단하게 /opt/jdk/current로 갈 수 있도록 link한다. 즉 jdk1.8.0_162를 current로 link한다.

```
[root@localhost ~]# ln -s /opt/jdk/jdk1.8.0_162  /opt/jdk/current
```

설명 opt폴더는 응용프로그램을 주로 저장하는 폴더이다.

⑥ /opt/jdk/jdk1.8.0_162 디렉토리로 이동

```
[root@localhost ~]# cd /opt/jdk/current
[root@localhost current]#
```

⑦ 기존에 설치된 jdk를 지금 설치한 버전으로 변경

```
[root@localhost /]# alternatives -install /usr/bin/java java
/opt/jdk/jdk1.8.0_162/bin/java 2
[root@localhost /]# alternatives -config java
```

```
3 개의 프로그램이 'java'를 제공합니다.

  선택    명령
-----------------------------------------------
   1      java-1.7.0-openjdk.x86_64 (/usr/lib/jvm/java-1.7.0-openjdk-1.7.0.141-2.6.10.1.el7_3.x86_64/jre/bin/java)
*+ 2      java-1.8.0-openjdk.x86_64 (/usr/lib/jvm/java-1.8.0-openjdk-1.8.0.141-1.b16.el7_3.x86_64/jre/bin/java)
   3      /opt/jdk/jdk1.8.0_152/bin/java
```

3 입력

```
[root@localhost /]# alternatives --install /usr/bin/jar jar
/opt/jdk/jdk1.8.0_162/bin/jar 2
[root@localhost /]# alternatives --install /usr/bin/javac javac
/opt/jdk/jdk1.8.0_162/bin/javac 2
[root@localhost /]# alternatives --set jar /opt/jdk/jdk1.8.0_162/bin/jar
[root@localhost /]# alternatives --set javac /opt/jdk/jdk1.8.0_162/bin/javac
```

⑧ 환경파일 수정: current 폴더를 어디에서나 사용할 수 있도록 환경설정

```
[root@localhost /]# vi ~/.bash_profile
```
키 i를 클릭하면 수정모드로 들어가서 아래의 환경을 설정한다.

```
#### JAVA #####################
  export JAVA_HOME=/opt/jdk/current
  export PATH=$JAVA_HOME/bin:$PATH
#### JAVA #####################
```

- 끝낼 때

ⓐ ESC 키를 클릭하고

ⓑ : 키를 클릭하고

ⓒ wq 키를 입력하여 write and quit 쓰고 빠져 나오기

설명

* vi: 리눅스에서 사용하는 비주얼 편집 명령어이다.
* vi ~/.bash_profile: 사용자 root의 홈 디렉토리에 있는 bash_profile을 편집한다.
* export JAVA_HOME=/opt/jdk/current: JAVA_HOME을 /opt/jdk/current으로 지정
* export PATH=$JAVA_HOME/bin:$PATH: JAVA_HOME/bin을 언제 어디서나 사용가능. 즉 이 폴더에 있는 자바컴파일러를 어디서나 사용할 수 있게 환경을 설정

⑨ 환경파일 적용하기

```
[root@localhost /]# source ~/.bash_profile
```

설명

* source는 방금 수정하였던 ~/.bash_profile를 시스템에 적용하는 명령어

⑩ 자바버전 확인하기

[root@localhost /]# java -version
[root@localhost /]# javac

```
hadoop@namenode .ssh]$ java -version
ava version "1.8.0_201"
ava(TM) SE Runtime Environment (build 1.8.0_201-b09)
ava HotSpot(TM) 64-Bit Server VM (build 25.201-b09, mixed mode)
hadoop@namenode .ssh]$ javac -version
avac 1.8.0_201
```

- 설치하였던 version "1.8.0_201"이 나온다.

4절   하둡(Hadoop) 설치

1. 하둡구성 모드

① 독립실행 모드(Standalone Mode)

하둡의 기본모드로 환경설정의 변경을 하지 않고 운영하는 모드로 로컬모드라고도 한다. 분산환경을 채택하지 않고 단순히 맵리듀스 프로그램을 개발하고 테스트하는 용도로 적합하다.

② 의사분산 모드(Pseudo Distributed Mode)

하나의 서버에 네임노드와 데이터노드를 동시에 설치하여 운영하는 모드로, 하나의 서버에 분산저장하고 맵리듀스 프로그램을 개발하기 때문에 의산분산 모드라고 한다.

③ 완전분산 모드(Fully Distributed Mode)

여러 대의 서버를 사용하여 네임노드 서버와 데이터노드 서버를 운영하여 분산저장 처리하는 모드를 말한다.

- 네임노드(NameNode): 파일시스템의 네임스페이스를 관리하는 서버로서 트리, 트리안의 모든 파일과 디렉터리에 대한 메타데이터를 유지한다.
- 데이터노드(DataNode): 데이터를 저장하는 서버로서 네임노드 요청 시 블록을 저장, 탐색하며 리스트를 네임노드에게 보고한다.

2. 의사분산모드 설치: 하나의 서버에 네임노드와 데이터노트 설치

① 하둡용 사용자 추가: ID가 hadoop, 패스워드 hadoop인 사용자를 생성한다.
- 리눅스를 설치할 때 root 사용자가 생성되고, root로 로그인되어 있는 상황임
- 명령어 창을 띄워 다음과 같이 hadoop 사용자를 추가한다.

■ 명령어 창을 띄우는 방법

- 왼쪽 상단의 "프로그램"을 클릭하면 "터미널"이 나타나는데 이를 클릭하면 아래와 같이 명령어 창이 나타난다.

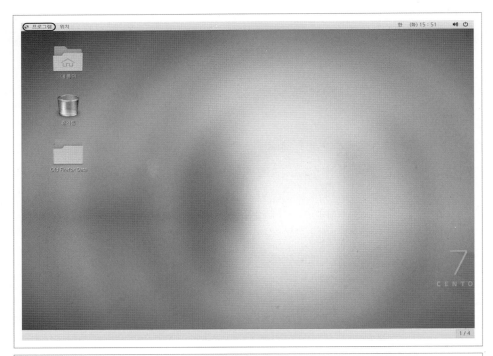

```
[root@localhost /]# useradd hadoop
[root@localhost /]# passwd hadoop
```
- 사용자 ID를 hadoop, 패스워드를 hadoop 설정

② 하둡을 설치할 opt 폴더 밑에 hadoop 폴더 생성
```
[root@localhost /]# mkdir /opt/hadoop
```

③ 현재의 위치를 tmp 폴더로 옮긴다.
```
[root@localhost /]# cd /tmp
```

> 설명
>
> - /는 root 디렉토리를 의미하며 /tmp는 root 디렉토리 밑에 있는 tmp 디렉토리를 의미한다. cd /tmp는
>   /tmp로 위치를 이동한다.

④ hadoop-2.8.2.tar.gz을 다운받는다.
```
[root@localhost /]# wget
```
http://mirror.apache-kr.org/hadoop/common/hadoop-2.8.2/hadoop-2.8.2.tar.gz

> 설명
>
> - wget: www get으로 명령어에서 웹에 접속하여 다운받는 명령어로 hadoop-2.8.2.tar.gz가 현재에 있는
>   /tmp 디렉토리로 다운된다.
> - tar: 여러 파일을 하나의 파일로 묶는다.
> - gz: gunzip의 약어로 압축한다.

⑤ 압축을 푼다.
```
[root@localhost /]# tar -zxvf ./hadoop-2.8.2.tar.gz
```

> 설명
>
> - tar 옵션 파일(또는 폴더): 옵션은 c(묶음), v(화면으로 출력), f(이름), x(압축을 품), z(gunzip을 사용), p(권한
>   을 원본과 동일하게
> - 압축: tar -cvzf 파일(또는 폴더)
> - 해제: tar -zxvf 파일(또는 폴더)
> - 압축을 풀면 현재 폴더(/tmp) 밑에 /hadoop-2.8.2 폴더가 생긴다.

⑥ 해제된 폴더(/hadoop-2.8.2)를 /opt/hadoop으로 이동
```
[root@localhost /]# mv ./hadoop-2.8.2 /opt/hadoop
```

> 설명
>
> - /tmp/hadoop-2.8.2를 /opt/hadoop으로 이동

⑦ 이용자 hadoop그룹과 이용자 hadoop이 /opt/hadoop과 /opt/hadoop/* 관련 파일권한 소유

```
[root@localhost /]# chown -R hadoop:hadoop /opt/hadoop /opt/hadoop/*
```

> **설명**
> - chown: 파일의 소유자나 그룹을 변경하는 명령어
> - -R: 타겟 디렉토리나 그 안에 있는 파일들에 순환적인 변환을 지정
> - hadoop:hadoop /opt/hadoop /opt/hadoop/*: hadoop그룹의 hadoop에게 /opt/hadoop /opt/hadoop/* 의 권한을 부여

⑧ hadoop 이용자로 변경

```
[root@localhost /]# su hadoop
```

> **설명**
> - su: substitute 명령어로 이용자를 변경하는 명령어로 hadoop 이용자로 변경

⑨ hadoop 폴더로 이동

```
[hadoop@localhost /]# cd /opt/hadoop
```

⑩ ln:link hadoop-2.8.2 folder의 이름을 간단하게 current로 심볼 변경

```
[hadoop@localhost hadoop]# ln -s hadoop-2.8.2 ./current
```

> **설명**
> - 자바와 같이 /opt/hadoop/hadoop-2.8.2 폴더를 간단하게 /opt/hadoop/current로 링크를 건다.

⑪ hadoop 환경설정

```
[hadoop@localhost hadoop]# vi ~/.bash_profile
#### HADOOP #####################
 export HADOOP_HOME=/opt/hadoop/current
 export PATH=$HADOOP_HOME/bin:$PATH
 export PATH=$HADOOP_HOME/sbin:$PATH
#### HADOOP #####################
#### JAVA ####################
 export JAVA_HOME=/opt/jdk/current
 export PATH=$JAVA_HOME/bin:$PATH
#### JAVA ####################
```

⑫ 환경적용

```
[hadoop@localhost hadoop]# source ~/.bash_profile
```

■ 하둡정보 변경

⑬ 위치를 하둡정보 폴더(/opt/hadoop/current/etc/hadoop)로 이동

```
[hadoop@localhost hadoop]# cd $HADOOP_HOME/etc/hadoop
```

⑭ core-xml 정보변경: HDFS 파일시스템 지정

```
[hadoop@localhost hadoop]# vi ./core-site.xml
  <configuration>
      <property>
          <name>fs.defaultFS</name>
          <value>hdfs://localhost:9000</value>
      </property>
  </configuration>
```

- 위 코드만 입력하고, 나머지는 core-default.xml에 있는 기본값 사용

⑮ hdfs-site.xml 정보변경

```
[hadoop@localhost hadoop]# vi hdfs-site.xml
  <configuration>
      <property>
          <name>dfs.replication</name>
          <value>1</value>
      </property>
  </configuration>
```

⑯ YARN 사용설정
- 추후에 기본 파일이 필요할 수 있으니 템플릿 파일을 사용하지 않고 사용자 정의용 mapred-ite.xml을 생성하여 사용

```
[hadoop@localhost hadoop]# cp mapred-site.xml.template mapred-site.xml
```

설명
- 임시 파일인 mapred-site.xml.template을 mapred-site.xml로 복사

```
[hadoop@localhost hadoop]# vi ./mapred-site.xml
  <configuration>
        <property>
        <name>mapreduce.framework.name</name>
        <value>yarn</value>
    </property>
  </configuration>
```

설명
- YARN 사용 설정

⑰ YARN MR 셔플사용
- 분산 저장하거나 분산 저장된 데이터를 합칠 때 사용

```
[hadoop@localhost hadoop]# vi ./yarn-site.xml
  <configuration>
        <property>
        <name>yarn.nodemanager.aux-services</name>
        <value>mapreduce_shuffle</value>
        </property>
  </configuration>
```

표 11.1   하둡 환경설정 파일

파일 명	기능
hadoop-env.sh	하둡을 실행하는 쉘 파일에서 필요한 환경변수 설정 하둡 홈 아래의 bin 디렉토리에 있음 JDK 경로, 클래스 패스 등 다양한 환경변수 설정
core.xml	XML 형식의 파일로서 HDFS와 맵리듀스에서 공통적으로 사용할 환경정보 설정
hdfs-site.xml	XML 형식의 파일로서 HDFS에서 사용할 환경정보 설정
mapred-site.xml	XML 형식의 파일로서 맵리듀스에서 사용할 환경정보 설정

⑱ 공개키 설정
  - 하둡의 계정을 공개키로 설정해 네트워크 접속 시 공개 키 암호로 로그인하기 위한 것

```
[hadoop@localhost hadoop]# ssh-keygen -t dsa -P "" -f ~/.ssh/id_dsa
```
  - ssh: secure shell로서 네트워크 접속 시 암호기반으로
  - dsa: digital signature algorithm 암호알고리즘 지정

```
[hadoop@localhost hadoop]# cat ~/.ssh/id_dsa.pub >> ~/.ssh/authorized_keys
```
  - 파일 id_dsa.pub을 authorized_keys 뒤에 붙이기

```
[hadoop@localhost hadoop]# chmod 0700 ~/.ssh/authorized_keys
```
  - change mode: file 접근을 authorized_keys로 0700=-rwx (읽고, 쓰고, 실행 하는 권한)

⑲ 서 버 간 복사
```
[hadoop@localhost hadoop]# scp ~/.ssh/id_dsa.pub hadoop@localhost:/tmp/id_dsa.pub
```
  - scp: secure copy 암호를 이용한 복사

```
[hadoop@localhost hadoop]# cat /tmp/id_dsa.pub >> ~/.ssh/
```

⑳ ssh 실행
```
[hadoop@localhost hadoop]# ssh localhost
```

㉑ s실행확인
```
[hadoop@localhost hadoop]# hdfs namenode -format
```
  설명 NameNode를 다시 설정

```
[hadoop@localhost hadoop]# start-all.sh
```
  설명 모든 shell 프로그램을 실행

```
[hadoop@localhost hadoop]# jps
```
  설명 jps는 Java Virtual Machine Process Status Tool로 프로세스 실행상태를 알아본다.

㉒ jps 실행화면

```
[hadoop@localhost hadoop]$ jps
10609 ResourceManager
10849 NodeManager
10051 NameNode
11062 Jps
10215 DataNode
10414 SecondaryNameNode
```

  설명 java process로 6개의 프로세스가 구동되면 Hadoop 설치완성된 것이다.

3. 자주 발생되는 에러들

① $JAVA_HOME is not set 에러

[hadoop@localhost hadoop]# cd $HADOOP_HOME/etc/hadoop/
[hadoop@localhost hadoop]# vi hadoop-env.sh

```
# remote nodes.

# The java implementation to use.
export JAVA_HOME=/opt/jdk/current

# The jsvc implementation to use. Jsvc is required to run
# that bind to privileged ports to provide authentication
# protocol.  Jsvc is not required if SASL is configured f
# data transfer protocol using non-privileged ports.
#export JSVC_HOME=${JSVC_HOME}
```

설명 JAVA_HOME을 지정해 주어야 한다.

② NameNode Demon이 없을 경우

```
[root@localhost dfs]# jps
20334 TaskTracker
20100 SecondaryNameNode
20408 Jps
20191 JobTracker
19971 DataNode
```

[hadoop@localhost hadoop]# hadoop namenode -format   //namenode를 다시 포맷한다.
[hadoop@localhost hadoop]# start-all.sh   //shell을 다시 구동
[hadoop@localhost hadoop]# jps

③ DataNode Demon이 없는 경우

$HADOOP_HOME/logs/hadoop-hadoop-datanode-localhost.localdomain.log에서 에러 메시지를 확인하여 수정

- 주로 datanode ID 와 namenode ID와 같지 않아서 발생하므로 data 디렉토리를 지우고 하둡 재시작.

- data 디렉토리는 /tmp/hadoop-hadoop/dfs 이므로 다음과 같이 코딩하면 된다.

[hadoop@localhost hadoop]# cd /tmp/hadoop-hadoop/dfs/   // dfs 폴더로 이동
[hadoop@localhost hadoop]# rm -rf data   // data 폴더 삭제
[hadoop@localhost hadoop]# cd $HADOOP_HOME
[hadoop@localhost hadoop]# start-all.sh
[hadoop@localhost hadoop]# jps

④ 기타 에러 확인

　- 하둡의 로그 파일에서 확인하여 수정

　- 하둡로그 파일 위치: $HADOOP_HOME/logs

　- 하둡로그 파일 들

```
hadoop-hadoop-namenode-localhost.localdomain.log
hadoop-hadoop-datanode-localhost.localdomain.log
hadoop-hadoop-secondarynamenode.localhost-localdomain.log
```

4. 하둡 시스템 확인: 웹브라우저로 확인

① HDFS 모니터링
　• 사이트: http://localhost:50070

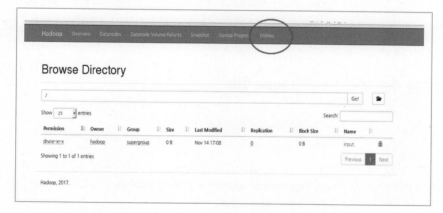

② MapReduce 모니터링
　• 사이트: http://localhost:50030

③ Secondary NameNode 모니터링
　• 사이트: http://localhost:50090

5절 WordCount 실습

1. 실습 개요

여기에서는 빅데이터에서 가장 많이 사용되고 가장 기초적인 단어 개수를 세는 프로그램을 작성한다. 이를 위해서 두 가지 방법을 실습한다.

1) 방법1: WordCount는 하둡이 제공해 주는 파일의 단어 개수를 세는 프로그램으로, 이 프로그램으로 README.txt 파일에 있는 단어 개수를 세는 실습

2) 방법2: WordCountMapper.java, WordCountReducer.java, WordCountMain.java을 구현하여 MapReduce 프로그램을 통하여 README.txt 파일에 있는 단어 개수를 세는 실습

2. 하둡이 제공해 주는 파일로 WordCount 실습

1) 데이터 파일: $HADOOP_HOME/README.txt

2) 프로그램 파일:

$HADOOP_HOME/share/hadoop/mapreduce/hadoop-mapreduce-examples-2.8.2.jar

3) 작업 프로세스

① jps로 하둡의 6개 프로세스가 작동되고 있는지 확인
```
[root@localhost root]# hadoop으로login 한 후
[hadoop@localhost hadoop]# source ~/.bash_profile
[hadoop@localhost hadoop]# start-all.sh
[hadoop@localhost hadoop]# jps
```

② HADOOP_HOME으로 이동하여 파일 확인

```
[hadoop@localhost ~]$
[hadoop@localhost ~]$ cd $HADOOP_HOME //설정한 HADOOP_HOME으로 이동
[hadoop@localhost current]$
[hadoop@localhost current]$ ls -al
합계 136
drwxr-xr-x. 10 hadoop hadoop   202  1월 26 01:49 .
drwx------. 25 hadoop hadoop  4096  2월 19 13:15 ..
-rw-r--r--.  1 hadoop hadoop 99253 10월 20 06:11 LICENSE.txt
-rw-r--r--.  1 hadoop hadoop 15915 10월 20 06:11 NOTICE.txt
-rw-r--r--.  1 hadoop hadoop  1366 10월 20 06:11 README.txt
drwxr-xr-x.  2 hadoop hadoop   194 10월 20 06:11 bin
drwxr-xr-x.  3 hadoop hadoop    20 10월 20 06:11 etc
-rw-r--r--.  1 hadoop hadoop  1898  1월 26 01:49 hadoop-example-0.0.1-SNAPSHOT.jar
drwxr-xr-x.  2 hadoop hadoop   106 10월 20 06:11 include
drwxr-xr-x.  3 hadoop hadoop    20 10월 20 06:11 lib
drwxr-xr-x.  2 hadoop hadoop   239 10월 20 06:11 libexec
drwxrwxr-x.  3 hadoop hadoop  4096  2월 19 13:32 logs
drwxr-xr-x.  2 hadoop hadoop  4096 10월 20 06:11 sbin
drwxr-xr-x.  4 hadoop hadoop    31 10월 20 06:11 share
[hadoop@localhost current]$
```

- README.txt 파일을 확인한다.

③ 프로그램 파일 hadoop-mapreduce-examples-2.8.2.jar 위치로 이동

```
[hadoop@localhost current]$
[hadoop@localhost current]$ cd ./share/hadoop/mapreduce/ //이경로로 이동
[hadoop@localhost mapreduce]$ ls -al
합계 5088
drwxr-xr-x. 6 hadoop hadoop    4096 10월 20 06:11 .
drwxr-xr-x. 9 hadoop hadoop      99 10월 20 06:11 ..
-rw-r--r--. 1 hadoop hadoop  563771 10월 20 06:11 hadoop-mapreduce-client-app-2.8.2.jar
-rw-r--r--. 1 hadoop hadoop  782757 10월 20 06:11 hadoop-mapreduce-client-common-2.8.2.jar
-rw-r--r--. 1 hadoop hadoop 1571759 10월 20 06:11 hadoop-mapreduce-client-core-2.8.2.jar
-rw-r--r--. 1 hadoop hadoop  195052 10월 20 06:11 hadoop-mapreduce-client-hs-2.8.2.jar
-rw-r--r--. 1 hadoop hadoop   31535 10월 20 06:11 hadoop-mapreduce-client-hs-plugins-2.8.2.jar
-rw-r--r--. 1 hadoop hadoop 1588114 10월 20 06:11 hadoop-mapreduce-client-jobclient-2.8.2-tests.jar
-rw-r--r--. 1 hadoop hadoop   67003 10월 20 06:11 hadoop-mapreduce-client-jobclient-2.8.2.jar
-rw-r--r--. 1 hadoop hadoop   77142 10월 20 06:11 hadoop-mapreduce-client-shuffle-2.8.2.jar
-rw-r--r--. 1 hadoop hadoop  301936 10월 20 06:11 hadoop-mapreduce-examples-2.8.2.jar
drwxr-xr-x. 2 hadoop hadoop    4096 10월 20 06:11 jdiff
drwxr-xr-x. 2 hadoop hadoop    4096 10월 20 06:11 lib
drwxr-xr-x. 2 hadoop hadoop      30 10월 20 06:11 lib-examples
drwxr-xr-x. 2 hadoop hadoop    4096 10월 20 06:11 sources
[hadoop@localhost mapreduce]$ //hadoop-mapreduce-examples-*.jar 파일 확인
```

④ 하둡 파일시스템을 이용하여 폴더를 만든다.

- 리눅스에서 하둡파일시스템 이용법(하둡 파일시스템은 HDFS로 리눅스 파일시스템과 다름)

[hadoop@localhost hadoop]# hadoop fs

설명

- hadoop fs: 하둡의 파일시스템 명령어

- 하둡파일시스템에서 root 디렉토리 확인

[hadoop@localhost hadoop]# hadoop fs /

설명

- hadoop fs /: 하둡의 파일시스템 root

- 하둡파일시스템에서 root 밑에 input 디렉토리 생성: /input

[hadoop@localhost hadoop]# hadoop fs -mkdir /input

결과화면

```
[hadoop@localhost current]$
[hadoop@localhost current]$ hadoop fs -ls /
[hadoop@localhost current]$
[hadoop@localhost current]$ hadoop fs -mkdir /input
[hadoop@localhost current]$
[hadoop@localhost current]$ hadoop fs -ls /
Found 1 items
drwxr-xr-x   - hadoop supergroup          0 2018-02-19 13:55 /input
[hadoop@localhost current]$
```

설명

- hadoop root 폴더 아래에 /input이라는 폴더가 생겼음을 알 수 있다.

⑤ HADOOP_HOME으로 이동하여 README.txt 파일 확인

```
[hadoop@localhost current]$
[hadoop@localhost current]$ more README.txt //HADOOP_HOME에있는 README.txt확인
::::::::::::::
README.txt
::::::::::::::
For the latest information about Hadoop, please visit our website at:

    http://hadoop.apache.org/core/

and our wiki, at:

    http://wiki.apache.org/hadoop/

This distribution includes cryptographic software.  The country in
which you currently reside may have restrictions on the import,
possession, use, and/or re-export to another country, of
encryption software.  BEFORE using any encryption software, please
check your country's laws, regulations and policies concerning the
import, possession, or use, and re-export of encryption software, to
see if this is permitted.  See <http://www.wassenaar.org/> for more
information.

The U.S. Government Department of Commerce, Bureau of Industry and
Security (BIS), has classified this software as Export Commodity
Control Number (ECCN) 5D002.C.1, which includes information security
software using or performing cryptographic functions with asymmetric
algorithms.  The form and manner of this Apache Software Foundation
distribution makes it eligible for export under the License Exception
ENC Technology Software Unrestricted (TSU) exception (see the BIS
Export Administration Regulations, Section 740.13) for both object
code and source code.

The following provides more details on the included cryptographic
software:
  Hadoop Core uses the SSL libraries from the Jetty project written
by mortbay.org.
```

⑥ README.txt 파일을 HDFS의 /input 폴더로 upload: hadoop fs -put ./REDME.txt /input

```
[hadoop@localhost current]$
[hadoop@localhost current]$ hadoop fs -put ./README.txt /input
[hadoop@localhost current]$
[hadoop@localhost current]$ hadoop fs -ls /input
Found 1 items
-rw-r--r--   1 hadoop supergroup       1366 2018-02-19 13:57 /input/README.txt
[hadoop@localhost current]$
```

설명

• README.txt 파일이 하둡의 /input 폴더에 upload되었음을 알 수 있다.

⑦ 프로그램 파일 hadoop-mapreduce-examples-2.8.2.jar 위치로 이동하고 jar파일을 구동: hadoop jar hadoop-mapreduce-examples-2.8.2.jar wordcount /input /output

```
[hadoop@localhost current]$
[hadoop@localhost current]$ cd ./share/hadoop/mapreduce/
[hadoop@localhost mapreduce]$
[hadoop@localhost mapreduce]$ ls -al
합계 5088
drwxr-xr-x. 6 hadoop hadoop    4096 10월 20 06:11 .
drwxr-xr-x. 9 hadoop hadoop      99 10월 20 06:11 ..
-rw-r--r--. 1 hadoop hadoop  563771 10월 20 06:11 hadoop-mapreduce-client-app-2.8.2.jar
-rw-r--r--. 1 hadoop hadoop  782757 10월 20 06:11 hadoop-mapreduce-client-common-2.8.2.jar
-rw-r--r--. 1 hadoop hadoop 1571759 10월 20 06:11 hadoop-mapreduce-client-core-2.8.2.jar
-rw-r--r--. 1 hadoop hadoop  195052 10월 20 06:11 hadoop-mapreduce-client-hs-2.8.2.jar
-rw-r--r--. 1 hadoop hadoop   31535 10월 20 06:11 hadoop-mapreduce-client-hs-plugins-2.8.2.jar
-rw-r--r--. 1 hadoop hadoop 1588114 10월 20 06:11 hadoop-mapreduce-client-jobclient-2.8.2-tests.jar
-rw-r--r--. 1 hadoop hadoop   67003 10월 20 06:11 hadoop-mapreduce-client-jobclient-2.8.2.jar
-rw-r--r--. 1 hadoop hadoop   77142 10월 20 06:11 hadoop-mapreduce-client-shuffle-2.8.2.jar
-rw-r--r--. 1 hadoop hadoop  301936 10월 20 06:11 hadoop-mapreduce-examples-2.8.2.jar
drwxr-xr-x. 2 hadoop hadoop    4096 10월 20 06:11 jdiff
drwxr-xr-x. 2 hadoop hadoop    4096 10월 20 06:11 lib
drwxr-xr-x. 2 hadoop hadoop      30 10월 20 06:11 lib-examples
drwxr-xr-x. 2 hadoop hadoop    4096 10월 20 06:11 sources
[hadoop@localhost mapreduce]$ hadoop jar hadoop-mapreduce-examples-2.8.2.jar wordcount /input /ouput
```

설명

- hadoop jar *.jar : 하둡에서 jar 파일을 실행하는 명령어

- hadoop jar hadoop-mapreduce-examples-2.8.2.jar wordcount : jar파일에 있는 wordcount.java 파일을 실행하는 명령어

- hadoop jar hadoop-mapreduce-examples-2.8.2.jar wordcount /input /output : /input 폴더에 있는 파일을 읽어 wordcount.java를 구동하여 결과를 /ouput 폴더에 저장

⑧ 실행화면

```
18/02/19 13:59:26 INFO input.FileInputFormat: Total input files to process : 1
18/02/19 13:59:26 INFO mapreduce.JobSubmitter: number of splits:1
18/02/19 13:59:28 INFO mapreduce.JobSubmitter: Submitting tokens for job: job_1519014423149_0001
18/02/19 13:59:33 INFO impl.YarnClientImpl: Submitted application application_1519014423149_0001
18/02/19 13:59:34 INFO mapreduce.Job: The url to track the job: http://localhost:8088/proxy/application_1519014423149_0001/
18/02/19 13:59:34 INFO mapreduce.Job: Running job: job_1519014423149_0001
18/02/19 14:00:36 INFO mapreduce.Job: Job job_1519014423149_0001 running in uber mode : false
18/02/19 14:00:36 INFO mapreduce.Job:   map 0% reduce 0%
18/02/19 14:01:33 INFO mapreduce.Job:   map 100% reduce 0%
18/02/19 14:01:50 INFO mapreduce.Job:   map 100% reduce 100%
18/02/19 14:01:52 INFO mapreduce.Job: Job job_1519014423149_0001 completed successfully
18/02/19 14:01:53 INFO mapreduce.Job: Counters: 49
        File System Counters
                FILE: Number of bytes read=1836
                FILE: Number of bytes written=280491
                FILE: Number of read operations=0
                FILE: Number of large read operations=0
                FILE: Number of write operations=0
                HDFS: Number of bytes read=1469
                HDFS: Number of bytes written=1306
                HDFS: Number of read operations=6
                HDFS: Number of large read operations=0
                HDFS: Number of write operations=2
        Job Counters
                Launched map tasks=1
                Launched reduce tasks=1
                Data-local map tasks=1
                Total time spent by all maps in occupied slots (ms)=52144
                Total time spent by all reduces in occupied slots (ms)=13606
                Total time spent by all map tasks (ms)=52144
                Total time spent by all reduce tasks (ms)=13606
                Total vcore-milliseconds taken by all map tasks=52144
                Total vcore-milliseconds taken by all reduce tasks=13606
                Total megabyte-milliseconds taken by all map tasks=53395456
                Total megabyte-milliseconds taken by all reduce tasks=13932544
```

```
        Map-Reduce Framework
                Map input records=31
                Map output records=179
                Map output bytes=2055
                Map output materialized bytes=1836
                Input split bytes=103
                Combine input records=179
                Combine output records=131
                Reduce input groups=131
                Reduce shuffle bytes=1836
                Reduce input records=131
                Reduce output records=131
                Spilled Records=262
                Shuffled Maps =1
                Failed Shuffles=0
                Merged Map outputs=1
                GC time elapsed (ms)=461
                CPU time spent (ms)=2820
                Physical memory (bytes) snapshot=354775040
                Virtual memory (bytes) snapshot=4229672960
                Total committed heap usage (bytes)=208666624
        Shuffle Errors
                BAD_ID=0
                CONNECTION=0
                IO_ERROR=0
                WRONG_LENGTH=0
                WRONG_MAP=0
                WRONG_REDUCE=0
        File Input Format Counters
                Bytes Read=1366
        File Output Format Counters
                Bytes Written=1306
```

설명

- map 0%, reduce 0%에서
- map 100%, reduce 100%로 바뀌어 map과 reduce 작업이 성공되었음을 알 수 있다.

⑨ 결과 확인

- hadoop fs -ls /output

```
[hadoop@localhost mapreduce]$
[hadoop@localhost mapreduce]$
[hadoop@localhost mapreduce]$ hadoop fs -ls /
Found 3 items
drwxr-xr-x   - hadoop supergroup          0 2018-02-19 13:57 /input
drwxr-xr-x   - hadoop supergroup          0 2018-02-19 14:01 /ouput
drwx------   - hadoop supergroup          0 2018-02-19 13:59 /tmp
[hadoop@localhost mapreduce]$
[hadoop@localhost mapreduce]$ hadoop fs -ls /ouput
Found 2 items
-rw-r--r--   1 hadoop supergroup          0 2018-02-19 14:01 /ouput/_SUCCESS
-rw-r--r--   1 hadoop supergroup       1306 2018-02-19 14:01 /ouput/part-r-00000
[hadoop@localhost mapreduce]$
[hadoop@localhost mapreduce]$ hadoop fs -cat /ouput/part-r-00000
```

설명

- /output/_SUCCESS : mapreduce 결과가 성공이라는 파일

- /output/part-r-0000 : 결과 파일

⑩ 결과파일 보기

- hadoop fs -cat : 파일 출력

- hadoop fs -cat /output/part-r-0000 : 결과가 아래 화면과 같이 출력된다.

```
part-r-00000 [읽기 전용]
/tmp/mozilla_hadoop0

(BIS), 1
(ECCN) 1
(TSU) 1
(see 1
5D002.C.1, 1
740.13) 1
<http://www.wassenaar.org/> 1
Administration   1
Apache 1
BEFORE 1
BIS 1
Bureau 1
Commerce,  1
Commodity  1
Control    1
Core   1
Department 1
ENC 1
Exception  1
Export 2
For 1
Foundation 1
Government 1
Hadoop 1
Hadoop,    1
Industry   1
Jetty  1
License    1
Number 1
Regulations,   1
SSL 1
Section    1
Security   1
See 1
Software   2
Technology 1
The 4
```

3. wordcount 맵리듀스(MapRedude) 프로그래밍

- WordCountMapper.java, WordCountReducer.java, WordCountMain.java을 구현

■ 맵리듀스(MapRedude)란?

- 빅데이터는 대량의 데이터를 text형식으로 분산저장하여 데이터 분석 시에는 목적에 맞게 이를 조합하여 결과를 산출한다.
- 맵리듀스는 맵(Map) 클래스와 리듀스(Reduce) 클래스의 합성어로서 Map은 (key, value)로 이루어진 데이터를 의미하고, Reduce는 이러한 Map 데이터를 목적에 맞게 차원을 낮춰서 결과를 산출한다는 의미이다.

그림 11.4　맵리듀스 구성

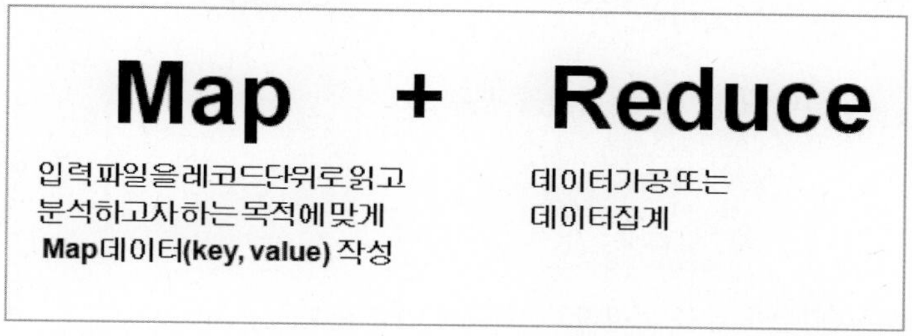

Map + Reduce

입력파일을 레코드 단위로 읽고 분석하고자 하는 목적에 맞게 **Map데이터(key, value)** 작성

데이터 가공 또는 데이터 집계

그림 11.5　단어 개수를 세는 예제에서의 맵리듀스(MapRedude) 구현 방법

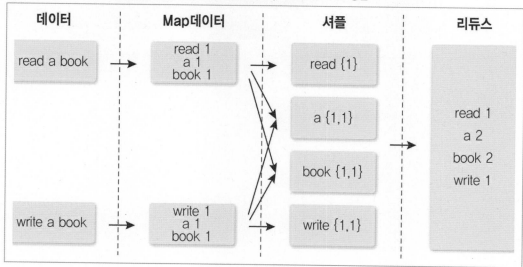

■ 맵리듀스 구현 방법

- Map: Map데이터로 생성 즉 모든 단어(key)에 개수 1(value)을 부여한다. Mapper 클래스로 구현
- Shuffle: Map데이터를 key값을 중심으로 value들을 자동으로 Iterable 형식으로 저장한다. YARN MR 셔플사용
- Reduce: Map데이터를 모아서(Merge) 같은 단어(key)를 가진 데이터의 개수 1을 더한다. Reducer 클래스로 구현
- 결과: 단어와 단어의 개수 산출

그림 11.6 　 맵리듀스 구조(MapReduce Architecture)

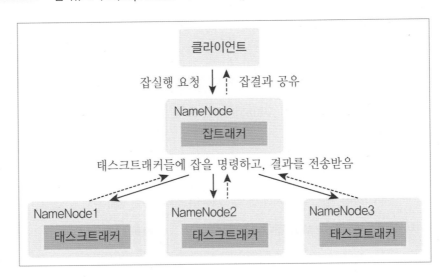

1) 맵리듀스 프로그래밍: 자바를 기반으로 구현되는 빅데이터 분석을 위한 프로그래밍

① Wrapper 클래스: 자바데이터 타입을 맵리듀스 프로그래밍에 사용할 수 있도록 지원하는 데이터 타입

클래스명	자바 데이터 타입
BooleanWritable	Boolean
ByteWritable	단일 byte
DoubleWritable	Double
FloatWritable	Float
IntWritable	Integer
LongWritable	Long
Text	문자열
NullWritable	NULL

② InputFormat 클래스: 입력스플릿을 맵메서드가 사용할 수 있게 도와주는 추상클래스

```
public abstract class InputFormat<K,V> {

        public abstract List<InputSplit> getSplit(JobContext context)
                throws IOException , InterruptedException;

        public abstract RecordReader<K,V> createRecordReader(InputSplit split,
TaskAttemptContext context) throws IOException , InterruptedException
        }
```

③ Mapper class: MapTask를 수행하는 클래스

```java
package org.apache.hadoop.mapreduce;

import java.io.IOException;
import org.apache.hadoop.classification.InterfaceAudience;
import org.apache.hadoop.classification.InterfaceStability;
import org.apache.hadoop.conf.Configuration;
import org.apache.hadoop.io.RawComparator;
import org.apache.hadoop.io.compress.CompressionCodec;
import org.apache.hadoop.mapreduce.task.MapContextImpl;

@InterfaceAudience.Public
@InterfaceStability.Stable
public class Mapper<KEYIN, VALUEIN, KEYOUT, VALUEOUT> {
  public abstract class Context
      implements MapContext<KEYIN,VALUEIN,KEYOUT,VALUEOUT> {
}
  protected void setup(Context context
          ) throws IOException, InterruptedException { }
@SuppressWarnings("unchecked")
  protected void map(KEYIN key, VALUEIN value,  Context context)
      throws IOException, InterruptedException {
      context.write((KEYOUT) key, (VALUEOUT) value);  }
  protected void cleanup(Context context
                  ) throws IOException, InterruptedException { }
  public void run(Context context) throws IOException, InterruptedException {
    setup(context);
    try {
      while (context.nextKeyValue()) {
        map(context.getCurrentKey(), context.getCurrentValue(), context);
      }
    } finally {
      cleanup(context);
    }  }  }
```

④ Reducer Class: MapTask에서 출력한 데이터를 목적에 맞게 추출하게 도와주는 클래스

```java
package org.apache.hadoop.mapreduce;
import java.io.IOException;
import org.apache.hadoop.conf.Configuration;
import org.apache.hadoop.io.RawComparator;
import org.apache.hadoop.mapred.RawKeyValueIterator;

public class Reducer<KEYIN,VALUEIN,KEYOUT,VALUEOUT> {

  public abstract class Context
    implements ReduceContext<KEYIN,VALUEIN,KEYOUT,VALUEOUT> { }

  protected void setup(Context context
        ) throws IOException, InterruptedException { }

  @SuppressWarnings("unchecked")
  protected void reduce(KEYIN key, Iterable<VALUEIN> values, Context context
                  ) throws IOException, InterruptedException {
    for(VALUEIN value: values) {
      context.write((KEYOUT) key, (VALUEOUT) value); } }

  protected void cleanup(Context context
                  ) throws IOException, InterruptedException { }

  @SuppressWarnings("unchecked")
  public void run(Context context) throws IOException, InterruptedException {
    setup(context);
    while (context.nextKey()) {
      reduce(context.getCurrentKey(), context.getValues(), context);
      ((ReduceContext.ValueIterator)
          (context.getValues().iterator())).resetBackupStore();
    }
    cleanup(context);
  } }
```

2) 프로그래밍 개발환경

- 자바개발 도구: 이클립스(Eclipse)

- 맵리듀스 개발도구: 메이븐(Maven)

- 구현방법: 이클립스와 메이븐 연동

3) 이클립스 설치

- 사이트: http://www.eclipse.org/downloads/eclipse-packages/

- 소프트웨어: Eclipse IDE for Java Development (Linux 64bit) 다운로드: 스크롤하여 파일을 찾아야 한다.

```
# cd ~/다운로드 && ls          //다운로드 폴더로 이동하여 파일을 확인
# mv ./eclipse-java-(Tab)  /tmp // eclipse 파일을 /tmp로 옮김
# cd /tmp                     // eclipse가 있는 /tmp 폴더로 이동
# tar xvf ./eclipse-java(Tab)   // eclipse 압축파일을 해제
```

```
# mv ./eclipse /opt          // eclipse 폴더를 /opt 폴더 밑으로 이동
```

4) Maven 설치

- Maven: Apache 재단에 제공하는 Java 프로젝트 관리 툴로서, 필요한 라이브러리를 쉽게 다운 받고 빌드하여 배포도 쉽게 해주는 소프트웨어

- 사이트: https://maven.apache.org/download.cgi

Files

Maven is distributed in several formats for your convenience. Simply pick a ready-made bin

In order to guard against corrupted downloads/installations, it is highly recommended to ver

		Link
Binary tar.gz archive	Linux용	apache-maven-3.5.2-bin.tar.gz
Binary zip archive	Window용	apache-maven-3.5.2-bin.zip
Source tar.gz archive		apache-maven-3.5.2-src.tar.gz
Source zip archive		apache-maven-3.5.2-src.zip

```
# cd ~/다운로드 && ls -all
```

```
[hadoop@localhost 다운로드]$ cd ~/다운로드/ && ls -al
합계 8540
drwxr-xr-x.  2 hadoop hadoop      43  2월 23 12:35 .
drwx------. 26 hadoop hadoop    4096  2월 22 22:10 ..
-rw-rw-r--   1 hadoop hadoop 8738691 10월 25 06:35 apache-maven-3.5.2-bin.tar.gz
[hadoop@localhost 다운로드]$
```

```
# tar -xvf apache-maven-(tab)      // 압축해제
# su root                          // root로 로그인
# mkdir /opt/maven                 // /opt/maven 폴더 생성
# ls -all                          // 다운로드 폴더에 있는 파일 확인,
                                      apache-maven-3.5.2와 maven폴더가 있다.
```

```
드[hadoop@localhost 다운로드]$ ls -al
합계 8540
drwxr-xr-x.  3 hadoop hadoop      69  2월 23 12:41 .
drwx------. 26 hadoop hadoop    4096  2월 22 22:10 ..
drwxrwxr-x   6 hadoop hadoop      99  2월 23 12:41 apache-maven-3.5.2
-rw-rw-r--   1 hadoop hadoop 8738691 10월 25 06:35 apache-maven-3.5.2-bin.tar.gz
드[hadoop@localhost 다운로드]$
드[hadoop@localhost 다운로드]$ mkdir /opt/maven
mkdir: `/opt/maven' 디렉토리를 만들 수 없습니다: 허가 거부
드[hadoop@localhost 다운로드]$ su root
암호:
드[root@localhost 다운로드]#
드[root@localhost 다운로드]# mkdir /opt/maven
드[root@localhost 다운로드]#
드[root@localhost 다운로드]# ls -al /opt/
합계 0
drwxr-xr-x.  7 root root  69  2월 23 12:43 .
dr-xr-xr-x. 17 root root 244  2월 19 14:54 ..
drwxr-xr-x.  8 root root 191  1월 26 01:02 eclipse
drwxr-xr-x.  3 root root  41  1월 26 00:24 jdk
drwxr-xr-x   2 root root   6  2월 23 12:43 maven
drwxr-xr-x.  6 root root  99  1월 26 00:16 maven3
drwxr-xr-x.  2 root root   6  3월 26 2015 rh
드[root@localhost 다운로드]#
```

```
# mv ./apache-maven-3.5.2 /opt/maven    // apache-maven-3.5.2폴더를 /opt/maven로 이동
# cd /opt/maven                         // /opt/maven로 이동
# pwd                                   // 현재디렉토리 확인
# ls -all
```

```
드[root@localhost 다운로드]# ls -al
합계 4
drwxr-xr-x.  3 root    root    32   2월 23 12:49 .
dr-xr-x---. 20 root    root  4096   1월 26 01:02 ..
drwxrwxr-x   6 hadoop hadoop   99   2월 23 12:41 apache-maven-3.5.2
드[root@localhost 다운로드]#
드[root@localhost 다운로드]# mv ./apache-maven-3.5.2/ /opt/maven
드[root@localhost 다운로드]#
드[root@localhost 다운로드]# cd /opt/maven
[root@localhost maven]#
[root@localhost maven]# pwd
/opt/maven
[root@localhost maven]#
[root@localhost maven]# ls -al
합계 0
drwxr-xr-x  3 root    root    32   2월 23 12:49 .
drwxr-xr-x. 7 root    root    69   2월 23 12:43 ..
drwxrwxr-x  6 hadoop hadoop   99   2월 23 12:41 apache-maven-3.5.2
[root@localhost maven]#
```

설명

• 현재 폴더는 /opt/maven이며 apache-maven-3.5.2가 있음을 알 수 있다.

```
# ln -s ./apache-maven-(tab)  ./current
        //apach-maven-3.5.2의 긴 이름을 current로 간단히
```

```
[root@localhost maven]# ln -s ./apache-maven-3.5.2/ ./current
[root@localhost maven]#
[root@localhost maven]# ls -al
합계 0
drwxr-xr-x  3 root    root    47 2월 23 12:56 .
drwxr-xr-x. 7 root    root    69 2월 23 12:43 ..
drwxrwxr-x  6 hadoop hadoop  99 2월 23 12:41 apache-maven-3.5.2
lrwxrwxrwx  1 root    root    21 2월 23 12:56 current -> ./apache-maven-3.5.2/
[root@localhost maven]# ▓
```

5) 환경설정: JAVA_HOME과 마찬가지로 Maven의 명령어를 어디서든 사용할 수 있게 설
   정한다.

```
# vi /etc/profile        // 아래 내용 추가
```

```
################MAVEN##################
export MAVEN_HOME=/opt/maven/current▯
export PATH=$PATH:$MAVEN_HOME/bin
######################################
```

```
# source /etc/profile        // profile 적용
```

6) maven 버전 확인

```
# mvn -version
```

```
[root@localhost maven]# mvn -version
Apache Maven 3.5.2 (138edd61fd100ec658bfa2d307c43b76940a5d7d; 2017-10-18T16:58:13+09:00)
Maven home: /opt/maven/current
Java version: 1.8.0_162, vendor: Oracle Corporation
Java home: /opt/jdk/jdk1.8.0_162/jre
Default locale: ko_KR, platform encoding: UTF-8
OS name: "linux", version: "3.10.0-693.el7.x86_64", arch: "amd64", family: "unix"
[root@localhost maven]# ▓
```

반드시 JAVA_HOME이 설정되어야 함!!!

7) Eclipse와 Maven 연동

① 사용자를 root에서 hadoop으로 변경
   오른쪽 상단의 시작 버튼에서 hadoop으로 이용자를 변경

② Eclipse 구동: eclipse 폴더로 이동하여 구동시킨다.
   ```
   # cd /opt/eclipse
   # ./eclipse
   ```

③ Eclipse 창에서 Window 디렉토리 밑에 있는 Preference 탭에서 Maven하위 항목에서
세 새의 체크박스 체크

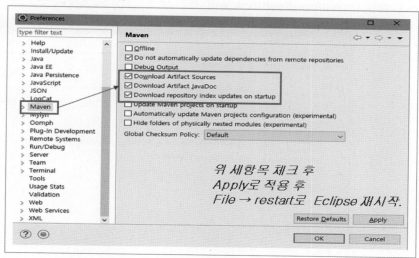

④ 재시작 후 자동빌드 해제

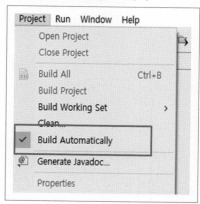

⑤ Preference 탭에서 User Settings 값에 /opt/maven/current/conf/settings.xml 설정

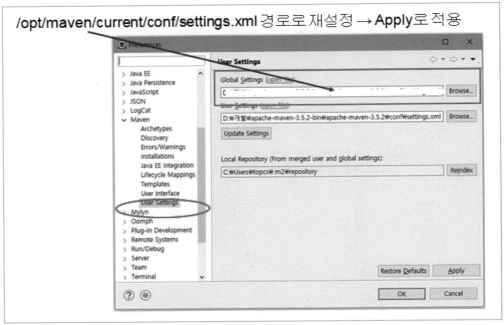

⑥ Maven 프로젝트 생성

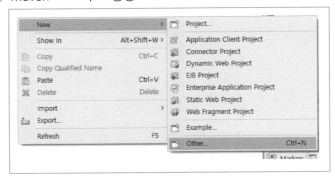

- Other 항목에서 Maven 검색 후

• Maven Project

• Next

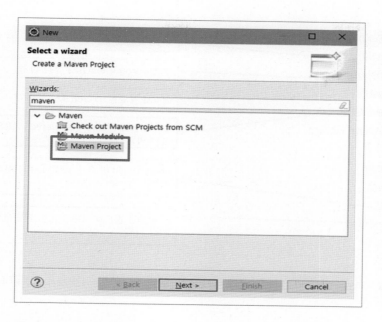

⑦ Maven Project 설정

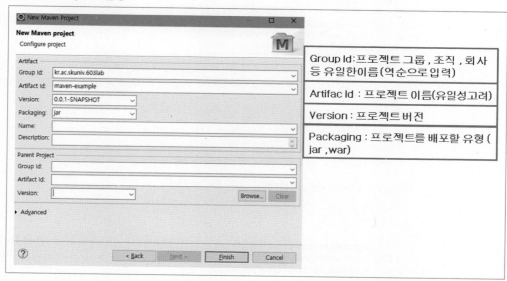

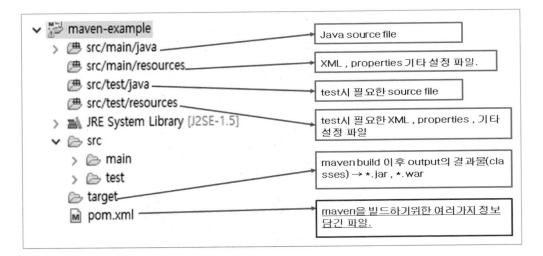

⑧ pom.xml 수정: Project Object Model의 약어로 eclipse 연결, Library 자동다운 등 XML로 구성

- dependencies: maven의 필요한 여러 library를 기술

• dependency : 하나의 library를 받기 위한 태그(의존성)

```
<dependencies>
   <dependency>
      <groupId>org.apache.hadoop</groupId>
      <artifactId>hadoop-core</artifactId>
      <version>${hadoop.version}</version>
   </dependency>

   <dependency>
      <groupId>org.apache.hadoop</groupId>
      <artifactId>hadoop-client</artifactId>
      <version>${hadoop2.version}</version>
   </dependency>
</dependencies>
```

가령 Mysql 이나 Oracle DBMS를 연동하려고 할때 개발자는 따로 라이브러리를 다운받고 이 클립스에 적용시켜야되지만

Maven 의존성을 이용하면 그럴 필요없이 내용을 기술만 하면 Maven이 알아서 필요한 라이브러리를 추가를 해줌.

- 저장: ctl+s

- 만약 Maven Dependencies가 안보일 시, Eclipse에서 Project →clean(이전에 빌드된 프로젝트를 지우는 일)을 눌러 보기 바람

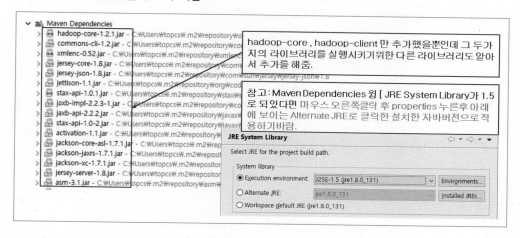

- build, plugins , plugin

```
<build>                                          build : java source code 를
    <plugins>                                    compile 을 하기위한 태그.
        <plugin>
            <groupId>org.apache.maven.plugins</groupId>
            <artifactId>maven-antrun-plugin</artifactId>
            <version>1.7</version>               plugin: goal이라는 작업단위
                                                 를 실행시키는 Framework
            <dependencies>
                <dependency>
                    <groupId>org.apache.ant</groupId>
                    <artifactId>ant-jsch</artifactId>   ant: java에서 내장된 빌드툴
                    <version>1.9.1</version>            compile , copy , delete가 용이
                </dependency>

                <dependency>
                    <groupId>com.jcraft</groupId>
                    <artifactId>jsch</artifactId>
                    <version>0.1.50</version>            jsch : ssh와 같은 보안이 강화
                </dependency>                            된 원격접속으로 서버에 연결
            </dependencies>                              시 필요한 라이브러리.
```

- 자바버전에 따르는 warning문제 해결: 왼쪽 package Explorer 탭에서 JRE System Library에서 우클릭 후 Properties에서 Alternate JRE선택

- phase , goal tasks

```
<executions>
    <execution>
        <phase>install!</phase>              빌드순서 안에 순차적으로 실행하는 작업 , install : 로컬에 저장
        <goals>
            <goal>run</goal>                 goal : phase 안에 있는 작업단위 , run : 실행
        </goals>

        <configuration>                      ant 의 기능 중 하나 , scp : 서버로 배포하기위한 명령어
            <tasks>
                <taskdef name="scp" classname="org.apache.tools.ant.taskdef.optional.ssh.Scp" classpathref="maven.dependency.classpath"/>
                <scp file="target/${project.artifactId}-${project.version}.jar" todir="userId:userPwd@targetHost:tartDirectory" trust="true"/>
            </tasks>
        </configuration>
    </execution>
</executions>
```

서버의 배포하기위해 .jar 의 파일명 / 저장할디렉토리 설정.

exp) todir = "hadoop:hadoop@localhost:/home/hadoop"
trust : 이 서버를 허용하겠다는 속성.(true로 지정 시)
이 것으로 바꿈
hadoop:hadoop   계정 :password

■ 완성된 POM.XML

```
 1 <project xmlns="http://maven.apache.org/POM/4.0.0" xmlns:xsi="http://www.w3.org/2001/XMLSchema-instance"
 2     xsi:schemaLocation="http://maven.apache.org/POM/4.0.0 http://maven.apache.org/xsd/maven-4.0.0.xsd">
 3     <modelVersion>4.0.0</modelVersion>
 4
 5     <groupId>kr.ac.skuniv.bigdata</groupId>
 6     <artifactId>maven-test</artifactId>
 7     <version>0.0.1-SNAPSHOT</version>
 8     <packaging>jar</packaging>
 9
10     <properties>
11         <project.build.sourceEncoding>UTF-8</project.build.sourceEncoding>
12         <project.reporting.outputEncoding>UTF-8</project.reporting.outputEncoding>
13         <hadoop.version>1.2.1</hadoop.version>
14         <hadoop2.version>2.8.1</hadoop2.version>
15     </properties>
16
17     <dependencies>
18
19         <dependency>
20             <groupId>org.apache.hadoop</groupId>
21             <artifactId>hadoop-core</artifactId>
22             <version>${hadoop.version}</version>
23         </dependency>
24         <dependency>
25             <groupId>org.apache.hadoop</groupId>
26             <artifactId>hadoop-client</artifactId>
27             <version>${hadoop2.version}</version>
28         </dependency>
29     </dependencies>
30
31     <build>
```

```
32  <plugins>
33    <plugin>
34      <groupId>org.apache.maven.plugins</groupId>
35      <artifactId>maven-antrun-plugin</artifactId>
36      <version>1.7</version>
37
38      <dependencies>
39        <dependency>
40          <groupId>org.apache.ant</groupId>
41          <artifactId>ant-jsch</artifactId>
42          <version>1.9.1</version>
43        </dependency>
44        <dependency>
45          <groupId>com.jcraft</groupId>
46          <artifactId>jsch</artifactId>
47          <version>0.1.50</version>
48        </dependency>
49      </dependencies>
50
51      <executions>
52        <execution>
53          <phase>install</phase>
54          <goals>
55            <goal>run</goal>
56          </goals>
57
58          <configuration>
59            <tasks>
60              <taskdef name="scp" classname="org.apache.tools.ant.taskdefs.optional.ssh.Scp" classpathref="maven.dependency.classpath" />
61              <scp file="target/${project.artifactId}-${project.version}.jar" todir="hadoop:hadoop@localhost:/home/hadoop" trust="true" />
62            </tasks>
63          </configuration>
64        </execution>
65      </executions>
66    </plugin>
67  </plugins>
68  /build>
69
70  /project>
```

5) WordCount MapReduce 프로젝트 만들기

① Project Name: 최초생성 시 이름, 여기서는 maven-test로 설정

② src/main/java에 파일추가
- 패키지 설정
  - maven-test에서 오른쪽마우스 클릭 후 New → Package → 패키지명 설정(wordcount)
- Class 제작:
  - → wordcount에서 우클릭 → New →class → class name : WordCounterMapper, WordCounterReducer, WordCounter 코딩 후
  - → 저장: clt + s

③ JAVA 파일들

- Mapper 클래스: WordCounterMapper.java

```
📄 WordCountMapper.java ⊠   📄 WordCountReducer.java   📄 WordCount.java
 1  package wordcount;
 2
 3⊕ import java.io.IOException;█
10
11  public class WordCountMapper extends Mapper<LongWritable, Text, Text, IntWritable>{
12
13
14      private final static IntWritable one = new IntWritable(1);//단어갯수는 무조건 1이므로 static으로 선언하여 메모리에 상주 Value 값
15      private Text word = new Text();//Key에 해당하는 단어를 담을 변수 정의
16
17⊕     @Override
18      protected void map(LongWritable key, Text value, Mapper<LongWritable, Text, Text, IntWritable>.Context context)
19          throws IOException, InterruptedException {
20          // TODO Auto-generated method stub
21
22          StringTokenizer itr = new StringTokenizer(value.toString());
23          while(itr.hasMoreTokens()) {
24              word.set(itr.nextToken());
25              context.write(word, one);    ──→    {word,1}
26          }
27
28      }
29
30  }
31
```

[코드설명]

- package wordcount: 패키지 wordcount 선언

- import java.io.IOException: IOException 포함

- public class WordCountMapper extends Mapper<LongWritable, Text, Text, IntWritable>: 클래스 이름은 WordCountMapper이고 Mapper 클래스를 상속받는다.

- private final static IntWritable one = new IntWritable(1); one이라는 변수는 integer 형이고 final static은 고정상수로 정의하며 private는 이 클래스에서만 사용하는 변수이며, new IntWritable(1)은 객체 정수형으로 1을 선언한다. 즉 one이라는 변수는 이 클래스에서만 사용되고 언제나 1이다.

- private Text word = new Text(); 문자형 변수 word를 선언

- @Override: 다음에 나오는 map( )는 Mapper클래스의 map( )를 새롭게 정의한다.

- protected void map(LongWritable key, Text value, Mapper<LongWritable, Text, Text, IntWritable>.Context context): map 메소드의 파라미터는 첫 번째 key, 두 번째 value, 세 번째는 수퍼 클래스인 Mapper 클래스의 context

- throws IOException, InterruptedException: 예외처리

- StringTokenizer itr = new StringTokenizer(value.toString( )); itr변수를 StringTokenizer 형으로 선언

- while (itr.hasMoreElements( )): 문자열 itr이 있을 동안 반복을 하며

- word.set(itr.nextToken( )): word의 변수 값으로 itr의 값으로 정의

- context.write(word, one): 출력값으로 word, 1 정의

- 결과: input 파일의 데이터를 연속된 문자들을 하나씩 읽으며 output 파일에 읽은 문자와 1을 쓴다.

- Reducer 클래스: WordCounterReducer.java

```
📄 WordCountMapper.java    📄 WordCountReducer.java ✕    📄 WordCount.java
 1  package wordcount;
 2
 3⊕ import java.io.IOException;▯
 8
 9  public class WordCountReducer extends Reducer<Text, IntWritable, Text, IntWritable> {
10
11    private IntWritable result = new IntWritable();
12
13⊕   @Override
14    protected void reduce(Text key, Iterable<IntWritable> values,
15        Reducer<Text, IntWritable, Text, IntWritable>.Context context) throws IOException, InterruptedException {
16      // TODO Auto-generated method stub
17      int sum = 0;
18      for (IntWritable val : values) {
19        sum += val.get();
20      }
21
22      result.set(sum);
23      context.write(key, result);▮
24    }
25
26  }
27
```

코드설명

- public class WordCountReducer extends Reducer<Text, IntWritable, Text, IntWritable>: 클래스 이름은 WordCountReducer이고 Reducer클래스를 상속받는다.

- private IntWritable result = new IntWritable(); result변수는 정수형으로 이 클래스에서만 사용

- protected void reduce(Text key, Iterable<IntWritable> values,

  Reducer<Text, IntWritable, Text, IntWritable>.Context context): reduce()를 재정의하며 파라미터로 key, values, context이다. 특히 values 값들은 셔플이 수행된 Iterable 형식으로 예를 들면 { 1, 1, 1, ... } 형식으로 저장된 값이다.

- int sum = 0; 변수 sum을 0으로 초기화

- for (IntWritable val : values): values의 배열의 값이 있을 동안 값을 val에 저장

- sum += val.get(); 값을 가져와 sum에 더한다.

- result.set(sum); result변수에 sum값을 저장한다.

- context.write(key, result); 결과를 key, result 형식으로 저장한다.

  즉 {book, {1, 1, 1}}이 reduce() 메소드를 통하여 {book, 3}으로 변한다.

- Main 클래스: WordCounter.java

1. 잡 생성

2. 잡 객체에 맵리듀스 잡의 실행정보 설정

3. 맵리듀스 잡의 실행

```java
WordCountMapper.java    WordCountReducer.java    WordCount.java ⊠
 1    package wordcount;
 2
 3⊕ import org.apache.hadoop.conf.Configuration;
11
12    public class WordCount {
13
14⊖    public static void main(String[] args) throws Exception{
15
16        Configuration conf = new Configuration();
17
18        if(args.length!=2) {
19            System.err.println("Usage : WordCount <input> <output>");
20            System.exit(2);
21        }
22
23        Job job = new Job(conf, "WordCount");
24
25        job.setJarByClass(WordCount.class);
26        job.setMapperClass(WordCountMapper.class);
27        job.setReducerClass(WordCountReducer.class);
28
29        job.setInputFormatClass(org.apache.hadoop.mapreduce.lib.input.TextInputFormat.class);
30        job.setOutputFormatClass(TextOutputFormat.class);
31
32        job.setOutputKeyClass(Text.class);
33        job.setOutputValueClass(IntWritable.class);
34
35        FileInputFormat.addInputPath(job, new Path(args[0]));
36        FileOutputFormat.setOutputPath(job, new Path(args[1]));
37
38        job.waitForCompletion(true);
39
40    }
41
42 }
```

코드설명

- public static void main(String[] args) throws Exception: 프로그램 외부에서 파라미터를 args라는 문자열 변수로 받는다.
- Configuration conf = new Configuration( ); 변수 conf를 Configuration 형식으로 선언
- if(args.length!=2){ System.err.println("Usage: WordCount <input> <output>");
  System.exit(2);:: 프로그램 외부에서 파라미터가 2개 아니면 Usage: WordCount <input> <output>을 출력하고 빠져 나간다.
- Job job = new Job(conf, "WordCount"); 맵리듀스 잡을 생성하고 환경은 conf, 이름은 WordCount
- job.setJarByClass(WordCount.class); 메인 자바파일 설정
- job.setMapperClass(WordCountMapper.class); 매퍼 자바파일 설정
- job.setReducerClass(WordCountReducer.class); : 리듀서 자바파일 설정
- job.setInputFormatClass(TextInputFormat.class); 입력형식 텍스트로 지정
- job.setOutputFormatClass(TextOutputFormat.class); 출력형식 텍스트로 지정
- job.setOutputKeyClass(Text.class); 출력 Key의 형식을 텍스트로 지정
- job.setOutputValueClass(IntWritable.class); 출력 Value의 형식을 정수로 지정

- FileInputFormat.addInputPath(job, new Path(args[0])); 실행창의 첫 번째 파라미터를 입력파일로 설정
- FileOutputFormat.setOutputPath(job, new Path(args[1])); 실행창의 두 번째 파라미터를 출력 폴더로 설정
- job.waitForCompletion(true); 맵리듀스 잡을 실행하고 끝날 때까지 기다린다.

④ Maven으로 hadoop-example-0.0.1-SNAPSHOT.jar 파일 작성
  - 패키지 구동
  - 프로젝트(word count) 우클릭 후 Run As 선택-> 4. Maven build… 클릭

    - Base directory : file의위치

    - Goals: Maven compile and build 실행단위: clean (컴파일 후 자르 파일이 target에 저장
      하는데, 여기의 이미 있는 저장결과물 지운다.)

    - install: pom.xml에 있는 SCP 태그에 있는 dir에 .jar생성 예시에서는 /home/hadoop

    - 이클립스를 구동하여,

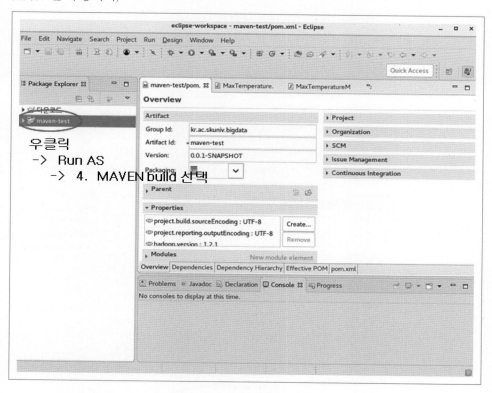

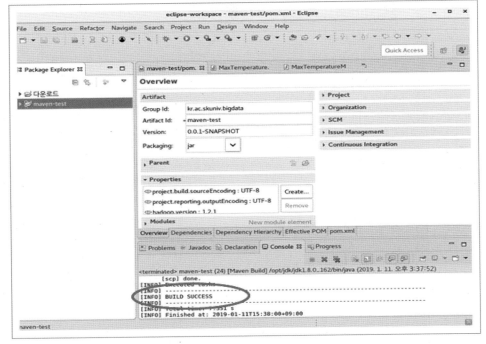

- 아래 화면이 뜨면 jar파일생성에 성공한 것이다.

  ```
  -----------------------
  BUILD SUCCESS
  -----------------------
  ```

- Project workspace 아래 target 폴더에 jar 파일이 만들어 진다.

  - 폴더는 project 오른쪽마우스 properties로 확인

    여기서는/home/hadoop/eclipse-workspace/maven-test/target

    (pom.xml의 SCP 태그에 있는 dir아래에 .jar생성된다. 여기에서는 /home/hadoop)

⑤ WordCount 프로그램 구동

가) input file: HADOOP_HOME에 있는 README.txt를 HDFS의 /input 폴더에 로드

```
# hadoop fs -mkdir /usr/input
# cd $HADOOP_HOME
# hadoop fs -put ./README.txt /usr/input
```

나) HADOOP 구동

- Maven으로 생성된 hadoop-example-0.0.1-SNAPSHOT.jar 파일이 있는 곳으로 이동

```
# cd /home/hadoop/eclipse-workspace/maven-test/target
```

- hadoop-example-0.0.1-SNAPSHOT.jar구동

```
# hadoop   jar   hadoop-example-0.0.1-SNAPSHOT.jar     wordcount.WordCount
                  (생성된 jar 파일)                        (패키지이름.메인파일)
            /usr/input    wordcount_output
            (입력폴더)      (결과폴더)
```

다) hadoop-example-0.0.1-SNAPSHOT.jar가 구동되고 있는 화면

```
[hadoop@localhost current]$ hadoop jar hadoop-example-0.0.1-SNAPSHOT.jar wordcount.WordCount /user/input wordcount_output
18/01/26 16:50:11 INFO client.RMProxy: Connecting to ResourceManager at /0.0.0.0:8032
18/01/26 16:50:11 WARN mapreduce.JobResourceUploader: Hadoop command-line option parsing not performed. Implement the Tool interface and execute your application with ToolRunner to remedy this.
18/01/26 16:50:11 INFO input.FileInputFormat: Total input files to process : 1
18/01/26 16:50:11 INFO mapreduce.JobSubmitter: number of splits:1
18/01/26 16:50:11 INFO mapreduce.JobSubmitter: Submitting tokens for job: job_1516939060076_0001
18/01/26 16:50:12 INFO impl.YarnClientImpl: Submitted application application_1516939060076_0001
18/01/26 16:50:12 INFO mapreduce.Job: The url to track the job: http://localhost:8088/proxy/application_1516939060076_0001/
18/01/26 16:50:12 INFO mapreduce.Job: Running job: job_1516939060076_0001
18/01/26 16:50:17 INFO mapreduce.Job: Job job_1516939060076_0001 running in uber mode : false
18/01/26 16:50:17 INFO mapreduce.Job:  map 0% reduce 0%
18/01/26 16:50:21 INFO mapreduce.Job:  map 100% reduce 0%
18/01/26 16:50:25 INFO mapreduce.Job:  map 100% reduce 100%
18/01/26 16:50:25 INFO mapreduce.Job: Job job_1516939060076_0001 completed successfully
18/01/26 16:50:25 INFO mapreduce.Job: Counters: 49
```

```
        Map-Reduce Framework
                Map input records=3
                Map output records=6
                Map output bytes=49
                Map output materialized bytes=67
                Input split bytes=97
                Combine input records=0
                Combine output records=0
                Reduce input groups=4
                Reduce shuffle bytes=67
                Reduce input records=6
                Reduce output records=4
                Spilled Records=12
                Shuffled Maps =1
                Failed Shuffles=0
                Merged Map outputs=1
                GC time elapsed (ms)=61
                CPU time spent (ms)=830
                Physical memory (bytes) snapshot=440541184
                Virtual memory (bytes) snapshot=4264292352
                Total committed heap usage (bytes)=321388544
        Shuffle Errors
                BAD_ID=0
                CONNECTION=0
                IO_ERROR=0
                WRONG_LENGTH=0
                WRONG_MAP=0
                WRONG_REDUCE=0
        File Input Format Counters
                Bytes Read=26
        File Output Format Counters
                Bytes Written=26
```

라) 결과

```
[hadoop@localhost current]$
[hadoop@localhost current]$ hadoop fs -cat wordcount_output/part-r-00000
a       2
book    2
read    1
write   1
[hadoop@localhost current]$ █
```

설명

- 하둡의 wordcount_output 폴더에 있는 결과 파일인 part-r-00000를 화면으로 출력
- README.txt에 있는 단어의 개수를 세어 결과를 화면으로 보여준다.

4. 맵리듀스 프로그래밍2: 일일 최고전력량 추출

1) 데이터셋

- 데이터 링크:

  https://archive.ics.uci.edu/ml/datasets/Individual+household+electric+power+consumption#

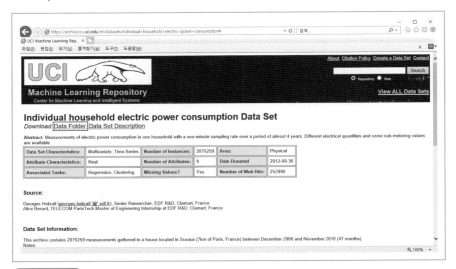

데이터셋 설명

- 한 가구에서 4년 동안 1분마다 측정한 전력소비량으로, 하루에 1,440회 측정
- 2006 년 12 월에서 2010 년 11 월 (47 개월) 사이에 Sceaux (프랑스 파리의 7km)에 위치한 집에서 수집한 2,075,259개의 측정 값

  출처: Georges Hebrail (georges.hebrail '@' edf.fr), Senior Researcher, EDF R&D, Clamart, 프랑스
  Alice Berard, TELECOM ParisTech Master of Engineering Internship at EDF R&D, Clamart, 프랑스

2) 변수 구성

Attribute Information:

1. date: Date in format dd/mm/yyyy
2. time: time in format hh:mm:ss
3. global_active_power: household global minute-averaged active power (in kilowatt)
4. global_reactive_power: household global minute-averaged reactive power (in kilowatt)
5. voltage: minute-averaged voltage (in volt)
6. global_intensity: household global minute-averaged current intensity (in ampere)
7. sub_metering_1: energy sub-metering No. 1 (in watt-hour of active energy). It correspor
8. sub_metering_2: energy sub-metering No. 2 (in watt-hour of active energy). It correspor
9. sub_metering_3: energy sub-metering No. 3 (in watt-hour of active energy). It correspor

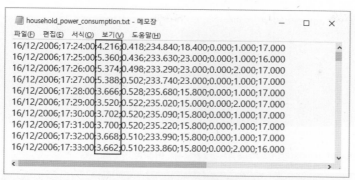

3) 맵리듀스 프로그래밍 목적: 일별 최고 전력소비량 추출
- 하루 1분마다 1,440회 측정된 평균 전력소비량 중 최대값 추출

4) 데이터 다운로드
① 데이터 링크 확인
- Household_power_consumption.zip 파일에 대한 url 링크를 확인방법
- Household_power_consumption.zip에서 오른쪽 마우스 클릭 → 링크 주소 복사(E) 선택

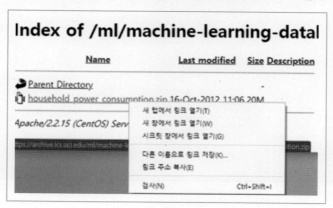

② name node에서
> cd ~
> cd 다운로드/
> wget
https://archive.ics.uci.edu/ml/machine-learning-databases/00235/household_power
_consumption.zip
(이 주소는 "링크주소 복사"한 주소를 ctl+v로 복사)

```
[hadoop@namenode ~ 다 운 로 드]wget https://archive.ics.uci.edu/ml/machine-learning-databases/00235/househol
d power_consumption.zip
--2019-02-07 16:11:49--  https://archive.ics.uci.edu/ml/machine-learning-databases/00235/household_power
_consumption.zip
Resolving archive.ics.uci.edu (archive.ics.uci.edu)... 128.195.10.249
Connecting to archive.ics.uci.edu (archive.ics.uci.edu)|128.195.10.249|:443... connected.
HTTP request sent, awaiting response... 200 OK
Length: 20640916 (20M) [application/zip]
Saving to: 'household_power_consumption.zip.2'

33% [===============>                      ]  6,856,704   1.81MB/s  eta 10s
```

> unzip household_power_consumption.zip   // zip 파일을 해제한다.

```
[hadoop@namenode 다 운 로 드]unzip household_power_consumption.zip
Archive:  household_power_consumption.zip
  inflating: household_power_consumption.txt
```

> more household_power_consumption.txt   //데이터 확인

```
[hadoop@namenode ~ 다 운 로 드]~]$ more household_power_consumption.txt
Date;Time;Global_active_power;Global_reactive_power;Voltage;Global_intensity;Sub_metering_1;Sub_metering_
2;Sub_metering_3
16/12/2006;17:24:00;4.216;0.418;234.840;18.400;0.000;1.000;17.000
16/12/2006;17:25:00;5.360;0.436;233.630;23.000;0.000;1.000;16.000
16/12/2006;17:26:00;5.374;0.498;233.290;23.000;0.000;2.000;17.000
16/12/2006;17:27:00;5.388;0.502;233.740;23.000;0.000;1.000;17.000
16/12/2006;17:28:00;3.666;0.528;235.680;15.800;0.000;1.000;17.000
16/12/2006;17:29:00;3.520;0.522;235.020;15.000;0.000;2.000;17.000
16/12/2006;17:30:00;3.702;0.520;235.090;15.800;0.000;1.000;17.000
16/12/2006;17:31:00;3.700;0.520;235.220;15.800;0.000;1.000;17.000
16/12/2006;17:32:00;3.668;0.510;233.990;15.800;0.000;1.000;17.000
16/12/2006;17:33:00;3.662;0.510;233.860;15.800;0.000;2.000;16.000
16/12/2006;17:34:00;4.448;0.498;232.860;19.600;0.000;1.000;17.000
16/12/2006;17:35:00;5.412;0.470;232.780;23.200;0.000;1.000;17.000
16/12/2006;17:36:00;5.224;0.478;232.990;22.400;0.000;1.000;16.000
16/12/2006;17:37:00;5.268;0.398;232.910;22.600;0.000;2.000;17.000
16/12/2006;17:38:00;4.054;0.422;235.240;17.600;0.000;1.000;17.000
16/12/2006;17:39:00;3.384;0.282;237.140;14.200;0.000;0.000;17.000
16/12/2006;17:40:00;3.270;0.152;236.730;13.800;0.000;0.000;17.000
16/12/2006;17:41:00;3.430;0.156;237.060;14.400;0.000;0.000;17.000
16/12/2006;17:42:00;3.266;0.000;237.130;13.800;0.000;0.000;18.000
16/12/2006;17:43:00;3.728;0.000;235.840;16.400;0.000;0.000;17.000
16/12/2006;17:44:00;5.894;0.000;232.690;25.400;0.000;0.000;16.000
16/12/2006;17:45:00;7.706;0.000;230.980;33.200;0.000;0.000;17.000
16/12/2006;17:46:00;7.026;0.000;232.210;30.600;0.000;0.000;16.000
16/12/2006;17:47:00;5.174;0.000;234.190;22.000;0.000;0.000;17.000
```

> q // 읽기 종료

```
16/12/2006;18:00:00;2.790;0.180;237.520;11.800;0.000;0.000;18.000
16/12/2006;18:01:00;2.624;0.144;238.200;11.000;0.000;0.000;17.000
16/12/2006;18:02:00;2.772;0.118;238.280;11.600;0.000;0.000;17.000
16/12/2006;18:03:00;3.740;0.108;236.930;16.400;0.000;16.000;18.000
16/12/2006;18:04:00;4.928;0.202;235.010;21.000;0.000;37.000;16.000
[hadoop@namenode 다 운 로 드 ]$
```

③ 제목 줄 삭제

> sed '1d' household_power_consumption.txt > household.txt
    // 첫째 줄을 삭제하여 household.txt로 복사
> more household.txt   // 데이터파일 확인

```
 [hadoop@namenode ~]$ more household.txt
16/12/2006;17:24:00;4.216;0.418;234.840;18.400;0.000;1.000;17.000
16/12/2006;17:25:00;5.360;0.436;233.630;23.000;0.000;1.000;16.000.
16/12/2006;17:26:00;5.374;0.498;233.290;23.000;0.000;2.000;17.000
16/12/2006;17:27:00;5.388;0.502;233.740;23.000;0.000;1.000;17.000
16/12/2006;17:28:00;3.666;0.528;235.680;15.800;0.000;1.000;17.000
16/12/2006;17:29:00;3.520;0.522;235.020;15.000;0.000;2.000;17.000
16/12/2006;17:30:00;3.702;0.520;235.090;15.800;0.000;1.000;17.000
16/12/2006;17:31:00;3.700;0.520;235.220;15.800;0.000;1.000;17.000
16/12/2006;17:32:00;3.668;0.510;233.990;15.800;0.000;1.000;17.000
16/12/2006;17:33:00;3.662;0.510;233.860;15.800;0.000;2.000;16.000
16/12/2006;17:34:00;4.448;0.498;232.860;19.600;0.000;1.000;17.000
16/12/2006;17:35:00;5.412;0.470;232.780;23.200;0.000;1.000;17.000
16/12/2006;17:36:00;5.224;0.478;232.990;23.400;0.000;1.000;16.000
```

5) 맵리듀스 프로그래밍

① 이클립스 실행

> /opt/eclipse/eclipse

② Maven 프로젝트 생성

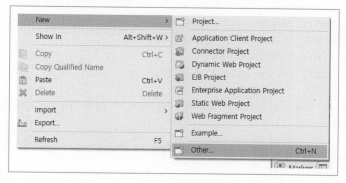

③ Mapper 클래스(HouseholderPowerMapper.class)

```java
import java.io.IOException
import java.util.StringTokenizer
import java.util.regex.Matcher
import java.util.regex.Pattern

import org.apache.hadoop.io.DoubleWritable
import org.apache.hadoop.io.LongWritable
import org.apache.hadoop.io.Text
import org.apache.hadoop.mapreduce.Mapper

public class HouseholdPowerMapper extends Mapper<LongWritable, Text,
Text, DoubleWritable> {

        @Override
    public void map(LongWritable key, Text value, Context context) throws
IOException, InterruptedException {

        String line = value.toString( );

        if(line.charAt(1)=='/') line = "0"+line;
        if(line.charAt(4) == '/')          line = line.substring(0,3) + "0" +
line.substring(3);
        // D/M/YYYY 형식을 DD/MM/YYYY 형식으로 바꿔준다

        double Global_active_power
```

```
            if( line.charAt(20) != '?')
            {
            Global_active_power = Double.parseDouble(line.substring(20, 25));
                    }
            else
                    {
            Global_active_power = 0;
                        }
// 누락된 값은 ? 이므로 누락된 값을 0으로 지정.

            context.write(new Text(line.substring(0,10)),
            new DoubleWritable(Global_active_power));
            }
        }
// Key 값을 날짜이며, Value값은 실수이므로 DoubleWritable를 사용한다.
```

④ Reducer 클래스(HouseholderPowerReduder.class)

```
import java.io.IOException
import org.apache.hadoop.io.DoubleWritable
import org.apache.hadoop.io.Text
import org.apache.hadoop.mapreduce.Reducer

public          class          HouseholdPowerReducer          extends
Reducer<Text,DoubleWritable,Text,DoubleWritable> {

  @Override
  public     void     reduce(Text     key     ,     Iterable<DoubleWritable>
values,Reducer<Text,DoubleWritable,Text,DoubleWritable>.Context  context)
throws IOException , InterruptedException
        {
                double maxValue = 0;
                for(DoubleWritable val : values) {
                        maxValue = Math.max(maxValue, val.get( ));
                }
                context.write(key, new DoubleWritable(maxValue));
        }
}
// 전력값은 실수이므로 DoubleWritable를 사용
```

⑤ main 클래스(HouseholderPower.class)

```java
import java.io.IOException

import org.apache.hadoop.conf.Configuration
import org.apache.hadoop.fs.Path
import org.apache.hadoop.io.DoubleWritable
import org.apache.hadoop.io.IntWritable
import org.apache.hadoop.io.Text
import org.apache.hadoop.mapreduce.Job
import org.apache.hadoop.mapreduce.lib.input.FileInputFormat
import org.apache.hadoop.mapreduce.lib.output.FileOutputFormat
import org.apache.hadoop.mapreduce.lib.output.TextOutputFormat

public class HouseholdPower {
        public static void main(String[] args) throws Exception {
                // TODO Auto-generated method stub

                Configuration conf = new Configuration( );

                if(args.length != 2)
                {
                System.err.println("Usage    :    HouseholdPower    <input>
<output>");

                System.exit(2);
                }
                @SuppressWarnings("deprecation")
                Job job = new Job(conf,"WordCount");

                job.setJarByClass(HouseholdPower.class);
                job.setMapperClass(HouseholdPowerMapper.class);
                job.setReducerClass(HouseholdPowerReducer.class);


job.setInputFormatClass(org.apache.hadoop.mapreduce.lib.input.TextInputF
ormat.class);
                job.setOutputFormatClass(TextOutputFormat.class);

                job.setOutputKeyClass(Text.class);
                job.setOutputValueClass(DoubleWritable.class);
```

```
            FileInputFormat.addInputPath(job, new Path(args[0]));
            FileOutputFormat.setOutputPath(job, new Path(args[1]));

            job.waitForCompletion(true);
        }
    }
```

⑥ Maven 환경설정

- pom.xml

```
project xmlns= http://maven.apache.org/POM/4.0.0  xmlns:xsi= http://www.w3.org/2001/XMLSchema-instance
xsi:schemaLocation="http://maven.apache.org/POM/4.0.0 http://maven.apache.org/xsd/maven-4.0.0.xsd">
<modelVersion>4.0.0</modelVersion>

<groupId>kr.ac.skuniv.lab79</groupId>
<artifactId>maven_example</artifactId>
<version>0.0.1-SNAPSHOT</version>
<packaging>jar</packaging>

<name>maven_example</name>
<url>http://maven.apache.org</url>

<properties>
    <project.build.sourceEncoding>UTF-8</project.build.sourceEncoding>
    <project.reporting.outputEncoding>UTF-8</project.reporting.outputEncoding>
            <hadoop2.version>2.7.3</hadoop2.version>
</properties>

<dependencies>
            <dependency>
    <groupId>org.apache.hadoop</groupId>
    <artifactId>hadoop-client</artifactId>
    <version>${hadoop2.version}</version>
    </dependency>

    <dependency>
    <groupId>junit</groupId>
    <artifactId>junit</artifactId>
    <version>3.8.1</version>
    <scope>test</scope>
    </dependency>
</dependencies>
/project>
```

인코딩을 utf-8로 지정

hadoop-client를 우리가 설치한 하둡버전으로 설정

⑦ Run

(1) 프로젝트(여기서는 maven-test) 우클릭 후 Run As 선택 -> 4. Maven build… 클릭
(2) Base directory : file의 위치
(3) Goals: Maven compile and build 실행단위로 clean install (컴파일 후 자르 파일 이 target에 저장하
    는데, 여기의 저장 결과물 지우고 새로이 저장)
(4) run 아이콘 선택
(5) 결과: 아래 화면이 뜨면 jar파일 생성

```
------------------------
BUILD SUCCESS
------------------------
```

(6) Project workspace 아래 target 폴더에 jar 파일이 만들어진다. 폴더 project 오른쪽 마우스 properties로 확인

(7) 여기서는 /home/hadoop/eclipse-workspace/(projectName)/target에 존재하므로, jar 파일을 다운로드 폴더로 이동한다.

⑧ input file: household.txt

```
# hadoop fs -mkdir /usr/input
# cd ~/다운로드
# hadoop fs -put ./household.txt /usr/input
```

⑨ 하둡 프로세스 구동

> jps
* namenode와 datanode 가 실행되지 않는다면 다시 프로세스를 구동

> start-all.sh 하여 6개 프로세스 확인
* error가 있다면 앞에서와 같이 error를 해결해야 한다.

⑩ 하둡 구동

> hadoop jar maven_example-0.0.1-SNAPSHOT.jar householdpower. HouseholdPower
/usr/input/household.txt /usr/household_output

```
9/02/07 16:56:44 INFO input.FileInputFormat: Total input paths to process : 1
9/02/07 16:56:44 INFO mapreduce.JobSubmitter: number of splits:1
9/02/07 16:56:44 INFO mapreduce.JobSubmitter: Submitting tokens for job: job_1548326170455_0021
9/02/07 16:56:44 INFO impl.YarnClientImpl: Submitted application application_1548326170455_0021
9/02/07 16:56:44 INFO mapreduce.Job: The url to track the job: http://namenode:8088/proxy/application_1548326170455_0021/
9/02/07 16:56:44 INFO mapreduce.Job: Running job: job_1548326170455_0021
9/02/07 16:56:51 INFO mapreduce.Job: Job job_1548326170455_0021 running in uber mode : false
9/02/07 16:56:51 INFO mapreduce.Job:  map 0% reduce 0%
9/02/07 16:57:01 INFO mapreduce.Job:  map 100% reduce 0%
9/02/07 16:57:08 INFO mapreduce.Job:  map 100% reduce 100%
9/02/07 16:57:18 INFO mapreduce.Job:  map 0% reduce 0%
```

⑪ 결과 확인

> hadoop fs -ls /usr/household_output/

```
Found 2 items
-rw-r--r--   3 hadoop supergroup          0 2019-02-07 16:57 /usr/household_output/_SUCCESS
-rw-r--r--   3 hadoop supergroup      24162 2019-02-07 16:57 /usr/household_output/part-r-00000
```

- _SUCCESS 와 part-r-00000이 생성되어있다면, 성공.

⑫ 결과 출력

```
> hadoop fs -cat /usr/household_output/part-r-00000
```

```
1/01/2007        3.558
1/01/2008        5.686
1/01/2009        8.584
1/01/2010        4.976
1/02/2007        7.482
1/02/2008        6.56
1/02/2009        6.56
1/02/2010        4.3
1/03/2007        1.472
1/03/2008        4.038
1/03/2009        6.714
1/03/2010        4.682
1/04/2007        8.16
1/04/2008        6.32
1/04/2009        4.232
1/04/2010        5.066
1/05/2007        6.096
1/05/2008        1.5
1/05/2009        4.738
1/05/2010        5.038
1/06/2007        5.354
1/06/2008        4.954
1/06/2009        5.322
1/06/2010        4.162
1/07/2007        2.966
```

설명

- 2007년 1월 1일 1분 최고전력량은 평균 3.558kw
- 2008년 1월 1일 1분 최고전력량은 평균 5.686kw
- 2009년 1월 1일 1분 최고전력량은 평균 5.584kw

5. 맵리듀스 프로그래밍3: 연도별 자동차 사고건수

1) 데이터셋: www.data.go.kr에서 추출한 일일 지역별 교통사고 통계현황

2) 사이트: http://www.hanol.co.kr/ 홈페이지에서 accident.txt파일 다운로드

　자료실 〉 부록자료실 〉 하둡테스트 데이터 파일 〉 accident.txt

- accident.txt에 있는 데이터는 2009년부터 2015년까지 우리나라 일일 지역별 교통사고건수, 사망자수, 중상자수, 경상자수, 부상자수이며, 데이터 개수는 40,274개이다.

- accident.txt 데이터

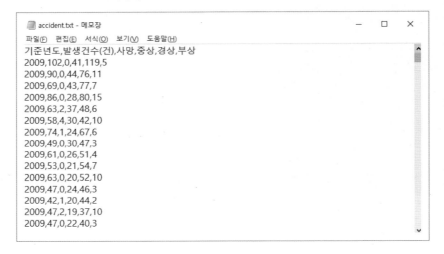

3) 맵리듀스 프로그래밍 목적: 년도별 일일 평균 자동차사고 건수

- 여기에서는 자바의 String, StringTokenizer, ArrayList 세 클래스를 이용하여 세 개의 맵리듀스 프로그래밍을 실습한다.

① String 클래스로 구현하는 맵리듀스 프로그래밍

(1) Mapper 클래스

```java
package accident;

import java.io.IOException;
import org.apache.hadoop.io.IntWritable;
import org.apache.hadoop.io.LongWritable;
import org.apache.hadoop.io.Text;
import org.apache.hadoop.mapreduce.Mapper;

// 데이터 컬럼을 맞추어 사고의 평균구하기

public class AccidentMapper extends Mapper<LongWritable, Text, Text,
IntWritable>
{
  @Override
  public void map(LongWritable key, Text value, Context context)
      throws IOException, InterruptedException{

      String line =value.toString( );

      if(line.charAt(6)==',')
      line=line.substring(0,6)+'0'+line.substring(6);
      Integer accident ;
      accident = Integer.parseInt(line.substring(5,7));

    context.write(new          Text(line.substring(0,     4)),        new
IntWritable(accident)) ;
  }
}
```

코드설명

- if(line.charAt(6)==',') line=line.substring(0,6)+'0'+line.substring(6): 7번째 컬럼이 콤마(,)이면 데이터가 두자리 수이므로 데이터를 세자리 수로 통일하기 위해서 0을 추가한다. 따라서 데이터가 한자리 수이면 앞 두 자리수에 0을 추가하여야 한다.
- accident = Integer.parseInt(line.substring(5,7)): accident변수는 Integer 형식으로 사고건수 데이터를 받는다.
- context.write(new Text(line.substring(0, 4)), new IntWritable(accident)): 년도와 사고건수 데이터를 쓴다.

(2) Reducer 클래스

```
package accident;

import java.io.IOException;
import org.apache.hadoop.io.IntWritable;
import org.apache.hadoop.io.DoubleWritable;
import org.apache.hadoop.mapreduce.Reducer;
import org.apache.hadoop.io.Text;

public class AccidentReducer extends
  Reducer <Text, IntWritable, Text, DoubleWritable> {

  @Override
  public void reduce(Text key, Iterable<IntWritable> values,
      Reducer<Text, IntWritable, Text, DoubleWritable>.Context context)
      throws IOException, InterruptedException {
      int sum=0;
      double average=0, count=0;
      for(IntWritable val: values) {
          sum+=val.get( ) ;
          count +=1.0 ;
      }
      average = sum / count ;
      context.write(key, new DoubleWritable(average));
  }
}
```

코드설명

- for(IntWritable val: values): advanced for loop으로서 values의 배열에 데이터가 있는 동안 for를 돌면서 데이터는 val에 넘긴다.
- sum+=val.get( ) ; val의 데이터를 변수 sum에 더한다.
- count +=1.0 ; 평균계산을 위해 데이터 개수를 구하기 위해 count변수에 1을 더한다.
- average = sum / count ; average변수는 평균이 된다.
- context.write(key, new DoubleWritable(average)); 년도와 평균값을 쓴다.

(3) main 클래스

```java
package accident;

import org.apache.hadoop.fs.Path;
import org.apache.hadoop.io.IntWritable;
import org.apache.hadoop.io.Text;
import org.apache.hadoop.mapreduce.Job;
import org.apache.hadoop.mapreduce.lib.input.FileInputFormat;
import org.apache.hadoop.mapreduce.lib.output.FileOutputFormat;

public class Accident {
    public static void main(String[] args) throws Exception {

    if (args.length != 2) {
    System.err.println("Usage:    MaxTemperature    <input    path>    <output
path>");
        // 이 클래스 실행시킬때 필요한 <input파일 있는 경로> <결과물을 저장할 경로>
        System.exit(-1);
              }

    Job job = new Job( );
        // MapReduce를 실행  시키기  위한  job을  할당할  때  필요한  Job  Class
Instance선언.
        job.setJarByClass(Accident.class);  //jar 파일을  설정할 클래스명.
        job.setJobName("Accident");

        FileInputFormat.addInputPath(job, new Path(args[0]));
        // 경로명에 있는 파일을 읽기 위한 static 메서드 사용
        FileOutputFormat.setOutputPath(job, new Path(args[1]));
        // 결과물 파일을 저장할 경로에 저장하기위한 static 메서드 사용

        job.setMapperClass(AccidentMapper.class);
        // job Instance에 Map Task를 수행할 클래스 설정.
        job.setReducerClass(AccidentReducer.class);
        // Reduce Task를 수행할 클래스 설정.

        job.setOutputKeyClass(Text.class);
        // 출력키는 Text 타입 (Java에서 String에해당) 으로 저장.
        job.setOutputValueClass(IntWritable.class);
        // 출력값은 IntWritable 타입 (Java에서 Wrapper Class Integer에 해당) 으로
```

```
저장.
    System.exit(job.waitForCompletion(true) ? 0 : 1);
        //job 실행 --> error 시 1을 리턴하여 종료
        }
    }
```

(4) 결과

② StringTokenizer 클래스로 구현하는 맵리듀스 프로그래밍

(1) Mapper 클래스

```java
package Accident_Token;

import java.io.IOException;
import java.util.StringTokenizer;

import org.apache.hadoop.io.IntWritable;
import org.apache.hadoop.io.LongWritable;
import org.apache.hadoop.io.Text;
import org.apache.hadoop.mapreduce.Mapper;
import org.apache.hadoop.mapreduce.Mapper.Context;

// StringTokenizer를 아용하여 사고 평균구하기

public class Accident_TokenMapper extends
  Mapper<LongWritable, Text, Text, IntWritable>
{
  @Override
  public void map(LongWritable key, Text value, Context context) throws
IOException, InterruptedException{

  String line =value.toString( );

  StringTokenizer str = new StringTokenizer(line, ",");
  String year =str.nextToken( );
  int accident = Integer.parseInt(str.nextToken( ));

context.write(new Text(year), new IntWritable(accident)) ;
  }
}
```

> 코드설명

- String 클래스로 데이터를 읽기면 컬럼을 일치시켜야 하는 어려움이 있었다.
- StringTokenizer 클래스는 String 중에서 구분자 예를 들면 콤마(,), 빈공간(blank), 탭(Tab) 등으로 연결된 String을 Token으로 나누어서 저장하는 클래스이다. 이를 이용하면 컬럼을 맞출 필요가 없다.
- StringTokenizer str = new StringTokenizer(line, ","); String 형식의 line을 구분자 ,로 나누어 str 변수에 저장한다.

- String year =str.nextToken( ); str변수에서 첫 번째 Token은 year변수로 저장
- int accident = Integer.parseInt(str.nextToken( )); 다음 변수는 String형식을 Interger형식으로 변환 (Interger.ParseInt)하여 accident변수에 저장
- String 클래스를 이용하는 것보다 훨씬 쉽고 간결하다.

(2) Reducer 클래스

```java
package Accident_Token;

import java.io.IOException;

import org.apache.hadoop.io.DoubleWritable;
import org.apache.hadoop.io.IntWritable;
import org.apache.hadoop.io.Text;
import org.apache.hadoop.mapreduce.Reducer;

public class Accident_TokenReducer extends Reducer <Text, IntWritable,
Text, DoubleWritable> {

  @Override
  public    void    reduce(Text    key,    Iterable<IntWritable>    values,
Reducer<Text, IntWritable, Text, DoubleWritable>.Context context)
    throws IOException, InterruptedException {
        int sum=0;
        double average=0, count=0;
        for(IntWritable val: values) {
            sum+=val.get( ) ;
            count +=1.0 ;
        }
        average = sum / count ;
        context.write(key, new DoubleWritable(average));
  }
  }
```

코드설명

- String 클래스와 동일하다.

(3) Main 클래스

```
package Accident_Token;

import org.apache.hadoop.fs.Path;
import org.apache.hadoop.io.IntWritable;
import org.apache.hadoop.io.Text;
import org.apache.hadoop.mapreduce.Job;
import org.apache.hadoop.mapreduce.lib.input.FileInputFormat;
import org.apache.hadoop.mapreduce.lib.output.FileOutputFormat;

public class Accident_Token {

  public static void main(String[] args) throws Exception {

      if (args.length != 2) {
          System.err.println("Usage: MaxTemperature <input path> <output
path>");
        System.exit(-1);
          }

      Job job = new Job( );
      job.setJarByClass(Accident_Token.class);
      job.setJobName("Accident");

      FileInputFormat.addInputPath(job, new Path(args[0]));
      FileOutputFormat.setOutputPath(job, new Path(args[1]));

      job.setMapperClass(Accident_TokenMapper.class);
      job.setReducerClass(Accident_TokenReducer.class);

      job.setOutputKeyClass(Text.class);
      job.setOutputValueClass(IntWritable.class);
      System.exit(job.waitForCompletion(true) ? 0 : 1);
    }
}
```

코드설명

• String 클래스와 동일하다.

(4) 결과 화면

설명 String 클래스를 이용한 결과와 동일함을 알 수 있다.

③ 배열(ArrayList)을 이용한 맵리듀스 프로그래밍

(1) Mapper 클래스

```java
package Accident_List;

import java.io.IOException;
import java.util.StringTokenizer;
import org.apache.hadoop.io.IntWritable;
import org.apache.hadoop.io.LongWritable;
import org.apache.hadoop.io.Text;
import org.apache.hadoop.mapreduce.Mapper;
import org.apache.hadoop.mapreduce.Mapper.Context;

// ArrayList를 통해 여러개의 변수를 만들고 쓰기

public class Accident_ListMapper extends
        Mapper<LongWritable, Text, Text, IntWritable>
{
  @Override
  public void map(LongWritable key, Text value, Context context)
      throws IOException, InterruptedException{

  String line =value.toString( );
  String year = line.substring(0, 4);
  int[] arrayInt = new int[6];
```

```
    int i = 0;

    StringTokenizer itr = new StringTokenizer(value.toString( ), ",");
    while(itr.hasMoreTokens( )) {
        arrayInt[i++] = Integer.parseInt(itr.nextToken( ));
    }

context.write(new Text(year+"_사고"), new IntWritable(arrayInt[1])) ;
context.write(new Text(year+"_사망"), new IntWritable(arrayInt[2])) ;
context.write(new Text(year+"_중산"), new IntWritable(arrayInt[3])) ;
context.write(new Text(year+"_경상"), new IntWritable(arrayInt[4])) ;
context.write(new Text(year+"_부상"), new IntWritable(arrayInt[5])) ;
    }
}
```

코드설명

- StringTokenizer 클래스는 String을 읽는 데 편리한 클래스이다. 그러나 앞의 예제에서는 한개의 변수만을 이용하는 단점이 있어서, 다양한 변수로 읽어서 분석하는데 어려움이 있다.

- int[] arrayInt = new int[6]; int형식의 변수 6개를 배열로 선언

- int i = 0; i를 int형으로 0 값으로 초기화

- StringTokenizer itr = new StringTokenizer(value.toString( ), ",");

- while(itr.hasMoreTokens( )) {

    arrayInt[i++] = Integer.parseInt(itr.nextToken( ));   }: 데이터를 arrayInt 변수에 저장

- context.write(new Text(year+"_사고"), new IntWritable(arrayInt[1])) ; key값을 년도_사고, 값을 두 번째 배열변수 값

- context.write(new Text(year+"_사망"), new IntWritable(arrayInt[2])) ; key값을 년도_사망, 값을 세 번째 배열변수 값

- context.write(new Text(year+"_중상"), new IntWritable(arrayInt[3])) ; key값을 년도_중상, 값을 네 번째 배열변수 값

- context.write(new Text(year+"_경상"), new IntWritable(arrayInt[4])) ; key값을 년도_경상, 값을 다섯 번째 배열변수 값

- context.write(new Text(year+"_부상"), new IntWritable(arrayInt[5])) ; key값을 년도_부상, 값을 여섯 번째 배열변수 값

- 배열을 이용하면 원하는 수의 변수를 사용할 수 있다.

(2) Reducer 클래스

```java
package Accident_List;

import java.io.IOException;
import org.apache.hadoop.io.DoubleWritable;
import org.apache.hadoop.io.IntWritable;
import org.apache.hadoop.io.Text;
import org.apache.hadoop.mapreduce.Reducer;

public class Accident_ListReducer extends
    Reducer <Text, IntWritable, Text, DoubleWritable> {

    @Override
    public void reduce(Text key, Iterable<IntWritable> values,
    Reducer<Text, IntWritable, Text, DoubleWritable>.Context context)
    throws IOException, InterruptedException {
    int count=0;
    double sum=0;

    for(IntWritable val: values) {
        sum+=val.get( ) ;
        count++ ;
    }
    sum/=count ;
    context.write(new Text(key+"자 평균:"),
        new DoubleWritable(Math.round(sum*100)/100.0));
    }
}
```

코드설명

String 클래스와 동일하다.

● 5개의 key, value의 쌍을 advanced for loop을 이용하여 결과를 계산한다.

(3) Main 클래스

```java
package Accident_List;

import org.apache.hadoop.fs.Path;
import org.apache.hadoop.io.IntWritable;
import org.apache.hadoop.io.Text;
import org.apache.hadoop.mapreduce.Job;
import org.apache.hadoop.mapreduce.lib.input.FileInputFormat;
import org.apache.hadoop.mapreduce.lib.output.FileOutputFormat;

public class Accident_List {
    public static void main(String[] args) throws Exception {

        if (args.length != 2) {
        System.err.println("Usage:  MaxTemperature  <input  path>  <output
path>");
            System.exit(-1);
        }

    Job job = new Job( );
    job.setJarByClass(Accident_List.class);
    job.setJobName("Accident");

    FileInputFormat.addInputPath(job, new Path(args[0]));
    FileOutputFormat.setOutputPath(job, new Path(args[1]));

    job.setMapperClass(Accident_ListMapper.class);
    job.setReducerClass(Accident_ListReducer.class);

    job.setOutputKeyClass(Text.class);
    job.setOutputValueClass(IntWritable.class);
    System.exit(job.waitForCompletion(true) ? 0 : 1);
  }
}
```

코드설명 String 클래스와 동일하다.

(4) 결과 화면

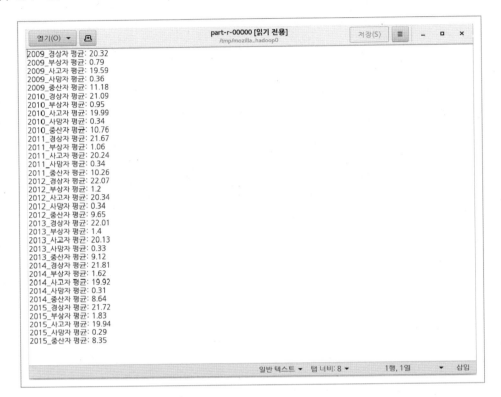

> **참고**
>
> 맵리듀스 프로그래밍에서 한쌍의 key, value를 계산하여 결과를 도출하였는데, 배열을 이용하면, 우리가 원하는 수 만큼의 key, value의 계산을 한꺼번에 할 수 있음을 알 수 있다.

6절 완전분산 모드 설치

그림 11.7   하둡의 구성도

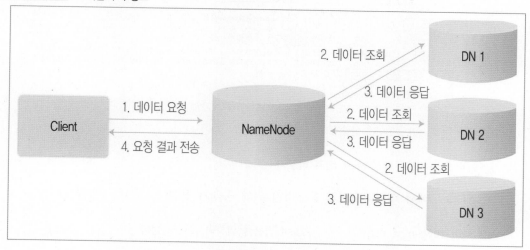

지금까지 의사분산 모드는 하나의 서버에 네임노드와 데이터노드를 설치하여 하둡을 구성하였다. 여기에서는 완전분산 모드로 구성한다. 완전분산 모드는 하나의 네임노드 서버와 여러 대의 데이터노드 서버를 구성하여 빅데이터를 분산처리한다.

그림 11.8   완전분산 모드 계획: 하나의 네임노드와 두 개의 데이터노드 구성

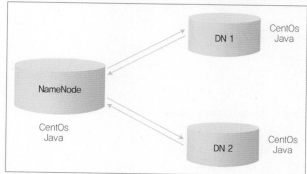

1. 네임노드와 데이터노드 서버에 공통적인 설정

① 운영체제와 프로그래밍 언어: CentOs와 자바
② ssh(secure shell) 설정

```
$ su                    //host설정은 root권한만 가능
$ vi /etc/hosts              //ssh 접속을 위해 아이피와 host를 입력
```

설명

- 네임노드는 hadoop, 데이터노드는 hadoop1, hadoop2

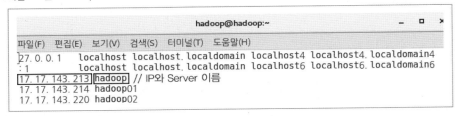

- 세 개의 서버 동일하게 설정

```
$ exit            //root 빠져 나오기
```

③ 네임노드에서 데이터노드와 통신하기 위해 공개키 생성

```
$ ssh-keygen -t rsa          //ssh 접속을 위하여 공개키 생성

$ ssh-copy-id -i /home/hadoop/.ssh/id_rsa.pub hadoop@hadoop01
```

//공개키를 hadoop01아이피에 복사

```
$ ssh-copy-id -i /home/hadoop/.ssh/id_rsa.pub hadoop@hadoop02
```

//공개키를 hadoop02아이피에 복사

- 네임노드에서 데이터노드로 접속을 하기위해 공개키를 만들어 각각의 데이터노드에 복사하는 작업으로, 네임노드에서 작업하고 데이터노드 컴퓨터에서는 작업할 필요가 없다.

```
$ su                    // root로 로그인

$ mkdir /opt/hadoop        // dir생성

$ cd /tmp &&

wget http://mirror.apache-kr.org/hadoop/common/hadoop-2.9.0/hadoop-2.9.0.tar.gz
```

// 하둡 다운로드

```
$ tar zxvf hadoop-2.9.0.tar.gz          // 압축풀기

$ mv ./hadoop-2.9.0  /opt/hadoop        // 폴더 이동

$ chown -R hadoop:hadoop /opt/hadoop /opt/hadoop/*
```

// hadoop 관련 파일 권한 변경

```
$ su hadoop
$ cd /opt/hadoop
$ ln -s hadoop-2.9.0 ./current        // 별명으로 이름간소화

// 환경설정

$ vi ~/.bash_profile

   #### HADOOP 2.9.0 #####################

      export HADOOP_HOME=/opt/hadoop/current

      export PATH=$HADOOP_HOME/bin:$PATH

      export PATH=$HADOOP_HOME/sbin:$PATH

   #### HADOOP 2.8.2 #####################

   #### JAVA 1.8.0 #####################

      export JAVA_HOME=/opt/jdk/current

      export PATH=$JAVA_HOME/bin:$PATH

   #### JAVA 1.8.0 #####################


$ source ~/.bash_profile           // 수정한 bash_profile 구동

$ cd $HADOOP_HOME

$ cd etc/hadoop


// 하둡 환경설정
$ vi core-site.xml
```

```
<configuration>
        <property>
                <name>fs.defaultFS</name>
                <value>hdfs://hadoop:9000/</value>
        </property>
</configuration>
```

- 파일시스템 지정

```
$ vi hdfs-site.xml
```

```xml
<configuration>

<property>
        <name>dfs.namenode.name.dir</name>
        <value>/home/hadoop/data/name</value>

</property>
<property>
        <name>dfs.datanode.data.dir</name>
        <value>/home/hadoop/data/data</value>
</property>

<property>

        <name>dfs.namenode.checkpoint.dir</name>
        <value>/home/hadoop/data/namesecondary</value>
</property>
</configuration>
```

- 네임노드, 데이터노드, 네임노드가 임시로 저장할 디렉토리 지정

```
$ vi yarn-site.xml
```

```xml
<configuration>

<!-- Site specific YARN configuration properties -->
<property>
        <name>yarn.nodemanager.aux-services</name>
        <value>mapreduce_shuffle</value>
</property>

 <property>
        <name>yarn.resourcemanager.hostname</name>
        <value>hadoop</value>
</property>

<property>
        <name>yarn.nodemanager.local-dirs</name>
        <value>/home/hadoop/data/yarn/nm-local-dir</value>
</property>

</configuration>
```

- yarn에서 사용할 프레임워크 설정

// 데이터노드 정의

```
$ vi slaves
```

- 데이터노드 지정하는 파일로, 데이터노드 개수를 변경해주는 설정을 해주지 않았기에 데이터노드의 개수는 3개로 지정을 해야 한다. 따라서 네임노드의 컴퓨터까지 지정해준다.

```
$ vi hadoop-env.sh
```

```
$ cd $HADOOP_HOME                                    //하둡 홈으로 이동
$ tar cvfz hadoop.tar.gz hadoop-2.9.0                //환경 설정한 하둡을 압축하기
```

```
# remote nodes.

# The java implementation to use.
export JAVA_HOME=/opt/jdk/current

# The jsvc implementation to use. Jsvc is required to run
# that bind to privileged ports to provide authentication
# protocol.  Jsvc is not required if SASL is configured f
# data transfer protocol using non-privileged ports.
#export JSVC_HOME=${JSVC_HOME}
```

```
$ scp hadoop.tar.gz hadoop@hadoop01:/home/hadoop        //scp명령어로 hadoop01에 복사
$ scp hadoop.tar.gz hadoop@hadoop02:/home/hadoop        //scp명령어로 hadoop02에 복사
$ ssh hadoop@hadoop01 "cd /home/hadoop tar xvfz hadoop.tar.gz"
        //hadoop01계정에서 압축 풀기
$ ssh hadoop@hadoop02 "cd /home/hadoop tar xvfz hadoop.tar.gz"  //hadoop02계정에서 압축 풀기
```

④ 아래 과정을 hadoop1과 hadoop02로 실행하기
```
$ ssh hadoop01                      //hadoop01 로그인
$ cd   /
```

```
$ mkdir /opt/hadoop                    //opt에 하둡 폴더 만들기
$ mv hadoop-2.9.0 /opt/hadoop          //압축 푼 폴더 opt/hadoop으로 옮기기
$ ln -s hadoop-2.9.0 ./current         //링크 걸어주기
$ exit                                 //나오기
```

⑤ 네임노드와 두 데이터노드에서

```
$ hdfs namenode -format
$ start-all.sh
$ jps
```

⑥ 네임노드 hadoop에서 jps로 본 프로세스는 5개

```
[hadoop@hadoop current]$ jps
11588 SecondaryNameNode
12406 Jps
11783 ResourceManager
11210 NameNode
12093 NodeManager
```

⑦ 데이터노드 hadoop1에서 jps로 본 프로세스는 3개

```
14579 NodeManager
14741 Jps
14439 DataNode
[hadoop@localhost ~]$
```

⑧ 데이터노드 hadoop2에서 jps로 본 프로세스는 3개

```
3072 DataNode
3378 Jps
3215 NodeManager
[hadoop@localhost ~]$
```

⑨ localhost:50070으로 분산구축된 하둡시스템 확인

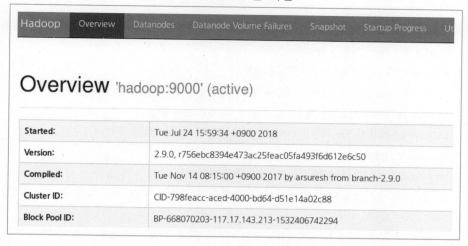

참고 HDFS(Hadoop File System) 주요 명령어

- hadoop fs -ls : hadoop은 관련 명령어임을 알림, fs는 filesystem임을 알림, -ls list로 파일을 출력
- hadoop fs -help: 도움을 요청하는 명령어
- hadoop fs -lsr : 현재의 폴더와 파일을 출력
- hadoop fs -du [디렉토리 또는 파일]: 지정한 파일이나 폴더의 용량 출력
- hadoop fs -cat [파일]: 지정한 텍스트 파일의 내용을 화면에 출력
- hadoop fs -text [파일]: 지정한 zip이나 텍스트 파일의 내용을 화면에 출력
- hadoop fs -mkdir: 폴더 만들기
- hadoop fs -put [파일] [디렉토리]: 파일을 디렉토리에 복사
- hadoop fs -get [소스 디렉토리 또는 파일] [목적 디렉토리 또는 파일]: 소스 디렉토리 또는 파일을 목적 디렉토리 또는 파일로 복사
- hadoop fs -getmerge [소스 디렉토리 또는 파일들] [목적 파일]: 여러 개의 소스 디렉토리 또는 파일들을 목적 파일로 복사
- hadoop fs -cp [소스 디렉토리 또는 파일] [목적 디렉토리 또는 파일]: 소스 디렉토리 또는 파일을 목적 디렉토리 또는 파일로 복사
- hadoop fs -copyFromLocal [파일] [목적 디렉토리]: 로컬의 파일을 하둡의 파일로 올리기
- hadoop fs -mv [소스 디렉토리 또는 파일] [목적 디렉토리 또는 파일]: 소스 디렉토리 또는 파일을 목적 디렉토리 또는 파일로 이동
- hadoop fs -rm [디렉토리 또는 파일]: 디렉토리 또는 파일을 삭제
- hadoop fs -rmr [디렉토리]: 디렉토리를 삭제
- hadoop fs -count [디렉토리 또는 파일]: 디렉토리 또는 파일의 개수, 크기, 경로명 출력
- hadoop fs -tail [파일]: 지정한 파일의 마지막 1KB 내용을 화면에 출력
- hadoop fs -chmod [권한모드] [디렉토리 또는 파일]: 지정한 디렉토리 또는 파일의 권한 변경
- hadoop fs -chown [변경사용자명:변경그룹명] [디렉토리 또는 파일]: 지정한 디렉토리 또는 파일의 소유권변경
- hadoop fs -chgrp [변경그룹명] [디렉토리 또는 파일]: 지정한 디렉토리 또는 파일의 소유그룹만 변경
- hadoop fs -touch [파일]: 크기가 0바이트인 파일 생성
- hadoop fs -stat [디렉토리 또는 파일]: 지정한 파일이나 폴더의 통계정보 출력
- hadoop fs -expunge: 휴지통 비우기

참고   로컬 파일을 HDFS 파일로 복사하기

1. 절대경로
   - hadoop fs -copyFromLocal README.txt hdfs://localhost:9000/input/
   - hadoop fs -put README.txt hdfs://localhost:9000/input/
2. 상대경로
   - hadoop fs -copyFromLocal README.txt input/
   - hadoop fs -put README.txt input/

참고   HDFS 파일을 로컬파일로 복사
   - hadoop fs -copyToLocal hdfs://localhost:9000/input/README.txt README.copy.txt

참고   로컬파일로 복사한 파일이 같은지 검사: md5sum
   - 같은 파일이면 sum값이 같다.

```
[root@localhost hadoop-1.2.1]# md5sum README.txt README.copy.txt
e3f3778c8e3bc78efc387f91df6a241e  README.txt
e3f3778c8e3bc78efc387f91df6a241e  README.copy.txt
```

   - 다른 파일이면 sum값이 다르다.

```
[root@localhost hadoop-1.2.1]# md5sum README.txt LICENSE.txt
e3f3778c8e3bc78efc387f91df6a241e  README.txt
682d7d787bcdc128a1e53b7dad4a03b4  LICENSE.txt
```

참고   파일 확인
1. localhost:50070으로 접속해서 확인
2. hadoop fs -ls "폴더"으로 확인

연습문제

1. 하둡 프로젝트를 조사하여 기능을 자세히 설명하여라.

2. 하둡이 제공하는 hadoop-mapreduce-examples-2.8.2.jar을 이용하여 https://www.data.go.kr에서 텍스트 파일을 다운받아서 단어 개수를 찾아라. 그리고, 11장에서 개발한 맵리듀스 프로그램을 이용하여 다운받은 텍스트 파일의 단어 개수를 찾아라.

3. 2015년부터 2018년까지 교통사고 발생건수가 가장 많은 지역과 사망자 수가 가장 많은 지역을 맵리듀스 프로그램을 이용하여 찾아라.

4. 가락시장에서 제공하는 공공데이터 중 사과 가격을 2015년부터 2018년까지 조사하여 하둡에 올리고, R을 이용하여 플롯을 하고, R을 이용하여 시계열 패턴을 찾아라.

5. 소비자 물가지수를 1965년 1월부터 2018년 12월까지 데이터를 다운로드 받아 맵리듀스 프로그램을 이용하여 최고의 달과 최저의 달을 찾아라.

실습과제

2015년부터 2018년까지 ① 서울시의 미세먼지 각 측정소의 데이터를 다운로드하고, ② 하둡에 올리고 ③ 일일 평균 데이터로 산출하고 ④ 이를 R을 이용하여 플롯을 하고 R을 이용하여 시계열 패턴을 찾아라.

빅데이터 분석 R과
빅데이터 플랫폼 하둡 개론

초판 1쇄 발행　　2020년 2월 25일
2 판 1쇄 발행　　2023년 8월 30일

저　　자　　류귀열
펴낸이　　임순재
펴낸곳　　(주)한올출판사
등　록　　제11-403호
주　소　　서울시 마포구 모래내로 83(성산동 한올빌딩 3층)
전　화　　(02) 376-4298(대표)
팩　스　　(02) 302-8073
홈페이지　　www. hanol. co. kr
e-메일　　hanol@hanol. co. kr
ISBN　　979-11-6647-386-9